NATIONAL GEOGRAPHIC

BERLÍN
Y ALEMANIA

NATIONAL GEOGRAPHIC

BERLÍN Y ALEMANIA

Michael Ivory

Sumario

**Cómo utilizar esta guía 6-7   Símbolos y leyendas 8
Las regiones 49-342   Información práctica 343-386
Índice 387-393   Créditos 394-395   Mapas 396-399**

**Pág. 1: cerveza alemana, un placer servido en jarra.
Págs. 2-3: Spangenberg, en Hesse.
Pág. anterior: diversión por todo lo alto.**

Cada color corresponde a una zona

Berlín

Alemania

Cómo utilizar esta guía

Ver la página 8 para la simbología y las leyendas de los mapas

National Geographic le trae lo mejor de Alemania en texto, fotos y mapas. Dividida en tres secciones principales, la guía comienza con un repaso de la historia y la cultura. A continuación, hay doce capítulos regionales con lugares destacados seleccionados por el autor por su interés particular y tratados en profundidad. Cada capítulo comienza con un sumario.

Las regiones y los lugares destacados dentro de ellas están ordenados geográficamente, cada uno presentado con un mapa que resalta los sitios destacados. Los paseos y las rutas, marcados en sus propios mapas, sugieren excursiones para descubrir una zona. En los recuadros y barras laterales se ofrecen detalles interesantes sobre historia, cultura o vida contemporánea. Una página de «Otras visitas interesantes» suele culminar los capítulos regionales.

La sección final, «Información práctica», proporciona información esencial para el viajero: planear el viaje, acontecimientos especiales, cómo desplazarse y qué hacer en caso de emergencia. También incluye una selección de hoteles y restaurantes ordenados por región, además de tiendas y ocio.

La información proporcionada es correcta en el momento de publicación de la guía. Sin embargo, es aconsejable llamar con antelación siempre que sea posible.

Código de colores

58

Cada región tiene asignado un color. Encuentre la que busca en el mapa que aparece en la página 5 y busque el color en la esquina superior de las páginas del capítulo en cuestión. En el apartado «Información práctica» se mantienen los colores según la región.

Pergamon Museum

🅰 Plano pág. 61
✉ Kupfergraben
☎ 030 20 90 50
🕐 Cerrado lun.
💲 $$
🚇 U-Bahn/S-Bahn:
 Friedrichstraße,
 S Hackescher
 Markt,
 Bus: 100

Información

La información turística se ofrece en la columna al margen que aparece junto a cada lugar importante (ver la relación de símbolos de la página 8). El primero indica la página en la que aparece dicho lugar en el plano o mapa. El resto se refiere a la dirección, el teléfono, los días de apertura, el precio de entrada que va de $ (menos de 4 €) a $$$$$ (más de 25 €), y la parada de transporte público más cercana. La información sobre otros lugares de interés aparece en el texto, entre paréntesis y en cursiva.

Precios de hoteles y restaurantes

En la sección «Hoteles y restaurantes» se detalla la gama de precios utilizada (ver pág. 351).

INFORMACIÓN PRÁCTICA

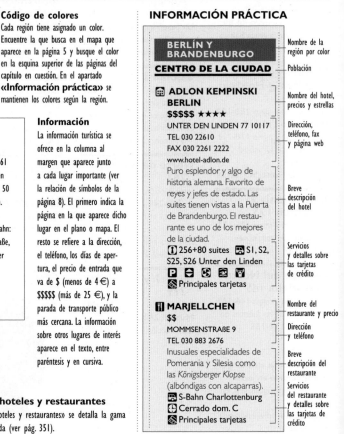

Nombre de la región por color

Población

Nombre del hotel, precios y estrellas

Dirección, teléfono, fax y página web

Breve descripción del hotel

Servicios y detalles sobre las tarjetas de crédito

Nombre del restaurante y precio

Dirección y teléfono

Breve descripción del restaurante

Servicios del restaurante y detalles sobre las tarjetas de crédito

BERLÍN Y BRANDENBURGO
CENTRO DE LA CIUDAD

🏨 **ADLON KEMPINSKI BERLIN**
$$$$$ ★★★★
UNTER DEN LINDEN 77 10117
TEL 030 22610
FAX 030 2261 2222
www.hotel-adlon.de
Puro esplendor y algo de historia alemana. Favorito de reyes y jefes de estado. Las suites tienen vistas a la Puerta de Brandenburgo. El restaurante es uno de los mejores de la ciudad.
🛏 256+80 suites 🚇 S1, S2, S25, S26 Unter den Linden
🅿 ♿ 🔒 ✉ 📺
💳 Principales tarjetas

🍴 **MARJELLCHEN**
$$
MOMMSENSTRAßE 9
TEL 030 883 2676
Inusuales especialidades de Pomerania y Silesia como las *Königsberger Klopse* (albóndigas con alcaparras).
🚇 S-Bahn Charlottenburg
🕐 Cerrado dom. C
💳 Principales tarjetas

MAPAS REGIONALES

Área adyacente

Número de cuadrícula

Punto de interés

Ciudad importante descrita en el capítulo

Número de carretera

Inicio del recorrido en coche

- Un mapa de localización acompaña los mapas regionales indicando su situación dentro de Alemania.
- Las regiones adyacentes se indican con una referencia al número de página de su mapa.

PASEOS

Punto de interés no descrito en la ruta

Punto de inicio

Los números dentro de un círculo rojo relacionan el monumento con su descripción en el texto

Situación del edificio

Dirección de la ruta

Monumento o museo (en negrita) descrito en la ruta

Ruta a pie

- Un cuadro informativo indica los puntos de inicio y final, la duración y la longitud del paseo, así como los lugares que no debe perderse.

RUTAS EN COCHE

Punto de inicio

Trazado de la carretera

Número de carretera

Punto de interés importante

Los números dentro de un círculo rojo relacionan los lugares del mapa con su descripción en el texto

- En el recuadro se consignan detalles como el punto de inicio y el final de la ruta, los lugares imprescindibles, la duración y el recorrido de la misma y la referencia al mapa de la región.

Símbolos y leyendas

Simbología

⚔	Referencia a plano o mapa	🏨	Hotel
✉	Dirección	🍴	Restaurante
☎	Teléfono	①	Habitaciones
⊕	Días de cierre/duración de la visita (paseos y rutas)	⬌	Número de plazas
$	Precio	P	Aparcamiento
🚇	Transporte público	⬌	Ascensor
⛴	Transbordador/transporte fluvial	🚭	No fumadores
		❄	Aire acondicionado
⬌	Distancia	🏊	Piscina cubierta
➤	Inicio/Final	🏊	Piscina al aire libre
		🏋	Gimnasio
		◈	Tarjetas de crédito aceptadas

Leyendas de los mapas

MAPAS REGIONALES
Puntos de interés

● **Rostock**   Ciudad destacada

◆ **Lorelei**   Punto de interés importante

◆ **Haithabu**   Punto de interés

✺ **BERLÍN**	Capital	✈	Aeropuerto
◉ **Mainz**	Capital regional	/	Presa
● **ESSEN**	grandes	▲	Montaña
● **Lübeck**	Ciudades Poblaciones	)--(	Túnel
● **Aalen**		⛰	Panorámica
● Homburg	pequeñas	ᴬ/B	Letra de cuadrícula
HESSE	Región	4▷	Número de cuadrícula
BAVIERA *pág. 247*	Área adyacente		Números de carretera
☆	Inicio de la ruta	A11	Autopista
★	Inicio del paseo	64	Otras carreteras

PLANOS (INCLUYE RUTAS A PIE)

MITTE	Nombre del área	**RUTAS A PIE**	
- - - - -	Sendero	•••••••	Ruta a pie
————	Muralla	→	Dirección de la ruta
)--(	Túnel	⑧	Lugar descrito en el texto
=	Puente	•••••••	Ruta alternativa
⟶	Dirección	⇢	Dirección de la ruta
●	Estación suburbana		
● Lehel	Estación de metro	**Karlstor**	Punto de interés (en negrita) en la ruta
○	Fuente	————	Tren
𝒊	Centro de Información	■—■	Teleférico
		▲ Feldberg	Montaña
		◆	Punto de interés

Historia y cultura

Negro, rojo y amarillo: la bandera alemana

Alemania actual

ESTE VARIADO Y HERMOSO PAÍS DE MÁS DE 80 MILLONES DE HABITANTES SE extiende desde el Rin hasta la frontera con Polonia y desde las costas del Mar del Norte y del Báltico hasta los Alpes. La prosperidad y la modernidad, iniciadas en Alemania Occidental tras el final de la segunda guerra mundial y que ahora se han extendido a Alemania Oriental, coexisten casi en todas partes con poblaciones históricas, incontables castillos y un paisaje campestre lleno de granjas, profundos bosques, reservas y parques naturales celosamente protegidos. Las ciudades más cosmopolitas del país están repletas de galerías, museos, edificios históricos y amplias ofertas culturales y de ocio, desde ópera hasta la más desenfrenada vida nocturna.

LA GENTE

Pocos pueblos están tan orgullosos de su tierra natal (*Heimat*) como los alemanes, y pocos han sabido conservar y apreciar esta excepcional herencia como ellos. En este país, plagado de monumentos y excelentes infraestructuras culturales, es extraño encontrar un edificio descuidado. Aquí llegan turistas de todo el mundo, pero los más entusiastas a la hora de visitar el país son los propios alemanes, lo cual redunda en una mayor exigencia. Espere niveles altos tanto en hoteles como en restaurantes.

No se crea una palabra de lo que haya podido oír sobre la falta de sentido del humor de los alemanes o sobre lo aburridos que son: les encanta pasar un buen rato, ya sea en una cervecería, en una confortable taberna o en un animado café. Pero si quiere verlos en su nivel más alto de desinhibición, únase a ellos en cualquiera de los innumerables festivales que se celebran, como el Fasching, en Munich, o el Karneval, en Colonia (ver págs. 158-159).

La identidad local se expresa de muchas maneras. Los dialectos han sobrevivido más en Alemania que en otros países europeos. Así pues, la lengua que se habla en el bajo Rin tiene más en común con el holandés que con el alemán de Baviera. Los medios de comunicación suelen ser locales, con periódicos regionales que se concentran en las noticias que afectan a sus lectores. Algunas de las 1.200 cervecerías del país han alcanzado importancia nacional, pero casi todo el mundo es absolutamente feliz con la cerveza elaborada en su localidad.

Después de que los nazis desvirtuaran el sentimiento nacional, hoy muchos alemanes se inhiben bastante a la hora de poner mucho entusiasmo en cualquier cosa que suene a nacionalismo. En 2001, el presidente Johannes

Rau cuestionó si era posible estar orgulloso de ser alemán, iniciando así un debate predecible, con mucha gente citando la construcción de una democracia, de una economía fuerte y la consecución pacífica de la reunificación. El patriotismo apenas fue mencionado, y lo que el resto del mundo considera típicos rasgos alemanes, apenas aparecieron.

Aun así, éstos aún existen. El gusto por el orden y la seguridad en la vida privada y en el trabajo quizá se explique por su traumática historia, cuando la estructuración del país parecía incierta y había un enorme sentimiento de culpabilidad. Los alemanes planifican sus carreras hasta el último detalle. Los procedimientos considerados correctos gobiernan muchos aspectos de la vida; el control del tiempo es meticuloso; los trabajos se efectúan con precisión y hay unos estándares definidos a los que adherirse.

En las últimas décadas del siglo XX, se dio una reacción contra lo que era visto como valores tradicionales y represivos. Los niveles de orden y limpieza cayeron (pero no demasiado), y mucha gente cultivó un carácter deliberadamente informal, con multitud de jóvenes desafiando las estrictas normas. En consecuencia, Alemania se ha transformado en un país con mayores contrastes que antes; las poblaciones menores y sus habitantes todavía conservan ese aspecto impecable, mientras zonas de las grandes ciudades y sectores de su población se jactan de su desaliño. Los artistas del *graffiti* de las grandes ciudades alemanas son únicos en su habilidad para decorar enormes superficies.

Cerveza, *pretzels*, una banda de viento y buena compañía son los ingredientes esenciales de la Oktoberfest de Munich.

Hinchas de fútbol desfilan bajo el águila germánica en Römer Platz, en el centro de Frankfurt am Main.

ESTILO DE VIDA

Tradicionalmente, las mujeres alemanas debían dedicarse a los niños, la cocina y la iglesia (*Kinder, Küche, Kirche*), mientras que los hombres... bueno, muchos de ellos encontraban gran satisfacción en engalanarse con cualquier tipo de uniforme. Ser un *Beamte* (cualquier funcionario, desde un diplomático hasta un conductor de tren) garantizaba un estatus, así como una buena pensión.

Hoy hay una variedad mucho mayor de roles entre los que elegir. Los punks aquí parecen más extraños; los *okupas*, más militantes; y los cabezas rapadas, más deliberadamente repulsivos. Describir la Love Parade de Berlín como algo colorido sería explicarlo de manera muy suave. Por otro lado, probablemente aquí hay más *gentlemen* vestidos con *tweed* y ropa Burberry's que en la propia Inglaterra, y Alemania es el mayor mercado de Europa para la ropa informal cara de ante y piel. Los que no tienen nada que esconder (y muchos que sí) optan por el nudismo cuando se relajan tanto en parques urbanos como en la playa.

Sin embargo, las maneras alemanas tienden a la formalidad. Lleva más tiempo aprender cómo dirigirse a una persona en Alemania que en otros países, y hay un mayor uso de títulos como *Herr Doktor* o *Herr Professor*. La distinción entre el informal *du* (tú) y el más educado *Sie* (usted) se mantiene. Cuando se entra o se sale de una tienda o una oficina, es de buena

alemanas tienen extensas redes de calles peatonales, muchas de ellas modelos de un atractivo diseño urbano, pavimentadas con materiales naturales y embellecidas con esculturas y fuentes. La profusión de carriles para bicicletas significa que ir en bici es un placer, y muchos habitantes de las ciudades utilizan este medio para desplazarse.

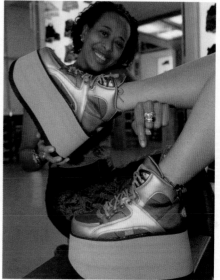

Probándose unas atrevidas zapatillas deportivas de plataforma en Frankfurt.

educación despedirse con un *guten Tag* o con un *auf Wiedersehen*. Por el contrario, el comportamiento público puede parecer a veces rudo e insensible. No existe el concepto de respetar el turno en una cola, o de disculparse al chocar con alguien en la acera. Al mismo tiempo, las maneras están cambiando, por lo que en las tiendas y en los restaurantes ahora se escuchan frases como *Schönen Abend noch* («que pase un buen día»), algo que hace sólo unos años habría merecido una mirada de extrañeza.

PREOCUPACIÓN MEDIOAMBIENTAL

La preocupación por el medio ambiente es prioritaria en la agenda nacional. Además de un maravilloso sistema de parques y espacios abiertos (ver págs. 204-205), las poblaciones

Aunque los alemanes son tan amantes del coche como cualquier otro país, se han asegurado de que todos los destinos estén cubiertos por el transporte público, de modo que se puede llegar a cualquier parte sin tener vehículo propio. Todavía hay tranvías en algunas poblaciones; de hecho, se han extendido, y van bajo tierra en los congestionados centros urbanos o se deslizan por las calles comerciales. Desplazarse así también es divertido, y no se pierda un relajante paseo a bordo de un barco fluvial o un remonte en telesilla hacia algún lugar con vistas.

El coche particular sigue siendo un elemento importante. En la autopista, donde no hay límite de velocidad establecido pero se recomienda no superar los 130 km/h, se le da rienda suelta, pero dentro de las ciudades ha

sido domado, con severas restricciones de velocidad y estacionamiento.

En el ámbito nacional, la política medioambiental se toma muy en serio. El partido de los
Verdes pasó de ser marginal a formar parte de
diversos gobiernos. También se ha hecho un
serio esfuerzo por eliminar la energía nuclear, y
Alemania ha tomado la delantera en la genera-

Un visitante camina entre la obra *Game
Station* en una edición de la **Documenta de
Kassel**, la feria internacional de arte
contemporáneo.

ción de energías respetuosas con el medio
ambiente, especialmente la eólica. Los molinos
eólicos son una característica destacada del
paisaje campestre, particularmente a lo largo
de las costas del Mar del Norte y del Báltico. El
impacto medioambiental de las nuevas construcciones se evalúa escrupulosamente; en
2001, el canciller Gerhard Schröder mostró su
asombro cuando la construcción de una nueva
autopista en la costa báltica se retrasó, con elevados costes, a causa de la necesidad de conservar un importante hábitat para las ranas.

ORIENTE ES ORIENTE...

Una vez que la euforia de la caída del Muro de
Berlín en 1989 se apagó, los alemanes del este y
del oeste comenzaron a digerir las implicaciones de la reunificación. La República
Democrática Alemana (RDA) se había colapsa-
do, igual que lo habían hecho sus mercados en
el mundo comunista, por lo que Alemania
Occidental tomó el control de una economía
en bancarrota. A pesar de las promesas del canciller Kohl de que los impuestos no subirían
para pagar la reunificación y de que el este
pronto sería una tierra de «paisajes florecien-
tes», casi dos décadas después todavía se cana-
lizan al este grandes sumas de dinero de los
contribuyentes, y el paisaje industrial de ese
lado sólo florece en determinados lugares. En
el este, que recibe el nombre de *Die neuen
Länder* (los nuevos Estados), el problema del
desempleo es especialmente grave, aunque su
verdadero alcance queda enmascarado por los

El Berlín del viajero acomodado: el vestíbulo del lujoso Hotel Adlon, inaugurado en 1907.

subsidios y los programas de creación de empleo. Algunos alemanes del este (a los cuales se refieren despectivamente los alemanes occidentales como *Ossis*, de *Ostdeutsche*, «alemanes del este») tienen la sensación de que su país se ha convertido en una especie de colonia del oeste. Hoy sus infraestructuras están al nivel de las de sus vecinos, y los turistas seguro que encontrarán la mayoría de servicios y comodidades a los que están acostumbrados.

Algunos alemanes sienten que, a pesar de que el Muro de Berlín ha desaparecido físicamente, su sombra todavía planea. Ciertamente, los estereotipos de los *Wessis* (el término despectivo de los alemanes del este para los del oeste, o *Westdeutsche*) y de los *Ossis* están bien establecidos. Los alemanes del este ven a los del oeste como arrogantes, mimados, materialistas, egocéntricos y paternalistas, mientras que muchos habitantes del oeste piensan que sus vecinos del este son pasivos, carentes de iniciativa y protestones, en vez de estar agradecidos por la ayuda que han recibido. Después de vivir bajo un sistema que, aun siendo opresivo, ofrecía seguridad y pocos cambios, muchos alemanes del este tienen dificultades para adaptarse a las maneras de sus vecinos, especialmente en una época en que los sistemas de bienestar social están en crisis y la ambición individual y la predisposición a asumir responsabilidades son cruciales. Es posible que la verdadera reunificación sólo llegue cuando las generaciones mayores hayan desaparecido.

Figuras gigantes llenan las calles durante el Karneval de Mainz.

GOBIERNO Y POLÍTICA

Una de las sorpresas del período que siguió a la reunificación fue la supervivencia del SED, el sucesor del antiguo Partido Comunista de la Alemania del este. Rebautizado como PDS (Partido Socialista Democrático) y liderado por el popular Lothar Bisky, hoy cuenta con el apoyo de muchos alemanes del este (y no solamente antiguos comunistas) que se sienten abandonados en la nueva situación. En más de uno de los nuevos Estados, el PDS ha pasado a formar parte de coaliciones gubernamentales, para horror de algunos alemanes occidentales, que destacan el fracaso del partido a la hora de disociarse completamente de los errores de su predecesor, incluida la construcción del Muro. Sin embargo, el PDS sigue siendo insignificante en la escena nacional. En las últimas elecciones, celebradas en 2005, el SPD (socialistas) y el CDU/CSU (conservadores) quedaron casi empatados. Después de arduas negociaciones, crearon un gobierno de coalición, presidido por la conservadora Angela Merkel, la primera mujer que rige los destinos de Alemania.

Durante muchos años, Alemania fue considerada un gigante económico y un pigmeo político, muy inhibido a la hora de desempeñar un papel decisivo en la escena internacional. Su motor económico y su energía política se orientaron hacia un nivel mayor de integración europea. En los últimos años el país ha tomado una posición más asertiva, aunque ha sufrido las agonías de la incertidumbre a la hora de enviar tropas más allá de sus fronteras, oponiéndose a la guerra del Golfo en 1991 y a la de Irak en 2003.

La celebración del Mundial de Fútbol de 2006 le ha dado la posibilidad de demostrar el buen hacer alemán y de atraer aún más la atención sobre Berlín, una de las ciudades que están a la cabeza de la cultura y la arquitectura europeas.

EL PAÍS

Con un área total de 356.000 km², Alemania está limitada por las hermosas fronteras naturales de los mares del Norte y Báltico al norte y de los Alpes bávaros al sur. Al este y el oeste hay pocas barreras naturales como éstas. La llanura del norte de Europa se extiende hacia Alemania desde Holanda y continúa por todo el norte del país hasta Polonia. Las tierras altas que hay alrededor de la frontera con la República Checa parecen formidables sobre el mapa, pero son fácilmente accesibles y nunca han inhibido el movimiento o el intercambio. Al oeste, los

La brisa del mar salpica los barrizales del Wattenmeer.

macizos siguen hacia Bélgica y Luxemburgo, mientras que el valle del Alto Rin es compartido con Francia.

Las costas y la llanura septentrionales

Como gran parte de la zona oriental de Alemania, la costa del mar Báltico recibió su forma a finales de la última glaciación, aunque las ensenadas anchas y poco profundas, conocidas como *bodden*, se crearon en el período posglacial. Las largas playas de arena con dunas han convertido la zona en un importante centro vacacional, incluida la isla de Rügen, con sus acantilados calcáreos. Tierra adentro, la extensión lacustre de mayor extensión de Alemania se localiza en la zona del Parque Nacional de Müritz. Río arriba desde Berlín, el Spree se divide en una multitud de riachuelos rodeados de árboles, y la gente todavía se desplaza por el Spreewald en barcas fluviales de fondo plano.

Los fiordos proporcionan puertos naturales para la pesca y complejos turísticos en la costa este de Schleswig-Holstein, mientras que la costa oeste y las islas de la Baja Sajonia disfrutan de playas de arena con dunas, clima suave y sol. Los ríos caudalosos como el Elba, el Weser y el Ems vierten sus aguas al mar en anchos estuarios, lo que ha favorecido el establecimiento de ciudades con puerto, entre ellas Hamburgo, la mayor.

Tierra adentro desde la costa del Mar del Norte, el Münsterland es famoso por sus castillos con foso y sus casas de campo, mientras que el erial de Lüneberg es uno de los más extensos de Europa. Al oeste, la mayor vía fluvial de Alemania, el Rin, fluye majestuoso hacia Holanda, donde desemboca en el mar por diversos puntos.

Valles y tierras altas centrales

En el centro de Alemania se extiende una serie de macizos divididos por valles, y aunque las granjas también forman parte del paisaje, las cosechas raramente son abundantes, ya que aquí lo que predominan son los árboles. Éste es el corazón de los bosques alemanes, que siempre han tenido un papel importante en la vida del país y han servido de escenario a muchos cuentos y leyendas. Cuando aumenta la altitud, los robles dan paso a las hayas, y luego a coníferas como los abetos. De vez en cuando se encuentran cumbres como el Brocken (1.142 m) en los montes del Harz, el Feldberg (1.493 m) en la Selva Negra, y el Arber (1.456 m) en los Bosques Bávaros.

Las embarcaciones de recreo son una forma ideal de explorar los valles de los ríos, especialmente la garganta del Rin, donde el río fluye con rapidez en un estrecho canal bajo viñedos y una sucesión de castillos. Río arriba, el Rin fluye en un ancho valle limitado por el Odenwald y la Selva Negra al este, y al oeste por los Bosques Palatinos en Alemania y los Vosgos en Alsacia, Francia. Ésta es la zona más cálida de Alemania y la que tiene los viñedos más extensos.

En el siglo XIX, el carbón del valle del Ruhr dio lugar a la creación de la mayor zona industrial de Alemania. Los mineros medievales ya habían explotado algunas minas en las Erzgebirge (Sajonia), montañas que continúan hacia el este hasta la Suiza sajona (Sächsische Schweiz) y forman un impresionante paisaje atravesado por el Elba. Los Bosques Bávaros y los de Bohemia, entre el Danubio y la frontera checa, poseen el atractivo del bosque primigenio y forman la base de un parque nacional.

Tierras alpinas

Los Alpes alemanes son una formidable pared orientada al norte, que alcanza su punto más alto en el Zugspitze (2.962 m), sobre la ciudad de Garmisch-Partenkirchen, uno de los muchos centros turísticos de montaña. Desde los Alpes, ríos como el Lech y el Isar discurren hacia el Danubio. Más cerca de Salzburgo que de Munich, el Land de Berchtesgadener penetra en Austria, y, cerca, el Königsee contiene algunos de los mejores paisajes alpinos, incluida la

En la fresca jungla verde de los Bosques Bávaros, cerca de Waldkirchen.

segunda cumbre del país, el Watzmann (2.712 m). En su extremo oeste, en Baviera, los Alpes descienden hasta el lago más grande de Alemania, el Bodensee (Constanza), compartido con Suiza y Austria. Aquí, un clima suave beneficia a las plantaciones y los viñedos, y da un aire italiano a las poblaciones que lo circundan, como Lindau o Konstanz.

Pretzels espolvoreados con sal, pan de cebolla y palitos de queso.

GASTRONOMÍA

La cocina alemana es saludable y sabrosa. Puede que carezca de la sutileza de las cocinas francesa o italiana, pero está elaborada con buenos ingredientes, si bien algo contundentes; por eso no es habitual levantarse de la mesa con apetito.

Los desayunos, consistentes, son una buena manera de comenzar el día. Una selección de quesos y embutidos, y huevos duros, junto con mermeladas, confituras y miel que casan a la perfección con una amplia variedad de panes: desde los crujientes panecillos blancos hasta el aromático pan de centeno, pasando por el sabroso y contundente pan moreno. La fruta y los cereales se complementan con el yogur y el cremoso *Quark* (queso fresco). El almuerzo suele ser la comida principal, con sopa y un plato fuerte, mientras que la cena, si se toma en casa, suele ser sencilla y muy parecida al desayuno. El *Kaffee und Kuchen* (café y pastel) es una institución en Alemania, y normalmente se toma en elegantes cafeterías-pastelerías, a la manera del té de la tarde en el Reino Unido.

Aunque la comida vegetariana ha hecho progresos en los últimos años, éste sigue siendo un país de comedores de carne. El buey, la caza y las aves de corral suelen aparecer en el menú, y por supuesto el cerdo, que sigue siendo el rey de la cocina. Este último se sirve de diferentes maneras, de las cuales la más frecuente es el *Schnitzel*, un escalope empanado o con salsa; el *Eisbein* es un suculento codillo de cerdo. También es el ingrediente principal de la mayoría de las salchichas (*Wurst*); elaboradas con carne de cerdo, manteca y especias, las de Frankfurt han conquistado el mundo. Las *Bockwurst*, similares, aunque más pequeñas y de sabor más interesante, son de Nuremberg y suelen servirse con col fermentada, o *sauerkraut*. Las salchichas de Turingia son rojas y las de Munich, blancas; están elaboradas con ternera. *Bratwurst* es el nombre genérico para unas salchichas de textura más basta, que suelen freírse más que hervirse. Todas ellas se benefician de la mostaza alemana.

En cuanto a las verduras, hortalizas y tubérculos, las más comunes son el repollo (blanco o rojo) y las patatas, que se sirven de todas las maneras, tanto en puré como en forma de pastel, y también salteadas con panceta y cebolla, las *Bratkartoffeln*, que son las mejores. En el sudoeste de Alemania se elaboran *dumplings* o bolas de masa de patata: *Spätzle*. La verdura favorita del país es el espárrago blanco. En Alemania hay regiones ente-

Cerveza bávara: mucho mejor a litros en una de las carpas de la Oktoberfest de Munich.

ras dedicadas a su cultivo, y su temporada (mayo) es esperada con impaciencia.

Cerveza y vino

Desde 1516, la composición de la cerveza alemana ha estado regida por la Reinheitsgebot (ley de pureza), que prohíbe la utilización de cualquier ingrediente que no sea cebada, lúpulo, malta y, por supuesto, agua. La mayoría de las cerveceras del país elaboran la de tipo *lager* y se centran en una especialidad o dos. La cerveza *alt*, parecida a la amarga británica, se toma en Düsseldorf, y la *kölsch*, en Colonia. Las cervezas como la famosa *dortmunder*, de la zona industrial del Ruhr, estaban originalmente destinadas a aplacar la sed de los sufridos mineros, y suelen ser más fuertes que sus equivalentes de Baviera. Sin duda, ésta es la razón por la cual la cerveza de Munich suele servirse en jarras tan grandes. Las cerveceras bávaras marcan el paso del año elaborando cervezas de temporada como la *märzenbier*, mientras que en Berlín un placer del verano es la *berliner weisser*, una cerveza pálida con un chorrito de zumo de frutas ácido.

La reputación del vino alemán ha mejorado notablemente en los últimos años, con el aumento del gusto por los vinos más sutiles y secos. La principal uva es la versátil Riesling, aunque otras variedades como la Müller-Thurgau, la Silvaner, la Grauburgunder (Pinot gris) y la Weissburgunder (Pinot blanca) también son comunes. Para que les dé el sol, estas vides se cultivan en los bancales de las empinadas laderas que se elevan alrededor del río Rin y de sus tributarios (el Mosela, el Main, el Ahr y el Nahe). Pero la mayor producción proviene de las llanuras soleadas de Rhein-Hessen y del Palatinado. En el este de Alemania, el valle del Elba alrededor de Dresde tiene una larga tradición vinícola. La mayoría de los vinos alemanes son blancos, pero también se elaboran buenos tintos, aunque con menos cuerpo que los caldos elaborados más al sur. Los vinos de mayor calidad se etiquetan como *Qualitätswein mit Prädikat*, a continuación como *Qualitätswein*, y finalmente, como *Tafelwein*, o vino de mesa. El vino espumoso alemán, *Sekt*, también es un producto que hay que tener en cuenta.

Asimismo hay otros excelentes licores, desde el *Steinhäger* que se elabora en el norte, similar a la ginebra, hasta el brandy de uvas del Rin (*Asbach*) o los fuertes aguardientes de frutas (*Kirschwasser, Himbeergeist*) de las zonas frutícolas. ■

Historia de Alemania

LA ALEMANIA UNIDA DE HOY PARECE UN ESTADO CONSOLIDADO Y ESTABLE, con una forma de gobierno y unas fronteras incuestionables. En términos históricos, ésta es una situación inusual: la identidad del país, su gobierno y sus fronteras han estado sujetos a cambios constantes, y su evolución ha sido más una historia de división que de unión. Incluso hoy, muchos germanófilos viven fuera de Alemania: en Austria, Suiza, Alsacia (Francia) y Silesia (Polonia). Son ecos de la fragmentación que ha caracterizado gran parte de la historia de este país desde que los romanos lo colonizaron y lo llamaron Germania.

GERMANOS Y ROMANOS

La zona que actualmente conocemos como Alemania fue habitada ya en tiempos prehistóricos. La mandíbula del *Homo Heidelbergensis,* hallada cerca de la ciudad de Heidelberg, parece tener unos 400.000 años de antigüedad, y el hombre de Neandertal recibe su nombre del valle de Neander, cerca de Düsseldorf, donde en 1856 se hallaron los primeros restos de este temprano *Homo Sapiens.*

En el último milenio antes de nuestra era, la zona fue habitada por pueblos celtas, de los que sólo se conservan unos pocos restos (fondos de cabañas) en las orillas del lago Constanza, cuya vida se vio cada vez más amenazada por las incursiones de tribus germánicas desde el este y el norte. Estos ancestros de los alemanes actuales llegaron a enfrentarse con el poder de una Roma que expandía su Imperio hacia el este desde la Galia. En 58 a.C., Julio César frustró el intento de Ariovisto, caudillo de los suevos, de ocupar Alsacia; logró que las tropas germánicas se replegaran de nuevo al otro lado del Rin, pero detuvo allí a sus legiones, pues creía que las tierras de la otra orilla no eran nada más que bosques salvajes. Expediciones posteriores cruzaron el Rin y marcharon hacia el este, hasta el Elba. Todo parecía listo para incorporar Germania al Imperio romano cuando, en el año 9 d.C., tres legiones romanas fueron aniquiladas en la batalla del bosque de Teutoburgo por los guerreros liderados por Arminio («Hermann» para muchos alemanes que buscaban héroes nacionales). A partir de entonces, los romanos abandonaron sus intentos de someter las tierras situadas más allá del Rin y se dispusieron a la romanización de la zona occidental y meridional del país.

El historiador Tácito describió a los germanos como perezosos y pendencieros, aunque apreció su coraje en la batalla, y habló de su

tierra como «desagradable, con un clima duro y, generalmente, de aspecto lúgubre». No obstante, dentro de la zona que en aquel momento estaba protegida por el limes, la línea continua de defensas que seguía a grandes rasgos el curso del Rin y del Danubio, sus compatriotas llegaron a sentirse como en casa. Fundaron campamentos militares, ciudades y pueblos, algunos de los cuales han sobrevivido hasta hoy, incluidas Colonia, Augsburgo (que recibió

su nombre del emperador Augusto) y Trier (originalmente Augusta Treverorum), que también honraba el nombre del emperador y es rica en restos romanos.

En 275, Trier fue saqueada por los invasores germánicos, pero se recuperó y se convirtió en la capital del reorganizado Imperio de Occidente y, bajo el emperador Constantino, en un gran centro de la cristiandad. Pero el fin del Imperio se acercaba; las grandes invasiones en el este de Europa presionaron a los siempre inquietos germanos y, durante el siglo V, varios grupos se trasladaron hacia el oeste, quebrando las ya debilitadas defensas romanas.

Los romanos se marcharon y su Imperio se colapsó, pero dejaron una herencia que influyó en el posterior desarrollo del país. La cristiandad se consolidó y extendió su mensaje hacia el este. La vida urbana continuó en muchas de las poblaciones que los romanos habían fundado. Incluso hoy, las tierras antiguamente ocupadas a lo largo del Rin tienen una identidad distintiva, con una *joie de vivre* no siempre presente en otros lugares.

RESURGIMIENTO IMPERIAL

Conocido en Alemania como *Völkerwanderung* («migración de los pueblos»), el período que siguió a la caída del Imperio romano, desde el siglo IV a principios del siglo VII, vio una compleja redistribución de la población de Europa. Los francos, que se asentaron en las fértiles tierras que rodeaban el bajo Rin y el Mosela con capital en Aachen, fueron aumentando su poder. Su líder, Carlomagno, fue coronado rey de los francos en 768. El día de Navidad del año 800 fue nombrado emperador en Roma, de acuerdo con su visión de sí mismo y de su reino

Comienza la reunificación: berlineses del este y del oeste derriban el Muro la noche del 9 al 10 de noviembre de 1989.

como sucesores del Imperio romano. Despiadado y a la vez ilustrado, subyugó a sus enemigos y promovió la cultura, el aprendizaje y las artes. El monumento que mejor lo retrata se encuentra en la catedral de Aachen.

Tras su muerte, el reino se dividió en tres partes, creando las bases de lo que posteriormente serían los Estados separados de Francia

Un busto del Tesoro de la catedral de Aachen muestra el poder y el prestigio de Carlomagno.

y Alemania. La autoridad central siguió disminuyendo, y el orden y la defensa frente a los ataques de los vikingos y de los magiares se dejaron en manos de los señores feudales. Como resultado de las victorias de éstos, se crearon grandes ducados como los de Sajonia, Franconia, Baviera y Suabia. El duque Enrique de Sajonia, conocido como el Pajarero, logró conciliar a los otros duques y devolvió un cierto grado de unidad al reino. Su hijo Otón, conocido como el Grande, organizó en Aachen una espectacular ceremonia para su coronación como rey de Germania (936), presentándose como heredero de Carlomagno. Su logro más

importante fue eliminar definitivamente la amenaza a la estabilidad europea que suponían los magiares, llevándoles al Lechfeld, cerca de Ulm, donde tuvo lugar una de las batallas más importantes de la historia germana. En 962, Otón I fue coronado emperador por el papa de Roma; esta unión de las coronas germana e imperial (que supuso el nacimiento del Sacro Imperio romano-germánico) duró siglos y generó interminables contiendas, ya que los reyes germanos combatieron el poder secular y espiritual de los papas.

EL MOVIMIENTO HACIA EL ESTE

Durante los primeros años del segundo milenio, los emperadores también tuvieron que vigilar el creciente poder de la nobleza y de los obispos, que eran a la vez señores feudales y dirigentes del clero. La lucha entre el papado y el Imperio tuvo en la llamada guerra de las Investiduras uno de sus episodios más importantes y llevó al emperador Enrique IV, en 1077, a un peculiar acto de humillación. Con su autoridad minada por la inquietud entre los príncipes germanos, y temeroso de que el papa Gregorio VII impusiera su poder en Germania, viajó hasta el castillo de Canosa, en Italia, donde se encontraba el pontífice. Una vez allí, vestido sólo con una camisa, esperó humildemente en la nieve hasta que se le concedió una audiencia; entonces, se postró con los brazos en cruz. Satisfecho, el papa Gregorio le garantizó la absolución y confirmó su autoridad, aunque esto no consiguió evitar posteriores conflictos. El poder y el prestigio imperial se veía desafiado constantemente por gobernantes ambiciosos. El emperador Federico I Barbarroja, que reinó entre 1152 y 1190, fue el miembro más destacado de una dinastía muy relevante, los Hohenstaufen. Su deslumbrante corte, llena de poetas y trovadores (los elocuentes *Minnesänger*), llegó a considerarse el modelo de la caballería medieval. A pesar de la continua fragmentación política de Germania y de la carencia de una burocracia y de un ejército centrales, el Imperio persistió, dándose a conocer hacia finales de la Edad Media como Sacro Imperio romano-germánico. Al principio, el cargo de rey y emperador germano no fue hereditario. La elección era decidida por siete electores, gobernantes de algunos de los Estados germanos más importantes, entre ellos

los arzobispados de Trier, Mainz y Colonia. No obstante, con la dinastía Habsburgo, cuyos gobernantes reinaron durante largos períodos no sólo en Austria sino también en otras provincias germanas, los Países Bajos y España, el cargo de emperador se convirtió en hereditario. Esto implicó, evidentemente, que los emperadores sólo dedicaran parte de sus energías a los asuntos de Germania, lo que supuso una constante tentación para los gobernantes locales de imponerse frente a la autoridad imperial.

LA REFORMA

El manifiesto de 95 tesis clavado en la puerta de la iglesia de Wittenberg por el joven monje Martín Lutero, en 1517, desencadenó una serie de acontecimientos que dividieron a la Iglesia y alteraron completamente la geografía política de Germania y Europa. Antes de Lutero ya se habían alzado muchas voces condenando la mundanidad de los papas y prelados, a favor de devolver la Iglesia al pueblo, de eliminar el exceso de ceremonial y de reafirmar las enseñanzas originales de la Biblia. Pero la gota que colmó el vaso fue la venta de indulgencias para obtener fondos que financiaran las ambiciones políticas de los altos dirigentes del clero. La Iglesia, anquilosada, era reacia al cambio y prefería enviar a reformistas como Juan Huss a la hoguera antes que escuchar su mensaje. Huss fue condenado a muerte en Konstanz en 1415. En 1521, Lutero fue convocado a la Dieta de Worms, donde se le condenó y excomulgó, con oscuras amenazas contra cualquiera que lo defendiera. Pero lo que estaba en juego era mucho más que la libertad de un monje que había desafiado al papa y el emperador. Muchos gobernantes germánicos encontraron en sus enseñanzas una piedra angular en la que basar sus propias ambiciones políticas. Cuando Lutero salió de Worms, fue falsamente secuestrado por seguidores del elector de Sajonia y llevado al castillo de Wartburg, en la ciudad de Eisenach. Allí vivió oculto casi todo un año, dedicado a traducir la Biblia a una forma del alemán comprensible para todo el mundo, sentando así las bases del alemán moderno.

Los años que siguieron fueron especialmente turbulentos. Las revueltas campesinas se sucedieron, aunque todas fueron reprimidas con mayor o menor brutalidad. Sectas religiosas reformistas e incluso revolucionarias aparecieron y se disolvieron. Ya a mediados del siglo XVI, muchos príncipes, así como la mayoría de las ciudades libres, habían adoptado el luteranismo, y los intentos del emperador Carlos V para aplastar la Reforma terminaron en un compromiso: la Paz de Augsburgo de 1555, un acuerdo para el desacuerdo, donde se adoptó el principio de «cuius regio, eius religio» (según la

Martín Lutero predica la Palabra de Dios desde su púlpito en Wittenberg.

región, así la religión), permitiendo a los gobernantes de cada territorio determinar su credo sin interferencias externas. Esto dio lugar a un patrón confesional que hoy todavía perdura, a pesar de la movilidad actual de la población: Alemania central y del este son protestantes, y Baviera y Rheinland, católicas.

TREINTA AÑOS DE GUERRA

Entre 1618 y 1648, Centroeuropa fue el escenario de una serie de conflictos bastante complejos conocidos como la guerra de los Treinta Años, en los que a menudo se vieron implicados otros países como Francia y Suecia. El hecho que los desencadenó fue el famoso

La destrucción de Magdeburgo por las tropas imperiales mandadas por el conde Tilly, en 1632.

incidente de la Defenestración de Praga, en la que los nobles protestantes, airados por el ataque del emperador contra sus privilegios, arrojaron a dos de sus representantes desde las ventanas del castillo de Praga. La venganza imperial llegó en 1621, cuando las fuerzas de los nobles de Bohemia fueron aplastadas por el ejército imperial en la batalla de la Montaña Blanca, cerca de Praga. Hubo combates de un extremo al otro de Germania, con ejércitos a menudo compuestos por mercenarios cuyo único interés era el saqueo. Ciudades enteras como Magdeburgo quedaron arrasadas, los campesinos abandonaron las tierras, las cosechas no se recogieron y las epidemias se extendieron. Por aquel entonces, el Nuevo Mundo estaba empezando a acaparar las principales rutas comerciales, que se trasladaron desde Centroeuropa a los horizontes más amplios del Atlántico. Tras la Paz de Westfalia, en 1648, las tierras germánicas lentamente se recuperaron, aunque en términos económicos estaban muy rezagadas con respecto a países como Francia e Inglaterra. Este tratado confirmó el fragmentado mapa político de Germania y permitió una mayor soberanía a los gobernantes territoriales a la vez que limitaba los poderes del emperador. Alsacia fue cedida a Francia y partes de la costa Báltica, a Suecia.

ABSOLUTISMO E ILUSTRACIÓN

A finales del siglo XVII y durante el XVIII, los principales actores políticos en Alemania fueron los gobernantes de los Estados más grandes y, por encima de todo, los reyes de Prusia. Siguiendo el ejemplo de Francia, e impresionados por el estilo de Luis XIV, reorganizaron su reino sobre las bases del absolutismo, centralizando el poder y creando ejércitos poderosos. Algunos de estos gobernantes abandonaron sus castillos medievales para construirse grandiosos palacios barrocos con jardines y avenidas al estilo francés, y adoptaron la lengua francesa en el trato con los círculos más prestigiosos. Los gobernantes más extravagantes y ambiciosos fueron poderosos dirigentes del clero –los llamados príncipes-obispos, tales como los de la dinastía Schönborn, con su suntuosa Residencia en Würzburg–, y la mayoría trató de incrementar su prestigio cultivando su talento intelectual, artístico o musical. A eso se debe la presencia en esta época del escritor y pensador francés Voltaire, que visitó varias cortes alemanas, especialmente la de Potsdam, de Federico el Grande de Prusia, un hombre de cultura excepcional, cuyo talento como flautista queda plasmado en un famoso cuadro del siglo XIX pintado por Adolf von Menzel. La *Ofrenda Musical* de Johann

Sebastian Bach (ver págs. 44-45) se basaba en un tema que el rey le regaló.

Federico el Grande pertenecía a los Hohenzollern, la familia que había fundado Prusia, centrada en Brandemburgo y en la entonces pequeña ciudad de Berlín. Durante el siglo XVIII, los Hohenzollern crearon un Estado con una burocracia eficiente y un ejército bien disciplinado. Relativamente liberal en casa, Prusia ejercía una política exterior agresiva, expandiendo regularmente su territorio, sobre todo a expensas de su gran rival, Austria, a la que arrebató la provincia de Silesia tras la guerra de los Siete Años (1756-1763). Ostentando todavía el título cada vez más nominal de Emperador Sacro Romano, los gobernantes Habsburgo de Austria se desentendieron de los asuntos germanos y se encargaron de Hungría y los Balcanes, donde ocuparon el vacío dejado por un Imperio otomano en retirada. Los otros Estados germánicos contemplaron el auge de Prusia con preocupación, percibiendo quizá que en el siglo siguiente este Estado militar sería el que encabezaría la lucha por la unidad germana e impondría su estilo en lo que todavía era un país fragmentado y con tradiciones muy diversas.

REVOLUCIONES Y RESTAURACIONES

La energía liberada por la Revolución Francesa en 1789 pronto llevó a la confrontación de Francia con Alemania, por lo que hacia 1794, todo el país al oeste del Rin ya estaba en manos francesas. Napoleón llevó sus conquistas más lejos y el mapa político de Alemania quedó ordenado de la siguiente manera: los Estados eclesiásticos fueron abolidos, mientras otros como Baden y Baviera, convertidos en reinos, se extendieron. En 1806, el Sacro Imperio romano-germánico, esa institución de larga vida que ya carecía de significado, dejó de existir.

El resentimiento hacia la dominación extranjera dio lugar al resurgimiento del sentimiento nacionalista, de modo que en la primavera de 1813 una revuelta antifrancesa estalló en toda Alemania, y en octubre, en la batalla de las Naciones, cerca de Leipzig, los ejércitos aliados de Rusia, Austria y una resucitada Prusia vencieron a las tropas de Napoleón. Pero pese a estos acontecimientos, en Centroeuropa no se instauró un nuevo orden. Las potencias vencedoras reunidas en el Congreso de Viena, en 1815, tomaron la determinación de evitar la posibilidad de que se desatara una nueva revolución, y aunque gran parte de la reorganización napoleónica de Alemania se conservó, Rusia, Austria y Prusia reinstauraron regímenes autoritarios. Aun así, hubo disturbios y protestas. En una gran fiesta celebrada en el castillo de Wartburg, los estudiantes izaron por primera vez la bandera negra, roja y amarilla que se convertiría más tarde en la bandera nacional. Ondeó de nuevo en una reunión de 30.000 personas en el castillo de Hambach, en el Palatinado, donde hubo apasionados discursos pidiendo la democracia y la unidad nacional. En 1848, un año de revoluciones en toda Europa, pareció por fin que el viejo orden iba a derrumbarse. Los temerosos gobiernos hicieron concesiones significativas y un parlamento nacional se reunió en la iglesia de San Pablo en Frankfurt para decidir exactamente qué tipo de país democrático, constitucional y unido debía ser Alemania. No se llegó a un acuerdo y las fuerzas conservadoras se reagruparon, disolvieron el parlamento y sofocaron sin escrúpulos las protestas posteriores.

LA UNIFICACIÓN ALEMANA

La unificación de Alemania no se debió a una discusión racional con la participación de todas las partes interesadas, sino a la implacable diplomacia y el juicioso uso de la fuerza aplicado por Otto von Bismarck, nombrado canciller de Prusia en 1862. En 1864, Bismarck utilizó a Austria para conseguir Schleswig-Holstein, y más tarde, en 1866, se volvió contra sus aliados. La victoria del ejército prusiano sobre los austriacos en la batalla de Königgratz (Sadova), en Bohemia, finalmente cerró la puerta a una posible interferencia de Austria en los asuntos alemanes y dejó bien claro que sería Prusia sola la que llevaría Alemania a la unidad. En 1870, los Estados alemanes del sur cumplieron las alianzas con Prusia, que se habían visto obligados a aceptar, y participaron en la guerra franco-prusiana, que terminó con una espectacular victoria alemana. Francia fue obligada a pagar una gran indemnización y las provincias de Alsacia y Lorena, de habla mayoritariamente alemana, que habían pertenecido a Francia desde el siglo XVII, se incorporaron a lo que se dio a conocer como el Segundo Reich (el Sacro

La unidad alemana fue proclamada en el suntuoso escenario del Palacio de Versalles.

Imperio romano-germánico era el primero). El 18 de enero de 1871 el rey de Prusia, Guillermo I, fue proclamado emperador de Alemania. El nuevo káiser creyó que eso significaría el fin de la monarquía prusiana, y muchos otros gobernantes alemanes temieron por su situación; el consentimiento del rey Luis II de Baviera tuvo que ser comprado con un enorme soborno.

Sin embargo, Alemania se llenó de euforia nacionalista, y en los años siguientes se asistió a una explosión de actividad económica: la industria floreció, la actividad constructiva creció y el país pronto tuvo la red ferroviaria más extensa de Europa. Además, tomó la delantera respecto al Reino Unido en la producción de carbón y acero, e inició una segunda revolución industrial con sus innovadoras industrias eléctrica y química. Las provisiones para el bienestar social incluyeron subsidios para el desempleo y la enfermedad, y se mantuvieron a un nivel bastante alto, en parte para favorecer el emergente movimiento socialista, dominado por el Partido Socialdemócrata, que mantuvo una presencia constante en el Reichstag (Parlamento). Pero los poderes del Reichstag eran limitados; la política estuvo regida primero por Bismarck, y, tras su destitución en 1890, por el káiser Guillermo II y su camarilla, formada cada vez más por militares.

LA GRAN GUERRA

La política exterior de Alemania, agresiva e imperialista, despertó los recelos del Reino Unido, los recuerdos de las pasadas humillaciones de Francia por su derrota en la guerra franco-prusiana y los temores de Rusia, creando un ambiente claramente prebélico. Así, en 1914, bajo el pretexto del asesinato del archiduque Francisco Fernando en Sarajevo, heredero del trono de Austria, Alemania, junto con sus aliados (Austria, Turquía y Bulgaria) declaró la guerra a Francia, el Reino Unido y Rusia, a los que más tarde se unieron Italia, Rumania y otras naciones. Cuando falló el largamente preparado golpe contra Francia en el frente occidental –los alemanes fueron detenidos en el Marne–, comenzó una larga guerra de trincheras. Sin embargo, el general Hindenburg venció a los rusos en el frente oriental. Este hecho los eliminó como enemigos y animó a los alemanes a intentar una segunda ofensiva contra franceses e ingleses en el Marne, que también se vio abortada, esta vez por la creciente ayuda estadounidense que había entrado en el conflicto con recursos humanos y materiales ilimitados, después de los ataques a su flota por submarinos alemanes. A finales del verano de 1918, los oficiales alemanes asumieron que la guerra estaba perdida. Tras la derrota, estalló en el país

Tropas alemanas saltan de las trincheras en la ofensiva final de la primera guerra mundial.

una revolución que llevó a la abdicación del káiser Guillermo II y a la proclamación de la República de Weimar.

EL INTERLUDIO DE WEIMAR

El nuevo gobierno republicano de Alemania –el káiser Guillermo II después de abdicar había huido a Holanda– se reunió inicialmente en Weimar debido a los disturbios revolucionarios que había en Berlín. Su primer cometido fue aceptar los duros términos del tratado de paz de Versalles: admisión de la culpa de guerra, reparaciones onerosas, la ocupación francesa de las tierras del Rin, la devolución de Alsacia y Lorena a Francia y la pérdida de zonas de Prusia para darle a Polonia un corredor hasta el Báltico. Esta aceptación fue considerada por muchos una traición. En 1923 el gobierno también tuvo que combatir la hiperinflación, que destruyó los ahorros de millones de personas de la clase media, y soportar la ocupación francesa de la zona industrial del Ruhr. Pero la vida cultural floreció, libre de la atmósfera sofocante del Segundo Reich, y la colorida vida nocturna de Berlín atrajo a cosmopolitas de toda Europa. Durante unos pocos años a final de la década de 1920 hubo una cierta prosperidad, mientras que las reformas sociales parecían sentar las bases para un futuro más esperanzador. Sin

embargo, la República de Weimar recibió un duro golpe con la Gran Depresión de 1929. Hacia 1932 ya había seis millones de parados, y el NSDAP, Partido Nacional Socialista de los Trabajadores (el partido nazi) era el más importante del Reichstag. Tras las elecciones de 1932, el anciano presidente Hindenburg fue persuadido para que nombrara canciller a Adolf Hitler, con la intención de liderar una coalición de gobierno. Estos hechos sucedieron el 30 de enero de 1933.

EL TERCER REICH Y LA SEGUNDA GUERRA MUNDIAL

En la noche del 27 de febrero, el Reichstag fue incendiado, supuestamente por un comunista holandés, aunque lo más probable es que fuera obra de las tropas de asalto nazis. Sin embargo, esto le permitió a Hitler encarcelar a sus oponentes, y consolidar su poder en las elecciones de marzo. Tuvo una enorme habilidad para tocar la fibra sensible de los miedos, frustraciones y ambiciones de los alemanes, y una magistral comprensión de cómo explotarlos. Aparte de los judíos y otros «indeseables», en el programa nazi había algo para todo el mundo. Los industriales pudieron aprovecharse de una economía revitalizada y de un rearme que también les pareció atractivo a los militares. Los trabajadores, que habían abandonado cualquier lealtad hacia el comunismo, ya no temían el desempleo. Las clases medias dejaron de verse amenazadas por la inflación, mientras que muchos pequeños comerciantes se alegraron de librarse de la competencia judía. Finalmente, los sectores más pendencieros de la sociedad encontraron la oportunidad de vestir un uniforme y poder

Adolf Hitler y un sonriente Josef Goebbels, plenamente confiados en el futuro de su Reich milenario.

maltratar libremente a la gente. Una vez que Hitler inició su cadena de éxitos en la política exterior, empezando por la reocupación de las tierras del Rin en 1936, casi todos los alemanes se regocijaron de que la humillación vivida en Versalles comenzara a superarse. A muchos les pareció que los sueños nacionalistas del siglo XIX se estaban haciendo realidad. Los oponentes fueron aplastados o deportados, y el ejército, el único poder que hubiera podido detener a Hitler, se mostró reacio a actuar.

En 1939, el Reino Unido y Francia declararon la guerra a Alemania en respuesta a la invasión de Polonia. El entusiasmo por la guerra no

era absoluto, pero cuando las victorias de la *Blitzkrieg* (guerra relámpago) empezaron a sucederse, muchos alemanes comenzaron a pensar que Hitler era invencible. Las dudas aparecieron con la invasión de la Unión Soviética en junio de 1941 y con la entrada de Estados Unidos en la guerra ese mismo año, y se confirmaron con el desastre de Stalingrado en enero de 1943, y la declaración, por parte de los aliados, de su política de rendición incondicional. Al mismo tiempo, elementos de la resistencia infiltrados en el ejército siguieron con sus planes para asesinar a Hitler, y en julio de 1944 estuvieron cerca de conseguirlo. Pero Hitler sobrevivió y Alemania continuó luchando durante casi un año, en el cual hubo más destrucción que en todos los años anteriores de conflicto; ciudades enteras fueron arrasadas

por las fuerzas aéreas de los aliados, que habían perfeccionado las técnicas de bombardeo utilizadas por la Luftwaffe (fuerza aérea alemana). En los últimos meses de la guerra y en los primeros años de la paz, unos 15 millones de alemanes huyeron o fueron expulsados de las tierras donde habían vivido durante generaciones (en Polonia, Hungría, Yugoslavia o Checoslovaquia) y de aquellas zonas de Alemania que iban a pasar a otras manos: el este de Prusia, Silesia y gran parte de Pomerania.

RECUPERACIÓN Y DIVISIÓN

Físicamente devastada, dominada por el hambre, sometida a los rigores de los terribles inviernos de la posguerra, con multitud de gente desplazada, desmoralizada, desacreditada

El de 1945 fue el año cero para ciudades alemanas como Colonia, arrasada por las bombas de los aviones británicos en 1942.

y gobernada por ejércitos extranjeros, parecía imposible que Alemania pudiera renacer de las cenizas.

Al final de la guerra, el país fue formalmente dividido en zonas de ocupación separadas. Las zonas británica, americana y francesa se convirtieron en la Bundesrepublik Deutschland (República Federal de Alemania o RFA), rescatada de la miseria de la posguerra por una ingeniosa reforma económica que destruyó el mercado negro y allanó el camino para el *Wirtschaftswunder* (milagro económico), que hizo del país una de las naciones más ricas del mundo occidental. La zona soviética se

Observado por los guardias fronterizos de Alemania del este, Kennedy visita el Muro en 1963.

convirtió en la Deutsche Demokratische Republik o DDR (República Democrática Alemana, o RDA). Ésta fue gobernada según las directrices soviéticas por el Partido de Unión Socialista, una fusión del Partido Socialdemócrata impuesta por el Partido Comunista.

Alemania se convirtió en el principal escenario de la guerra fría. En 1948, la frágil alianza entre los poderes occidentales y la Unión Soviética se desvaneció del todo, y en mayo de ese año, la Unión Soviética bloqueó las rutas terrestres y fluviales hacia Berlín. Sin embargo, se hicieron llegar provisiones por aire a los sectores occidentales de la ciudad. En los meses siguientes, aviones británicos y americanos llevaron a Berlín casi 2,5 millones de toneladas de suministros, incluidas enormes cantidades de carbón. Casi un año después, los rusos abandonaron el bloqueo, lo que marcó un punto de inflexión en la guerra fría, y en poco tiempo, la ciudad de Berlín fue vista como una avanzada de la libertad.

A pesar de un notable progreso en algunas áreas (alquileres bajos, generosos subsidios sociales, empleo garantizado), la DDR contó siempre con una lealtad limitada de su población. En 1961, unos 3 millones de ciudadanos del Berlín oriental se había mudado a la zona occidental de la ciudad, atravesando una frontera todavía permeable. La construcción del Muro ese año fue una medida desesperada, una reacción al éxodo que estaba dañando la economía del país.

DE LA DIVISIÓN A LA REUNIFICACIÓN

Desde la década de 1960 hasta finales de la de 1980, la división de Alemania fue una realidad más dentro del paisaje político europeo. La República Federal continuó prosperando, aunque los fantasmas de su pasado nazi no dejaron de atormentarla. La generación que llegó a la madurez en la década de 1960 planteó preguntas que sus padres eran reacios a responder. Una pequeña pero nada insignificante minoría, que se hacía llamar la Fracción del Ejército Rojo, se lanzó a la violencia extrema y al secuestro, esperando que la reacción del Estado ante su terrorismo mostraría a aquél como fundamentalmente fascista. Una vez capturados, los dirigentes de la banda se suicidaron en prisión.

La RDA proclamó con orgullo que estaba en camino de convertirse en uno de los países industriales más importantes del mundo, aunque sus éxitos se basaban en una cuidadosa manipulación de las estadísticas, y las industrias del país básicamente producían bienes que sólo los consumidores cautivos compraban, como

Macedonia, año 2001: las tropas alemanas ayudan a mantener la paz en los Balcanes.

los pequeños coches utilitarios Trabant, muy contaminantes e incómodos. Así pues, la realidad era que, al igual que la Unión Soviética, la RDA se estaba quedando cada vez más rezagada respecto al mundo occidental. Cuando Mikhail Gorbachov comenzó a suavizar el régimen soviético a finales de la década de 1980, el Secretario General Erich Honecker pensó que la RDA podría ignorarlo y continuar su camino, pero el país se paralizó cuando la URSS le retiró su apoyo. En 1989 se desató un gran movimiento popular y cientos de miles de personas llenaron las calles pidiendo el cambio.

DIE WENDE

Este término, que significa «el cambio» o «el punto de inflexión», es el que utilizan los alemanes para describir los importantes acontecimientos ocurridos entre 1989 y 1990, y que llevaron a la reunificación de su país. La Alemania unida no fue el resultado inevitable del colapso del régimen comunista de la RDA; muchos creyeron necesario un largo período de transición mientras el país digería las implicaciones de su recién adquirida libertad.

Aunque la caída del Muro de Berlín, el 9 de noviembre de 1989, fue un evento de una gran importancia simbólica, de hecho sólo representó un estadio en el colapso a cámara lenta de la Alemania del Este. Muchos líderes comunistas creyeron que la supresión de figuras como el Secretario General Honecker y la implementación de reformas preservarían al régimen. Los dirigentes occidentales se esforzaron en convencer a la población de que la reunificación alemana era necesaria y deseable. Pero una vez que la odiada barrera del Muro se abrió, la mayoría de los alemanes del este, lejos de escapar, se conformaron con hacer visitas de un solo día al oeste; iban de compras y regresaban a casa. Sin embargo, cuando salieron a la luz detalles sobre la vigilancia y el control de la *Stasi* (policía secreta), y sobre la corrupción y los privilegios del régimen y sus dirigentes, cada vez más alemanes del este miraron al oeste en busca de la salvación. El canciller Kohl comprendió su preocupación y, en diciembre, respondió declarando a la multitud en Dresde: «Mi objetivo... es la unidad de la nación». Todo lo que el gobierno de la RDA podía hacer era prepararse para las primeras elecciones libres en la historia del país. El resultado, en marzo de 1990, fue el triunfo de los democristianos. La tarea de la nueva administración no consistía en reformar la RDA sino en organizar su absorción por parte de la República Federal. La reunificación tuvo lugar el 3 de octubre de 1990, pero aún quedaba un largo camino que recorrer. ■

Las artes

LA CONTRIBUCIÓN DE ALEMANIA AL ARTE EUROPEO ES FUNDAMENTAL PARA la historia del continente. Los suntuosos palacios e iglesias barrocos y rococó de los siglos XVII y XVIII marcan el punto culminante de la arquitectura alemana. Escritores como Goethe y Schiller se erigieron en representantes destacados del Clasicismo y del Romanticismo, y compositores como Bach y Beethoven situaron a Alemania en el mapa musical de Europa, por no hablar de la explosión artística de los primeros años del siglo XX.

ARQUITECTURA

Aunque Alemania se vio influida por las corrientes estilísticas surgidas en los países vecinos –de Francia, en concreto, adoptó las innovaciones del Gótico, y de Italia, las aportadas por el Renacimiento– también ha encabezado algunas propias, especialmente por lo que se refiere al Jugendstil, y a la arquitectura de vanguardia a principios del siglo XX.

Armonía románica en la nave de la iglesia de San Miguel, en Hildesheim.

Al margen de los grandes estilos, cabe decir que el país contó con una rica tradición constructiva llevada a cabo por artesanos locales, que se materializó en casas solariegas y urbanas en las que se observa un predominio de la madera sobre la piedra, y que dio un tipo de construcción característica realizada a base de entramados de madera que después se rellena-

ban con el material disponible en el lugar. A esto hay que añadir, además, la rica decoración tallada en madera de las casas antiguas.

Del Carolingio al Románico

Aunque los romanos erigieron murallas, termas, villas y lugares de culto, la verdadera historia de la arquitectura alemana comienza hacia el año 790 con la construcción de la capilla Palatina en Aachen (ver págs. 160-161) por el emperador Carlomagno. Era una estructura de piedra de 16 lados con un octógono central y arcos de medio punto, inspirada en la iglesia bizantina de San Vitale en Rávena, Italia, aunque el edificio de Carlomagno es bastante más sencillo. Formaba parte de un gran Kaiserpfalz (palacio imperial), hoy desaparecido, y que fue uno de los muchos lugares que Carlomagno y su corte ocuparon durante sus viajes por sus vastos dominios. Otro Kaiserpfalz, éste del siglo XI y hoy restaurado, se conserva en Goslar, en los montes del Harz. La capilla de Aachen sirvió como modelo para otras iglesias de estilo carolingio, de las cuales se conservan algunos fragmentos en los monasterios de Essen (ver pág. 168) y de San Pedro, en Bad Wimpfen (ver pág. 325). Un rasgo característico de estas primeras iglesias era su vestíbulo de apariencia fortificada, con una capilla encima; hay un bonito ejemplo en el idílico entorno rural de la isla de Reichenau, en el lago Constanza (ver págs. 335-337). Más ambicioso y complejo fue el estilo arquitectónico que apareció en el Imperio tras el siglo X, del cual es un buen ejemplo la iglesia de San Miguel, en Hildesheim (ver pág. 144), construida entre 1001 y 1033. La estructura, de formas geométricas sencillas, tiene ábsides semicirculares en ambos extremos, dos torres

Pág. siguiente: las casas con buhardillas son el orgullo de las plazas de muchas poblaciones.

La exuberancia del **Gótico tardío** en la bóveda de la iglesia de **Santa Ana**, en **Annaberg-Buchholz**.

centrales cuadradas y torres con escaleras de caracol. Posteriormente, el Románico alemán produjo magníficas catedrales en las tierras del Rin: en Mainz, Trier, Worms y Speyer (ver págs. 178-179, 187-188, 191 y 194). De apariencia austera, están ricamente ornamentadas con motivos decorativos basados en el uso repetido de los arcos de medio punto, mientras que en Colonia (ver págs. 148-159) se encuentra el mayor legado alemán de iglesias románicas.

Gótico

Los primeros indicios de la penetración del Gótico se observan en la catedral de Limburgo (ver pág. 207), cuya fachada, iniciada en 1211, es todavía de un exuberante Románico, mientras que el interior incorpora bóvedas con nervaduras típicamente góticas. Pero las primeras estructuras propiamente góticas de Alemania se encuentran en la Liebfrauenkirche de Trier y en la iglesia de Santa Isabel de Marburgo (ver pág. 206), ambas iniciadas en la década de 1230. En esta última, la nave central y las laterales tienen la misma altura, un patrón muy común en Alemania que creó una tipología particular de iglesias denominadas *Hallenkirchen* (iglesias sala). En 1248 se inició la construcción del mayor de todos los edificios góticos alemanes, la catedral de Colonia (ver págs. 151-153). Tras completarse el coro, las obras continuaron con lentitud y la catedral tuvo que esperar hasta el siglo XIX para ser completada, en parte porque la osada visión de quienes la proyectaron superaba los conocimientos técnicos de la época. Otra catedral fue la de Ulm, cuya aguja, levantada en 1890, es la más alta del mundo.

Los siglos XII y XIII fueron un importante período en la construcción de monasterios. En Maulbronn, en Baden-Württemberg (ver págs. 341-342), ha sobrevivido un ejemplo casi perfecto de lo que fue la vida monástica por aquel entonces.

La mayoría de las estructuras góticas fueron construidas en piedra, pero en la costa báltica y otras partes del norte de Alemania, se desarrolló una variante llamada *Backsteingotik* (Gótico de ladrillo), que no se aplicó únicamente a la construcción de iglesias sino también a los ayuntamientos y otras edificaciones civiles, otorgando un carácter distintivo a las ciudades que comerciaron con la Hansa, tales como Lübeck y Stralsund.

Renacimiento

Al principio, en Alemania, las formas arquitectónicas del Renacimiento italiano se malinter-

La iglesia rococó de la Residenz de Würzburg fue un suntuoso lugar de culto.

pretaron, ya que los arquitectos las aplicaban sólo por su efecto decorativo o combinadas de forma incongruente con los rasgos góticos. Un ejemplo de ello es la capilla de la familia Fugger (1512) en la iglesia de Santa Ana, en Augsburg (ver págs. 272-273), la primera estructura alemana renacentista dominada todavía por una bóveda gótica. Por otro lado, Munich, una ciudad católica que mantenía más contacto con Italia que con otras ciudades alemanas, se construyó en un estilo plenamente renacentista. Los mejores ejemplos son la Michaelskirche (ver pág. 286), completada por los jesuitas en 1589, y el palacio de los gobernantes, la Residenz (ver págs. 293-294), con su Antiquarium, construido como espectacular entorno para los tesoros artísticos ducales. En la Alemania septentrional, de mayoría protestante, las influencias holandesas y flamencas encontraron su expresión más impresionante en el Renacimiento del Weser, caracterizado por su ornamentación extravagante, con buhardillas, miradores, volutas, espigones, obeliscos y estatuas.

Barroco y rococó

El Barroco, originario de Italia, adquirió características distintivas en manos de los arquitectos y artesanos alemanes, especialmente en el sur, católico. Aquí se creó un escenario espectacular,

de una gran sensualidad, para la Contrarreforma. Se alcanzó una cumbre de opulencia y fantasía en la iglesia rococó de peregrinaje de Vierzehnheiligen (ver págs. 256-257), iniciada en 1743 según el proyecto de Balthasar Neumann (1687-1753). Este arquitecto también construyó (o participó en la construcción) de los palacios de la dinastía Schönborn de príncipes-obispos en Brühl, Bruchsal (ver pág. 342) y Würzburg (ver págs. 261-262), donde una impresionante escalinata lleva a unas salas de recepciones de gran esplendor. En la planta baja, la sala Terrena, un espacio similar a una gruta conduce a un jardín concebido como parte integrante del proyecto. El jardín barroco más espectacular de Alemania estuvo en Wilhelmshöhe, a las afueras de Kassel (ver pág. 203), donde una cascada inmensa bajaba por una colina desde un templo coronado por una estatua gigante de Hércules. Construido a principios del siglo XVIII, luego fue transformado, como la mayoría de jardines barrocos alemanes, en un parque naturalista de estilo inglés.

La opulencia barroca y la fantasía rococó no fueron exclusivas del sur de Alemania. El patio y los pabellones del Zwinger, en Dresde, se encuentran entre los escenarios más ambiciosos para la celebración de fiestas cortesanas, mientras que los graciosos interiores rococó del

Elegancia clásica en el bulevar de Unter den Linden, en Berlín, captada por Wilhelm Brücke en 1842.

Palacio Sanssouci de Federico el Grande en Potsdam contradicen todas las ideas preconcebidas sobre la austeridad prusiana.

Del Clasicismo a la confusión

En el siglo XVIII, la arquitectura clásica de la Antigüedad fue reinterpretada con un estilo apropiado para las capitales de Estado. En Potsdam, el Palacio de Sanssouci fue enriquecido con una columnata clásica del arquitecto de la corte Georg von Knobelsdorff (1699-1753). En 1791, la entrada a Berlín fue ennoblecida con la Puerta de Brandenburgo (ver págs. 58-59), directamente inspirada en los Propileos de la

Acrópolis ateniense. El arquitecto prusiano más importante de su momento fue Karl Friedrich Schinkel (1781-1841), también director del Departamento de Obras Públicas. Transformó Berlín y sus alrededores con la construcción de museos, palacios y casas de campo en un estilo neoclásico contenido pero audaz. Su contrapartida en Baviera fue Leo von Klenze (1784-1864), quien le otorgó a Munich un aire regio (Baviera se había convertido en reino) con edificios como la Glyptothek (ver pág. 292), el primer museo público de escultura del mundo. También proyectó monumentos para ensalzar el creciente nacionalismo alemán: Walhalla (ver pág. 278) en el Danubio y la Befreiungshalle, cerca de Kelheim (ver pág. 271).

Otros monumentos se levantaron en muchas partes de Alemania tras la unificación de

que las oficinas en forma de barco de la Chilehaus, en Hamburgo, o que la Rheinhalle, en Düsseldorf. En contraste, la pionera fábrica Fagus de Walter Gropius (1883-1969), en Alfeld, con el techo plano, paredes de cristal y forma de caja, anticipaba todo lo que estaba por venir. En 1919, Gropius fundó la Bauhaus en Weimar (ver págs. 214-217), creando así una estética utópica para la moderna era de las máquinas. El espíritu de la Bauhaus quedó reflejado en edificios públicos de ciudades como Berlín y Frankfurt. Tras la llegada al

El edificio de la Bauhaus (1926), proyectado por Walter Gropius, en Dessau, se erigió en el símbolo de la arquitectura de vanguardia.

1871. Se dedicó un gran esfuerzo a buscar un estilo arquitectónico apropiado para el Segundo Reich, pero gran parte de las construcciones de finales del siglo XIX son poco más que una insulsa mezcla de estilos históricos.

El Jugendstil

A principios del siglo XX, el Jugendstil, la variante alemana del *art nouveau* francés y el Modernismo catalán, floreció brevemente, sobre todo en el entorno de Mathildenhöhe, en Darmstadt (ver pág. 209), donde la colonia de artistas y arquitectos se estableció en 1899. Las primeras décadas del siglo XX vieron la aparición de estilos arquitectónicos y nuevas ideas. Estructuras extrañas y orgánicas, como la Torre Einstein de Erich Mendelsohn en Potsdam, se agruparon bajo la misma directriz expresionista

poder de los nazis en 1933, Gropius y muchos otros artistas huyeron de Alemania, llevándose consigo sus ideas al extranjero.

Los nazis adoptaron el estilo monumental de impresionantes edificios funcionalistas como la estación de Stuttgart, construida entre 1913 y 1928. También favorecieron un estilo «clásico desnudo», ejemplificado por la Haus der Kunst, en Munich. Pero su logro más duradero, una excelente síntesis de ingeniería, arquitectura y diseño de paisajes, fue la construcción de una amplia red de autopistas (1930).

La destrucción causada por la guerra obligó a un período de reconstrucción, entre las

El sol se pone sobre la visión de Albrecht Altdorfer de *La batalla de Alejandro* (1529).

décadas de 1950 y 1960, en un estilo moderno convencional y anodino. Sin embargo, hay edificios que vale la pena destacar, como la elegante torre Thyssen, en Düsseldorf. En Alemania probablemente hay más iglesias modernas que en ningún otro país; la iglesia conmemorativa del káiser Guillermo, en Berlín, es una mezcla de edificio contemporáneo y ruinas de la guerra. Para los Juegos Olímpicos de 1972,

Günther Behnisch superó a sus predecesores de 1936 con un estadio de inspirada originalidad, integrado en el parque que lo circunda y cubierto por una carpa. Algunos de los edificios recientes más impactantes son obra de arquitectos extranjeros como James Stirling (galería Estatal de Stuttgart) y sir Norman Foster (edificio del Commerzbank en Frankfurt y restauración del Reichstag en Berlín).

PINTURA Y ESCULTURA

Las obras de arte se conservan en su mayor parte en el país debido a varios hechos circunstanciales. En primer lugar, porque los aristócratas ingleses en el *Grand Tour* solían llevarse a casa recuerdos de Italia y Francia más que de Alemania; segundo, porque en el siglo XIX, la creación de colecciones públicas y de museos coincidió con el alza del nacionalismo y la preocupación porque la herencia artística se quedara en el país y, más tarde, porque a principios del siglo XX, el prestigio de la obra de los artistas afincados en París fue tan grande que eclipsó el arte de otros países.

Inicios

Entre las muestras más tempranas de la escultura alemana cabe destacar el panel tallado en relieve del museo Halle que representa a un jinete sajón del siglo VIII entrando en batalla con su escudo y su lanza y, en la catedral de Colonia, la expresiva Cruz de Gero, del siglo X. Por aquel entonces, la pintura estaba limitada a la ilustración de manuscritos, tarea llevada a cabo por escuelas de artesanos en los centros monásticos como Trier y la isla de Reichenau, en el lago Constanza. En la iglesia de San Jorge, en Reichenau, hay pinturas murales de los milagros de Cristo que datan del año mil.

Los escultores románicos dieron a Alemania obras importantes, como el León de Brunswick, aproximadamente del año 1166, símbolo del poder y la determinación del duque Enrique el León, así como las esculturas realizadas en la década de 1230 para la catedral de Bamberg (especialmente la estatua ecuestre conocida como «el Jinete de Bamberg»), representativas de los ideales de la caballería medieval.

Siglos XV y XVI

En la Edad Media, la producción de retablos para las iglesias alcanzó un gran auge, sobre todo en Colonia, donde Stephan Lochner (muerto en 1451) representó con maestría la gracia y la dulzura de las expresiones, como se pone de manifiesto en su *Madona en el Jardín de Rosas*, de 1445. Las actitudes piadosas de la Edad Media combinadas con las primeras influencias del humanismo renacentista dieron como resultado las magníficas tallas de Veit Stoss (*c.* 1445-1533) y Tilman Riemenschneider (*c.* 1460-1531), ambos activos en Franconia

(Baviera septentrional). Los inicios del siglo XVI fueron una edad de oro para la pintura alemana. Nadie ha representado más intensamente el sufrimiento humano que Matthias Grünewald (*c.* 1470-1528) en su *Cristo crucificado*. Albrecht Altdorfer (*c.* 1480-1538) fue pionero en la pintura de paisaje, subordinando los temas convencionales a su emplazamiento, como en su *San Jorge y el dragón*, situado en los bosques primigenios del sur de Alemania. Lucas Cranach el Viejo (1472-1553) se especializó en desnudos femeninos y en retratos, entre los que cabe destacar el que realizó de Martín Lutero. No obstante, el pintor más destacado de la época fue Alberto Durero (1471-1528), que dominó el dibujo y el grabado tan bien como la pintura al óleo, y que virtualmente inventó la acuarela. Sus viajes por Italia le permitieron comprender los ideales renacentistas, a los cuales añadió una expresividad característicamente alemana; sus retratos, como el de Oswald Krall, en la Alte Pinakothek de Munich (ver págs. 288-289), parecen mostrar el alma de sus modelos. El gran retratista Hans Holbein el Joven (1497-1543), por otro lado, se concentró en la descripción física detallada de las personas que retrataba y lo que les rodeaba, como en su *Retrato del mercader Georg Gisze,* en la Gemäldegalerie de Berlín (ver págs. 66-67).

Siglos XVII y XVIII

La producción artística se vio afectada tanto por la Reforma como por la guerra de los Treinta Años (1618-1648). Un pintor de corta vida pero de gran influencia fue Adam Elsheimer (1578-1610), que creó sutiles efectos de luces y sombras en cuadros como *La huida a Egipto*. Sus obras, de pequeño formato, contrastan con la necesidad, por entonces creciente debido a la proliferación de iglesias y palacios barrocos, de artistas capaces de cubrir grandes superficies con pinturas ilusionistas y que podían colaborar estrechamente con escayolistas, doradores y estucadores, así como con los arquitectos. Los hermanos bávaros Cosmas Damian (1686-1739) y Egid Quirin Asam (1692-1750), escultores y estucadores, realizaron entre otras obras la iglesia que lleva su nombre en Munich (ver pág. 285) y la abadía de Weltenburg (ver pág. 278), en el Danubio. Otros hermanos, Dominikus (1685-1766) y Johann Baptist Zimmermann (1680-1758)

Fases de la vida, del pintor romántico Caspar David Friedrich (1774-1840).

colaboraron de forma parecida en la iglesia de peregrinaje de Wieskirche (ver pág. 316) en las laderas de los Alpes Bávaros. Los escultores más destacados del Barroco fueron Andreas Schlüter (1660-1714), cuya estatua del gran elector se alza ante el Palacio Charlottenburg (ver págs. 72-73), en Berlín, y Balthasar Permoser (1651-1733), que llenó el Zwinger de Dresde de cupidos, doncellas y otras figuras de piedra.

Siglo XIX

El pintor más importante del Romanticismo alemán fue Caspar David Friedrich (1774-1840), cuyos lienzos muestran paisajes oníricos, a menudo presididos por una figura solitaria que contempla el misterio y la melancolía del universo. Es casi imposible contemplar sus paisajes (la isla de Rügen, la orilla del mar Báltico, el valle del Elba) sin verlos a través de los ojos de este visionario artista.

A mediados de siglo, se impuso una pintura costumbrista que evocó la Alemania provinciana con humor; su máximo representante fue, sin duda, Carl Spitzweg (1808-1885), autor de obras como *El poeta pobre* y *El cazador del domingo* (ver pág. 290). Famoso por sus representaciones de la alta sociedad y sus idealizados cuadros históricos, Adolf von Menzel (1815-1905) también pintó escenas de la vida cotidia-na. La especialidad de Wilhelm Leibl (1844-1900) fue la gente del campo pintada a la manera meticulosa de los antiguos maestros. La idea de una «vida buena y simple» en el campo llevó al establecimiento de colonias rurales de artistas. La más conocida, en Worpswede (ver pág. 139), cerca de Bremen, tuvo a Paula Modersohn-Becker (1876-1907) entre sus miembros; su pintura aparentemente naïf sobre la vida de pueblo aún es muy apreciada.

A finales del siglo, el impresionismo encontró un importante eco en Alemania con la obra de Max Liebermann (1847-1935) y Lovis Corinth (1858-1925), pero fue con el expresionismo de principios del siglo XX cuando el arte alemán aportó su contribución más original.

Siglo XX

Entre 1905 y 1925 surgió en Alemania el expresionismo, un movimiento artístico que rechazaba la realidad objetiva para representar el sentimiento interior, el estado emocional y la visión particular del artista. Tres fueron los grupos artísticos que desempeñaron un papel fundamental en este sentido, el de *Die Brücke* (El puente), fundado en Dresde en 1905 y liderado por Ernst Ludwig Kirchner (1880-1938), que utilizó formas simplificadas y colores muy vivos para transmitir un significado dinámico

Visión expresionista del dinamismo urbano en *Puerta de Brandenburgo*, de Ernst Ludwig Kirchner.

en cuadros como *Desnudo con sombrero* (1911); el de *Der Blaue Reiter* (El jinete azul), establecido en Munich en 1911, con August Macke (1887-1914) y Franz Marc (1880-1916), el ruso y pionero de la abstracción Wassily Kandinsky (1866-1944) y Paul Klee (1879-1940), entre otros, que también llenaron sus paletas con colores brillantes y en cuyas obras predominó el misticismo; y la *Neue Sachlichkeit* (Nueva objetividad), que regresó a una forma de realismo para tratar los horrores de la guerra, el caos social y la miseria de los años de la República de Weimar. Su máximo exponente fue Otto Dix (1891-1969), cuyo apocalíptico tríptico *Guerra* produce un impacto similar al de la *Crucifixión* de Grünewald, de finales de la Edad Media.

Más tarde, el dadaísmo se regocijó con el absurdo de la mano de Kurt Schwitters (1887-1948) haciendo *collages* con objetos sacados de la basura. El surrealista Max Ernst (1891-1976) anticipó la futura catástrofe de la segunda guerra mundial en algunos de sus paisajes de otro mundo. George Grosz (1893-1959) fue quizás el cronista satírico más corrosivo de la década de 1920. Como muchos artistas, se exilió para huir del ataque de los nazis contra todo arte que no fuera el más servil y convencional. Max Beckmann (1884-1950) dejó Alemania después de oír el discurso con el que Hitler abrió la exposición nazi de «Arte Degenerado», celebrada en Munich en 1937 con la intención de humillar a sus adversarios en su concepción del arte. La visión de Beckmann de los tormentos del hombre moderno aún tiene validez; en 2001 su *Autorretrato con cuerno* se vendió en Nueva York al precio más alto jamás pagado hasta el momento por una obra alemana.

El escultor favorito de los nazis fue Arno Breker (1900-1991), cuyos superhombres musculosos decoraron los lugares públicos como el Estadio Olímpico de Berlín y la Cancillería del Reich. En contraste, las figuras de Ernst Barlach (1870-1938), más sencillas, van desde una escala modesta a otra monumental (*El vuelo del ángel*, en la catedral de Güstrow).

En la segunda mitad del siglo XX, el arte alemán pareció dudar entre restablecer las conexiones con la vitalidad de la década de 1920 o hacer su propia contribución a las tendencias internacionales. La figura más destacada en Alemania Occidental fue el escultor Joseph Beuys (1921-1986), que trabajó con materiales como grasa, fieltro, pilas y pizarras, montando *happenings* y *performances*.

MÚSICA

En Alemania la música siempre ha ocupado un lugar destacado, como lo demuestra la cantidad de compositores e intérpretes de talla internacional que ha dado este país. Hoy, el número de orquestas que posee es excepcional, varias de ellas de prestigio mundial, como la Filarmónica de Berlín y la Leipzig Gewandhaus, y hay salas de ópera en lugares inesperados. También abundan los festivales, entre ellos el Wagner en Bayreuth, el más prestigioso de todos.

laúd o un arpa. El más importante fue Walter von der Vogelweide (*c.* 1170-1230), quien se cree que participó en el legendario «Torneo de los Trovadores», celebrado en el castillo de Wartburg (ver pág. 222). Los Minnesänger también tocaron temas religiosos, sociales y políticos, igual que los cantantes errantes conocidos como *Vaganten*; algunas piezas de estos últimos

El gran compositor alemán Ludwig van Beethoven, por Johann Scheffner.

Franz Schubert, creador de los románticos *Lieder*.

De los comienzos al Barroco

Al parecer, lo primero que tocaron los músicos alemanes fueron unos cuernos de bronce largos y curvados, conocidos como *Luren*, que datan de la primera mitad del primer milenio a.C. Y sabemos por los romanos que las tribus germánicas iban a la batalla cantando. A principios de la Edad Media, la música era sobre todo patrimonio de la Iglesia y estaba dominada por el canto gregoriano interpretado en latín. La canción alemana propiamente dicha, comenzó realmente en el siglo XII, cuando los *Minnesänger*, poetas líricos influidos por los trovadores provenzales, celebraron el amor cortesano, a veces acompañados por un violín, un

se recogen en la obra *Carmina Burana*, de 1280, recuperada por Carl Orff en 1937. Los sucesores de los Minnesänger fueron los *Meistersinger*, cantantes organizados en gremios, cuyo representante más destacado fue Hans Sachs (1494-1576), ensalzado por Wagner en su ópera *Los Maestros Cantores de Nuremberg*.

Martín Lutero, que escribió la letra de himnos como *Eine Feste Burg*, comprendió la importancia de la música para la devoción, y la música coral de su tiempo se convirtió más tarde en la cantata, una de las formas musicales en las que se destacó Johann Sebastian Bach (1685-1750). Maestro indiscutible de la época barroca, quizá por lo que más se le recuerda es por haber desarrollado la polifonía. Bach estuvo en las cortes de Weimar y Köthen antes de ser nombrado director musical de la ciudad de Leipzig en 1723. Su reputación ha continuado creciendo, aunque por aquel entonces Georg Philipp Telemann (1681-1767) fuera más aclamado. La otra figura de la música barroca fue Georg Friedrich Händel (1685-1759), quien

Las óperas, sinfonías y suites de Richard Strauss marcan la transición al siglo XX.

compuso muchas de sus obras, como su oratorio *El Mesías*, en Inglaterra, su patria adoptiva. La corte ducal de Mannheim fue un prolífico entorno para los músicos de toda Alemania, y fue aquí donde se pusieron los cimientos para el desarrollo de la sinfonía.

Del Clasicismo al Romanticismo

Aunque la evolución de la sinfonía y el establecimiento del cuarteto de cuerda deben mucho a los austriacos Joseph Haydn (1732-1809) y Wolfgang Amadeus Mozart (1756-1791), estas formas alcanzaron su máxima expresividad con el alemán Ludwig van Beethoven (1770-1827). Sus nueve sinfonías dieron expresión musical a

profundas emociones, y su capacidad para indagar en lo más hondo del ser humano marcó el camino para la siguiente generación de compositores alemanes, los románticos.

Genios musicales fueron Franz Schubert (1797-1828) con sus *Lieder*, canciones en que voz y piano se funden en una exquisita armonía, y Robert Schumann (1810-1856), pianista

Kurt Weill colaboró con Bertolt Brecht en *La ópera de cuatro cuartos*.

virtuoso, que también compuso expresivos *Lieder*, aunque él consideró su sinfonía en do menor su obra maestra. Mientras tanto, la ópera en alemán había alcanzado momentos de gloria con *La flauta mágica*, de Mozart, y *Fidelio*, de Beethoven, al tiempo que *El cazador furtivo*, de Carl Maria von Weber (1821), creó armonías musicales y dramáticas que anticiparon la obra de Richard Wagner (ver pág. 260). Johannes Brahms (1833-1897) combinó con éxito Romanticismo y tradición clásica, y fue visto como un contrapeso de la tendencia a la falta de forma de las obras de Wagner. Richard Strauss (1864-1949), por su parte, que abordó todas las tradiciones musicales con igual virtuosismo, es conocido por poemas sinfónicos como *Don Juan* y óperas como *El caballero de la rosa*.

El siglo XX

A alemanes y austriacos se deben muchas de las innovaciones musicales del siglo XX, incluido el uso de la atonalidad (Arnold Schönberg, 1874-

Heinrich Heine sacó de quicio a la censura con su prosa provocativa.

1951) y de técnicas electrónicas (Karl-Heinz Stockhausen, nacido en 1928). Las óperas satíricas de Kurt Weill (1900-1950), como *La ópera de cuatro cuartos* o *Auge y caída de la ciudad de Mahagonny*, están entre la música más accesible y popular del siglo. Emigrado a Estados Unidos, Weill se vio influido por el jazz.

LITERATURA

Alemania tiene una de las tradiciones literarias más importantes del mundo, que abarca desde la épica medieval y la poesía trovadoresca hasta la novela contemporánea pasando por la Biblia de Lutero y las obras cumbre del Clasicismo de Weimar.

La Edad Media

El espíritu de la Alemania medieval tiene su máximo exponente en el poema épico anónimo de finales del siglo XII *Das Nibelungenlied (Los Nibelungos)*, una rica combinación de mito, pasiones humanas y realidad histórica que proporcionó a Richard Wagner material para su serie de óperas del *Anillo*. En *Parsifal*, el poema épico de principios del siglo XIII, Wolfram von Eschenbach narró la búsqueda del Santo Grial. Igual que las canciones de amor de los Minnesänger (ver pág. 44), estas obras épicas fueron escritas en mediano alto alemán, predecesor del idioma actual, el nuevo alto alemán. A principios del siglo XVI, una ola de literatura cómica y satírica culminó en la figura de *Till Eulenspiegel*, un bromista y bufón cuyas chanzas fueron relatadas por Hermann Bote, un agente fiscal de Brunswick.

Lutero y la literatura del siglo XVII

La mayor contribución de Martín Lutero a la cultura alemana fue su traducción de la Biblia, completada en 1534. Fue la primera traducción libre de las ataduras de los dialectos regionales, y su sencillez y claridad hizo que la pudieran entender todos, lo que significó una inmensa contribución en el desarrollo del alemán como idioma literario. Las turbulencias de la Reforma y de la guerra de los Treinta Años inhibieron la producción literaria, aunque de la guerra surgió la novela picaresca *Simplicissimus* (1669), de Jakob Christoph von Grimmelshausen, cuyo antihéroe vive todo el caos de la época.

De la Ilustración al «Sturm und Drang»

Gotthold Ephraim Lessing (1729-1781) situó el teatro en otro nivel. Defendió la tolerancia social y religiosa, y, desafiando las convenciones de la época, sacó a sus personajes de las clases medias en alza. Mientras el viejo orden europeo se derrumbaba tras la Revolución Francesa, apareció un dinámico movimiento literario que tomó su nombre de una obra de teatro alemana de F. Klinger, «Sturm und Drang» (Tormenta e ímpetu), que trataba de la guerra de la Independencia estadounidense. Esta corriente predicó la liberación de la tiranía y la supremacía de las emociones, y contó entre sus representantes destacados con Johann Wolfgang von Goethe (1749-1832), el escritor más destacado de la literatura alemana. Por más que se adhirió a este movimiento al principio, quien lo llevó a sus últimas consecuencias fue en realidad su amigo Friedrich Schiller (1759-1805), algunas de cuyas obras, como *Die Räuber (Los ladrones)*, continuaron molestando a regímenes dictatoriales ya entrado el siglo XX. Aunque Goethe empleó su enorme talento en muchos

acumulada que se expresaba tanto en las canciones populares como en las historias tradicionales.

Naturalismo y realismo

Heinrich Heine (1797-1856), maravilloso autor de poesía lírica con un estilo popular (*Die Loreley*) trató también en sus obras las injusti-

La apoteosis del cine mudo: *El gabinete del doctor Caligari* **(1919), de Robert Wiene.**

campos, es mundialmente conocido sobre todo por su poesía lírica, sus dramas históricos y su representación definitiva del mito de Fausto. Se trata de una figura universal que incorporó el Romanticismo salvaje del movimiento «Sturm und Drang» a la nobleza y la armonía del Clasicismo de Weimar. Para algunos románticos, los cuentos populares y de hadas fueron fuente de inspiración; entre ellos, E. T. A. Hoffmann (1776-1822) y Clemens Brentano, que en 1805 publicó una antología titulada *Des Knaben Wunderhorn (El cuerno maravilloso)*. Sin embargo, los más importantes recopiladores de este tipo de material fueron los hermanos Grimm (ver pág. 203). Serios eruditos, los Grimm creyeron firmemente en la sabiduría

cias y desigualdades de su época. Escribió con ingenio sobre sus viajes por Alemania; la sensibilidad hacia el paisaje fue un tema destacado en la literatura de finales del siglo XIX. Nadie ha evocado los paisajes de Brandenburgo y de las provincias del Báltico tan minuciosamente como el novelista Theodor Fontane (1819-1898), particularmente en su obra maestra *Effi Briest*, que narra la historia de un matrimonio malhadado. *Der Schimmelreiter (El jinete del caballo blanco)*, de Theodor Storm (1817-1888) es de lectura obligada si tiene previsto visitar la zona costera de Schleswig-Holstein. Un espíritu de realismo crítico y social llena obras como *Die Weber (Los tejedores)*, de Gerhart Hauptmann (1862-1946).

El siglo XX

En el destino de los personajes de las novelas de Thomas Mann (1875-1955) se observan claramente los cambios de los que el autor fue testigo. *Los Buddenbrook* (1900) es la crónica de la decadencia de la vida de la clase media alta en Lübeck, mientras que medio siglo más tarde, narraría en *Doktor Faustus* las agonías de la era hitleriana. Al hermano de Thomas Mann, Heinrich (1871-1950), se le conoce sobre todo por haber retratado el vacío espiritual de un típico ciudadano del Segundo Reich en *Der Untertan (El hombre de paja)*. El guión de la película *El ángel azul* se basó en su obra *Professor Unrat*. Una perspectiva muy diferente de los peligros que amenazaban el siglo XX fue la ofrecida por Franz Kafka (1883-1924), con sus narraciones cortas y novelas de pesadilla, como *El proceso*. La tendencia alemana a obedecer ciegamente la ley fue satirizada en la obra *Der Hauptmann von Köpenick (El capitán Köpenick)*, de Carl Zuckmayer (1896-1977), en que un don nadie logra que todo el mundo haga su voluntad vistiendo un uniforme prusiano y dando órdenes.

Las obras inspiradas en los grandes temas del siglo XX salieron de la pluma de autores como Günther Grass, famoso por su novela *Die Blechtrommel (El tambor de hojalata)*, de 1959, y Rolf Hochhuth, con *Der Stellvertreter (El representante)*, de 1963, en la que se cuestiona el papel del papado en la segunda guerra mundial. Aun así, el dramaturgo más aclamado sigue siendo Bertolt Brecht (1898-1956), que fundó el prestigioso teatro Berliner Ensemble. Grass y escritores como el nobel Heinrich Böll (1917-1985) se esforzaron para mantener vivas cuestiones morales en Alemania Occidental. Un papel similar lo desempeñaron en el Este escritores como Christa Wolf (nacida en 1929) y Stefan Heym (1913-2001).

CINE

La edad de oro del cine alemán fue la década de 1920 y los inicios de la de 1930, cuando los estudios UFA de Babelsberg (parte de Potsdam) dieron al mundo películas que fueron hitos del arte y la técnica cinematográficas. En 1919, Robert Wiene dirigió *El gabinete del doctor Caligari*, una película muda que utilizó recursos expresionistas (ángulos de cámara inusuales, contrastes dramáticos de luces y sombras, y decorados estilizados) para narrar una historia de locura y asesinato. En su película *El Doctor Mabuse*, Fritz Lang creó un personaje monstruoso decidido a dominar el mundo. Con *Metrópolis*, de 1926, una evocación de los horrores de una ciudad del futuro, puso en el mapa al cine de ciencia ficción; lo mismo hizo F. W. Murnau para las películas de vampiros con *Nosferatu* (1921). Erich Pommer dirigió *El Ángel Azul* en 1930, en inglés y en alemán, y convirtió a Marlene Dietrich en una estrella.

El cine, y concretamente los estudios de la UFA, utilizado por el gobierno alemán como un instrumento de propaganda durante la primera guerra mundial, volvió a emplearse con los mismos fines después de la llegada de Hitler al poder, en 1933. Goebbels lo usó para excitar, entretener y desinformar a las masas; así los documentales de Leni Riefenstahl sobre la reunión del partido nazi en Nuremberg, en 1934, y los Juegos Olímpicos de Berlín de 1936 convirtieron estos dos espectáculos en relatos cautivadores. Incluso en los últimos días del Tercer Reich se encontraron recursos para filmar la épica *Kolberg*, estrenada en un búnker de la Wehrmacht, en la ciudad sitiada de La Rochelle, en enero de 1945.

Gran parte del talento de la industria cinematográfica (Dietrich, Wilder, Zinnemann) huyó a Hollywood en la década de 1930, y no fue hasta mucho más tarde que el cine alemán se recuperó. La película *Los asesinos están entre nosotros* (1946), de Wolfgang Staudte, trató la resaca del mandato nazi, aunque el género por excelencia de la filmografía alemana occidental fueron las llamadas películas de *Heimat* («patria»), comedias románticas ambientadas en el campo. Desde la década de 1960, inspirados por la *nouvelle vague*, algunos jóvenes directores alemanes salvaron la trayectoria del cine de su país de la banalidad, y las películas de Werner Herzog (*El joven Törless*, 1966), Volker Schlöndorff (*El honor perdido de Katharina Blum*, 1975, y *El tambor de hojalata*, 1979), Rainer Werner Fassbinder (*El matrimonio de Maria Braun*, 1978) y Wim Wenders (*París, Texas*, 1984) tuvieron reconocimiento internacional. En los últimos años han destacado *Vaya con Dios* (Zoltan Spirandelli, 2002), *Good Bye, Lenin* (Wolfgang Becker, 2003), *Contra la pared* (Fatih Akir, 2004), *El hundimiento* (Oliver Hirschbiegel, 2004) y *Lutero* (Eric Till, 2005). ∎

En ninguna parte es más vibrante el espíritu de la Alemania reunificada que en Berlín, una de las grandes capitales europeas. En el circundante Land de Brandenburgo, se alzan los palacios de la Potsdam real.

Berlín y Brandenburgo

Un músico de Berlín con el típico casco rematado con una pica

Berlín y Brandenburgo

BERLÍN ESTUVO DIVIDIDO ENTRE 1949 Y 1990 EN LA ZONA ESTE Y LA ZONA oeste. Mientras Berlín Oriental se autoproclamó capital de la República Democrática Alemana, Berlín Occidental quedó como una especie de isla-estado, unida a Alemania Occidental por aire y por corredores terrestres estrictamente vigilados, y mantenida con vida por generosos subsidios. Desde 1990, Berlín, de nuevo capital de un país unido, ha recuperado la relación con su territorio, las poblaciones y el campo de la región actualmente conocido como el Land de Brandenburgo. Sin embargo, temerosos de ser dominados por la metrópoli, en 1996 los habitantes de Brandenburgo rechazaron la propuesta de formar un nuevo Land mediante la unión de su región con Berlín.

Fueron los glaciares y los canales del deshielo de la glaciación los que formaron el paisaje de Berlín y Brandenburgo. El agua aquí es omnipresente en forma de lagos, riachuelos y grandes ríos, así como los grandes canales que unen Berlín con el resto del país. Hay pocas colinas, y algunas de las más prominentes son las erigidas con los escombros de la capital devastada en el período de la posguerra. Grandes bosques de pinos y robles crecen en los arenosos y poco fértiles suelos que cubren gran parte de la región; una de las zonas boscosas más extensas es el Grunewald, el pulmón de Berlín Occidental. El paisaje campestre de Brandenburgo tiene un encanto dulce y melancólico; entre Berlín y Potsdam, las orillas del ancho río Havel fueron transformadas por generaciones de jardineros y arquitectos, al servicio de sus reales señores, en una especie de «Arcadia prusiana», un paisaje de gran belleza que mereció ser incluido en el Patrimonio Mundial de la UNESCO.

Éste es el corazón de Prusia. Brandenburgo fue originalmente la Marca, el territorio fronterizo arrebatado a sus habitantes eslavos cuando se inició la expansión germana hacia el este en el siglo X. De este núcleo creció un principado y luego un reino, gobernado durante 500 años por la dinastía Hohenzollern, que mandó erigir espléndidas residencias, tanto en Berlín como en Potsdam. Cuando Berlín se convirtió en una gran metrópoli a finales del siglo XIX y principios del XX, atrajo a gente de toda Alemania y del extranjero, que se convirtieron en los típicos habitantes de una gran ciudad, perspicaces y con un acre sentido del humor. Los habitantes de Brandenburgo, en cambio, son considerados leales, de ritmo más tranquilo y personas de confianza. Su Land suele ser ignorado por las prisas por llegar a la capital, aunque los fabulosos palacios y parques de Potsdam sólo son algunos de los muchos atractivos de la región. ◼

Un organillero en Berlín.

Mapa de situación

Berlín

0   50 kilómetros

◁5

◁4

◁3

◁2

◁1

MECKLENBURG-BAJA POMERANIA
pág. 87

Meyenburg
Prítzwalk
Wittstock
Schönebeck
Kyritz
Bückwitz
Rhinow
Briesen
Pessin
Rathenow
Premnitz
Plaue
Brandenburgo
Ziesar
Görzke
Belzig
Wiesenburg
Marzahna

A19
A24
E26
E55
A10
A2
E30
A10
A9

Neuruppin
Gransee
Rheinsberg
Zehdenick
Löwenberg
Herzberg
Kremmen
Oranienburg
Hennigsdorf
Nauen
Falkensee
Olympiastadion
120 m
Teufelsberg
Schloß
Sanssouci
Potsdam
Wannsee
Golzow
Beelitz
Mittenwalde
Trebbin
Zossen
Treuenbrietzen
Luckenwalde
Jüterbog

Ravensbrück
Fürstenberg
Templin
Joachimsthal
Liebenwalde
Birkenwerder
Bernau
BERLIN
BERLÍN
Jagdschloß
Grunewald
Eichwalde
Rangsdorf
Königs
Wusterhausen
Baruth
Golssen
Dahme
Brandis
Schlieben
Herzberg
Doberlug-
Kirchhain
Falkenberg
Bad
Liebenwerda
Elsterwerda

Prenzlau
Hassleben
Gramzow
Gartz
NATIONALPARK
UNTERES
ODERTAL
Schwedt
Angermünde
Kloster
Chorin
Eberswalde
Bad
Freienwalde
Wriezen
Tiefensee
Prötzel
Strausberg
Neuenhagen
Rüdersdorf
Fürstenwalde
Storkow
Müllrose
Beeskow
Märkisch
Buchholz
Lübben
Lübbenau
Luckau
Calau
Vetschau
Drebkau
Finsterwalde
Grossräschen
Senftenberg
Lauchhammer
Ruhland

Seelow
Manschnow
Müncheberg
Frankfurt
an der Oder
Eisenhüttenstadt
Lieberose
Guben
Peitz
Cottbus
Schloß
Branitz
Forst
Spremberg
Schwarze
Pumpe

POLONIA

BIOSPHÄRENRESERVAT
SPREEWALD
Spreewald Museum

SAJONIA-ANHALT
pág. 211

SAJONIA
pág. 227

△
B

△
C

△
D

△
E

Berlín

El aire de Berlín *(Berliner Luft)* parece ser especialmente refrescante, posiblemente porque la atmósfera de la ciudad se beneficia de tener una tercera parte de su superficie dedicada a zonas verdes. Pero también es posible que se deba a la sensación de que la ciudad, en rápido desarrollo y tras haber sobrevivido al trauma de la división de la guerra fría, se está convirtiendo en un auténtico laboratorio de arquitectura y en una de las ciudades europeas más vibrantes culturalmente.

Berlín es una gran ciudad, no tanto en términos de su población (la mitad de la de Londres o París) como por su superficie, de casi 900 km². Para disfrutar de su trazado urbanístico, utilice su excelente sistema de transportes, que le llevará de un punto de interés a otro.

Suba al autobús de dos pisos nº 100 en Bahnhof Zoo para arrancar el centro del antiguo Berlín Occidental, con sus elegantes tiendas y sus prestigiosos barrios residenciales. El bus se dirige hacia el este a través del Tiergarten, el antiguo parque de caza real, pasando por el

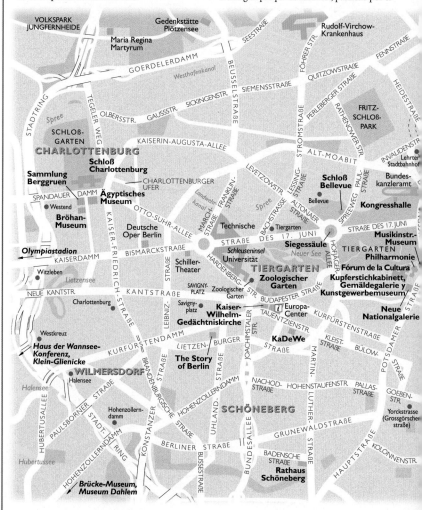

Reichstag y por la nueva sede del gobierno. Hacia el sur verá las modernas estructuras de la Potsdamer Platz, que devuelve la vida a una zona que quedó dividida y abandonada por la construcción del Muro. El cercano Fórum de la Cultura agrupa museos modernos, galerías y salas de conciertos de categoría mundial.

Más allá de la Puerta de Brandenburgo, el bus entra en el antiguo Berlín Oriental, el núcleo histórico de la ciudad. Aunque gran parte de su patrimonio quedó destruido por los bombardeos y por el avance del Ejército Rojo en 1945, es mucho lo que se ha conservado y restaurado, incluso durante el período comunista, que dejó su huella en la alta torre de la Televisión y en la Fernsehturm, en los fríos

espacios de la Alexanderplatz, y en el monumental bulevar de Karl-Marx-Allee.

Más allá del centro de la ciudad hay un anillo de barrios semi independientes. Kreuzberg tiene una mezcla de inmigrantes turcos y alemanes con un estilo de vida alternativo, si bien, al parecer, ha cedido su papel de marcar tendencias a Prenzlauer Berg. Schöneberg y Tempelhof mantienen vivos los recuerdos del transporte aéreo (ver pág. 32) y de la guerra fría, mientras que Charlottenburg tiene el bulevar de Kurfürstendamm, su propio museo y un palacio restaurado. Al oeste, las prestigiosas zonas residenciales de Wilmersdorf y Zehlendorf se extienden hacia el cinturón de bosques, lagos y parques que unen Berlín con Potsdam. ∎

Vale la pena hacer cola para contemplar las azoteas de Berlín desde la cúpula del Reichstag, obra de Norman Foster.

El Reichstag

DESDE QUE SE REABRIÓ EN 1999, EL ENORME EDIFICIO DEL Reichstag ha recuperado su papel de sede del Bundestag, el parlamento alemán, hoy coronado por la reluciente cúpula de acero y cristal del arquitecto británico sir Norman Foster, que se ha convertido en un poderoso símbolo de la unidad del país. Proyectado para expresar la apertura del proceso político y para dar la bienvenida al público, atrajo a más de tres millones de visitantes en su primer año de reapertura.

Deutscher Bundestag (Reichstag)

🏛 Plano pág. 53

✉ Platz der Republik 1

☎ 030 227 321 52

🚌 Bus: 100

La Alemania imperial llevaba más de 20 años unida cuando el edificio del parlamento fue finalmente completado en 1894, con cada detalle escrupulosamente examinado por el káiser Guillermo II, que no fue precisamente un gran amigo de la democracia parlamentaria. Evidentemente, el gran edificio neorrenacentista no mereció su aprobación. Lo tildó de «la cumbre del mal gusto» y ridiculizó las actividades que se llevaban a cabo en su interior al describirlo también como «la casa de los monos». Pero el Reichstag se vengó de él en noviembre de 1918, al anunciarle desde aquí el fin de la dinastía Hohenzollern y proclamar la República Alemana.

Los miembros del Parlamento debaten los asuntos del día en la cámara principal del Bundestag.

En 1933, el edificio quedó destruido por las llamas. Al parecer fue incendiado por un perturbado holandés, que fue condenado a muerte, aunque bien pudieron ser las tropas de asalto de Hitler las verdaderas artífices. En cualquier caso, el incendio del Reichstag fue utilizado por los nazis como excusa para aterrorizar y encarcelar a sus oponentes, entre ellos muchos diputados parlamentarios.

Cuando el Ejército Rojo entró en Berlín en abril de 1945 el Reichstag sirvió de fortaleza, ya que sus formidables muros soportaron el fuego de la artillería. El 2 de mayo, sin embargo, el edificio cayó y en su tejado se hizo la bandera con la hoz y el martillo, una de las fotografías más inolvidables de la segunda guerra mundial.

En el período que siguió a la segunda guerra mundial, la zona que se extendía ante el Reichstag en ruinas fue el lugar donde se convocaron manifestaciones de todo tipo. En 1948, cuando se inició el bloqueo soviético de Berlín (ver pág. 32), fue aquí donde una muchedumbre se congregó para escuchar al alcalde, Ernst Reuter, pedir al mundo que «mirara a esta ciudad y recordara que ni ella ni sus habitantes debían ser abandonados». Ciertamente, Berlín no fue abandonada, pero la construcción del Muro en 1961 al este del Reichstag separó al gran edificio del centro de la ciudad. En la década de 1970, el interior fue habilitado de nuevo, pero los soviéticos no permitieron que albergara las sesiones del parlamento de Alemania Occidental. En vez de eso, acogió una exposición, «Preguntas a la Historia Alemana», que fue parada obligatoria de las visitas que realizaban los escolares del oeste.

Después de la reunificación, no todos los alemanes estaba de acuerdo en que la sede del gobierno regresara a Berlín, ni en que el Reichstag reviviera. Su aislada masa de piedra oscura se había convertido en un símbolo importante de los aspectos más oscuros de la historia del país. Sin embargo, cuando en 1995 el artista búlgaro Christo empaquetó el edificio en plástico plateado, la percepción de la gente respecto al Reichstag cambió radicalmente, y limpiarlo, reconstruirlo y abrirlo al público pareció la única opción posible.

Hoy son muchos los que visitan el Reichstag, así que, para evitar las colas, vaya temprano. Un ascensor le llevará a la terraza de la cúpula, desde donde podrá disfrutar de las espléndidas vistas de la ciudad y contemplar la cámara parlamentaria desde arriba, en una zona que forma una rampa en espiral.

La entrada ceremonial a la Bundeskanzleramt (Cancillería Federal), en el corazón de la nueva sede del gobierno en Berlín.

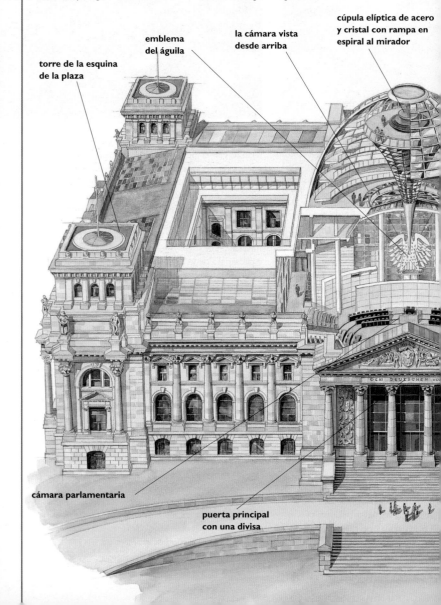

torre de la esquina de la plaza

emblema del águila

la cámara vista desde arriba

cúpula elíptica de acero y cristal con rampa en espiral al mirador

cámara parlamentaria

puerta principal con una divisa

patio interior

NUEVA SEDE DEL GOBIERNO

Puede ser que Norman Foster haya insuflado nueva vida a un viejo edificio, pero los arquitectos berlineses Charlotte Frank y Axel Schultes han remodelado toda la zona de la ciudad que rodea el Reichstag, creando así un nuevo entorno para el gobierno. Un grupo de edificios nuevos cruza la base de un meandro del Spree, y luego atraviesa el río hasta el antiguo Berlín Oriental, para ofrecer alojamiento a los diputados, el personal y los empleados del gobierno. Los nuevos edificios estatales se unen al Mitte a través de un puente de Santiago Calatrava. La construcción más sobresaliente es la Bundeskanzleramt, la Cancillería Federal. En este edificio blanco destaca sobre todo la abertura semicircular de 18 m que hay en lo alto de la fachada. No deje de visitar el patio para admirar la monumental escultura de Eduardo Chillida que está colocada en el centro.

Más al oeste, el cauce del río Spree ha sido desviado, dejando espacio para una espléndida estación central de ferrocarril, que supera a las anteriores. ■

fachada con pedestales

Paseando por el Tiergarten.

La Puerta de Brandenburgo y Unter den Linden

LA PUERTA DE BRANDENBURGO (BRANDENBURGER TOR), que marcaba la línea divisoria entre el este y el oeste durante la guerra fría, se convirtió, por desgracia, en el principal símbolo de división de Alemania y su capital. No obstante, en octubre de 1990, adquirió un nuevo significado al servir de telón de fondo de la alegría que vivieron miles de personas en las celebraciones de la reunificación del país.

Puerta de Brandenburgo

🗺 Plano pág. 53

Inspirada en los Propileos de la Acrópolis de Atenas, la Puerta, con seis columnas dóricas a cada lado, fue completada en 1791. Marca el límite entre el núcleo histórico de la ciudad, al este, y la antigua reserva de caza real del Tiergarten, al oeste. Sólo el káiser podía atravesar esta hermosa puerta por el centro, coronada por una cuadriga guiada por la diosa de la Victoria. La estatua soportó bien el viaje a París cuando Napoleón se la llevó, pero cayó víctima de los bombardeos de la guerra. Afortunadamente, se conservaba un molde en yeso, y pudo ser restituida en 1958 en un inusual acto de cooperación entre el este y el oeste.

Los tilos y la calzada de la **Unter den Linden,** la vía pública más prestigiosa del centro de Berlín, recorren casi un kilómetro desde la Pariser Platz, cerca de la Puerta de Brandenburgo, al oeste, hasta la Isla de los Museos (ver págs. 62-65), al este. A lo largo de los siglos, los reyes prusianos convirtieron un camino polvoriento que llevaba al campo, en una magnífica avenida bordeada por espléndidas construcciones.

Para hacerse una idea general de lo que es la Unter den Linden tome el autobús nº 100, y échele un vista-zo rápido desde el segundo piso; después ya la visitará con más dete-nimiento. El **Hotel Adlon,** en el lado sur de la Pariser Platz, es uno de los grandes hoteles tradicionales de Berlín. Durante mucho tiempo sir-vió como lugar de encuentro neutral entre los diplomáticos extranjeros y los funcionarios de la Oficina de Asuntos Exteriores, en la cercana Wilhelmstraße.

Pero la zona verdaderamente monumental del Linden comienza en el extremo opuesto de la Friedrichstraße, con grandes institu-ciones como la **Universidad Humboldt** (a la izquierda) y los tres magníficos edificios (la Alte Bibliothek, la catedral de Santa Hedwig y la Ópera) que definen el **Forum Fredericianum** o **Bebelplatz** (a la derecha). En mitad de la calle se alza una estatua ecuestre de Federico el Grande. Al lado de la universidad hay un peque-ño pero perfecto templo neoclásico, la **Neue Wache** (nueva casa del guarda), una obra temprana de Karl Friedrich Schinkel (1781-1841), considerado el más grande de los arquitectos prusianos. Actualmente, se ha convertido en un monumento conmemorativo a las víctimas de la guerra y de la tiranía. El edificio barroco que hay al lado es el **Zeughaus** (arsenal), que alberga el ampliado museo de historia de Alemania. ■

La iluminación nocturna realza la grandeza de la Puerta de Brandenburgo.

NOMBRES DE LUGARES

Las palabras en ale-mán imprescindibles para el visitante:

Berg montaña
Burg castillo, fortaleza
Meer mar
Palast palacio
Platz plaza
Rathaus ayuntamiento
Schloß castillo, palacio
   o gran casa de
   campo
See lago
Tor puerta

Un paseo por el viejo centro de Berlín

Cuando pase por las zonas que sufrieron los efectos de la guerra fría, aprecie hasta qué punto el viejo centro de Berlín, desde la Puerta de Brandenburgo, al oeste, hasta la Alexanderplatz, al este, quedó marcado por los años de gobierno comunista.

El paseo comienza a unos cientos de metros al oeste de la Puerta de Brandenburgo (Brandenburger Tor), en el **Sowjetisches Ehrenmal** (monumento conmemorativo soviético) ❶, construido con el mármol y el granito aprovechados de la sede de la Cancillería de Hitler. Un par de tanques T34, supuestamente los primeros que entraron en la ciudad en abril de 1945, rodean una columnata dominada por la figura de un soldado del Ejército Rojo. Más de 20.000 soldados soviéticos perecieron en la batalla de Berlín. Hasta la caída del Muro en 1989, este monumento lo vigilaban constantemente soldados del Ejército Rojo.

Atraviese la Puerta de Brandenburgo (ver págs. 58-59) y baje por Unter den Linden, dejando a la derecha la **Embajada de Rusia** ❷, una estructura estalinista de austero estilo neoclásico construida en 1952. Deténgase un momento en la esquina de Unter den Linden y Friedrichstraße. Al norte, el paso elevado sostiene las vías del S-Bahn, uno de los pocos medios con el que se podía pasar del este al oeste. La **Estación de tren de Friedrichstraße** (Bahnhof) ❸ era un sombrío lugar de dolorosas llegadas y partidas, y su sala de aduanas era conocida como el Tränenpalast (Palacio de las Lágrimas).

Gire a la derecha y diríjase al sur por la Friedrichstraße. El auge constructivo de la década de 1990 ha devuelto a esta avenida algo del bullicio del que gozó antes de la segunda guerra mundial. Encontrará un cuerno de la abundancia en las bonitas galerías comerciales y en los grandes almacenes, como la sucursal de las Galeries Lafayette parisinas. **Checkpoint Charlie,** más abajo en la Friedrichstraße, es el paso mundialmente famoso donde los soldados americanos y soviéticos se vigilaban mutuamente mientras se levantaba el Muro. Las populares exposiciones del museo de la **Haus am Checkpoint Charlie** ❹ (*Friedrichstraße 43-45; Tel 030 2537 250*) narran la historia del Muro.

Vuelva por la Friedrichstraße y gire a la derecha por la Mohrenstraße hasta el

Gendarmenmarkt ❺. Dominada por tres edificios, el del teatro (Schauspielhaus), el de la catedral alemana (Deutscher Dom) y el de la catedral francesa (Französischer Dom), es quizá la plaza más bonita de Berlín. Atraviese la Französische Straße y la Behrenstraße hacia la **Bebelplatz,** la plaza flanqueada por la St. Hedwigs-Kathedrale (catedral de Santa Hedwig), la Alte Bibliothek (antigua biblioteca) y la Staatsoper (ópera). Un monumento conmemorativo recuerda que éste fue el lugar donde, el 11 de mayo de 1933, los nazis organizaron su famosa quema de libros, empezando por las obras de Karl Marx.

Diríjase al este por el puente hacia la Schloßplatz, donde en otros tiempos se encontraba el Palacio Real de Berlín, que fue dina-

mitado en 1950. El espacio que dejó recibió el nombre de Marx-Engels-Platz, y se utilizó para los «espontáneos» desfiles del régimen. En sustitución del Palacio Real se construyó el **Palast der Republik** 6, Parlamento y centro social de la RDA, completado en 1973.

Al otro lado del puente sobre el río Spree se encuentra el corazón de lo que debió de ser la ejemplar metrópoli socialista de «Berlín, capital de la RDA». La inmensidad de la zona apenas queda compensada por la presencia de uno o dos edificios antiguos supervivientes, como la Marienkirche y el **Rotes Rathaus** 7 (ayuntamiento rojo), que recibió su nombre de los ladrillos rojos de la fachada. El centro de este complejo lo ocupan unas figuras en bronce sorprendentemente modestas de Marx y Engels. La estructura dominante es la **Fernsehturm** (torre de la televisión) 8, de 365 m de altura, terminada en 1969 y apodada «la venganza del papa» a causa del reflejo en forma de cruz que aparece cuando el sol brilla en su cima.

Más allá de las vías de tren elevadas se encuentra la **Alexanderplatz** 9, un punto clave para los berlineses del este. En el lado este de la plaza, un mural estilo realismo socialista que decora la Casa del Profesor (Haus des Lehrers) aún proclama los méritos del marxismo. Después, a lo largo del Karl-Marx-Allee, «el Primer Bulevar Socialista», se extienden las fachadas neoclásicas estalinistas. ■

- Ver también plano págs. 52-53
- Sowjetisches Ehrenmal/ monumento conmemorativo soviético
- 5 km
- Media jornada
- Alexanderplatz

PUNTOS DE INTERÉS

- Sowjetisches Ehrenmal
- Haus am Checkpoint Charlie
- Gendarmenmarkt
- Fernsehturm
- Alexanderplatz

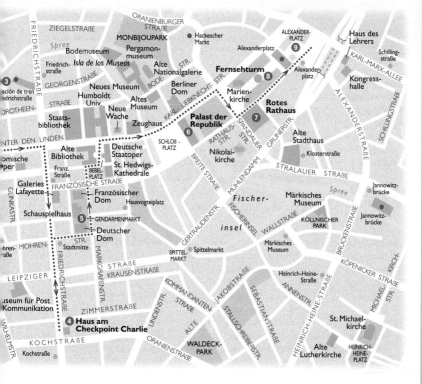

Isla de los Museos

El museo
Pergamon acoge
monumentos
antiguos tan
grandes como la
Puerta de Ishtar,
de Babilonia.

Isla de los Museos
 Plano pág. 53

Altes Museum
www.smb.spk-berlin.de/
 Plano pág. 61
 Bodestraße 1-3
 030 266 3660
 Cerrado lun.
 $$
 U-Bahn/S-Bahn:
Friedrichstraße o
S Hackescher Markt,
Bus: 100

A VECES LLAMADO «LA ACRÓPOLIS PRUSIANA», EL COMPLEJO
museístico de la Isla de los Museos (Museumsinsel) ocupa el extremo
norte de la isla que está en el río Spree y es Patrimonio de la Humanidad. Los alemanes se dedicaron a la arqueología y a la conservación
de antigüedades, desenterrando la herencia del mundo antiguo y aca-
parando incomparables botines, muchos de los cuales se conservan
aquí, como el Altar de Pérgamo o la Puerta de Ishtar, de Babilonia.

Los edificios de la isla quedaron
gravemente dañados durante la
segunda guerra mundial, a lo que
hay que sumar el abandono posterior. Para rescatar el sueño de los
ilustrados reyes prusianos se puso
en marcha un plan para restaurar-
los y reunir en este lugar la mayor
parte de los tesoros artísticos de
la ciudad.

ALTES MUSEUM
El arquitecto real de Prusia, Karl
Friedrich Schinkel (ver pág. 38),
consideraba el **Altes Museum**
(antiguo museo) su obra maestra. La
larga fachada con columnas de su
templo neoclásico mira al sur, hacia
donde estuvo el Palacio Real, y sim-
bolizó las altas aspiraciones culturales del Estado Prusiano (ver pág. 28).

**Arriba, derecha:
estatuas clásicas
embellecen la
glorieta del Altes
Museum.**

**Alte
Nationalgalerie**
www.alte-nationalgalerie.de

Plano pág. 61

Bodestraße 1-3

030 2090 5803

Cerrada lun.

$$

U-Bahn/S-Bahn:
Friedrichstraße o
S Hackescher Markt,
Bus: 100

Cuando se completó en 1830, se convirtió en uno de los primeros museos públicos del mundo. Su elemento más destacado es una armoniosa glorieta bordeada de estatuas clásicas, inspirada en el Panteón de Roma. Aunque no disponga de mucho tiempo, no se pierda la bonita figura conocida como *El chico que reza (Der betende Knabe)*, esculpida por un artista anónimo en la isla de Rodas *c.* 300 a.C. También romano es el relevante mosaico de la villa de Adriano, procedente de Tívoli, en las afueras de Roma.

El museo se enriqueció en 2005 con el traslado de la colección de arte egipcio de Charlottenburg. Entre las piezas más interesantes de esta reciente adquisición están los bustos de Nefertiti y Akhenatón.

ALTE NATIONALGALERIE

La antigua galería nacional rivaliza con el Altes Museum en proclamar el amor de Alemania por la cultura y la determinación de mostrar su devoción en un entorno tan imponente como sea posible. Completada en 1876, también es un templo neoclásico, aunque muy distinto. Se eleva sobre un podio y se accede a él por una doble escalinata. Tras un costoso programa de remodelación, la Alte Nationalgalerie se ha convertido en un magnífico hogar para el arte alemán del siglo XIX.

La galería es, posiblemente, el mejor lugar para admirar la particular contribución del país al Romanticismo; hay más de una veintena de obras de Caspar David Friedrich (1774-1840), incluido su atmosférico *Monje al lado del mar* y *El árbol solitario*. También se exponen pinturas del versátil Karl Friedrich Schinkel (1781-1841), visionarias representaciones arquitectónicas de un idealizado mundo clásico o gótico.

Por lo demás, casi todos los grandes pintores alemanes del siglo XIX están representados aquí: los intensos retratos de Philipp Otto Runge; las encantadoras y humorísticas evocaciones de la plácida vida de provincias de Carl Spitzweg; y, como contraste, el himno a la creciente industria pesada del país: *El molino*, de Adolf von Menzel. Las obras de pintores de finales del siglo XIX como Max Liebermann y Lovis Corinth

soportan bien las comparaciones con sus contemporáneos impresionistas franceses: Manet, Monet, Renoir, Degas y Cézanne.

PERGAMON MUSEUM

El museo Pergamon, que no rivaliza en términos arquitectónicos con la obra maestra de Schinkel, fue construido entre 1909 y 1930 para acoger el reconstruido altar del siglo II a.C. de la ciudad griega de Pérgamo (Asia Menor, en la actual Turquía). No obstante, las colecciones de piezas del mundo antiguo que se exponen en él son prácticamente interminables. La escala del **Altar de Pérgamo** impone a cualquiera, y la expresividad de las esculturas de su friso, que representan la lucha de dioses y gigantes, es extraordinaria. Casi el mismo impacto le producirá

Izquierda: estatuas del Antiguo Egipto vigilan la entrada del Pergamon Museum.

Pergamon Museum

- 🅰 Plano pág. 61
- ✉ Kupfergraben
- ☎ 030 20 80 50
- 🕐 Cerrado lun.
- 💲 $$
- 🚇 U-Bahn/S-Bahn: Friedrichstraße, S Hackescher Markt, Bus: 100

la **puerta del mercado,** que data igualmente del siglo II a.C. y que procede de la ciudad de Mileto. Ahora bien, la pieza más grande es, sin duda, la poderosa Puerta de Ishtar, de Babilonia, con ladrillos vidriados y figuras de toros y dragones.

BODEMUSEUM

Separado del Pergamon Museum por las vías elevadas del S-Bahn, el Bodemuseum es un fabuloso edificio neobarroco de 1904. Su afortunada estructura, con una cúpula, realza el promontorio entre los dos brazos del río Spree. Originalmente llamado Kaiser-Friedrich-Museum, su nombre actual honra a Wilhelm Bode, director de los museos Estatales Prusianos a principios del siglo XX. Las obras para su remodelación están en marcha y, cuando se completen, en el otoño de 2006, este enorme edificio proporcionará un espacio muy necesario para diversas colecciones.

La **Münzkabinett** (colección de monedas) contará no sólo con varios miles de monedas, sino también con billetes, sellos, medallas, máquinas para la acuñación y objetos utilizados para el trueque.

Una notable colección de escultura le permitirá admirar obras italianas y alemanas desde la Edad Media hasta el siglo XVIII. El **Museum für Byzantinische Kunst** (museo de arte bizantino), con sus esculturas, tejidos, cerámicas y pintura italiana, griega, de Oriente Medio y los Balcanes, además de una colección de iconos de los siglos XIV al XIX, también se trasladará aquí. ■

Arriba: en el corazón del Pergamon Museum se alza el enorme altar griego traído de la ciudad de Pérgamo, en Asia Menor, la actual Turquía.

Fórum de la Cultura

CUANDO EN LA DÉCADA DE 1950 LA DIVISIÓN DE LA CIUDAD fue ya definitiva, los padres de la ciudad de Berlín Occidental decidieron crear un importante centro cultural en los descampados del lado sudeste del Tiergarten. Se esperaba que el Fórum de la Cultura (Kulturforum) se constituyera en un posible eje cultural este-oeste que ayudara a la reunificación de la ciudad, objetivo que aún está por llegar, ya que el Fórum sigue siendo un grupo de edificios independientes alejados de los lugares de paso. Ahora bien, para los turistas con un mínimo interés por el arte se ha convertido en destino obligado.

El primer edificio construido fue la nueva sede para la Orquesta Filarmónica de Berlín, dirigida por Herbert von Karajan de 1954 a 1989. Proyectado por el arquitecto jefe de la ciudad, Hans Scharoun, este asimétrico edificio de la **Philharmonie** se inauguró justo a tiempo para el Festival de Berlín de 1963. Reserve las entradas para los conciertos lo antes posible. A Scharoun también se debe el **Musikinstrumenten-Museum,** que se levanta justo al lado, y que acoge una fabulosa colección de más de 2.500 instrumentos musicales, con algunas piezas del siglo XVI.

Enfrente de la Philharmonie, una plaza en pendiente lleva hasta un complejo de edificios en forma de búnker con un gran vestíbulo compartido por varios museos, entre ellos, el **Kupferstichkabinett,** con una fantástica colección de grabados y dibujos, y el **Kunstgewerbemuseum,** que cubre las artes decorativas desde la Edad Media hasta el *art nouveau* y el *art déco* en adelante. Ahora bien, la mayoría de los visitantes que se acercan aquí, lo hacen para visitar la **Gemäldegalerie,** que guarda obras maestras de la pintura antigua. Sólo en la zona principal de la

Arriba: el singular exterior de la Philharmonie, de Scharoun. Izquierda: en la Gemäldegalerie verá a los antiguos maestros.

Musikinstrumenten-Museum
www.SIM.SPK-berlin.de
- Plano pág. 52
- Tiergartenstraße 1
- 030 254 81 0
- Cerrado lun.
- $
- U-Bahn/S-Bahn: Potsdamer Platz, Bus: 129, 142, 148, 248, 341, 348

galería hay unos 900 cuadros.

¿Cómo elegir, pues, entre Botticelli, Tiziano, Rafael, Caravaggio, Claude Lorrain, Poussin, Rembrandt, Rubens, Brueghel, Franz Hals, Gainsborough y Reynolds? Una manera podría ser concentrarse en las galerías de los pintores alemanes: Durero (*Retrato de Hyeronimous Holzschuher*), Cranach el Viejo (*La fuente de la juventud*), Baldung Grien (*Crucifixión*) y Holbein el Joven (*Retrato del mercader Georg Gisze*), que le permitirán hacerse una idea de la pintura germana entre los siglos XIII y XVI. O también puede pasarse todo el día aquí, descansando de vez en cuando en la cafetería.

Reserve tiempo para recorrer la corta distancia que separa la iglesia de San Mateo, un pequeño edificio de ladrillo del siglo XIX, de la **Neue Nationalgalerie** (nueva galería nacional). Proyectada por Ludwig Mies van der Rohe, esta galería de acero y cristal expone una de las mejores colecciones que existen de arte alemán del siglo XX.

Los maestros alemanes modernos están bien representados, incluidos los expresionistas, como Kirchner. Compare su *Potsdamer Platz* (1914) con el modelo real, a la salida de la galería. De Klee y Kandinsky, ambos profesores de la Bauhaus, también se exhiben obras, así como de los surrealistas, como Ernst, o de los críticos sociales como Dix y Grosz. Además, hay pinturas de sus contemporáneos europeos (Magritte, De Chirico, Picasso y Dalí) y de artistas estadounidenses (Rauschenberg y Lichtenstein). ■

Gemäldegalerie (y otros museos del Fórum de la Cultura)
www.smb.spk-berlin.de/
🅜 Plano pág. 52
✉ Am Kulturforum
☎ 030 266 21 01
🕓 Cerrada lun.
💲 $$

Neue Nationalgalerie
🅜 Plano pág. 52
✉ Am Kulturforum, Potsdamer Straße 50
☎ 030 266 29 51
🕓 Cerrada lun.
💲 $$

Berlín Central y Occidental

Berlín Central y Occidental
M Plano pág. 52

EL BULEVAR DE KURFÜRSTENDAMM, CON MÁS DE 3 KM DE recorrido desde el corazón de Berlín Occidental hacia las zonas residenciales del Grunewald, todavía es la calle comercial más bulliciosa de la ciudad y el lugar para ver y ser visto. Por el contrario, el Tiergarten es un sitio para relajarse. Este antiguo parque de caza real es hoy un lugar muy apreciado por los berlineses, que encuentran aquí la paz que buscan o un rincón para hacer la barbacoa los domingos.

Castigada por la guerra, la Kaiser-Wilhelm-Gedächtniskirche todavía sigue en pie.

Aunque el «Ku'damm» era la ruta que tomaban los príncipes y reyes para ir a su finca de caza en el «Bosque Verde» (ver pág. 74), su forma actual data de la década de 1880, cuando Bismarck mandó construir una gran avenida. En su extremo este se alza la **Kaiser-**

Wilhelm-Gedächtniskirche
(*Breitscheidplatz; Tel 030 218 50 23*), construida en 1895 para honrar al primer emperador de Alemania tras la unificación. En 1943, la iglesia quedó casi destruida en un bombardeo y se convirtió en todo un símbolo. Al lado, el arquitecto Egon Eiermann levantó una iglesia de vidrio azul y planta octogonal, con una torre.

La **Breitscheidplatz,** alrededor de la iglesia, es uno de los puntos más bulliciosos de Berlín, con un tráfico constante y una heterogénea población de *punks, skaters* y otras tribus urbanas. En el interior de la nueva iglesia octogonal, sin embargo, todo es tranquilidad; una relajante luz azul, salpicada de otros colores, se filtra a través de las vidrieras, mientras una imagen dorada de Cristo cuelga otorgando serenidad a la escena. El lado este de la plaza está dominado por la torre de 22 pisos del Europa-Center, coronada por la estrella de Mercedes y construida a principios de la década de 1960.

Al este, por la Tauentzienstraße, encontrará más tiendas. Los **Kaufhaus des Westens** (Wittenbergplatz), conocidos como KaDeWe, son uno de los grandes almacenes de ámbito mundial, y abrieron sus puertas en 1906. Aunque hay tiendas hacia el oeste a lo largo del Ku'damm, los comercios más exclusivos han colonizado las calles laterales.

Al oeste de la Breitscheidplatz, en Fasanenstraße, una calle que

va hacia el sur saliendo del Kurfürstendamm, hay galerías y tiendas de lujo, mientras que, justo al norte, la zona alrededor de la **Savignyplatz** tiene un ambiente muy especial, con restaurantes, tiendas de antigüedades y librerías. En Ku'damm Karree podrá repasar el convulso pasado de la ciudad sumergiéndose en **The Story of Berlin.** Se trata de un viaje a través de 800 años de la historia de la ciudad en el que se utilizan las tecnologías más modernas.

La bulliciosa **Bahnhof Zoo** (Estación de Ferrocarril del Zoo), al noroeste de la Breitscheidplatz, es el principal punto de llegada en tren. En la década de 1970 se convirtió en sinónimo de sordidez, tráfico de drogas y delincuencia callejera, pero posteriores remodelaciones la han convertido en un lugar más saludable. El cercano **Zoologischer Garten** es uno de los mejores zoológicos del mundo, con unos 15.000 animales y un acuario.

El zoo se funde con el **Tiergarten,** que queda dividido en dos por la Straße des 17. Juni, la avenida triunfal ampliada en la década de 1930 para enlazar el centro de la ciudad con el Estadio Olímpico, al oeste. Otras avenidas confluyen con ella en la rotonda dominada por la **Siegessäule,** la columna de la victoria originalmente erigida delante del Reichstag para conmemorar las campañas prusianas victoriosas del siglo XIX y traída aquí en 1939. Una avenida lleva al nordeste hacia el río Spree y al **Schloß Bellevue,** un palacio neoclásico armonioso y relativamente modesto, construido en 1785 para el príncipe, y que hoy se ha convertido en la residencia oficial del presidente.

Más al este, a orillas del río Spree, se eleva por encima de los árboles el **Kongresshalle,** construido en 1957 por Estados Unidos, no sólo para acoger el congreso, sino también como símbolo del vínculo de Occidente con Berlín. En 1981 se derrumbó, pero se reconstruyó con éxito y actualmente se utiliza como lugar de encuentros multiculturales: **Haus der Kulturen der Welt** *(John Foster-Dulles Allee 10; Tel 030 39 78 70; cerrado lun.).* En este espacio se celebran exposiciones y conciertos. ∎

Este reloj divierte a los compradores del Europa-Center.

The Story of Berlin

www.bno.de

🗺 Plano pág. 52

✉ Ku'damm Karree, Kurfürstendamm 207-208

☎ 030 88 72 01 00

💲 $$

🚇 U-Bahn: Uhlandstraße o Kurfürstendamm, Bus: 109, 119, 129, 219, 249

Zoologischer Garten

www.zoo-berlin.de

🗺 Plano. pág. 52

✉ Hardenbergplatz

☎ 030 25 40 10

💲 $$

🚇 U-Bahn/S-Bahn: Zoologischer Garten

El Muro

Durante veintiocho años este amenazador símbolo de la guerra fría separó Berlín Occidental de la parte este de la ciudad, y de la RDA. Cuando fue derribado en 1989, el Muro de Berlín, de 166 km de longitud, se había cobrado la vida de por lo menos un centenar de personas que intentaron huir al otro lado. Por eso, la primera reacción de los berlineses fue destruirlo. Hoy poco queda de él.

Antes de 1961, no había barreras físicas al libre movimiento entre la parte oriental y la occidental de la ciudad. Los berlineses del oeste y los turistas eran libres de moverse por Berlín Oriental, donde los precios eran bajos y una noche en la ópera con champán costaba lo mismo que una entrada de cine en el oeste. Cada día, más de 50.000 berlineses del este iban a trabajar a la parte occidental, donde los sueldos eran más altos, ya que la economía de la RDA se dirigía hacia una crisis, mientras la fuerza laboral del país se mudaba al oeste.

En verano de 1961, más de 3,4 millones de ciudadanos de la RDA habían emigrado, y el régimen empezó a tomarse en serio el problema. Así, la noche del 12 de agosto se detuvo todo flujo entre este y oeste y, en una minuciosa operación militar, se levantó un muro provisional, parcialmente de alambre de espino y de ladrillos colocados apresuradamente. La reacción oficial del oeste fue básicamente verbal, aunque hubo tensión entre las tropas de los tanques americanos y soviéticos en el Checkpoint Charlie, cuando los guardias de la RDA intentaron bloquear el acceso de los aliados al este. La barrera inicial, fue reemplazada por defensas más sofisticadas. El Muro, de 4 m de altura, era una estructura lisa de hormigón, con la parte superior curvada, frustrando cualquier tentativa de éxito, ya fuera con ganchos o con las manos desnudas. Detrás de él, se abría la «franja de la muerte», en la que ni siquiera los guardias fronterizos tenían derecho a entrar, una zanja antivehículos, con patrullas, perros, trampas para tanques y otra alta alambrada. Un total de 300 torres de vigilancia con aberturas para ametralladoras y una serie de búnkers proporcionaban alojamiento a los guardias fronterizos.

El Muro se convirtió en una espantosa atracción para los berlineses del oeste. Se construyeron plataformas para que los turistas pudieran mirar por encima de él y obtener una visión fugaz de Berlín Oriental. Por otro lado, los artistas del *graffiti* del oeste encontraron en el liso hormigón una superficie irresistible para dar rienda suelta a su pasión. En 1989, cuando el Muro fue demolido, los fragmentos más preciados como recuerdo fueron los que tenían *graffitis*. La sección intacta más larga del Muro, que tiene casi un kilómetro de longitud a lo largo del río Spree, está cubierta de *graffitis* y es conocida como la East Side Gallery, aunque fue decorada después de 1989 por artistas de todo el mundo. Otra sección se conserva en la Bernauer Straße. Escenario en 1961 de muchos intentos de huida en el último momento, este fragmento del Muro es actualmente un monumento con una capilla y un centro de documentación. ∎

Sector soviético

Sector francés

Sector inglés

Sector americano

Antiguo Muro de Berlín

PANKOW

REINICKENDORF

WEISSEN-SEE

Tegeler See

HOHEN-SCHÖN-HAUSEN

WEDDING

PRENZ-LAUER-BERG

SPANDAU

Spree

Havel

TIER-GARTEN

MITTE

FRIED-RICHS-HAIN

MARZAHN

CHARLOTTENBERG

HELLERS-DORF

KREUZBERG

LICHTEN-BERG

WILMERSDORF

SCHÖNE-BERG

Spree

Grosser Müggelsee

ZEHLENDORF

TEMPEL-HOF

TREPTOW

Grosser Wannsee

STEGLITZ

NEUKÖLLN

KÖPENICK

0   15 kilómetros

Arriba: jubilosos berlineses sentados a horcajadas sobre el odiado símbolo de la división de Alemania, tras la apertura de la frontera en noviembre de 1989. Abajo: al principio, el Muro fue una simple separación rudimentaria, como se ve en esta imagen de 1961 de la Stresemannstraße.

Concebido como
un lugar de retiro
para la reina,
el Schloß
Charlottenburg
pronto se convirtió
en una residencia
real de gran
magnificencia.

Charlottenburg

LA BONITA TORRE DEL SCHLOß CHARLOTTENBURG, QUE SE
erige con orgullo por encima del occidental barrio homónimo, es uno
de los puntos de referencia de Berlín, y hace las veces de faro para un
grupo de museos de primera categoría. Aunque el palacio quedó casi
destruido por las bombas durante la guerra, cuando en 1950 las autoridades de Berlín Oriental demolieron lo que quedaba del Schloß, en el
centro de la ciudad (ver págs. 60-61), se tomó la decisión de restaurar
Charlottenburg y de devolverle su antiguo esplendor real.

**Schloß
Charlottenburg**
www.spsg.de

🅰 Plano pág. 52

✉ Luisenplatz

☎ 030 320 911

🕐 Cerrado lun.

💲 $$ (visitas guiadas
sólo al Schloß)

🚌 Bus: 109, 110, 145,
X21, X26

Charlottenburg se extiende hasta el
Tiergarten y la Puerta de Branden-
burgo, y es uno de los barrios más
chic de la ciudad. Vivió su mejor
momento en la década de 1920,
cuando los emigrados rusos y los
artistas se instalaban aquí; estos
últimos para entrar en contacto con
los movimientos de vanguardia.
Aunque conoció momentos bajos a
finales del siglo xx, actualmente
revive con nuevos proyectos como
la renovación del Olympia Stadion
para el Mundial de Fútbol o la
nueva sede de la Bolsa.

A finales del siglo XVII este
barrio residencial de Berlín estaba
todavía en pleno campo. Era, por lo

tanto, el emplazamiento idóneo
para el palacio de verano de Sophia
Charlotte, esposa del elector
Federico, más tarde Federico I de
Prusia. Ella murió joven, en 1705,
y Federico cambió el nombre del
palacio por el de Charlottenburg,
en su memoria.

El regio patio de entrada, con la
magnífica estatua ecuestre del gran
elector Federico Guillermo (1640-
1688), anticipa el esplendor del
interior. Tras la inmensa fachada,
hay una sucesión de impresionantes
salas, entre ellas, la suntuosa
Capilla con su cofre real, el relu-
ciente **Gabinete de la Porcelana**
y la **Galería Dorada,** con una de-

licada decoración rococó. El estado casi demasiado perfecto de algunas de ellas le recordará que se reconstruyeron en su totalidad. Entre las pinturas que se exponen hay obras maestras del artista francés Antoine Watteau, uno de los pintores favoritos de Federico el Grande. El ala oeste acoge el **museo de Prehistoria,** una colección heterogénea de antigüedades que acabará en la Isla de los Museos.

Los extensos terrenos que rodean Charlottenburg son uno de los lugares favoritos de los berlineses para ir a pasear y relajarse. Como el palacio mismo, muestran los cambios de gusto, en este caso desde la simetría formal de los jardines barrocos cercanos al castillo al paisaje romántico de estilo inglés que se extiende por las orillas del río Spree. Los puntos de interés del parque son el **Mausoleum,** donde están enterrados la reina Luisa y su marido, Federico Guillermo III; el **Belvedere,** con una colección de porcelana; y el **Schinkel-Pavillon,** una villa de estilo italiano proyectada por el arquitecto prusiano Karl Friedrich Schinkel.

MUSEOS

Junto a la elegante Schloßstraße, la amplia avenida jalonada de edificios del siglo XIX que conduce al Schloß, hay unos cuantos museos que ocupan lo que en su día fueron los barracones de la guardia real.

El **Sammlung Berggruen** es un museo que cuenta con una excelente colección de arte de principios del siglo XX reunida por Heinz Berggruen, un marchante de arte berlinés que vivió en París y fue amigo de Picasso, del cual se exhiben aquí más de 80 cuadros, incluido el retrato de Georges Braque y varios cuadros de sus épocas rosa y gris; también hay obras de Paul Klee, Cézanne, Van Gogh y otros contemporáneos suyos.

El **Bröhan-Museum** se concentra en las artes aplicadas de Europa desde finales del siglo XIX hasta la segunda guerra mundial, y muestra objetos de porcelana, plata, cristal y muebles *art nouveau* y *art déco.*

Si le gusta la escultura clásica, no deje de visitar el Abguss-Sammlung Antiker Plastik Berlin, un museo que alberga una extensa colección que abarca más de 3.500 años. ∎

Los jardines unen el magnífico palacio barroco con el paisaje natural que hay más allá.

Sammlung Berggruen

✉ Schloßstraße 1
☎ 030 20 90 55 55
🕐 Cerrado lun.
💲 $$
🚌 Bus: 109, 110, 145, X21, X26

Bröhan-Museum

www.broehan-museum.de/
✉ Schloßstraße 1a
☎ 030 32 69 06 00
🕐 Cerrado lun.
💲 $
🚌 Bus: 109, 110, 145, X21, X26

Los berlineses se relajan junto al lago Wannsee.

A las puertas de Berlín

LOS BOSQUES, RÍOS Y ZONAS DE LAGOS DE LA PARTE OESTE de la ciudad ejercen un gran atractivo sobre los berlineses de todas las clases sociales, deseosos de pasar el domingo en el campo. En pocos minutos, el S-Bahn le llevará a una zona boscosa donde todavía hay jabalíes, o a una playa de arena igual que las del Báltico.

Jagdschloß Grunewald

- 🅰 51 C3
- ✉ Am Grunewaldsee
- ☎ 030 8 13 35 97
- 🕐 Cerrado lun.
- 💲 $

Brücke-Museum

www.bruecke-museum.de

- 🅰 Plano pág. 52
- ✉ Bussardsteig 9
- ☎ 030 8 31 20 29
- 🕐 Cerrado mar.
- 💲 $
- 🚌 Bus: 115

Museum Dahlem

www.smb.spk-berlin.de/

- 🅰 Plano pág. 52
- ✉ Lanßtraße 8
- ☎ 030 20 90 55 55
  or 030 83 01 438
- 🕐 Cerrado lun.
- 💲 $
- 🚌 Bus: 110, 183, X11

En 1542, los Hohenzollern construyeron su finca de caza, el **Jagdschloß Grunewald,** entre los árboles del «Bosque Verde». Todavía cubre una superficie de unos 32 km² entre la zona edificada de Berlín y el ancho río Havel. Posteriormente modificado, el edificio aún conserva su magnífico vestíbulo renacentista y está decorado con muebles y pinturas de la colección real. Cerca, se alza el moderno **Brücke-Museum,** con una colección de cuadros expresionistas de los miembros del grupo «Die Brücke». Si bien las obras se van cambiando, busque la *Escena callejera de Berlín* (1913), de Kirchner, y *Burla* (1919), de Nolde.

Los visitantes vienen al frondoso barrio residencial de Dahlem para visitar las magníficas exposiciones del **Museum Dahlem,** una de las colecciones etnográficas más importantes del mundo. La exposición «Arqueología Americana» muestra, entre otras piezas, vasijas mayas pintadas, ídolos aztecas y objetos de oro de Mesoamérica, Colombia y Perú. De las diversas atracciones que ofrece la sala de la Barca, está la de poder subir a bordo de una barca de doble casco de Tonga.

El Grunewald está dividido en dos por la autopista **AVUS,** trazada como prueba en 1909 y convertida en la primera autopista en 1921. Al oeste, dos miradores le brindarán la posibilidad de encaramarse por encima de los árboles para disfrutar de la vista del bosque y de la ciudad, más allá. La **Teufelsberg,** de 120 m de altura, es una colina artificial hecha con 25 millones de m³ de

escombros sacados del Berlín bombardeado. No tan alta, pero con bonitas vistas sobre el Havel, está la **Grunewald-Turm,** una torre de ladrillo de estilo neogótico.

En el Wannsee, el río Havel se ensancha para formar una bonita bahía; el lugar más popular es la playa de arena de casi un kilómetro de longitud. El **Strandbad Wannsee,** un complejo turístico construido a finales de la década de 1920, tiene todas las comodidades imaginables. A lo largo de la orilla hacia el oeste se levantan opulentas villas; una de ellas es la **Haus der Wannsee-Konferenz,** donde en 1941 se tomó la infame decisión de hacer efectiva «la solución definitiva al problema judío». No es fácil conciliar lo que se explica en la exposición que hay aquí con la belleza y armonía de los alrededores.

Cuando la carretera de Wannsee se dirige al oeste hacia Potsdam, la presencia real se deja sentir. Un rodeo por el bosque lleva al transbordador de la **Pfaueninsel** (isla de los Pavos Reales) y de Potsdam. Con algo más de un kilómetro de longitud, esta isla quedó transformada con la construcción, en 1797, de un encantador castillo para la amante del rey Federico Guillermo II, la condesa Lichtenau. A principios del siglo XIX, el arquitecto paisajista real, Peter Joseph Lenné (1789-1866), proyectó a su alrededor un idílico parque de estilo inglés, al que después se añadieron otras extravagancias, por lo que un paseo por la isla revela una encantadora vista tras otra a través de los árboles. En este enclave rural es difícil creer que la ciudad se encuentra sólo a unos minutos.

En **Klein-Glienicke,** Lenné y Schinkel trabajaron desde mediados de la década de 1820 con el príncipe Carl, un apasionado del arte, para transformar las colinas, los bosques y la orilla en un paisaje de encanto mediterráneo. El modesto Schloß Park del príncipe mira por encima del «terreno del placer» de Lenné y a través del río Havel hacia Potsdam. Cerca, los ojos de acero del **puente de Glienicke** fueron el escenario de los intercambios de espías y agentes de la guerra fría. Actualmente tan sólo es el límite entre Berlín y Potsdam. ∎

El puente de Glienicke fue la frontera entre Berlín Occidental y la República Democrática Alemana.

Haus der Wannsee-Konferenz
www.ghwk.de
🗺 Plano pág. 52
✉ Am Grossen Wannsee 58
☎ 030 805 00 10
💲 Gratis
🚉 S-Bahn: Wannsee y Bus 114

Klein-Glienicke
🗺 Plano pág. 52
✉ Königstraße 36
☎ 030 805 30 41
💲 Gratuito (sólo el parque, el Schloß no está abierto al público)
🚉 S-Bahn: Wannsee y Bus 93, 116

Berlín en barco

PUEDE QUE EL MODESTO RÍO SPREE DE BERLÍN NO TENGA la grandeza del Sena parisino o del Támesis londinense, pero un crucero por él es la forma más relajante de visitar una ciudad cuyos encantos se extienden a lo largo y ancho de una gran superficie.

Berlín en barco

🅜 Plano págs. 52-53

Reederei Bruno Winkler

www.reedereiwinkler.de

✉ Schloßbrücke

☎ 030 349 95 95

🕒 Cerrado oct.-feb.

💲 $$$

Un recorrido circular de 3 horas desde Charlottenburg

Stern und Kreis Schiffart

www.sternundkreis.de

✉ Spandauer Straße

☎ 030 536 36 00

💲 $$-$$$

🚇 U-Bahn: Jannowitzbrücke

Un recorrido circular de 3 horas desde Jannowitzbrücke hasta Charlottenburg o uno de 1 hora por la Isla de los Museos

Berliner Wassertaxi

www.berlinerwassertaxi.de

✉ por Schloßbrücke

☎ 030 65 88 02 03

Recorrido de una hora

Las opciones son muchas. De hecho, aunque se puede visitar el viejo centro de la ciudad dando paseos cortos de aproximadamente una hora de duración, también cabe la posibilidad de pasar un buen día navegando por el Spree y por el Havel hacia Potsdam. El crucero de recorrido circular que se describe aquí, y que dura tres horas, comienza cerca del Schloß Charlottenburg, se dirige al este por el Landwehr Canal y regresa por el Spree pasando por el viejo centro de la ciudad y la nueva sede del gobierno, para regresar al punto de partida. Los comentarios del guía suelen ser en inglés o en alemán, y ¡baje la cabeza cuando el barco pase por los numerosos puentes que jalonan el recorrido!

El embarcadero de donde salen los barcos se encuentra justo al este del Charlottenburger Ufer. Una vez iniciado el recorrido, el barco pronto deja el Spree y toma el **Landwehr Canal,** que fue construido en la década de 1850 para evitar, dando un rodeo, el centro de la ciudad. En la **Schleuseninsel** (Isla de las Esclusas), podrá ver estas gigantescas y coloridas instalaciones, que pertenecen a la estación de investigación hidrográfica de la Universidad Politécnica. Una vez aquí, el barco pasa por una de las zonas más encantadoras y tranquilas del **Tiergarten** (ver pág. 69), con el frondoso recinto del **zoo** a la derecha, aunque el silencio no tarda en tornarse en bullicio, debido a las carreteras que rodean ambas orillas.

En la orilla norte, el edificio con la ondulada fachada de la **Shell-Haus,** construido en 1932, fue un ejemplo pionero de la moderna arquitectura de oficinas, muy admirado en aquel momento. A continuación, el barco pasa por delante de las construcciones más apasionantes de Berlín; primero, las galerías y la sala de conciertos del **Fórum de la Cultura** (ver págs. 66-67), y luego, las espectaculares estructuras que se extienden hacia el sur desde la **Potsdamer Platz** (ver pág. 80), símbolos del Berlín del siglo XXI. A la altura del **Deutsches Technikmuseum Berlin** (museo de la Tecnología y el Transporte, ver pág. 78), con su aeroplano bien visible, el espectáculo se incrementa cuando el U-Bahn (metro) emerge de las entrañas de la tierra para seguir su viaje por las alturas.

Acaba de llegar a **Kreuzberg,** el barrio que, aparte de reunir el mayor núcleo de población turca, se ha hecho famoso por haber sido el escenario de todo tipo de estilos de vida alternativos de finales del siglo XX. Muchos jóvenes ejecutivos se han mudado aquí, pero el ambiente todavía es peculiar, sobre todo alrededor del **Maybachufer,** donde se celebra el colorido mercado turco.

En este punto, el barco sale del canal a una parte excepcionalmente ancha del Spree, de marcado carácter industrial, algo que queda compensado por el divertido diseño del **Oberbaumbrücke** (puente Oberbaum). El Muro se extendía por la orilla del río, y 1.990 artistas de todo el mundo ejercitaron su talento sobre él, creando la **East Side Gallery** (ver pág. 70). Río abajo, hacia el oeste, verá la torre de la Televisión dominando el centro de

la ciudad. En el punto donde atracan barcazas y remolcadores, el Spree se divide. El barco continúa por el brazo más ancho (norte), pasando por una zona antigua de la ciudad hoy restaurada, el **Nikolaiviertel** (ver pág. 79), por el **Palacio de la República de la RDA,** la catedral de Berlín (ver pág. 78) y la **Isla de los Museos** (ver págs. 62-65). En el lugar donde los dos brazos del río se juntan, verá el **Bodemuseum** (ver pág. 65), que parece la proa de un transatlántico.

Más allá del puente del ferrocarril, en la **Estación de Friedrichstraße,** y del **Reichstag** (ver págs. 54-57), visto por detrás, se encuentra el nuevo distrito del gobierno. De vuelta a Charlottenburg, el barco pasa por la Kongresshalle (ver pág. 69). ■

Una embarcación detrás del Pergamon Museum.

Otras visitas interesantes en Berlín

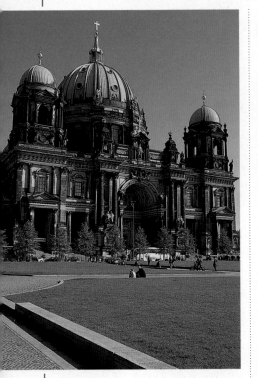

El káiser Guillermo II construyó la Berliner Dom en estilo renacentista italiano con la intención de impresionar.

BERLINER DOM (CATEDRAL DE BERLÍN)

El contraste entre la pomposidad de la enorme catedral protestante y el reposado clasicismo del Altes Museum de Schinkel (ver pág. 62) ilustra la evolución del gusto real prusiano durante el siglo XIX. La Dom es el ejemplo más destacado del tipo de arquitectura ampulosa que tanto agradó al káiser Guillermo II. El emperador siguió cada detalle del proyecto de la catedral, aceptando las propuestas de los arquitectos sólo después de haberlas cambiado una y otra vez. El edificio es impresionante por dentro y por fuera, a pesar de haber perdido parte de su exceso de ornamentación durante la larga reconstrucción a la que fue sometido a partir de 1983. Quizá la parte más evocadora sea la cripta, no por motivos arquitectónicos sino por los sepulcros que hay en ella: casi un centenar de miembros de la familia Hohenzollern.

🅰 Plano pág. 53 ✉ Am Lustgarten 1 ☎ 030 202 69119 🚌 Bus: 100

DEUTSCHES TECHNIKMUSEUM BERLIN (MUSEO DE LA TECNOLOGÍA Y EL TRANSPORTE)

Aunque el edificio «Spectrum» del museo de la Tecnología ofrece exposiciones interactivas para alentar el interés por la ciencia, las auténticas estrellas del museo son las locomotoras antiguas, expuestas en cocheras de ferrocarril en desuso. También hay barcos y aviones, así como infinidad de objetos relacionados con el tema.

🅰 Plano pág. 53 ✉ Trebbiner Straße 9 ☎ 030 90 2540 🕐 Cerrado lun. 🚇 U-Bahn: Gleisdreieck o Möckernbrücke

JÜDISCHES MUSEUM (MUSEO JUDÍO)

El museo Judío, al cual se accede por un pasaje subterráneo desde los antiguos juzgados del siglo XVIII que hay al lado, fue construido en la década de 1990 para acoger exposiciones que documentaran la historia de los judíos en Alemania desde el siglo IX. La planta de este edificio, proyectado por el arquitecto polaco-estadounidense Daniel Liebeskind, es una versión de la estrella de David impuesta a los judíos alemanes por el régimen nazi. Un eje central que atraviesa el interior pretende evocar el terrible vacío dejado por el intento de destruir a este pueblo; esto y los espacios asimétricos adyacentes forman un conjunto tan impresionante que muchos creen que es mejor mantenerlo vacío.

🅰 Plano pág. 53 ✉ Lindenstraße 9-14 ☎ 030 259 93 300 🚇 U-Bahn: Hallesches Tor

NEUE SYNAGOGE

Con su resplandeciente cúpula dorada dominando el distrito alrededor de la Oranienburger Straße, la nueva sinagoga de Berlín, completada en 1866, fue probablemente el edificio de este tipo más magnífico en aquel momento. Opulento y oriental, reflejaba el orgullo y el creciente estatus de la comunidad judía de la ciudad, que tradicionalmente se había asentado en esta zona. Miembros del gobierno prusiano, encabezados por Bismarck, asistieron a la cere-

La ciencia, el transporte y la tecnología se exponen en el Deutsches Technikmuseum Berlin.

monia de apertura como señal del respeto a la comunidad judía de Berlín y de desprecio al sentimiento antisemita. En la Kristallnacht, en 1938, la Neue Synagoge fue una de las muchas sinagogas de Alemania asaltada por los nazis, aunque en este caso los atacantes fueron rechazados por un valiente policía, Wilhelm Krützfeld. Unos años después, en 1943, el edificio quedó casi destruido por las bombas de los aliados. La reconstrucción comenzó en tiempos de la RDA, y actualmente alberga exposiciones sobre la vida de los judíos en Berlín.

🅰 Plano pág. 53 ✉ Oranienburger Straße 28-30 ☎ 030 88028 316 🕐 Cerrada sáb. 🚇 S-Bahn: Oranienburger Straße

NIKOLAIVIERTEL

Arrasado en un ataque aéreo en 1943, este barrio, erigido entorno a la iglesia de San Nicolás, era la zona más antigua de Berlín. De hecho, cuando se cumplió el 750 aniversario de la ciudad, en 1987, las autoridades de la RDA lo reconstruyeron siguiendo las trazas antiguas. Los puristas de la arquitectura discreparon acerca de la recreación, no siempre exacta, de los edificios antiguos, pero a los berlineses les encanta, y probablemente a usted también, ya que no sólo es algo imposible de encontrar en cualquier otro lado de esta ciudad esencialmente moderna, sino que también tiene tiendas muy interesantes, interiores que se pueden visitar, y locales tradicionales y convincentes para comer y beber.

🅰 Plano pág. 53 🚌 Bus: 142, 157

OLYMPIASTADION

En 1936, unos 110.000 espectadores asistieron a los Juegos Olímpicos en este inmenso estadio situado en la zona occidental de la ciudad. En este caso, los Juegos se convirtieron en una

El Sony Center es uno de los elementos arquitectónicos más destacados de la transformada Potsdamer Platz.

enorme maquinaria de propaganda a favor del régimen nazi. Alemania se llevó la mayoría de las medallas, y Leni Riefenstahl rodó una impresionante película sobre el acontecimiento. Hitler prefirió marcharse antes de tener que felicitar al corredor negro americano Jesse Owens, que demolió las teorías nazis de la superioridad aria ganando cuatro medallas de oro. El estadio fue proyectado antes de la subida al poder de los nazis, y aunque se conservan algunas huellas de las preferencias estéticas de éstos, esencialmente es una estructura sobria y funcional, cuyas grandiosas proporciones quedan un poco disimuladas al estar parcialmente enterrado. Fue acondicionado para la celebración de la Copa del Mundo de fútbol de 2006.

🗺 51 C3 🚇 U-Bahn/S-Bahn: Olympiastadion

POTSDAMER PLATZ

La antigua Potsdamer Platz fue el cruce más ajetreado de Berlín, donde se encontraban las líneas del S-Bahn, del U-Bahn y 26 rutas de tranvía. No obstante, la invasión de automóviles fue tan grande, que en 1925 tuvo que instalarse un nuevo invento: el semáforo. Después de 1945, los cafés, bares, restaurantes, hoteles, tiendas y lugares de ocio que habían sobrevivido a

la guerra fueron derribados. Y el golpe de gracia le llegó cuando se erigió el Muro en medio de lo que había sido la plaza más animada y cosmopolita de Berlín. La vida ha vuelto a ella en todo su esplendor: poco recuerda a la de antes de la guerra y se ha convertido en uno de los puntos más atractivos del Berlín del siglo XXI. Los innovadores edificios de arquitectos de talla internacional se extienden hacia el sur desde la magníficamente reconstruida estación del S-Bahn hasta las orillas del Landwehr Canal, y aunque hay mucho espacio para oficinas, esta zona también está pensada para vivir y divertirse, por lo que encontrará numerosos teatros, cines y restaurantes, así como grandes centros comerciales.

🗺 Plano pág. 53

RATHAUS SCHÖNEBERG

Cada barrio de Berlín tiene su ayuntamiento (Rathaus), y el distrito de Schöneberg, al sur, no es una excepción. La diferencia aquí es que este enorme edificio con su alta torre fue designado sede del Senado de Berlín Occidental una vez que los comunistas ocuparon el ayuntamiento Rojo, en el este de la ciudad. Sucesivos alcaldes de Berlín Occidental, empezando por el gran Ernst Reuter, alcanzaron aquí perfil nacional e internacional, y el Rathaus Schöneberg *(John-F-Kennedy-Platz)* fue escenario de muchos discursos y manifestaciones. Uno de ellos lo pronunció John F. Kennedy el 26 de julio de 1963. El presidente de Estados Unidos hizo una apasionada declaración de solidaridad con los berlineses occidentales. El hecho de que su muy citada frase «Ich bin ein Berliner» no fuera, estrictamente hablando, gramaticalmente correcta, y que pudiera ser interpretada como «soy un donut de mermelada», hizo más a favor que en contra de la intensa gratitud y afecto que despertó.

En la torre del edificio hay una copia de la Campana de la Libertad de Filadelfia, regalada a la ciudad por el general Lucius D. Clay, uno de los artífices del transporte aéreo de Berlín. Este episodio se recuerda en el aeropuerto de Tempelhof, en el siguiente barrio hacia el este, donde una enorme escultura de tres puntas evoca los tres pasillos aéreos por los cuales se hacían llegar suministros a la ciudad sitiada.

🗺 Plano pág. 52 ■

La mejor forma de explorar la tranquila zona del Spreewald es a bordo de una barca.

Brandenburgo

Un suspiro de alivio salió de los berlineses occidentales cuando en 1989 se derribó el Muro y recuperaron la libertad de explorar los alrededores de su ciudad, la zona que hoy forma una gran parte del Land de Brandenburgo. Pero aunque los lugares más visitados son los palacios y los parques de Potsdam, y los riachuelos del Spreewald, son muchas las cosas que se pueden ver y hacer en un día entero de excursión desde la capital.

Brandenburgo, llano o suavemente ondulado, con sus bosques y sus corrientes de agua, es una delicia para los excursionistas, los ciclistas y los entusiastas de la navegación. Si lo que desea es pasar un día tranquilo en el campo, infórmese sobre los senderos, el alquiler de bicicletas y los paseos fluviales. El Spreewald es una zona poblada por los sorabos (ver págs. 240-241), una minoría eslava que llegó a esta parte de Alemania en el siglo VI y que mantiene su lengua y muchas de sus costumbres.

La ciudad de Brandenburgo todavía conserva gran parte de su atractivo medieval, aunque solamente sea por el mero hecho de estar construida alrededor de una serie de lagos a lo largo del río Havel y poseer numerosos edificios llenos de encanto. El Land también conserva otros edificios históricos importantes, como el Palacio de Federico el Grande, en

Rheinsberg, y el monasterio medieval de Chorin (Kloster Chorin).

Más allá del Spreewald están los paisajes lunares dejados por las minas de carbón a cielo abierto, una zona que lentamente se está convirtiendo en un parque recreativo. Cottbus, con una de las fincas paisajísticas más bonitas de Alemania, el Schloß Branitz, es la ciudad oriental más grande del país. Pero es Frankfurt an der Oder, en la frontera con Polonia y dividida entre Alemania y Polonia en 1945, la ciudad que se ha convertido en símbolo del complejo y a veces difícil proceso de reconciliación entre estos dos países.

Otro lugar lleno de dolorosos recuerdos es Oranienburg, construido por los nazis como uno de sus principales campos de concentración; posteriormente fue utilizado por los soviéticos para sus propios fines. ∎

El palacio real, Schloß Sanssouci, sirve de telón de fondo a las terrazas llenas de viñas del parque de Federico el Grande.

Potsdam y los palacios reales

POTSDAM ES A BERLÍN LO QUE VERSALLES A PARÍS, UNA ciudad de la realeza situada al oeste de la capital y dominada por palacios, parques y jardines. Del mismo modo que el Palacio de Versalles está vinculado al Rey Sol, el Palacio Sanssouci de Potsdam es un reflejo de la personalidad de Federico el Grande. Y del mismo modo que una estancia en París no está completa sin Versalles, todos los visitantes de Berlín sentirán la atracción de ir a Potsdam. Se llega rápidamente en tren o, de una manera más tranquila, en barco desde Wannsee, a través de los bosques y parques que bordean el río Havel.

Potsdam
www.potsdam.de
⚐ 51 C3
Información
✉ Am Neuen Markt 1
☎ 0331 275580

Potsdam, llamada la «perla de Brandeburgo», vivió su mayor época de esplendor entre los siglos XVII y XIX, cuando los príncipes de la dinastía de los Hohenzollern la escogieron para construir sus suntuosas residencias estivales. Su centro histórico quedó gravemente dañado por los bombardeos aliados durante la segunda guerra mundial. La magnitud de la destrucción fue tal que, por ejemplo, el Stadtschloß, la residencia real, estaba en un estado tan ruinoso que fue demolido en 1961. Hoy Potsdam ha recuperado gran parte de su esplendor. El Alter Markt

(antiguo mercado) junto con el **ayuntamiento** (Rathaus) del siglo XVIII y la **Nikolaikirche,** de principios del siglo XIX y coronada por una enorme cúpula, destacan en el centro histórico.

Como Potsdam fue una ciudad residencial de población con mayoría de funcionarios y burócratas, las calles están llenas de hermosas casas y villas de los siglos XVIII y XIX. Al norte de la Bassinplatz, dominado por una iglesia hugonota, está el **Holländisches Viertel** (barrio holandés). Su entramado de calles y casas de ladrillo data de 1742, de cuando Federico Guillermo I esperaba atraer a industriosos inmigrantes holandeses. Al final no fueron muchos los que acudieron, pero las casas con buhardillas que se construyeron para ellos hoy atraen con sus tiendas, librerías y bares a muchos visitantes.

Más al norte se encuentra la **Alexandrowka,** la «colonia rusa», un grupo de chalés de madera donde se alojaron los miembros de un coro de soldados rusos que acabaron aquí en el curso de las guerras napoleónicas. Algunas de las casas de estilo siberiano todavía están habitadas por descendientes de aquellos soldados, y hay una pequeña iglesia ortodoxa en la cercana colina. Potsdam siguió atrayendo a los rusos mucho después, lo que lo convirtió en una importante base para el Ejército Rojo después de 1945. El KGB también estuvo aquí, e instaló un centro de inteligencia, salas para los interrogatorios y una cárcel.

LOS PALACIOS REALES

Aunque Potsdam es fascinante, inevitablemente vive a la sombra de sus palacios reales, sobre todo del de Sanssouci, la expresión suprema del rococó prusiano. Alargado y con una sola planta, el edificio, con su modesta cúpula, se asienta sobre una elevación desde la cual una escalina-

ta y seis terrazas curvadas descienden a los jardines que hay abajo. El palacio fue proyectado para Federico el Grande por el arquitecto de la corte Georg Wenzeslaus von Knobelsdorff (1699-1754), basándose en unos planos esbozados por el propio monarca. Se trataba de que

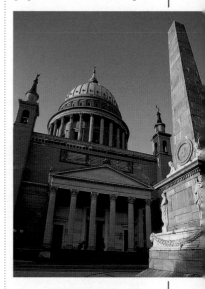

fuera un lugar «libre de preocupaciones» (*sans souci*), en el cual este culto rey pudiera escapar de los asuntos de Estado y dedicarse a la música, la filosofía y la conversación (en elegante francés).

Tómese su tiempo para disfrutar de los jardines. Las terrazas, orientadas al sur y con invernaderos, estaban pensadas para cultivar frutas y viñas. Las figuras propias de una bacanal que sostienen la cornisa del palacio le añaden una nota festiva, igual que los cenadores laterales de resplandeciente decoración.

La entrada principal del palacio es la del patio con columnas, al norte. La visita guiada le llevará por una serie de salas que son suntuosas pero sin abrumar. El **salón de Mármol,** con su cúpula, constituyó un digno escenario para las famosas

Schloß Sanssouci

🗺 51 C3

Información

Centro de visitantes del molino de viento histórico

☎ 0331 96 94 200/201

🕐 Palacio cerrado lun.

💲 $$

🚇 S-Bahn y tren expreso regional a Potsdam Hauptbahnhof, y Bus 695

tertulias del rey con eminentes hombres de letras, entre ellos Voltaire, al cual esperaba instalar como filósofo de la corte (en vano, como se vio más tarde). Lo más bello del interior probablemente sea la magníficamente decorada **sala de Conciertos,** donde a Federico le encantaba tocar la flauta, una pasión representada en un famoso cuadro del artista del siglo XIX Adolf von Menzel.

Sanssouci está flanqueado por dos edificios de estilo similar. Al este,

la **Bildergalerie** (galería de pintura), con un interior rococó perfectamente restaurado, que rivaliza con los cuadros reunidos por Federico el Grande. Al oeste, e igualmente atractivos, los **Neue Kammern** (nuevos aposentos), construidos como alojamiento para invitados. Hay mucho más para ver en el enorme parque, rediseñado varias veces y con un aspecto actual que se debe al arquitecto paisajista real Peter Joseph Lenné.

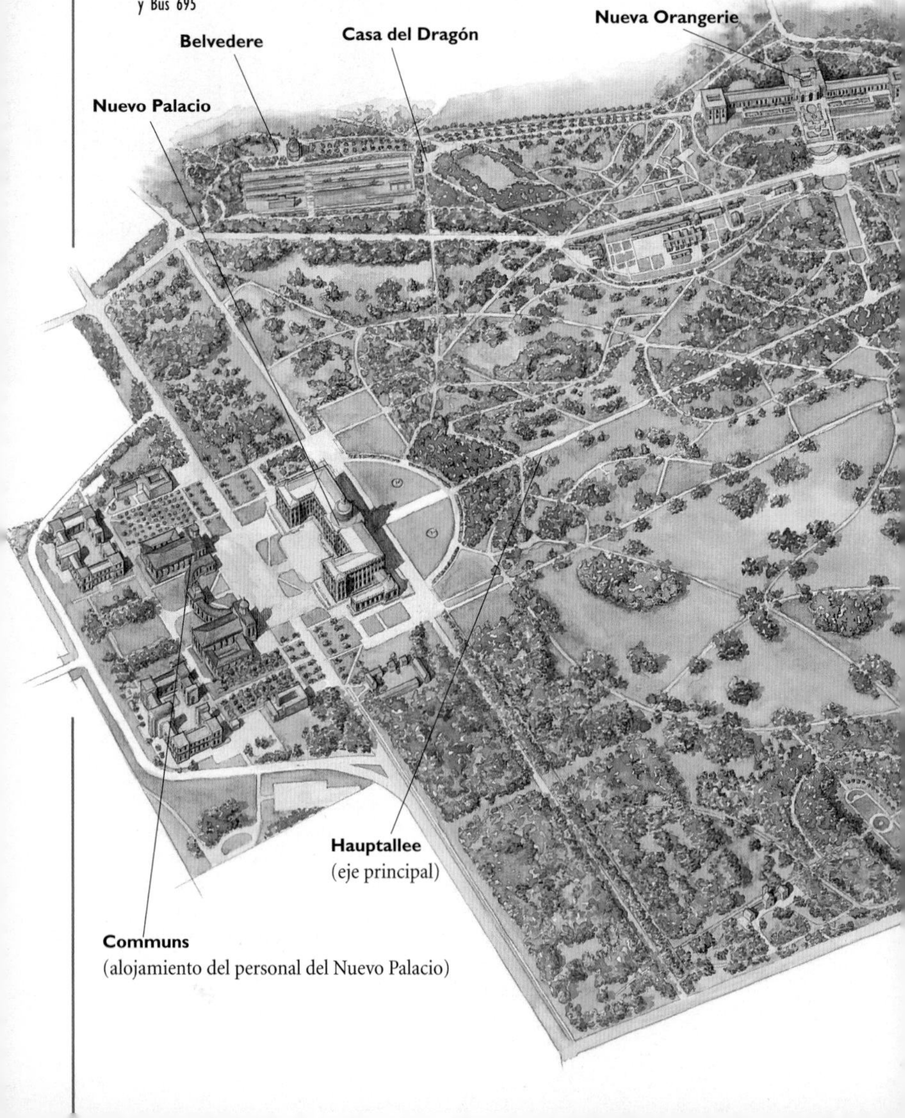

Nueva Orangerie

Casa del Dragón

Belvedere

Nuevo Palacio

Hauptallee
(eje principal)

Communs
(alojamiento del personal del Nuevo Palacio)

En el nivel superior se alza la **Neue Orangerie** (Nueva Orangerie), un edificio de estilo italiano decorado con pinturas que imitan el estilo de Rafael; más allá se encuentran la **Drachenhaus** (Casa de los Dragones), en forma de pagoda, y el Belvedere, con vistas al parque. Más abajo, la fantástica **Chinesisches Teehaus** (Casa de Té china), coronada por la figura dorada de un mandarín con un parasol, y un poco más lejos, los **Römische Bäder** (baños romanos), y luego el **Schloß Charlottenhof,** una pequeña casa de campo neoclásica proyectada por Schinkel en 1826 como residencia de verano para el príncipe de la Corona.

molino de viento histórico

nuevos aposentos

Schloß Sanssouci

galería de pintura

terrazas con viñedos

Casa de Té China

baños romanos

Schloß Charlottenhof

Las caprichosas figuras se funden con las ornadas pilastras de la fachada principal del Schloß Sanssouci.

El extremo occidental del parque está dominado por la larga fachada del **Neues Palais** (Nuevo Palacio), un enorme y ostentoso edificio que contrasta con la moderación de Sanssouci. Mientras que éste representaba la vida culta y privada del monarca, el Nuevo Palacio expresa el orgullo prusiano derivado de las victorias en la guerra de los Siete Años. Su ampulosidad atrajo al káiser Guillermo II, que lo usó como residencia de verano. La parte más llamativa de su interior es la **Grottensaal** (sala de la gruta), con una decoración con fragmentos de minerales, conchas y piedras semipreciosas.

En el Schloß Cecilienhof, un castillo estilo tudor que se alza junto al lago Jungfern, en 1945 se reunieron Truman, Churchill y Stalin para decidir la suerte de Alemania después de la guerra. ∎

Neues Palais
www.spsg.de
☎ 0331 96 94 202
🕐 Cerrado vier.
🚊 S-Bahn; Wildpark

Otras visitas interesantes en Brandenburgo

COTTBUS

Esta gran ciudad, la más oriental de Alemania, cambió después de los daños que sufrió durante la guerra y el proceso de industrialización en tiempos de la RDA. Su principal motivo de orgullo es el teatro, no sólo por sus puestas en escena sino porque es uno de los mejores ejemplos de edificios estilo *art nouveau* del país. Sin embargo, Cottbus está en la ruta turística gracias también a las obsesiones de su señor local, el príncipe Pückler-Muskau (1785-1871). En 1845, cuando la bancarrota le obligó a abandonar Muskau, se estableció aquí, en el **Schloß Branitz** *(Kastanienallee 11; Tel 035 52 42 54; cerrado lun. nov-marzo; visitas guiadas con cita previa)*, creando un hermoso y pintoresco parque que hoy tiene una extensión de 100 ha y alberga su mausoleo en forma de pirámide.
🅰 51 D2 **Información** ✉ Berlinerplatz 6 ☎ 0049 355 75 42 0

El palacio barroco de Federico el Grande, en Rheinsberg, reemplazó un castillo con foso de finales de la Edad Media.

RHEINSBERG

Uno de los destinos más populares para excursiones de un día desde Berlín es Rheinsberg, un atractivo pueblo con un **Schloß** *(Tel 033931 72 60; cerrado lunes)* a orillas del lago, donde Federico el Grande pasó parte de su juventud. El futuro rey le dio renombre al lugar, a lo que también ayudó el escritor Kurt Tucholsky (1890-1935), autor en 1912 de un *best-seller*, *Rheinsberg: un libro de fotografías para amantes*, que describía cómo se enamoró aquí, tanto del Schloß como de su amada. La narración todavía atrae al lugar a muchas parejas para pasar en él un fin de semana romántico.
🅰 51 C4

SPREEWALD

Río arriba desde Berlín, a menos de una hora en coche de la capital, el río Spree se divide en innumerables canales, un extraño delta tierra adentro sombreado por álamos, alisos y fresnos donde la niebla matinal nunca parece despejarse. Durante siglos, el húmedo e inaccesible Spreewald permaneció fuera de las rutas de paso porque carecía de carreteras; los lugareños se desplazaban en barcas de fondo plano. A principios de siglo XIX, los berlineses en busca de un retiro campestre descubrieron los encantos de la zona. Hoy vienen aquí más de dos millones de visitantes al año, algunos para pasar unas vacaciones largas, otros para disfrutar de una excursión en grupo en barca, tripulada por la versión alemana de un gondolero. Pero no le costará mucho apartarse de las multitudes y disfrutar de los encantos naturales de esta reserva de la biosfera, alquilando una canoa, una bicicleta o andando.

La entrada más popular al Spreewald es la agradable ciudad de **Lübbenau,** también conocida por su nombre eslavo, Lubnjow, y que se encuentra en el extremo norte de la tierra de los sorabos, una nación eslava cuya lengua y forma de vida han sobrevivido durante siglos a pesar de estar rodeada por la cultura alemana (ver págs. 240-241). En la zona al aire libre del **Spreewald Museum** *(Tel 03542 24 72; cerrado mediados oct.-marzo)*, con unas cuantas granjas tradicionales de madera y otros edificios, le darán más información acerca de este pueblo. El museo se encuentra en **Lehde** (Lehdy en sorabo), a unos dos kilómetros de Lübbenau. Otro museo, seguramente el único de su especie en el mundo, está dedicado al pepinillo, la contribución más famosa de la zona a la gastronomía *(Bauernhaus und Gurkenmuseum Lehde; Tel 03542 89990)*.
🅰 51 D2 ∎

Antiguas ciudades bien conservadas, la zona costera más atractiva de Alemania y una maravillosa región de lagos... con todo esto y mucho más, el Land de Mecklenburg-Baja Pomerania es un buen destino turístico.

Mecklenburg-Baja Pomerania

Una elegante moto de carreras

Explorando el paisaje a bordo de un crucero por el río Prerow.

Mecklenburg-Baja Pomerania

MECKLENBURG-VORPOMMERN, EL MÁS NORORIENTAL DE LOS LÄNDER alemanes, se extiende desde cerca de Lübeck, en Schleswig-Holstein, hasta la frontera polaca a lo largo del Oder. Sus paisajes los formaron el hielo y el agua: los glaciares esculpieron lagos y estanques, y depositaron arena y grava creando un paisaje suavemente ondulado. A lo largo del Báltico, el viento y las olas modelaron una costa de bahías, islas y penínsulas, protegiendo las entradas en forma de lagunas de agua salada conocidas como *bodden*.

Los paisajes y la fauna de los bodden de la Baja Pomerania están protegidos como parque nacional. Otros dos parques nacionales del Land (igual que el de los bodden, creados tras la reunificación) son los espectaculares acantilados de creta y los fabulosos bosques de hayas de Jasmund, en la isla de Rügen, y la Mecklenburgische Seenplatte (región lacustre de Mecklenburg). Los lagos, que incluyen el Müritz, la segunda masa de agua interior más grande de Alemania, acogen un gran número de especies animales y son un divertimento para los navegantes y los aficionados a las canoas. Pero el mayor atractivo de la región es la costa báltica, con sus interminables playas de arena. Desde hace dos siglos, los alemanes no han dejado de venir aquí a pasar las vaca-

ciones. Además, en la última década, se han restaurado lugares como Heringsdorf y Ahlbeck, en la isla de Usedom; Binz, en Rügen, o Kühlungsborn, cerca de Rostock.

Miembro destacado de la Liga Hanseática (ver pág. 121), Rostock es la población más grande de la región y un lugar animado, que recuerda su pasado a pesar de haber sido obje-

to de una profunda remodelación. Un pasado, sin embargo, que está más presente en las demás poblaciones con puerto de la Hansa, llenas de hermosos edificios, como es el caso de Wismar y Stralsund. Greifswald conserva vivo el recuerdo del pintor Caspar David Friedrich, para muchos uno de los artistas más representativos del Romanticismo alemán, y Güstrow, el estudio de Ernst Barlach, escultor expresionista de principios del siglo XX. Otras de estas bellas ciudades mantienen intactas sus murallas medievales, como Neubrandenburg, o el gran Schloß ducal, como en Ludwigslust, y hermosos palacios y galerías, como en Schwerin, la capital del Land, situada en un inigualable entorno a la orilla de un lago. ■

Mapa de situación

Berlin

Schwerin

MUCHOS ALEMANES VAN A LA CAPITAL DE MECKLENBURG-Baja Pomerania atraídos no sólo por su situación a orillas de un lago, sino también por su fácil acceso: cerca del límite oeste del Land, sólo está a una hora en coche desde Hamburgo. En 1918, el último Gran Duque de Mecklenburg se marchó de aquí y dejó un legado de hermosos edificios que sirvieron para decantar totalmente la balanza a favor de esta ciudad a la hora de elegir una capital para el nuevo Land creado en 1990.

La compleja silueta del Schloß de Schwerin, con la aguja de la catedral visible en la distancia.

Schwerin se encuentra en una elevación del terreno entre siete lagos. Con su catedral y la plaza del mercado, el núcleo medieval de la ciudad todavía ocupa su antiguo emplazamiento, el elegido por Enrique el León a mitad del siglo XII como base para extender su reino al este, hacia el territorio eslavo desconocido.

Aunque querrá explorar las calles y callejuelas de la Altstadt, lo más probable es que comience su visita a la ciudad a orillas del lago, donde un grupo de espléndidos edificios públicos proporciona un telón de fondo aristocrático para los conciertos y los eventos del verano.

Por un momento, aparte sus ojos de la silueta del Schloß, que se alza en una isla del lago, para contemplar el **Staatstheater,** un gran edificio blanco de estilo neobarroco que data de la década de 1880, y el **Staatliches Museum,** neoclásico y de la misma época. Apasionados coleccionistas, los Grandes Duques de Mecklenburg sintieron una especial predilección por la pintura holandesa y flamenca, por lo que el museo ofrece una colección que no tiene igual en toda Alemania, con obras de maestros como Rubens, Frans Hals y Jan Brueghel. También hay obras alemanas modernas y algunas de artistas conceptuales del siglo XX, como el francés Marcel Duchamp (1887-1968).

Aunque vale la pena visitar las galerías, si no tiene mucho tiempo, cruce el puente hacia la isla del castillo. Gire a la izquierda y pasee en el sentido de las agujas del reloj por los jardines paisajísticos que rodean el castillo, con bonitas visitas al Schweriner See, el tercer lago más grande de Alemania. Cuando haya realizado tres cuartas partes del

recorrido, llegará a la entrada del castillo y a otro puente, que lleva al Schloßgarten, un jardín barroco proyectado por un arquitecto paisajista francés; aquí hay un canal, estatuas y setos esculpidos.

El **Schloß** de Schwerin es un espléndido conjunto de torres, torreones y pináculos, uno por cada día del año, según los que se han molestado en contarlos. La primera fortaleza que hubo aquí la erigieron los eslavos de la zona en el siglo XI, y prefirieron quemarla antes que rendirla. Aun así, la isla no tardó mucho en volver a ser fortificada por los invasores germanos, y el castillo, reforzado y ampliado en varias ocasiones. No obstante, su aspecto actual se debe principalmente al deseo del decimonoveno duque de tener un palacio medieval. Los arquitectos del siglo XIX que lo remodelaron se inspiraron en el castillo de Chambord, en el valle del Loira.

El interior es en esencia una exaltación de la familia ducal, siendo el punto álgido la **sala del trono** con sus frescos, escudos de armas y columnas de mármol de Carrara. En la segunda planta, visite el **come-**dor y el **salón de té,** justo al lado; en la **galería de los ancestros** cuelgan los retratos de los antiguos duques de Mecklenburg.

De vuelta al otro lado del puente, diríjase al casco antiguo (Altstadt), tomando la torre de la catedral, de 117 m de altura, como referencia. La plaza del mercado tiene un ambiente más alegre y animado que la zona que rodea el castillo. El mercado se instalaba en la construcción con columnas (lonja) del lado norte; en cuanto al ayuntamiento (Rathaus), fue reconstruido en un estilo vagamente neotudor inglés, a mediados del siglo XIX. La **catedral** (Dom) de Schwerin es un grandioso ejemplo del gótico de ladrillo (ver pág. 36), aunque la torre que se levanta sobre la plaza del mercado le fue añadida en el siglo XIX. Si se siente con ánimos, suba los 220 escalones para ver la vista de la ciudad y de los alrededores. Al norte está el **Pfaffenteich,** el estanque de los sacerdotes, construido para suministrar energía a los molinos de agua medievales. Crúcelo con el pequeño transbordador, que ofrece todo el sabor de la región de los lagos de Mecklenburg. ■

La galería de los ancestros del Schloß de Schwerin representa 600 años de mandato ducal.

Schwerin

🅰 88 B2

Información

✉ Am Markt 10

☎ 0385 592 52 12

Staatliches Museum

www.museum-schwerin.de

✉ Alter Garten 3

☎ 0385 5958 0

🕐 Cerrado lun.

💲 $

Schloß de Schwerin (Schloßmuseum)

✉ Lennestraße 1

☎ 0385 56 57 38

🕐 Cerrado lun.

💲 $

Rostock

ROSTOCK PERDIÓ LA BATALLA CON SCHWERIN POR LA capitalidad del nuevo Land tras la reunificación, un desaire que continúa irritando a la que fue una orgullosa ciudad marinera con una de las primeras universidades del norte de Europa. Y aunque gran parte de su herencia medieval quedó destruida durante la segunda guerra mundial, aún conserva lo suficiente para evocar su espléndido pasado. Hoy, junto con su vecina Warnemünde, se ha convertido en el sitio ideal para explorar la costa báltica, animado, y con unas buenas instalaciones y suficiente alojamiento para acoger a los visitantes.

En el siglo XIII, Rostock estuvo constituida por tres ciudades (la vieja, al este; la media y la nueva, al oeste), todas con iglesia y plaza del mercado, en la orilla sur del río Warnow. Si llega en tren, desde la Hauptbahnhof (estación principal de ferrocarril), un tranvía o un taxi le llevará rápidamente a la **Neuer Markt** (nueva plaza del mercado), erigida en 1232 como centro de la **ciudad media** (Mittelstadt). Por el camino, los tranvías y la carretera rodean la **Steintor,** una puerta del siglo XVI que todavía se conserva de las antiguas fortificaciones de la ciudad.

La construcción que domina la nueva plaza del mercado es, sin duda, el **ayuntamiento** (Rathaus), un edificio que al principio le chocará, ya que su convencional fachada barroca, con una arcada en la planta baja, está coronada por una hilera de agujas de ladrillo con aberturas apuntadas. Se trata del tejado del ayuntamiento original, de la Edad Media, uno de los mejores edificios civiles del gótico de ladrillo de la costa báltica; la fachada barroca le fue añadida en el siglo XVIII.

Dominada por la alta torre de la **Petrikirche** (iglesia de San Pedro), que durante mucho tiempo sirvió de faro a los marineros, se encuentra el **casco antiguo** (Altstadt), interesante aunque algo decadente, de modo que diríjase al oeste por la calle principal de la ciudad, la peatonal **Kröpeliner Straße,** que divide en dos la ciudad nueva (Neustadt).

Reserve unos momentos para la enorme **Marienkirche,** justo al norte. Aunque esta iglesia de ladrillo parece una fortaleza por fuera, en el interior guarda obras de gran interés, como la impresionante pila bautismal de bronce de finales del siglo XIII. Si se encuentra aquí al mediodía, no se pierda el desfile de figuras de santos que se ponen en movimiento cuando el reloj astronómico del siglo XV da las doce.

Continúe hacia el oeste por la Kröpeliner Straße hasta la **Universitätsplatz,** bordeada de edificios majestuosos. Esta plaza, el núcleo de la Ciudad Nueva, bulle de actividad con sus cafés al aire libre, los vendedores del mercado anun-

Izquierda: la fachada fresa y crema del ayuntamiento de Rostock.

Rostock
www.rostock.de
🅰 89 C3
Información
✉ Neuer Markt 3
☎ 0381 381 23 71

Los participantes de la Travesía de la Hansa son puestos a prueba por un vendaval de fuerza 6.

Schiffahrtsmuseum (museo Marítimo)
- ⊠ August-Bebel-Straße 1
- ☎ 0381 49 22 69 8
- ⊕ Cerrado lun.
- Ⓢ $

ciando sus mercancías y los niños corriendo entre los chorros de agua y las esculturas de su fuente.

Aquí, instalado en un antiguo monasterio, se encuentra el **Kulturhistorisches Museum** *(museo histórico, Klosterhof; Tel 0381 20359 0; cerrado lun.)* con pinturas y objetos históricos: busque los cuadros de los artistas de Ahrenshoop, que evocan la costa báltica. Vale la pena subir a lo más alto de la **Kröpeliner Tor,** más al oeste por la Kröpeliner Straße *(Kröpeliner Straße; Tel 0381 454 177; cerrada lun. y mar.)*, por la vista; también alberga un museo de historia local.

Regrese a la ciudad media y diríjase hacia el sur, al **Schiffahrts-museum** (museo Marítimo), el más importante en su género del este de Alemania, donde aprenderá

todo lo que hay que saber sobre la relación de esta zona con el Báltico. Cuadros de barcos al óleo, acuarelas e incluso con bordados de seda forman esta gran colección.

El río Warnow y el puerto de Rostock se encuentran más allá de la Lange Straße, un bulevar construido en los primeros años de la RDA. El muelle está en su pleno apogeo en agosto, cuando el río se llena con las velas de las embarcaciones que participan en la popular Travesía anual de la Hansa.

Además de una playa de arena, el barrio marítimo de **Warnemünde** cuenta con elegantes villas, así como casas de pescadores convertidas en restaurantes. El viaje de 11 km desde Rostock se puede hacer en el S-Bahn y, en verano, en barco desde el muelle de Kabutzenhof. ■

Wismar

Wismar
www.wismar.de

🗺 88 B2

Información

✉ Am Markt 11

☎ 03841 19433

SUPERADA SÓLO POR LÜBECK ENTRE LAS CIUDADES DE LA Liga Hanseática (ver pág. 121), Wismar se está embelleciendo progresivamente y recuperando parte de su pasado esplendor. Junto con Stralsund, es uno de los mejores lugares para conocer la herencia báltica de Alemania, con un entramado muy bien conservado de calles medievales, construcciones de todos los períodos y un pintoresco puerto antiguo.

La multitud se concentra en el muelle de Wismar durante el festival del puerto.

Bodega del ayuntamiento (Rathauskeller)

✉ Am Markt

☎ 03841 251 30 96

💲 $

Schabbellhaus

✉ Schweinsbrücke 8

☎ 038 41 28 23 50

💲 $

Excursiones en barco
Información en la oficina de turismo

El **Markt,** una plaza adoquinada y con una suave pendiente, cuyos lados miden exactamente 100 m, señala el centro de la ciudad. La mayor atracción de este lugar es el **Wasserkunst,** la pequeña fuente coronada por una cúpula de cobre, que suministró agua a los ciudadanos hasta finales del siglo XIX. Entre los majestuosos edificios del lado este de la plaza destaca una casa de ladrillo del siglo XIV con buhardillas conocida como la **Vieja Sueca** (Alter Schwede), que recuerda que la ciudad fue entregada a Suecia después de la guerra de los Treinta Años y que no fue devuelta a Mecklenburg hasta 1803.

Si quiere saber más acerca de la historia de Wismar, busque la entrada lateral al museo municipal en las bóvedas del **ayuntamiento** (Rathaus), el sereno edificio neoclásico que ocupa el lado norte de la plaza. O visite el museo de historia de la ciudad en la **Schabbellhaus,** una mansión construida en 1571 para el alcalde de Wismar.

O incluso mejor, pasee por las viejas calles, asegurándose de ver el **Grube,** el estrecho canal que pasa por la magnífica **Nikolaikirche,** una de las mejores iglesias del gótico de ladrillo del Báltico (ver pág. 36), cuyo enorme interior alcanza una altura de 37 metros. Admire el altar medieval, las pinturas murales y la hermosa pila bautismal de bronce. Hay más iglesias, como la **Georgenkirche,** que quedará completamente restaurada hacia 2010; la íntima **Heilig-Geist-Kirche** (iglesia del Espíritu Santo), en la Lübsche Straße, y la **Marienkirche,** en St.-Marien-Kirchhof, de la cual sólo sobrevivió a la destrucción de la guerra la torre de 80 m de altura.

Bajo el régimen comunista, la decadencia urbanística y del entorno de Wismar corrió paralela al crecimiento y el desarrollo que experimentó la ciudad, que pasó a ser el segundo puerto más importante de la RDA después de Rostock. Más interesante que las instalaciones modernas es el **antiguo puerto** (Alter Hafen), con la única **puerta de la ciudad** que se conserva (Wassertor), unos antiguos almacenes y la oportunidad de surcar las olas del Báltico a bordo de un barco de vela antiguo. ∎

Stralsund

RODEADA CASI COMPLETAMENTE POR AGUA, LA COMPACTA Stralsund es una de las ciudades portuarias del Báltico que mejor se conservan. Con su horizonte dominado por las torres de tres grandes iglesias, y sus calles llenas de casas que datan de los días de gloria de la ciudad antes de la guerra de los Treinta Años, no sólo es atractiva por sí misma, sino por su céntrica situación en la costa, lo que la convierte en una excelente base para explorar en todas las direcciones.

Stralsund
🗺 89 D3
Información
www.stralsund.de
✉ Alter Markt 9
☎ 03831 2469-0

Su estratégica situación y su puerto resguardado la ayudaron a prosperar como uno de los miembros destacados de la Liga Hanseática, estableciendo vínculos comerciales con Escandinavia, Rusia, Inglaterra y España. El antiguo poder y la riqueza de Stralsund están orgullosamente expresados en el **antiguo mercado** (Alter Markt), dominado por su magnífica iglesia y por el ayuntamiento, que parecen fundirse en una sola estructura integrada por varios edificios. El **ayuntamiento medieval** (Rathaus) es uno de los edificios civiles más sorprendentes de toda Alemania; su fachada con siete buhardillas es exactamente eso: una fachada con nada más que aire detrás. La **Nikolaikirche,** justo al lado, guarda algunos tesoros como los paneles tallados de unos rusos barbados que cazan martas y ofrecen las pieles a un mercader de la ciudad. Todavía en la plaza, admire los edificios góticos de la **Wulflamhaus,** y, en contraste, la **Commandanten-Hus,** una reliquia barroca de la época en que los suecos gobernaban Stralsund.

Al sur, el **nuevo mercado** (Neue Markt) se enorgullece de la **Marienkirche,** del siglo XIV, que tiene unas delicadas bóvedas. Suba a la torre y obtendrá una impresionante vista de la ciudad y sus alrededores. Las piezas expuestas en el **Deutsches Museum für Meereskunde und Fischerei** (museo del Mar y de la Pesca) van desde el esqueleto de una ballena a la reproducción de un arrecife de coral. El acuario tiene ejemplares de la fauna marina del Mar del Norte. ∎

Desde la torre de la Marienkirche de Stralsund verá la isla de Rügen.

Deutsches Museum für Meereskunde und Fischerei
www.meeresmuseum.de
✉ Katherinenberg 14-20
☎ 03831 26 50 36
🕐 Cerrado lun. en invierno
💲 $

UNA RUTA POR LA COSTA BÁLTICA

Una ruta por la costa báltica

Lugares de veraneo anticuados, paisajes tranquilos e intrigantes ciudades interiores son sólo algunas de las cosas que podrá ver en esta excursión de dos días por el Báltico.

Deje la ciudad de Wismar por la B105 en dirección a Rostock. Ignore los carteles de «Autobahn Rostock» y continúe por la antigua carretera hacia Rostock y Bad Doberan. Tras unos 33 km, deje la carretera principal y siga las indicaciones hacia Kühlungsborn. La carretera se dirige hacia la costa a través de una pequeña zona de bonitas colinas boscosas, el Kühlung.

Aunque **Kühlungsborn** ❶ es el lugar de veraneo más grande de esta zona, con 4 km de playas de arena y muchos hoteles y villas de aspecto opulento, le costará encontrar alojamiento si no lo ha reservado. Antes, Kühlungsborn West y Kühlungsborn Ost se disputaron el favor de los turistas, pero en 1938

se unieron y cesó la rivalidad. El principal símbolo de su unión es la **Ostseeallee**, el largo paseo que corre paralelo a la orilla y que queda separado de ésta por los árboles. Si va en coche, concéntrese en la carretera: aquí, entre otras medidas para controlar la velocidad, han colocado a intervalos regulares postes de madera en medio de la calzada. Aunque no tenga ganas de nadar, practicar el surf o tomar el sol, debería dar un paseo por el nuevo muelle de Kühlungsborn para respirar el aire del mar.

Continúe a lo largo de la costa hasta la pequeña **Heiligendamm** ❷, el primer lugar de veraneo de Alemania creado con tal propósito, con espléndidos edificios neoclásicos de la década de 1790. Aquí la carretera principal (105) deja la costa y se dirige hacia el interior por una avenida con tilos, paralela a la vía del tren que recorre los pocos kilómetros entre Kühlungsborn y Bad Doberan desde 1886.

Los cistercienses fundaron un monasterio en **Bad Doberan** ❸, y su gran iglesia gótica de ladrillo guarda obras de la época, como el

---

🅰 Ver mapa pág. 88 B2
▶ Wismar
🔁 150 km
🕒 Todo un día
▶ Barth

PUNTOS DE INTERÉS
- Un paseo por el muelle de Kühlungsborn
- Bernstein-Museum (museo del Ámbar)
- El puerto y la iglesia de los marineros de Ahrenshoop
- La iglesia de Prerow

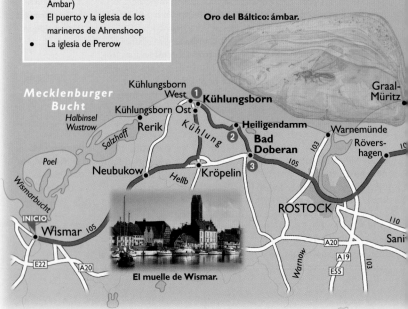

Oro del Báltico: ámbar.

0   25 kilómetros

Mecklenburger Bucht

Kühlungsborn West ❶ **Kühlungsborn**

Kühlungsborn Ost

Halbinsel Wustrow

Salzhaff

Rerik   *Kühlung*   ❷ **Heiligendamm**

Bad Doberan   ❸

Poel

Neubukow   *Hellb*   **Kröpelin**

Wismarbucht

Graal-Müritz

Warnemünde

Rövers-hagen

105

ROSTOCK

110

INICIO

Wismar   105

Sani

Warnow

E22   A20   A19   E55   103

El muelle de Wismar.

El tráfico se mantiene a la derecha cuando la veterana Molli echa vapor por Bad Doberan.

altar mayor dorado y el tabernáculo de roble tallado. En el exterior, busque el bonito Beinhaus (osario), donde están los huesos de los monjes. La ciudad aún conserva huellas de la época en que el duque Federico Francisco la convirtió en la capital de veraneo de su corte. Su palacio es hoy un hotel, y uno de los encantadores pabellones de estilo chino que hay en el Kamp (un prado convertido en parque) es un café.

Continúe por la 105 pasando por Rostock, para llegar, después de recorrer 26 km más, a **Ribnitz-Damgarten** ❹. Aquí está el **Bernstein-Museum** *(Im Kloster 1-2; Tel 03821 29 31; cerrado lun.-mar. en invierno)*, que ocupa un edificio del monasterio donde se exhiben muestras de ámbar, muchas de ellas con insectos en su interior.

Retroceda unos metros y verá una carretera secundaria que lleva al noroeste, hacia Dierhagen. A través de ella entrará en la península de Fischland-Darss-Zingst. Casi toda la zona forma parte del **Nationalpark Vorpommersche Boddenlandschaft** *(administración del parque: Im Forst 5, Born; www.nationalpark-vorpommersche-boddenlandschaft.de; Tel 038234 502-0)*, con bosques, praderas, pantanos, dunas y bodden (lagunas de agua salada). Aunque es un popular lugar de veraneo, los pueblos de pescadores han conservado su carácter. Los artistas, más que los aristócratas, llenan el lugar, por lo que hay más casas con tejado de paja que ostentosas villas. El pueblo de **Ahrenshoop** ❺ es un buen lugar para saborear el ambiente del Fischland. Caminos de arena bajan hasta los resguardados bodden, y en el puerto verá las típicas barcas de pesca conocidas como *Zeesen*. La pequeña iglesia de madera de Ahrenshoop tiene la forma de una barca volcada.

La zona de Darss está dominada por bosques y por el lugar de veraneo de **Prerow** ❻, con sus casas de campo dispersas entre los árboles. En la iglesia de ladrillo rojo de Prerow, saliendo de la carretera principal, resuenan los ecos del mar, con sus maquetas de barcos colgadas y las figuras que recuerdan los mascarones de proa. Suba al dique para ver el Báltico, y luego continúe unos 4 km siguiendo la costa, hasta que la carretera gire hacia el sur para volver al continente. La última parada es **Barth** ❼, una pequeña población cuyo puerto tiene una larga historia. En primavera y en otoño, son muchos los aficionados a la ornitología que vienen aquí para ver el paso de las grullas. ∎

En la playa de Prerow.

Rügen

RÜGEN ES LA ISLA MÁS GRANDE DE ALEMANIA Y, EN OPINIÓN de muchos visitantes, también la más bella, con una gran variedad de paisajes que van desde bosques de hayas hasta playas de arena y espectaculares acantilados de creta. Aquí el turismo tiene una larga historia, que comienza con la creación de un balneario a principios del siglo XIX. A partir de entonces se construyeron elegantes complejos turísticos a la orilla del mar, que han revivido después de la reunificación alemana. Más paradisíaca que la isla principal es la de Hiddensee, sin tráfico y muy popular entre artistas e intelectuales desde hace más de cien años.

Los pescadores extienden sus redes en el pequeño pueblo pesquero de Vierow.

Rügen
89 D4-E4
Información
www.ruegen.de
Kurverwaltung, Heinrich-Heine-Straße 7, Binz
03838 813 321

Una carretera elevada de 2,5 km y un puente unen Rügen con Stralsund, en el continente. Aunque la carretera principal y el tren se dirigen directamente a Bergen, la pequeña capital de la isla, es más interesante tomar la carretera secundaria que pasa por Gustow y Barz, y que llega a **Putbus.** Centrada en un anillo de blancas villas conocido como el Circus, esta elegante ciudad balneario la fundó en 1810 el príncipe Wilhelm Malte, con la esperanza de atraer a una clientela exclusiva para pasear por sus jardines paisajísticos, asistir a representaciones teatrales y tomar baños de mar. Los árboles exóticos que plantó en el parque de estilo inglés siguen aquí, pero la mansión, un claro símbolo del feudalismo para los dirigentes comunistas, fue demolida en 1960.

Ahora bien, otros edificios sobrevivieron, entre ellos la iglesia, construida originalmente como salón de baile; la *orangerie*, vigilada por unos leones de piedra salvados de la mansión, y, por encima de todo, el teatro, que parece un templo.

A principios del siglo XX, los asistentes al teatro eran traídos a Putbus desde sus hoteles de la costa, a bordo de los vagones restaurante de un pequeño tren que todavía funciona. Apodado entonces «el expreso del nabo», hoy ha sido rebautizado como «Rasender Roland» («el raudo Roland»), aunque renquea más que vuela a lo largo de los 25 km que hay hasta la estación terminal de Göhren. Las locomotoras de vapor todavía funcionan en la estación de Putbus, a donde también llega un ramal de la línea principal de Rügen.

El tren continúa hasta el puerto de Lauterbach, donde tiene una parada. Desde aquí podrá subir a un barco y navegar alrededor de la pequeña isla de **Vilm,** en la que sólo se puede desembarcar bajo previa autorización *(Tel 03830 16 18 96).* Aquí no se ha talado ni un solo árbol en cientos de años, y el número de personas que visita esta reserva natural está estrictamente controlado. Bajo el gobierno de la RDA, los encantos de la isla se reservaron para la elite del Partido Comunista.

«El raudo Roland» es una forma divertida de llegar a **Binz,** el princi-

pal lugar de veraneo de Rügen, que recibe las brisas bálticas en la costa este de la isla. Tiene un paseo marítimo, un malecón y un Kurhaus (establecimiento termal), y sus calles están llenas de villas con balcones y buhardillas de madera trabajada con calados y pintada de blanco. Aunque Binz ha despertado a la vida de nuevo, sus verdaderos días de gloria fueron el período inmediatamente anterior a la primera guerra mundial. El interesante y pequeño **Historisches Binz Museum,** que ocupa la Villa Odin (*Zeppelinstraße 8; www.binz.de; Tel 38393 50 222*), recuerda esta época.

Al sur de Binz, el tren sube por una pendiente hacia la pequeña estación del **Jagdschloß Granitz** (pabellón de caza Granitz), un enorme edificio de apariencia medieval

construido en la cima de la colina por el príncipe Guillermo. Venza el vértigo y suba la empinada escalera de hierro de la torre del castillo para contemplar una magnífica vista desde este extremo de la isla. Con sus bosques, sus prados llenos de flores y su intrincada línea costera, la zona ha sido declarada reserva de la biosfera y coexiste con pequeños centros de veraneo como Sellin y Baabe, cuyo ambiente de la década de 1930 quedó inmortalizado en la novela semiautobiográfica *Adiós a Berlín,* de Christopher Isherwood.

HACIA EL NORTE

Al norte, entre las dunas de arena y los bosques de pinos, en dirección opuesta a Binz, se encuentra una de las construcciones más extravagantes de Alemania, una enorme masa

Coronados por los bosques de hayas del Parque Nacional de Jasmund, los acantilados blancos se alzan sobre la costa báltica.

Jagdschloß Granitz (pabellón de caza Granitz)

www.ruegen.de

✉ Lancken-Granitz

☎ 038393 3740

🕐 Cerrado lun.

💲 $

El antiguo lugar de veraneo de Binz tiene una de las muchas playas de arena de la costa báltica.

Prora-Museum

www.museum-prora.de

✉ Prora bei Binz,
Objektstraße 3-5

☎ 03839 33 26 40

💲 $

de hormigón que se extiende unos 4 km por la costa. Esta amenazadora presencia es **Prora,** una reliquia del programa nazi «Fuerza a través de la alegría». La idea era que las familias vinieran aquí de vacaciones a ocupar uno de los innumerables apartamentos de esta edificación de seis pisos, para la que se había proyectado una sala de actos con capacidad para 20.000 personas. Pero llegó la guerra y los únicos inquilinos de Prora fueron los refugiados de las ciudades alemanas bombardeadas. Posteriormente, fue ocupada por la Volkpolizei (policía del pueblo) y luego, hasta 1990, por el Nationale Volksarmee (ejército del pueblo).

¿Qué hacer con semejante monstruoso elefante blanco (o más bien gris)? De momento, alberga varios museos, el más interesante de los

cuales es el **Prora-Museum,** que sitúa el complejo en su contexto histórico y contemporáneo. También puede visitar el **NVA-Museum,** que expone objetos pertenecientes al ejército de la Alemania del este; el **Rügen-Museum,** con maquetas del desarrollo geológico de la isla, y el **Eisenbahn-und Technik-Museum** (museo del Ferrocarril y la Tecnología), con locomotoras de vapor y coches antiguos *(los tres museos: KulturKunststatt Prora; www.kulturkunststatt-prora.de; Tel 03839 33 26 96).*

Prora está construido en un estrecho brazo de tierra que separa el Báltico de la Kleiner Jasmunder Bodden, la laguna que, junto con la Grosser Jasmunder Bodden, lleva agua de mar al corazón de la isla. Más al norte se encuentra Jasmund,

un bloque de tierra más sólido, que antiguamente fue una isla. Lo primero que llama la atención aquí son las grandes instalaciones del moderno puerto del transbordador de Neu Mukran. Con un transbordador capaz de transportar un tren, fue construida una línea que unía los puertos de Alemania del este y de la Unión Soviética como alternativa a las rutas terrestres a través de Polonia, un país que se consideraba un aliado poco fiable en la década de 1980.

Más allá del antiguo puerto de Sassnitz, gran parte de Jasmund está cubierto por los bosques de hayas de la **Stubbenkammer,** que forma parte de un parque nacional. La gente acude aquí para ver los espectaculares acantilados de creta, que descienden cientos de metros hasta las aguas del Báltico. El espectáculo de sus formas dentadas y de su blancura fascinaron al pintor romántico Caspar David Friedrich (ver pág. 42); el cuadro que pintó en 1818 con unos turistas asomándose impresionados al borde del acantilado, es un clásico del arte alemán.

Aunque la forma más aventurera de explorar los acantilados es a pie, siguiendo el sendero que parte de Sassnitz, la caminata dura todo un día, y muchos visitantes se conforman con tomar el autobús que sale del aparcamiento de coches y lleva al mirador conocido como el **asiento del Rey** (Königsstuhl). Esto solo ya es bastante espectacular, aunque los amantes de las emociones fuertes llegan hasta el **Viktoriasicht,** una pequeña plataforma que se proyecta sobre el abismo. Un escarpado y potencialmente resbaladizo sendero desciende hasta la playa. Pero si no le apetece hacer nada de esto, ¿por qué no apuntarse a un pequeño crucero por la costa partiendo de Sassnitz?

Tras la Stubbenkammer, casi todo le parecerá anodino, pero vale la pena seguir hacia la punta norte de la isla, el **Kap Arkona,** con sus

Derecha: el Kap Arkona cuenta con dos faros, el viejo (1827) y el nuevo (1902).

**Sassnitz
Información**
www.insassnitz.de

✉ Rügen-Galerie 27

☎ 03839 26 490

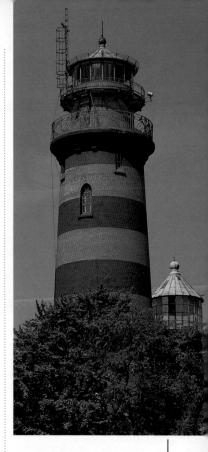

dos faros y los restos de la fortaleza eslava de Jaromarsburg. Cerca se encuentra el pueblo de pescadores de **Vitt,** con sus casas de techos de paja y una iglesia con un mural moderno. También puede tomar el transbordador desde Schaprode, en la costa oeste de Rügen, en dirección a la isla de **Hiddensee,** a 17 km de la costa. Esta isla conserva su tranquilidad gracias a haber prohibido el tráfico, y aún es más relajante después de que los visitantes del día se hayan marchado. Hay un autobús, pero la mejor forma de explorarla, para ver sus casas con techos de paja y sus playas de arena, es en bicicleta. Personajes como Freud quedaron hechizados por sus encantos, aunque el residente más famoso fue el Nobel Gerhart Hauptmann (1862-1946), que está enterrado en Kloster. ∎

Greifswald

LA SILUETA DE LA ANTIGUA CIUDAD UNIVERSITARIA DE Greifswald aún se conserva tal como la pintó, a principios del siglo XI, Caspar David Friedrich (1774-1840), el hijo más famoso de esta localidad, mientras que el horizonte todavía lo dominan las torres de las tres principales iglesias de la ciudad. Aun así, el monumento más famoso de la población es el monasterio en ruinas de Eldena, uno de los temas favoritos de Friedrich.

Greifswald

🗺 89 E3

Información

www.greifswald.de

✉ Schuhagen 22

☎ 0383 41 94 33

Pommersche Landesmuseum

✉ Rakower Straße 9

☎ 03834 83 120

🕐 Cerrado lun.

💲 $

Tras la fundación del monasterio de Eldena, en 1199, en la desembocadura del río Ryck, los monjes establecieron en Greifswald, a poca distancia río arriba, un mercado que se convirtió en una población de forma ovalada con un entramado de calles cuadriculado. Poco después pasó a ser miembro de la Liga Hanseática y, en 1456, se fundó en ella la universidad, una de las primeras del norte de Europa.

Unos paneles en la entrada del **ayuntamiento** (Rathaus), en la Marktplatz (plaza del mercado), recuerdan la guerra de los Treinta Años y la rendición al Ejército Rojo, en abril de 1945. Aquí los cafés al aire libre se mezclan con bellos edificios, entre ellos la **Giebelhaus,** un raro ejemplo de casa urbana del gótico de ladrillo (ver pág. 36), de principios del siglo XV.

Aunque los cuadros de Caspar David Friedrich están bastante dispersos, Greifswald saca el máximo partido de los que hay en el **Pommersche Landesmuseum,** instalado en un edificio de finales del siglo XIX. Entre sus obras se expone una en la que aparece representado el **monasterio de Eldena.** No se pierda este monumento, cuyas ruinas descansan entre viejos árboles. Muy cerca se encuentra el pueblo de pescadores de **Wieck,** al que se llega por un puente levadizo de estilo holandés. ■

Usedom

LA ISLA MÁS ORIENTAL DE ALEMANIA DEBE SU FAMA A LAS magníficas playas de arena que se extienden por casi toda la isla. En el siglo XIX, cuando se puso de moda bañarse en el mar, a Usedom acudió incluso la realeza, razón por la cual sus tres lugares de veraneo más prestigiosos se denominan *Kaiserbäder* (lugares de baño imperiales), aunque el estar tan bien comunicados por tren con la capital le merecieron a la isla el más jocoso sobrenombre de «la bañera de Berlín».

Hay dos formas de llegar a Usedom desde el continente. El puente de la carretera y del tren que va a parar a la parte norte de la isla sale del antiguo puerto de **Wolgast,** con una gran iglesia medieval de ladrillo en la parte alta de la ciudad y un almacén de madera en el muelle. Más al sur, la carretera desde **Anklam** cruza el canal por un moderno puente levadizo. Desde él se ven los enormes restos del puente del ferrocarril de la línea procedente de Berlín y que fue volado en los últimos días de la guerra. El partido Verde hizo campaña para restaurarlo, como parte de un paquete de medidas para frenar la invasión de coches que sufre la isla en verano.

En Usedom podrá disfrutar de todos los placeres del mar, y conocer también el lugar donde Werner von Braun, que más tarde sería responsable del proyecto Apolo 8 en Estados Unidos, construyó sus famosos misiles de largo alcance. Un giro a la izquierda saliendo de la carretera principal desde Wolgast le llevará a **Peenemünde.** En la década de 1930, este lugar situado en la punta norte fue escenario de las pruebas que Werner von Braun realizó para perfeccionar la V2, un misil del que se lanzaron miles de unidades a finales de la segunda guerra mundial, devastando el sur de Inglaterra. Hoy, aunque este enorme complejo está casi totalmente en ruinas, el

Estos «cestos» en la playa protegen de las brisas bálticas a los que toman el sol en el malecón de **Ahlbeck.**

Usedom
🗺 89 E2-E3
Información
✉ Kurverwaltung,
Kulmstraße 33,
Heringsdorf
☎ 038372 70167

**Historisch-
Technisches
Informations-
zentrum**
✉ Bahnhofstraße 28,
Peenemünde
☎ 038371 20573
💲 $

Villa Irmgard
✉ Maxim-Gorki-Straße
13, Heringsdorf
☎ 03837 82 23 61

Historisch-Technische Informationszentrum monta exposiciones y exhibe películas del lugar. Fuera del centro hay aviones de la época soviética y una maqueta de tamaño natural de una V2. Bajo el gobierno de la RDA, el puerto de Peenemünde fue ampliado como base para la Volksmarine. Todavía se conserva aquí, abierto al público, uno de los buques que lanzaron estos mortíferos misiles.

Entre los lugares de veraneo que se encuentran a lo largo de los 38 km de playa del Báltico cabe destacar **Zinnowitz,** con el típico malecón y paseo marítimo. En tiempos del comunismo, aquí vinieron a pasar sus vacaciones los sindicalistas con sus familias. El hotel Octubre Rojo, construido en la década de 1970, fue privatizado, modernizado, rebautizado como el Báltico y remodelado para que encajara con la arquitectura tradicional del lugar. Más allá de Zinnowitz, la isla se estrecha hasta quedar reducida a una franja de arena que separa el mar Báltico del gran Achterwasser, una especie de mar interior. La carretera y el ferrocarril llevan hacia el sudeste, a los antiguamente de moda *Kaiserbäder* de Bansin, Heringsdorf y Ahlbeck.

Una copia del mortífero misil nazi V2 domina el terreno del museo en Peenemünde.

Los tres complejos turísticos han conservado su propia identidad, a pesar de estar unidos por el paseo marítimo más largo de Europa. Todos son bonitos, con sus encantadoras villas blancas y sus hoteles, que atraen a visitantes adinerados de toda Europa.

Pese a tener un nombre tan corriente –pueblo de los arenques–, **Heringsdorf** se considera a sí mismo el mejor de los tres, con una tradición que se remonta a la visita del rey de Prusia en 1836. En unas cuantas décadas se convirtió, en palabras de la guía Baedeker, en «uno de los lugares de baños de mar más elegantes del Báltico». Camine por el paseo marítimo y disfrute de la serie de opulentas residencias con sus bellos jardines. El káiser Guillermo pasó algunas de sus vacaciones aquí, igual que el pintor germano-estadounidense Lyonel Feininger (1871-1956). El escritor ruso Máximo Gorki (1868-1936) se refugió en la **Villa Irmgard,** a la espera de que la fresca brisa del mar despejara sus congestionados pulmones. Actualmente la villa es el museo local. El **malecón de Heringsdorf,** que reemplaza al que se quemó en 1958, acoge un centro comercial, un cine y apartamentos en el extremo que toca tierra, así como un restaurante y un embarcadero en la otra punta, 500 m mar adentro.

El alegre malecón rojo de **Ahlbeck,** un lugar de veraneo más de la clase media, puede enorgullecerse de ser el único que ha sobrevivido a la guerra. El límite oriental de Ahlbeck es también la frontera entre Alemania y Polonia. Aunque de momento la frontera sólo se puede cruzar por aquí a pie o en bicicleta, también llegará al puerto polaco de **Swinoujscie** (el antes alemán Swinemünde) tomando una embarcación para hacer una excursión de un día desde muchos de los lugares turísticos de la costa. ■

Región lacustre de Mecklenburg

A FINALES DE LA ÚLTIMA GLACIACIÓN, LOS HIELOS SE
retiraron hacia el este a través de Mecklenburg, dejando lechos de lagos
y canales de deshielo, y depositando arena y grava. Así se creó un paisaje lleno de páramos, bosques, pantanos e innumerables masas de
agua. La región lacustre de Mecklenburg (Mecklenburgische Seenplatte)
se extiende desde Schleswig-Holstein hacia la Mecklenburg meridional.
En su corazón se encuentra el maravilloso Müritz, el segundo lago de
Alemania, con 29 km de longitud y 117 km² de superficie.

**Región lacustre de
Mecklenburg**
 88-89 B2-D1
Información
✉ Nationalpark-
Information Waren,
(aparcamiento del
bosque en la
Specker Straße)
☎ 03991 666 183

Los lagos, conectados por ríos y canales, son un paraíso para los amantes de cualquier tipo de navegación.
Barcos de vela, a motor, *kayaks* y
canoas abarrotan los puertos depor-
tivos, y algunos de los lagos llegan a
colapsarse debido al gran número
de aficionados que practican estos
deportes acuáticos. Por el contrario,
la orilla oriental del Müritz, protegida como parte del **Parque
Nacional de Müritz,** es bastante
más tranquila, ya que las embarcaciones de recreo se mantienen aleja-
das de aquí. Gran parte del parque
nacional es un terreno boscoso interrumpido por brezales y prados llenos de flores donde pastan ovejas y
vacas. Entre las numerosas aves que
lo habitan se incluyen algunas especies amenazadas: grullas, cigüeñas y
águilas ratoneras, así como que-

brantahuesos y águilas marinas, el
emblema nacional de Alemania.

La mejor forma de conocer la
región de los lagos es, por supuesto,
por el agua. Parten cruceros de lugares como **Waren,** la bella y antigua
ciudad que hay en la orilla norte del
Müritzsee. Pero si busca un poco
más de aventura, alquile una canoa
o una barca hinchable y embárquese
en una excursión más larga. Con un
mapa y sin prisas, puede llegar hasta
Berlín, ¡a cuatro días remando! Si
no le gusta el agua, es mejor que
alquile una bicicleta y dé la vuelta al
lago por el **Müritz-Rundweg,** una
ruta bien señalizada. Debido a la
forma irregular del lago, el trayecto
es más largo de lo que parece
(82 km), pero vale la pena, con un
paisaje siempre cambiante y lugares
donde pernoctar. ■

**Las casas-barco de
Röbel llenan la
orilla del enorme
Müritzsee.**

Cruceros
✉ Warener Schifffahrts-
gesellschaft, Waren,
Strandstraße 3
☎ 03991 66 30 34

**Alquiler de
barcas**
✉ MV Touristik, Waren,
Strandstraße 3A
☎ 0180 2000 747

Otras visitas interesantes en Mecklenburg-Baja Pomerania

GÜSTROW

Esta antigua ciudad ducal de la región lacustre de Mecklenburg está excepcionalmente bien conservada. La **iglesia parroquial,** que domina la plaza principal, y la **catedral,** apartada en un tranquilo rincón del casco antiguo (Altstadt), guardan retablos y otros tesoros, mientras que el enorme **Schloß renacentista** *(Franz-Parr-Platz; www.schloss-guestrow.de; Tel 03843 75 20; cerrado lun.)* ofrece un interior ricamente ornamentado y un jardín barroco.

Además, Güstrow fue el hogar de Ernst Barlach (1870-1938), uno de los grandes escultores alemanes del siglo XX, y parte de su obra se expone aquí. No se pierda *El vuelo del ángel,* la escultura que está en una nave lateral de la catedral.

Luego, visite la **Gertrudenkapelle** *(Gertrudenplatz 1; cerrada lun.; entrada combinada con la Atelierhaus),* una capilla remodelada del siglo XV en un pequeño parque a la salida

El vuelo del ángel, de Barlach, una de las grandes esculturas religiosas del siglo XX.

de la Altstadt, donde unas figuras como «el cantor» y «la mujer al viento» transmiten la visión humanista que llevó a los nazis a condenar a Barlach como «artista degenerado». Finalmente, visite su estudio, el **Atelierhaus,** situado a la orilla del lago, 3 km al sur de la Altstadt *(Heidberg 15; Tel 0384 844 0031; cerrado lun.).*
🔼 89 C2 **Información** ✉ Domstraße 9

NEUBRANDENBURG

El desastre cayó sobre Neubrandenburg durante los últimos días de la segunda guerra mundial, cuando el encarnizado combate de la retaguardia destruyó casi todo el barrio antiguo de la ciudad. Por suerte, las murallas y sus cuatro bellas puertas sobrevivieron, convertidas hoy, sin duda, en uno de los mejores ejemplos de fortificación medieval de toda Alemania. La muralla, de 7 m de altura, estaba tachonada de *Wieckhäuser,* puestos de vigilancia atendidos permanentemente por los ciudadanos más aguerridos. Aún se conservan, restaurados, algunos de estos peculiares habitáculos con armazón de madera. Las cuatro puertas de ladrillo, complejas estructuras con una puerta en el interior y la otra en el exterior, tenían altos aguilones que proclamaban la importancia de Neubrandenburg, desafiaban a cualquier enemigo. Rodéelas a pie, pero tenga en cuenta que el perímetro es de unos 2 kilómetros.
🔼 89 D2 **Información** ✉ Stargarder Straße 17 ☎ 0395 19433

SCHLOß LUDWIGSLUST

Este monumental palacio situado 35 km al sur de Schwerin se levantó en el lugar que ocupó un pabellón de caza más modesto mandado erigir a principios del siglo XVII por el duque Christian Ludwig II de Mecklenburg-Schwerin, del cual tomó su nombre: «el placer de Ludwig». El siguiente duque, Federico, más ambicioso que su antecesor, se dispuso a crear un nuevo Versalles con un enorme parque de estilo inglés. Con sus 17 alas y su enorme cuerpo central, el palacio es auténticamente abrumador, y ante los ojos de quien lo contempla parece como si su construcción se hubiera interrumpido numerosas veces por falta de fondos. La piedra labrada de los muros, de sólido aspecto, no es más que un revestimiento colocado encima de los ladrillos, y gran parte de la decoración del interior es de cartón piedra (aunque ha resistido el paso del tiempo mucho mejor que otros materiales aparentemente más duraderos).
🔼 88 B1; www.schloss-ludwigslust.de
☎ 03874 57190 ⏱ Cerrado lun. ■

Colinas, lagos especulares, paisajes bucólicos y las costas del Mar del Norte y del Báltico caracterizan el extremo septentrional de Alemania. Por otro lado, Hamburgo, la segunda ciudad del país, tiene su propia y sofisticada personalidad.

Hamburgo y Schleswig-Holstein

Oficios tradicionales de Lübeck

Hamburgo y Schleswig-Holstein

DESDE EL PODEROSO RÍO ELBA HASTA LA FRONTERA DANESA, ESTOS DOS LÄNDER septentrionales tienen una relación especialmente íntima con el mar, o mejor dicho, con los mares. Schleswig-Holstein, que forma una especie de corredor entre Centroeuropa y Escandinavia, limita a un lado con el Mar del Norte y al otro con el Báltico (en alemán, el Ostsee, o mar del Este). Hamburgo (Hamburg), situada unos 100 km tierra adentro desde la desembocadura del Elba, es la segunda ciudad más grande de Alemania y su puerto marítimo, el más importante, ya que no sólo mira al Mar del Norte sino a los océanos de todo el mundo. Su equivalente en el Báltico es Lübeck, todavía un puerto destacado, aunque los días en que dominaba la Liga Hanseática ya pasaron a la historia.

Las costas del Mar del Norte y del Báltico son bastante distintas. Al oeste, el mar se enfrenta con la costa baja, cuyo perfil cambia constantemente por la acción del viento y de las olas, de fuertes corrientes y mareas. Las islas Frisias Septentrionales (Nordfriesische Inseln), la mayor atracción de la zona, estuvieron en su día unidas al continente. Sin embargo, lo que se ha perdido no supera lo que se ha ganado, ya que se le ha robado mucha tierra al mar entre el continente y las islas con los cientos de miles de diques que se han construido para impedir el avance de las aguas.

La mayoría de las espléndidas playas de las islas dan al oeste; al este se extiende el extraño paisaje del Wattenmeer, una vasta extensión de barro y arena que queda a la vista dos veces al día cuando se retira la marea. Acoge una rica fauna y nutre a millones de aves marinas, pero es un ecosistema frágil, vulnerable a la contaminación y a otros impactos producidos por acciones del hombre. Una superficie de 2.850 km² de esta zona, desde la desembocadura del Elba hasta la punta norte de la isla de Sylt, es actualmente el Nationalpark Schleswig-Holsteinisches Wattenmeer.

Al este, el mar Báltico, casi sin mareas, tiene una costa de acantilados bajos, interrumpidos por entradas del mar en la tierra parecidas a los

Un carguero en dique seco en el siempre bullicioso puerto de Hamburgo.

fiordos, que han creado buenos puertos naturales y excelentes emplazamientos para poblaciones como Kiel, Schleswig y Flensburg. Justo en la frontera con Dinamarca está Flensburg, la ciudad más septentrional de Alemania. Su considerable minoría danesa recuerda que ésta es una región fronteriza, cuya historia transcurrió en su mayor parte bajo mandato danés. Una minoría de habla alemana vive al norte de la frontera actual, que quedó establecida por un plebiscito en 1920.

Es una lástima que la mayoría de los turistas que llegan aquí se dediquen sólo a visitar la antigua Lübeck y la poderosa Hamburgo, ya que el resto de la región ofrece paisajes únicos. ■

Mapa de situación

Berlín ★

Hamburgo

Orgullosa de llamarse a sí misma «una ciudad libre y de la Hansa», Hamburgo es un Land por derecho propio, que temporalmente estuvo bajo dominio danés. Además, sus bien establecidos vínculos comerciales con el resto del mundo la han inclinado siempre hacia la innovación, algo que no se observa en otras ciudades alemanas.

Aunque todavía confía en su importante puerto, sólo superado en Europa por el de Rotterdam, también ha adquirido el estatus de centro industrial y de servicios de primer orden. Bancos, compañías de seguros y grupos mediáticos tienen su sede aquí, incluidas las empresas que publican la revista *Stern* y el influyente semanario *Die Zeit*. La identidad de la ciudad es suficientemente fuerte para abarcar sorprendentes contrastes: hay más gente rica aquí que en ninguna otra parte de Alemania,

un límite semicircular al norte, seguido por la ancha carretera de circunvalación, mientras que el barrio de St. Pauli se levanta al oeste, en una elevación del terreno. Ésta se extiende hacia el oeste a lo largo del Elba a través de Altona, antiguamente bajo mandato danés y bastante independiente de Hamburgo, y finalmente hasta las casas de los capitanes retirados y las villas de los millonarios del hermoso barrio residencial de Blankenese. ■

El horizonte de Hamburgo se aprecia mejor desde uno de los barcos que recorren las aguas del puerto o los lagos del río Alster.

pero la modernización del puerto ha generado una alta tasa de desempleo. Hamburgo ha tenido tradicionalmente una cara sobria y severa, pero hay pocos lugares con más fama de desenfreno que la famosa Reeperbahn, en el distrito de luz roja de St. Pauli.

El trazado de la ciudad es fácil de comprender. Desde el importante límite natural del Elba al sur, los canales *(Fleeten)* del río Alster dividen el centro del casco antiguo en dos mitades, abriendo un paso a través de las dos extensiones de agua conocidas como *Binnen* (interior) y *Aussen* (exterior) *Alster*. La línea de las murallas de la ciudad, demolidas ya hace mucho, forma

El centro de la ciudad

UN GRAN INCENDIO EN 1842 DESTRUYÓ LA MAYOR PARTE DE la antigua Hamburgo. Posteriormente, la nueva ciudad, la del siglo XIX y principios del XX, quedó devastada por los bombardeos, sobre todo durante los ataques aéreos de los aliados, en julio de 1943. Estos ataques duraron una semana y provocaron una tormenta de fuego que mató a 35.000 personas. Evidentemente, la Hamburgo que surgió de entre los escombros no es la ciudad más bonita del país, aunque junto a los edificios modernos, aún conserva muchos vestigios de su largo pasado.

Hamburgo mantiene su silueta distintiva, dominada por las torres de sus cinco grandes iglesias. Comience a explorar la ciudad en **St. Michaeliskirche,** construida en 1762, una de las mejores iglesias barrocas del norte de Alemania. «Der Michel» es un símbolo muy querido por la ciudad y su torre de 132 m de altura es una referencia para los marineros. Suba hasta lo alto para obtener una insuperable

Hamburgo

⚏ 108 D1

Información

www.hamburg.de

✉ Hauptbahnhof, salida Kirchenallee

☎ 040 428 280

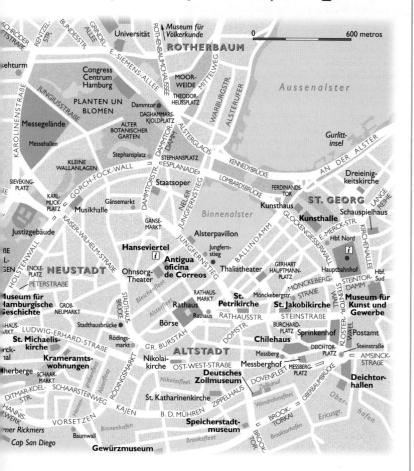

El ayuntamiento neorrenacentista de Hamburgo, de finales del siglo XIX, símbolo del orgullo de la ciudad.

St. Michaelis-Kirche

🅰 Plano pág. 111
✉ Krayenkamp 4
☎ 040 37 67 81 00
💲 $ (torre y Multivisión)

Krameramts-wohnungen (Casas de la Caridad)

🅰 Plano pág. 111
✉ Krayenkamp 10
☎ 040 37 50 19 88
🕐 Cerrado lun.
💲 $

vista del río, el puerto y la ciudad en su conjunto, y no se pierda el interesante pase de diapositivas «Multivision» *(cerrado lun.-vier. en invierno; $)*, que ofrece una fascinante panorámica de la historia de esta ciudad. Bajando desde la iglesia llegará a las antiguas **Krameramts-wohnungen** (casas de la Caridad), a las cuales se accede por el portal del nº 10 de Krayenkamp, y que permiten hacerse una idea de las condiciones en que vivían las viudas pobres en el siglo XVII. Las residencias de los comerciantes del siglo XVIII, de más categoría y cuidadosamente restauradas, llenan la **Peterstraße.** El músico Johannes Brahms nació cerca de aquí en 1833, y en el nº 39 se ha colocado una placa en su memoria. A poca distancia en dirección oeste está el **Museum für Hamburgische Geschichte** (museo de Historia de Hamburgo, ver pág. 115).

Pero el epicentro de Hamburgo es la **Rathausmarkt,** la gran plaza que se abre en frente del ayuntamiento neorrenacentista construido en 1897, cuando la ciudad prosperaba como el puerto más importante de la Alemania imperial. Gobernada durante siglos por comerciantes más que por príncipes o nobles, sigue esforzándose en recordar a sus visitantes que es «una ciudad libre y de la Hansa». El alcalde no desciende las escaleras para recibir a los jefes de Estado, sino que, regiamente, los espera arriba.

Un lado de la Rathausmarkt limita con el canal a través del cual el río Alster llega al Elba desde el Binnenalster, al norte. En el extremo opuesto, unas arcadas de estilo veneciano señalan la entrada al barrio comercial más prestigioso de la ciudad, con exclusivas tiendas que permiten a los hamburgueses afirmar que su ciudad es el lugar más elegante donde ir de compras de toda Alemania, incluida Munich. La zona es una atractiva combinación de lo viejo y lo nuevo; la italianizante **antigua oficina de Correos** de la Poststraße acoge una de las primeras galerías comerciales, que contrastan con las más espaciosas del **Hanseviertel,** el complejo más grande en su género.

Más hacia el este podrá continuar con sus compras: los grandes almacenes se suceden en la **Mönckebergstraße,** trazada a principios del siglo XX al soterrar la línea del U-Bahn. **St. Petrikirche,** en Mönckebergstraße, es el lugar de culto más antiguo del centro de la ciudad, mencionado por primera vez en 1195, aunque la iglesia actual es una reconstrucción posterior al gran incendio de 1842. Y al lado, en el nº 9, este edificio encantador que parece una casa hanseática, pero que en realidad se construyó en 1911.

Más allá, al sur de la Gerhart-Hauptmann-Platz, se encuentra la iglesia **St. Jakobikirche,** que aunque data de 1340, después de 1945 fue casi totalmente reconstruida. Aun así, muchos elementos originales, como el magnífico órgano de 1693, sobrevivieron. ∎

St. Pauli y el puerto

EL FAMOSO DISTRITO DE LA LUZ ROJA DE ST. PAULI HA mejorado mucho su fama desde las décadas de 1960 y 1970. Todas las preferencias sexuales siguen teniendo su lugar aquí, pero el St. Pauli actual atrae a una heterogénea multitud de visitantes que llenan los pubs, bares, restaurantes, discotecas, cabarés, clubes y teatros, y que mantienen el barrio despierto hasta la madrugada e incluso más tarde. Si decide unirse a ellos y pasar aquí la velada, mantenga su cartera bajo control. ¡Hay más de una manera de perder el dinero!

St. Pauli debe su existencia a la desaprobación que sentían los padres protestantes de la ciudad de Hamburgo por el tipo de ocio del que disfrutaban los marineros, con dinero en el bolsillo y tiempo para gastarlo mientras sus barcos eran cargados o descargados. Los lugares que frecuentaban fueron trasladados fuera de las murallas, a lo largo de la **Reeperbahn,** el viejo camino con los talleres de los cordeleros que salía de la puerta occidental de la ciudad hacia el barrio de Altona. Los cordeleros ya no están, ni los marineros, y St. Pauli se ha convertido en una comunidad mixta, ya que la mitad de sus residentes son extranjeros. De

mantener a raya a los que se desmanden se encarga la famosa comisaría de policía del distrito, situada en la esquina de la Davidstraße, una de las calles que, de forma muy distinta, es también patrullada por señoritas de la noche. Los fanáticos del rock todavía peregrinan a St. Pauli, como hicieron unos desconocidos llamados John, Paul, George, Stuart y Pete en 1960, aunque no hay ninguna Beatles-Platz. En vez de eso, podrá ver una estatua y una plaza que llevan el nombre de la estrella de la farándula de la Hamburgo de principios del siglo XX, Hans Albers, actor y cantante de, entre otros éxitos, «La Paloma».

Un paseo a pie o en bicicleta por el puerto de Hamburgo es una experiencia apasionante.

Información

✉ St. Pauli Landungsbrücken

☎ 040 30 05 12 03

Speicherstadt-museum

www.speicherstadt museum.de

🅰 Plano pág. 111

✉ St. Annenufer 2

☎ 040 32 11 91

🕙 Cerrado lun.

💲 $

Gewürzmuseum

www.spicys.de

🅰 Plano pág. 111

✉ Sandtorkai 32

☎ 040 36 79 89

🕙 Cerrado lun. en invierno

💲 $

Las brillantes luces de la calle Große Freiheit (Gran libertad) de St. Pauli.

Deutsches Zollmuseum

www.zoll.de

🅼 Plano pág. 111

✉ Alter Wandrahm 14

☎ 069 469976 00

🕐 Cerrado lun.

St. Pauli baja hasta el Elba. En la orilla se levanta el majestuoso edificio del **Landungsbrücken,** donde atracaban los barcos de línea transoceánicos. En el antiguo **Fischmarkt** todavía se vende pescado los domingos por la mañana, además de fruta, verdura y otros muchos productos. Este colorido y ruidoso espectáculo atrae a ojerosos supervivientes del sábado noche y a buscadores de gangas. Aunque la Hafenstraße, que une el edificio del mercado con la terminal marítima, fue el baluarte de lo «alternativo» en la década de 1980, actualmente sus edificios sucios y cubiertos de *graffiti* parecen más escuálidos que utópicos.

Cuando su actividad se expandió, el **puerto** de Hamburgo se trasladó de los canales del Alster, en pleno centro de la ciudad, al Elba, y luego a la orilla opuesta. Todavía se ven grandes barcos desplazándose majestuosamente por el río. Si quiere hacerse una idea de la magnitud del puerto, apúntese a alguno de los recorridos que ofrecen los cruceros. Aparte de visitar los diques secos, unos muelles aparentemente interminables y pilas de contenedores, la mayoría de ellos también le llevarán hasta la **Speicherstadt.** Este conjunto de almacenes de ladrillo rojo, de finales del siglo XIX, formó parte del Puerto Libre.

Entre estos espléndidos edificios se encuentran varios museos (tome un taxi si desea visitarlos). El **Speicherstadtmuseum** cuenta la historia del barrio, el **Gewürzmuseum** está dedicado a las especias y el **Deutsches Zollmuseum** a las aduanas. ∎

Museos y galerías de arte

LA CIUDAD DE HAMBURGO CUENTA CON UNA VARIEDAD de museos que muchas capitales envidiarían. En St. Pauli se encuentra ubicado, como era de esperar, el museo de Arte Erótico, de tan buen gusto como su temática permite, mientras que en el espléndido grupo de almacenes del siglo XIX de la Speicherstadt se han instalado tres museos que conmemoran el interesante pasado comercial de la ciudad (ver pág. 114).

Derecha: uno de los cuadros más conocidos de Caspar David Friedrich, *Caminante sobre el mar de nubes* **(c. 1818), se expone en la Kunsthalle.**

Museo de Arte Erótico
www.eroticartmuseum.de
⬛ Plano pág. 110
✉ Nobistor 10
☎ 040 317 8410
💲 $$

Museum für Hamburgische Geschichte
www.hamburgmuseum.de
⬛ Plano pág. 111
✉ Holstenwall 24
☎ 040 42 84 12 380
🕐 Cerrado lun.
💲 $$

Museum für Kunst und Gewerbe
www.mkg-hamburg.de
⬛ Plano pág. 111
✉ Steintorplatz 1
☎ 040 4285 42732
🕐 Cerrado lun.
💲 $$

Kunsthalle
www.hamburger-kunsthalle.de
⬛ Plano pág. 111
✉ Glockengiesserwall 1
☎ 040 248713
🕐 Cerrado lun.
💲 $$

La historia de la ciudad se repasa en el excelente **Museum für Hamburgische Geschichte** (museo de Historia de Hamburgo), que se encuentra en el parque del extremo oeste del centro de la ciudad. Las exposiciones tocan todos los posibles aspectos de su pasado. La enorme maqueta de tren, una meticulosa recreación de una de las principales estaciones de Hamburgo, fascina no sólo a los entusiastas del ferrocarril.

Las colecciones de arte de la ciudad están repartidas a lo largo de la «Milla del arte» que se extiende desde el Binnenalster hasta el puerto superior (Oberhafen), donde el antiguo mercado de flores, el **Deichtorhallen** (*Deichtorstraße; cerrado lun.*), se ha convertido hoy en un espectacular espacio para exposiciones de arte contemporáneo.

Al sur de la estación principal, se encuentra el **Museum für Kunst und Gewerbe** (museo de Artes Aplicadas) con una excepcional muestra de piezas de las artes decorativas, entre ellas una colección de instrumentos musicales magníficamente presentada y las salas amuebladas en estilo *art nouveau* (Jugendstil) o *art déco* por maestros como Henri van de Velde (1863-1957), que en 1906 fundó, junto a otros artistas, la Escuela de Artes y Oficios de Weimar.

Al norte de la estación está la **Kunsthalle,** una de las galerías de arte más importantes de Alemania, que ocupa un imponente edificio del

siglo XIX. Fue ampliado para dar cabida al arte contemporáneo, pero esta intervención levantó bastante polémica. La colección principal es enorme, con obras que van de la Edad Media hasta mediados del siglo XX. Haría falta más de una visita para verlo todo.

Si no dispone de mucho tiempo, concéntrese en el arte alemán del siglo XIX y principios del XX. Entre los románticos, busque *El mar de hielo* y el *Caminante sobre el mar de nubes*, de Caspar David Friedrich (1774-1840), y *Mañana*, de Philipp Otto Runge (1777-1810). Impresionistas como Max Liebermann (1847-1935) están representados con *Los remendadores de redes* y *Ulises y Calipso*, aunque hay otros maestros como Otto Dix (1891-1969) y Max Beckmann (1884-1950). ∎

Las casas que flanquean el Nikolaifleet servían como almacenes, tiendas y residencias.

Un paseo por Dryshod

Este paseo comienza en la Jungfernstieg, la explanada que domina las tranquilas aguas del Binnenalster, y luego sigue una ruta en zigzag por el centro de la ciudad hasta la bulliciosa orilla del río Elba y el puerto.

La **Jungfernstieg** ❶ es a la vez un elegante bulevar comercial y un lugar estupendo para sentarse en un café y contemplar el Binnenalster desde la orilla. De aquí parten embarcaciones de recreo que recorren el Alster interior y exterior y, aún van más allá, por el río. Entre los sobrios edificios que se extienden a lo largo de la orilla del lago están el prestigioso Vier Jahreszeiten Hotel y las oficinas de la entonces mayor naviera del mundo, la Hapag, de 1901.

La zona que queda «tierra adentro» desde la Jungfernstieg acoge las calles y galerías comerciales más exclusivas de Hamburgo (ver pág. 112). Las **arcadas del Alster** (Alsterarkaden)

enmarcan la vista del **ayuntamiento** (Rathaus) ❷ (ver pág. 112), al otro lado del canal Alsterfleet. Atraviese la puerta principal y el imponente vestíbulo abovedado del ayuntamiento hacia el patio interior. La fuente de Hygeia conmemora la epidemia de cólera de 1892. Salga hacia la izquierda, gire a la derecha y otra vez a la izquierda hacia la Börsenbrücke. En esta calle, busque un largo y estrecho espacio a la izquierda, donde podrá ver la parte trasera de un edificio de estructura de madera y las plantas superiores proyectadas hacia fuera, un vestigio de la ciudad comercial medieval. Cruce el puente sobre el Alster, que luce las es-

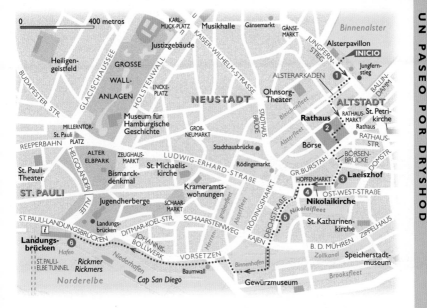

tatuas de los fundadores de la ciudad, el arzobispo Asgar y el conde Adolf von Schauenburg.
Contemple el **Laeiszhof** ❸, el típico edificio
de una compañía naviera de Hamburgo, mandado erigir por uno de los fundadores de la
Hapag.

Pero el elemento que domina en esta
zona de la ciudad es, sin duda alguna, la esbelta
aguja de la bombardeada **Nikolaikirche** ❹,
conservada como monumento conmemorativo. Desde el extremo más alejado de la plaza de
Hopfenmarkt, un puente peatonal cruza los
múltiples carriles de la transitada Ostwest-
straße (carretera este-oeste). Unos escalones le
llevarán a la **Deichstraße** (calle del Dique),
donde las magníficas fachadas de las casas de
los comerciantes del siglo XVIII permiten hacerse una idea de cómo debió de ser la antigua ciudad de la Hansa antes del incendio de 1842.
Siga por un estrecho pasaje y cruce el pontón
sobre el **Nikolaifleet** ❺ para ver por detrás la
fachada de ladrillo de estos edificios, que servía
para acceder al río, como almacén, oficinas y
vivienda. La mayoría de los que han sobrevivido son actualmente pubs y restaurantes.

Cruce la calle que sigue el curso del río y
suba al **dique** que llega hasta St. Pauli, el distrito de la luz roja (ver págs. 113-114), al oeste,
para contemplar la actividad en el Elba. No se

dirija directamente al oeste; cruce las aguas del
Binnenhafen por la pasarela y camine por el
muelle para ver «el continente».

Entre los **buques-museo** atracados a lo
largo del dique, encontrará el clásico carguero
de mediados del siglo XX *Cap San Diego* y el
Rickmer Rickmers, un espléndido velero de
1896; los dos se pueden visitar todos los días.
Las torres y cúpulas de cobre del final del dique
pertenecen al **St. Pauli Landungsbrücken**
❻, el lugar donde atracaban los transatlánticos.
Aunque hoy sólo lo utilizan los transbordadores y cruceros del puerto, cuenta con numerosos locales donde comer algo, tomar una copa y
descansar después del paseo. ∎

🅜 Ver también plano págs. 110-111
▶ Jungfernstieg
↔ 3 km
🕐 1,5 horas
▶ St. Pauli Landungsbrücken

PUNTOS DE INTERÉS

- Jungfernstieg
- Rathaus
- Deichstraße y Nikolaifleet
- *Rickmer Rickmers*
- St. Pauli Landungsbrücken

El faro de Westerheversand y la vivienda de su encargado, situados entre el cielo, el mar y la tierra.

Schleswig-Holstein

Los dos destinos turísticos más importantes de Schleswig-Holstein difícilmente podrían ser más distintos entre sí. En el sudeste, en la frontera con Mecklenburg, se encuentra la encantadora Lübeck, un ejemplo casi perfecto de ciudad comercial medieval de la Hansa, y, en el lejano noroeste, las islas Frisias Septentrionales, que llevan más de siglo y medio atrayendo a turistas que buscan sol, arena y mar.

Entre estos dos polos, hay mucho para ver y hacer. La costa báltica tiene excelentes lugares de veraneo y playas, que rivalizan con los lugares similares que pueden encontrarse más al este; Travemünde se asocia con Lübeck y Laboe con Kiel, la capital del Land, un lugar poco llamativo situado al final del famoso canal que lleva su nombre, pero con un fiordo que es un paraíso para navegantes y que acoge uno de los grandes acontecimientos mundiales de la navegación: la Kieler Woche (Semana de Kiel), en junio. Más al norte, un fiordo más largo que el de Kiel conduce tierra adentro a Schleswig, la antigua capital, con dos magníficos monumentos: la catedral y el castillo. Aunque la ciudad de Flensburg está lo más al norte que se puede llegar en Alemania, el viaje vale la pena sólo para ver el bullicio de su puerto y apreciar su aroma danés. La costa oeste, más expuesta y que da al mar del Norte, tiene pocas ciudades importantes, con la excepción del viejo puerto pesquero de Husum, una excelente base para explorar las pequeñas islas que salpican el Wattenmeer.

El interior de Schleswig-Holstein apenas es visitado por los turistas. Hay pocos árboles, algo que compensan, en parte, los 50.000 km de setos, plantados en los siglos XVIII y XIX para servir de barrera al ganado y al viento, ya que no hay nada que frene la fuerza de viento en la parte continental de Frisia Septentrional, donde lo que predominan son los enormes molinos eólicos. Los magníficos cielos y la luz brillante de la zona inspiraron al pintor expresionista Emil Nolde, del cual se exhibe una selección de su obra en la galería que hay cerca de Niebüll; una muy buena razón para explorar esta parte de Alemania. En dirección este, hacia el Báltico, se encuentran los paisajes más acogedores de la Holsteinische Schweiz (la Suiza de Holstein), con suaves colinas boscosas y lagos. ■

Kiel

LA CAPITAL DE SCHLESWIG-HOLSTEIN SE LEVANTA EN EL extremo de su maravilloso puerto natural, el Kieler Förde, que penetra en tierra desde el Báltico. Cada junio el fiordo es el escenario de uno de los acontecimientos más importante de navegación del mundo, la Kieler Woche (Semana de Kiel), en la que una multitud contempla a los miles de participantes tomar parte en emocionantes eventos.

En el siglo XIX, cuando la Alemania imperial empezó a construir una armada importante, Kiel alcanzó gran relevancia. Los astilleros y las bases navales se extendieron por el fiordo, cuyo valor estratégico se vio inmensamente incrementado por la apertura del **canal de Kiel** en 1895. Llamado el Nord-Ostsee-Kanal (canal Báltico-Mar del Norte) en alemán, esta vía acuática de 99 km de longitud permitió a los barcos de guerra cruzar de un mar al otro sin tener que rodear Dinamarca. Actualmente, los cargueros hacen del canal la vía acuática artificial más transitada del mundo.

Desde la torre del **ayuntamiento** (Rathaus) hay una buena vista del casco antiguo (Altstadt) y del fiordo. Si visita el **Schifffahrts-museum** (museo Marítimo), en el puerto, obtendrá información sobre la estrecha relación entre la ciudad y el mar; hay tres barcos históricos amarrados aquí.

Haga una excursión con uno de los transbordadores que se detienen por el fiordo. En **Laboe,** un pueblo de playa, se encuentra el enorme **Marine-Ehrenmal,** una escultura de 85 m de altura en forma de proa de barco. Erigida en 1936, actualmente está dedicada a la memoria de los marineros de todas las nacionalidades que murieron en el mar. Acceda a lo más alto de la torre subiendo los 341 escalones o con el ascensor. A sus pies está el U-995, un submarino de la segunda guerra mundial. ∎

Las embarcaciones llenan en junio el fiordo de Kiel, para el festival de la Kieler Woche.

Kiel
www.kiel.de
△ 108 D3
Información
✉ Andreas-Gayk-Straße 31
☎ 0431 679100

Ayuntamiento
✉ Rathausplatz
☎ 0431 679100
⊕ Cerrado fines de semana
 $

Schifffahrtsmuseum
✉ Wall 65
☎ 0431 901 34 28
$ $

Marine-Ehrenmal
✉ Laboe
☎ 04343 42 700
$ $

Lübeck

RODEADO POR SUS DEFENSAS MARÍTIMAS, ESTE ANTIGUO puerto y ciudad comercial ha conservado gran parte del ambiente de sus días de gloria, cuando, como líder de la Liga Hanseática, su influencia se extendió por todo el Báltico y más lejos todavía. Lübeck continúa siendo un puerto importante, aunque el grueso de la actividad se ha desplazado hacia la desembocadura del río Trave. Sin embargo, la mayoría de los visitantes viene para disfrutar de sus antiguas calles y plazas, con edificios de ladrillo al estilo de las que se pueden ver en toda la costa norte de Europa, desde Holanda hasta Estonia.

Lübeck
🅰 109 E2
Información
www.luebeck.de
✉ Breite Straße 62
☎ 0451 122 54

Petrikirche
www.st-petri-luebeck.de
✉ Schusselbunden 13
🕐 Ascensor cerrado
enero y feb.
💲 $

Buddenbrookhaus
www.buddenbrookhaus.de
✉ Mengstraße 4
☎ 0451 122 41 90
🕐 Cerrada lun.
💲 $

Heiligen-Geist-Hospital
✉ Am Koberg
☎ 0451 122 20 40
🕐 Cerrado lun.
💲 $

Museum für Kunst und Kulturgeschichte
www.luebeck.de
✉ Düvekenstraße 21
☎ 0451 122 4134
🕐 Cerrado lun.
💲 $

El horizonte de Lübeck está dominado por las torres y agujas de siete iglesias. Para llegar a ellas, deberá cruzar la **Holstentor** (*Tel 0451 122 41 29; cerrada lun.*), una magnífica puerta del siglo XV que se ha convertido en el emblema de la ciudad. Construida en ladrillo, como casi todos los demás edificios, consta de dos poderosas torres de planta cilíndrica rematadas por unos tejados cónicos de pizarra y unidos por una sección con aguilones sobre el arco que sirve de entrada. El museo de historia local instalado en ella, exhibe una fantástica maqueta de la ciudad en el siglo XVII.

Al otro lado del puente que encontrará tras cruzar la puerta, empieza propiamente la ciudad. Si quiere obtener una vista general de su trazado ovalado y de su intrincado entramado de calles, tome el ascensor que sube a la torre de la **Petrikirche.** Pero antes contemple el insuperable grupo de edificios que presiden el centro de la ciudad, sobre todo el **ayuntamiento** (Rathaus) y la **Marienkirche,** con sus torres gemelas, iniciados ambos a mediados del siglo XIII, y que son la expresión máxima del antiguo orgullo de los ciudadanos con respecto a la independencia de su ciudad, entonces libre de la dominación de príncipes u obispos. Las aberturas circulares en la parte superior de la fachada del ayuntamiento sirven

para reducir la resistencia al viento. Aunque la iglesia está repleta de notables obras de arte, quizá lo más conmovedor de todo sean las campanas destrozadas al pie de la torre sur, que se han dejado tal como quedaron después de la terrible noche del 28 de marzo de 1942, en que una cuarta parte de la ciudad fue destruida por las bombas británicas.

Justo al norte de la iglesia se alza la **Buddenbrookhaus,** una espléndida mansión blanca que debe su nombre a *Los Buddenbrook,* una de las novelas de Thomas Mann (1875-1955), natural de la ciudad. El edificio está dedicado a su memoria y a la de su hermano, el también escritor Heinrich Mann.

Más al norte por la Breite Straße, pasada la Jakobikirche, la iglesia de los marineros, encontrará la **Haus der Schiffergesellschaft** (*Breite Straße 2*), antigua sede del gremio de los capitanes de mar. Ahora es uno de los mejores restaurantes de la ciudad, con un ambiente marinero bien recreado y excelentes platos de pescado. Si continúa por la Breite Straße llegará a otra formidable puerta, la medieval Burgtor.

En la Königstraße, paralela a la Breite Straße, se encuentra el **Heiligen-Geist-Hospital,** fundado hacia 1280 por unos caritativos mercaderes para acoger a los ciudadanos menos afortunados que ellos. Su elaborada fachada encaja a la per-

fección con su interior, con pinturas murales medievales y un magnífico vestíbulo. A unos pocos metros, el **Museum für Kunst und Kulturgeschichte** (museo para el Arte y la Historia de la Cultura) expone pinturas y mobiliario que evocan el estilo de vida de los prósperos ciudadanos de Lübeck en el siglo XIX. Más al sur, saliendo de la Glockengießerstraße, hay algunas pequeñas casas de caridad del siglo XVII dispuestas alrededor de encantadores patios.

TRAVEMÜNDE

En la Edad Media, Lübeck tenía que pagar impuestos de aduanas a Holstein, que controlaba la desembocadura del río Trave, en Travemünde. Por eso, en 1329, Lübeck compró dicha población. En Travemünde quedan casas antiguas con entramado de madera; sin embargo, lo más destacado del lugar es su elegante casino y Kurhaus, sus villas y el largo paseo marítimo. Travemünde es uno de los lugares de veraneo más elegantes del país. ■

El ayuntamiento de ladrillo de Lübeck cierra la plaza del mercado de la ciudad.

El poderoso *Kogge* (barco de fondo plano) aseguraba las rutas marítimas de la Hansa.

La Hansa

La Hansa, una asociación de ciudades comerciales, se creó para protegerse de los piratas y para controlar el comercio en el mar Báltico. Las materias primas (pieles, cera, ámbar, sal, madera y miel) se cambiaban por productos manufacturados procedentes del oeste, como tejidos, vino y artículos de metal. Lübeck era la ciudad más importante de la Hansa, pero otros muchos puertos alemanes, e incluso ciudades del interior como Colonia, fueron miembros de la liga. Las mercancías eran transportadas en *Koggen*, grandes barcos de vela de gran tonelaje. Aunque la liga se reunió por última vez en 1669, las líneas aéreas nacionales alemanas se llaman Lufthansa (Hansa del aire) y las matrículas de los coches en Hamburgo y Bremen llevan la letra «H». ■

Islas Frisias Septentrionales

ANTES DE 1989, CUANDO LA COSTA BÁLTICA DE LA ALEMANIA del este estaba cerrada a los alemanes occidentales, el archipiélago de las Nordfriesische Inseln, frente a la costa del Mar del Norte de Schleswig-Holstein, era el destino favorito de los alemanes occidentales para pasar sus vacaciones a la orilla del mar, y Sylt era la más ostentosa de las islas.

Las típicas casas con techo de paja se cobijan entre las dunas de la isla de Sylt.

Islas Frisias Septentrionales

📍 108 B4

Información

✉ Am Bundesbahnhof, Westerland, Sylt

☎ 04651 99 88

Antiguamente las islas estuvieron unidas al continente, pero el mar acabó por separarlas de la costa y ahora el agua salada cubre la vasta zona designada como Nationalpark Schleswig-Holstein Wattenmeer. Sylt es la mayor de ellas, con 38,5 km de longitud, aunque en algunos puntos sólo tiene unos pocos cientos de metros de ancho, con dunas de arena de hasta 50 m de altura. En cambio, ciertas zonas de las «Halligen», las islas de la parte meridional de la zona, están por debajo del nivel del mar, y sus granjas, construidas sobre montículos artificiales, sirven de refugio durante las frecuentes inundaciones.

Los *Watten* del Wattenmeer son las grandes extensiones de arena y barro que quedan a la vista dos veces al día, cuando se retira la marea; a

veces las islas quedan unidas entre sí o al continente durante unas horas. Si quiere caminar por ellos, hágalo acompañado de un guía experimentado que conozca las mareas. Las colonias de focas son otro de los atractivos de esta zona.

Son muchas las personas que, desde el siglo XIX, han venido aquí en busca de aire fresco –la brisa marina nunca deja de soplar–, sol –aquí brilla más a menudo que en el continente–, playas de arena, mar –hermosos rompientes– y vida social. El «turismo» empezó a acudir a este lugar, de una manera modesta, en 1842, cuando el rey de Dinamarca decidió pasar sus vacaciones de verano en Wyk, en **Föhr,** la segunda isla en tamaño. Wyk es un antiguo puerto encantador, con un paseo marítimo flanqueado por árboles que bordea una extensa playa de arena: toda la isla es un lugar excelente para pasar las vacaciones en familia.

Sin embargo, el centro de acción pasó hace mucho a **Sylt.** Thomas Mann la alabó, Marlene Dietrich la adoró y en la década de 1960, sencillamente, había que estar aquí. El punto clave de la isla es la próspera **Westerland,** estación término del ferrocarril que une Sylt con el continente a través de los 11 km de paso elevado del Hindenburgdamm (no hay acceso por carretera a Sylt; suba el coche al tren en Niebüll). Westerland cuenta con un elegante casino y multitud de bistros, bares y discotecas. Todos los visitantes tienen que pagar una pequeña tasa, a cambio de la cual reciben una

Kurkarte o tarjeta de lugar turístico. En los hoteles, la tasa se carga en la cuenta; si sólo va a pasar el día, pídala en los quioscos que encontrará cerca de la playa. Westerland recibe demasiados turistas, lo que sumado a los grandes edificios de apartamentos, destruye el carácter que el lugar tuvo antiguamente.

Los alemanes que realmente tienen dinero se han retirado a otros puntos de la isla para descansar en el anonimato en sus caras residencias de vacaciones. **Kampen** es popular y tiene un espectacular acantilado de color cobre de 4 km de longitud y 25 m de altura, el Rote Kliff. Unas estrictas normativas obligan a que cualquier nuevo edificio tenga el techo de paja, ya sea una vivienda, un restaurante de lujo o una tienda exclusiva.

Baje del tren un par de paradas antes de Westerland para visitar **Keitum,** un frondoso pueblo con encantadoras casas antiguas frisias. Desde la iglesia se obtiene una vista fantástica sobre la extensión infinita del Wattenmeer.

Pasado Kampen, cerca del extremo norte de la isla, se encuentra la comunidad más septentrional de Alemania, **List,** que es el puerto de donde parten los transbordadores que realizan la travesía de 45 minutos hasta Rømø, en la vecina Dinamarca.

La zona que queda al norte de List es famosa por sus dunas móviles, que se desplazan hacia el este a razón de 6 m al año; en su género es la zona más grande de Europa, y ya en la década de 1920 fue declarada reserva natural. ■

Descalzos pero decididos, los caminantes siguen al guía a través de las extensiones de barro del Wattenmeer.

Otras visitas interesantes en Schleswig-Holstein

FLENSBURG

La ciudad más septentrional de Alemania perteneció a Dinamarca hasta 1920, y durante muchos años su puerto fue más importante que el de Copenhague. Los daneses todavía constituyen el 20 % de la población y contribuyen a dar a Flensburg ese ambiente tan particular que tiene. Es un lugar bonito, construido en parte en las empinadas pendientes que se elevan desde ambos lados del puerto. Si recorre a pie su larga calle principal, que discurre en dirección norte hacia la puerta de ladrillo de la Nordertor, no deje de explorar los tranquilos **Höfe,** o patios antiguos de los comerciantes, que bajan hacia el muelle. Unos cuantos navíos históricos se encuentran amarrados cerca del **Schifffahrtsmuseum** (museo Marítimo), que cuenta con una buena colección de maquetas de barcos, marinas e instrumentos de navegación. Hay una exposición especial instalada en el sótano dedicada al ron, en su día el producto

Las bonitas fachadas del corazón de Husum.

más famoso del lugar *(Schiffbrücke 39; Tel 0461 85 29 70; cerrado lun.).*
🏛 108 C4 **Información** ✉ Speicherlinie 40
☎ 0461 2 28 27

HUSUM

Esta «antigua ciudad gris al lado del mar» tal como la describió el escritor más importante de Schleswig-Holstein, Theodor Storm (1817-1888), este encantador puerto de la costa oeste de la provincia, tiene pocos monumentos, aparte de la casa de dicho autor, la **Theodor-Storm-Haus** *(Wasserreihe 31; Tel 04841 666270; cerrada lun., miér. y dom. nov.-marzo),* donde escribió su novela *Der Schimmelreiter (El jinete del caballo blanco),* una maravillosa evocación de la lucha de un hombre para impedir al mar recuperar esas tierras tan duramente ganadas. Ahora bien, Husum es mucho más colorida de lo que él dijo. Puede que no haya mucho para ver, pero pasará un día muy agradable paseando por sus viejas calles y observando la actividad del puerto. Hay infinidad de bares y restaurantes de pescado, y la ciudad es una base idónea para explorar la costa y las islas Frisias Septentrionales. Al sur se encuentra la pequeña población de **Friedrichstadt,** fundada por holandeses en 1621, un pequeño trozo de Holanda con canales y casas abuhardilladas.
🏛 108 B4 **Información** ✉ Großstraße 27
☎ 04841 8 98 70

SCHLESWIG

Schleswig está situada en el Schlei, un fiordo que penetra 43 km tierra adentro desde el Báltico. La mejor vista de la antigua capital de la provincia se obtiene desde la otra orilla, al sur. Fue en esta orilla del Schlei donde los vikingos se asentaron a principios del siglo IX. Entre las piezas más interesantes que se conservan en el **museo Vikingo Haithabu** *(Haddeby bei Schleswig; Tel 04621 81 30; cerrado lun. nov.-marzo)* hay un barco vikingo reconstruido.

Todavía más impresionante es el barco *Nydam,* del siglo IV, la pieza estrella del Schloß Gottorf. La embarcación tiene 23 m de eslora y es un recuerdo único de la época de las grandes migraciones de las tribus germánicas. Antigua residencia ducal, el Schloß es el mejor edificio renacentista de la provincia y también el museo regional *(Schloß Gottorf; Tel 04621 81 30; cerrado lun. nov.-marzo).* Se encuentra apartado del encantador casco antiguo (Altstadt) de Schleswig. La **catedral,** del siglo XIX, guarda el altar Bordesholm, una obra maestra de finales de la Edad Media.
🏛 108 C4 **Información** ✉ Plessenstraße 7
☎ 04621 8500 50 ■

Baja Sajonia, el segundo Land más grande de Alemania, ya que se extiende desde la frontera holandesa al río Elba y hacia el sur hasta los montes del Harz, tiene paisajes variados y ciudades fascinantes, como Bremen.

Baja Sajonia y Bremen

El flautista de Hamelín

Baja Sajonia y Bremen

SÓLO INFERIOR EN TAMAÑO A BAVIERA, EL LAND DE
Baja Sajonia (Niedersachsen) fue establecido en 1946 por las autoridades de la ocupación británica tras la segunda guerra mundial. Su núcleo
original es el antiguo reino de Hannover y su núcleo geográfico, una buena
parte de la llanura del norte de Europa. Su límite septentrional se extiende hasta el
Mar del Norte, donde las dunas y las playas de las islas Frisias Orientales se han convertido en una de las zonas preferidas por los alemanes para pasar sus vacaciones. En el extremo
oriental de la llanura se encuentra el Brezal de Lüneburg (Lüneburger Heide), una vasta
extensión de páramos. Al sur, la tierra se eleva y forma un paisaje de colinas y, luego, el Harz,
compartido con el Land vecino de Sajonia-Anhalt, que es lo más parecido a montañas altas
que hay en el norte de Alemania. En el centro se encuentra el puerto fluvial de Bremen, que
no es parte de Baja Sajonia sino un Land independiente.

El mayor atractivo de Hannover, la capital de Baja Sajonia, no es tanto su centro monumental, hoy reconstruido, como los magníficos jardines barrocos de Herrenhausen. La ciudad y Land de Bremen es algo más grande que Hannover. Bremerhaven, su moderno y vulgar satélite emplazado en la desembocadura del río Weser, atrae a miles de visitantes por el museo Nacional de la Embarcación.

Hay otras ciudades obreras al este de Hannover: Brunswick (Braunschweig) recuerda su glorioso pasado como hogar del duque de Sajonia, Enrique el León, mientras que Wolfsburg, ciudad de la Volkswagen, es por entero una creación de la era del automóvil.

Hamelín, por su parte, sigue siendo tan pintoresca como lo fue cuando el flautista se llevó a los niños del pueblo hacia un destino incierto. Igual de encantadoras son Lüneburg y Celle, en los extremos opuestos del Brezal de Lüneburg. Hildesheim, con sus iglesias románicas, está protegida por la UNESCO, así como Goslar, una ciudad minera medieval con un inigualable legado de casas de entramado de madera. Y Göttingen es una de las antiguas ciudades universitarias más prestigiosas de Alemania. ■

Conduciendo un carruaje en la Granja Estatal de Sementales de Baja Sajonia, en Celle.

Hannover

LA CAPITAL DE LA BAJA SAJONIA ES, EN CIERTO MODO, UNA
advenediza si se la compara con otras poblaciones más antiguas del
Land como Brunswick y Goslar. La importancia de Hannover sólo se
remonta a mediados del siglo XVII, cuando se convirtió en residencia
ducal de la familia que posteriormente daría un rey a Gran Bretaña:
Jorge I. A dicha familia también se deben los jardines trazados desde
mediados del siglo XVII en adelante en Herrenhausen, en la parte
noroeste de la ciudad, que son su principal tesoro.

Desde entonces, Hannover ha creci-
do hasta convertirse en la segunda
ciudad del norte de Alemania y en
un centro industrial, administrativo
y cultural de primer orden. En general, no es el mejor lugar para ir a ver
vestigios del pasado, pues los bombardeos de la guerra devastaron el
centro de la ciudad y la rápida reconstrucción no fue muy acertada.
Aun así, hoy acoge algunas de las
ferias comerciales más importantes
de Europa. En 2000, la primera Expo
internacional de Alemania se celebró
aquí, lo que contribuyó a situarla firmemente en el mapa internacional.

Muchos de los que vienen en
viaje de negocios van directamente a
las extensas **Messegelände,** los
terrenos de la feria comercial que
tienen su propia estación de tren y
un gran aparcamiento. Actualmente
se ha visto ampliada con toda una
serie de eventos especializados,
como la mayor feria informática del
mundo, la CeBit.

Si no ha venido por cuestiones de
negocios, lo más probable es que llegue a la majestuosa Hauptbahnhof
del siglo XIX, la estación del centro
de la ciudad, desde la cual saldrá a la
espaciosa Ernst-August-Platz, presidida por la estatua ecuestre del elector Ernesto Augusto. Los lugareños
suelen quedar *untern Schwanz*
(«bajo la cola») de este destacado

Arriba a la
izquierda: los
navegantes y la
gente que toma el
sol son los que le
sacan el máximo
partido al lago
Maschsee.

Hannover
www.hannover.de
🅰 126 D3
Información
✉ Ernst-August-Platz 2
☎ 0511 16849 700

**Ayuntamiento
(torre)**
✉ Friedrichswall
☎ 0511 168 53 33
💲 $

El mundo exhibe sus mercancías en los enormes salones de las Messegelände, en Hannover.

Niedersächsisches Landesmuseum

✉ Willy-Brandt-Allee 5
☎ 05198 9890 70
🕐 Cerrado lun.
💲 $

Sprengel-Museum

www.sprengel-museum.de
✉ Kurt-Schwitters-Platz
☎ 0511 16 84 38 75
🕐 Cerrado lun.
💲 $

monumento. Más allá de la zona de calles comerciales peatonales que se abre al sur de la estación se encuentra lo poco que queda del caso antiguo (Altstadt) de Hannover, con la **Marktkirche,** y su característica torre, y una serie de casas reconstruidas de entramado de madera, que permiten hacerse una idea de cómo fue esta ciudad antes de la industrialización.

Más al sur se alza el llamativo **ayuntamiento nuevo** (Neues Rathaus), de principios del siglo XX, que marca la transición entre el centro de la ciudad, densamente edificado, y la extensa zona de lagos y parques. Su fachada neobarroca oculta lo que en su momento fue un interior *art nouveau* a la última. Un curioso ascensor le llevará hasta la cúpula, desde donde obtendrá una impresionante vista de la ciudad y sus alrededores. El cercano **Niedersächsisches Landesmuseum** (museo Regional de Baja Sajonia) guarda una valiosa colección de obras maestras de la pintura antigua, pero si no dispone de mucho tiempo vaya al **Sprengel-Museum.** Este sorprendente edificio moderno acoge en sus salas un auténtico tesoro del arte del siglo XX. La estrella, sin duda, es el artista local Kurt Schwitters (1887-1948), un personaje subversivo y polifacético que dibujaba, pintaba, esculpía, escribía, publicaba y organizaba *happenings.*

LOS JARDINES DE HERRENHAUSEN

Estos cuatro jardines, a pesar de estar unidos por una avenida

Jardines de Herrenhausen

- ✉ 4 km al noroeste de Hannover
- 💲 $, gratuito en invierno
- 🚇 U-Bahn: 4, 5

Wilhelm-Busch-Museum

www.wilhelm-busch-museum.de

- ✉ Georgengarten 1
- ☎ 0511 16 99 99 11
- 🕐 Cerrado lun.
- 💲 $

de limeros, son muy diferentes entre sí. Diríjase al norte de la ciudad por la Nienberger Straße hasta haber superado el menos interesante de los cuatro, el **Wolfengarten,** que forma parte de la universidad. A la izquierda se encuentra el Georgengarten, y, a su lado, el orgullo de todos ellos: el Gran Jardín. Al otro lado de la Herrenhäuser Straße, más al norte, está el Berggarten.

Iniciado en 1666, el **Großer Garten** (gran jardín) fue convertido hacia finales del siglo XVII en uno de los jardines barrocos más espectaculares de Europa, en gran parte, bajo la dirección de la esposa del elector Ernesto Augusto, Sophie von der Pfalz. Aunque hoy ya no cuente con su Schloß, destruido en la segunda guerra mundial, la vista sigue siendo igual de regia, un triun-

fo de la geometría y el racionalismo sobre la naturaleza. Al entrar verá el teatro al aire libre, en el que se ofrecen representaciones en verano. Hacia el este hay un parterre con disposiciones geométricas de flores y arbustos, y, enfrente, la gran fuente que lanza un impresionante chorro de agua hasta 70 m de altura. Las maquetas de jardines de la década de 1930 muestran estilos históricos de su diseño; una de ellas reconstruye el fabuloso jardín renacentista del castillo de Heidelberg.

El **Georgengarten** fue trazado a principios del siglo XIX según líneas naturalistas. El Georgenpalais alberga el **Wilhelm-Busch-Museum** de caricaturas. El precioso Berggarten, iniciado a mediados del siglo XVII, es el jardín botánico de la universidad. ■

La Casa de Hannover

Un hombre, dos títulos: elector Georg Ludwig de Hannover y rey Jorge I de Inglaterra.

L a electora Sophie, nieta de Jacobo I de Inglaterra, no sólo ayudó a crear uno de los mejores jardines de Europa sino que también dio un rey a Inglaterra. En 1714, su hijo, Georg Ludwig, fue llamado al trono inglés como Jorge I. Aceptó con poco entusiasmo, apegado como se sentía a la tranquila corte en

Hannover. Tampoco los ingleses estaban muy entusiasmados al respecto y se burlaban de sus maneras rústicas y de sus titubeantes intentos de hablar su idioma.

Jorge I y sus sucesores gobernaron tanto Gran Bretaña como Hannover, pero volviéndose cada vez más ingleses. A la muerte de Guillermo IV en 1837 se planteó un problema; su sobrina Victoria era la sucesora, pero las leyes de Hannover no permitían que una mujer reinara. Los dos reinos tuvieron que separarse: Victoria fue coronada en Londres mientras que un tío suyo se convirtió en el rey Ernesto Augusto de Hannover. Cuando el hijo de Victoria, Eduardo VII, fue coronado rey, la Casa de Hannover pasó a ser la Casa Saxe-Coburg-Gotha (la familia del príncipe Alberto). En la febril atmósfera de la primera guerra mundial, este nombre sonaba demasiado germánico y Jorge V lo cambió por el de Casa Windsor. ■

Hamelín

«UN HERMOSO CUADRO NUNCA VISTO», ESCRIBIÓ EL POETA
británico Robert Browning en el siglo XIX sobre Hamelín (Hameln), y
realmente es la ciudad más bonita a lo largo del río Weser, con algunos
magníficos edificios del llamado Renacimiento del Weser (ver pág. 37).

Los memorables versos de
Browning, publicados en 1842,
inmortalizaron en el mundo angló-
filo la leyenda del flautista de
Hamelín, originalmente recogida
por los hermanos Grimm. Foras-
tero y vestido con ropas de colores,
el flautista hechizó a los niños de la
ciudad con su música y se los llevó
después de que los ciudadanos se
hubieran negado a pagarle por limpiar la población de ratas con el
mismo método. Aunque las plagas
eran un problema, es probable que
la leyenda del flautista tenga que ver
más con la emigración de los jóvenes de las zonas más pobres que
con una invasión real de ratas.

El mayor orgullo de Hamelín
son sus ornamentadas mansiones,
con buhardillas y ventanas con
miradores, muestra del estilo que se
desarrolló a lo largo del Weser en el
siglo XVI y principios del XVII. Entre
las mejores casas de la calle principal, la Osterstraße, están la llamada
Rattenfängerhaus (Casa del
cazador de ratas, que toma su nombre de la leyenda del flautista), de
1603, y la **Leisthaus,** en el nº 9.
Esta última, junto a la adyacente
Stiftsherrenhaus, del nº 8, con
entramado de madera, acoge el
museo municipal, el **Museum
Hameln,** donde se exponen objetos relacionados con la leyenda del
flautista, que se representa cada
domingo al mediodía en la plaza
del mercado, delante de la enorme
Hochzeitshaus (Casa del Matrimonio). El carillón que hay en este
sólido edificio de piedra también
relata la historia cada día a las
13.05, a las 15.35 y a las 17.35. ■

Disfrazados de
ratas, los niños
de Hamelín
escenifican la
leyenda del
flautista.

Hamelín
www.hameln.de
126 D2
Información
Deisterallee
05151 17945

Museum Hameln
Osterstraße 8-9
05151 20 22 15
Cerrado lun.
$

Cobijado entre los bosques del Harz está el pequeño pueblo de minas de plata de Lautenthal, fundado hacia 1530.

Los montes del Harz

LAS COLINAS Y LOS MONTES DEL HARZ SE EXTIENDEN POR LA Baja Sajonia hasta Sajonia-Anhalt y Turingia. La cumbre más alta del país, aparte de los Alpes, el Brocken (ver pág. 218), pertenece a esta cordillera. Aquí los excursionistas recorren senderos que atraviesan barrancos y bosques y conducen hasta cimas azotadas por el viento.

Montes del Harz
🅰 127 E2

Oberharzer Bergwerkmuseum
✉ Bornhardtstraße 16, Clausthal-Zellerfeld
☎ 05323 98950
💲 $

Silberbergwerk Samson
✉ St Andreasberg
💲 $

Este maravilloso paisaje esconde que el Harz fue la zona industrial más importante de Alemania. Hace más de mil años, aquí hubo minas de plata y, más tarde, de cobre, hierro y blenda; fueron fuentes de riqueza que le merecieron a Goslar (ver pág. 133) el estatus de Ciudad Imperial Libre. Ahora las minas están casi agotadas y han dejado un legado de montículos de escoria cubiertos de árboles.

La unidad geográfica del Harz quedó quebrada cuando el frente de la guerra fría se situó entre Baja Sajonia y Sajonia-Anhalt. Aparte del Muro de Berlín, fue aquí, en este popular lugar de veraneo, donde la división de Alemania se expresó con mayor intensidad. En el lado de Alemania del este, en la cumbre del Brocken, se instalaron potentes equi-

pos de vigilancia para controlar las comunicaciones entre Berlín Occidental y el mundo exterior.

Torfhaus, en el Harz Occidental, es el punto de partida para muchas excursiones, entre ellas el ascenso de 12 km al Brocken. **Clausthal-Zellerfeld** fue el centro minero más importante de la zona. Clausthal, una de las mitades, tiene una enorme iglesia de madera. Zellerfeld, por su parte, fue reconstruida en estilo barroco en el siglo XVIII y cuenta con el interesante **Oberharzer Bergwerkmuseum** (museo de la Minería del Alto Harz). En **St. Andreasberg** está la antigua **Silberbergwerk Samson** (mina de plata Samson), donde los mineros bajaban hasta los 810 m sólo con la ayuda de escaleras de mano. ■

Goslar

SITUADA ENTRE LOS BOSQUES DE LOS ALREDEDORES DE LOS montes del Harz, Goslar tiene iglesias, fortificaciones medievales y un palacio imperial. Ahora bien, su mayor tesoro, y la razón por la cual ha sido incluida en la lista del Patrimonio de la Humanidad de la UNES-CO, es su insuperable conjunto de casas con entramado de madera.

Las calles del antiguo centro de la ciudad cuentan con unas mil casas, la mayoría de ellas con entramado de madera y muchas construidas antes de mediados del siglo XVI. Un paseo en cualquier dirección desde la Marktplatz muestra una gran riqueza de detalles esculpidos e innumerables imágenes pintorescas, situadas tanto en sus pequeñas plazas como en las esquinas de las calles o a lo largo del arroyo que pasa por la población. No se pierda la **Siemenshaus,** de finales del siglo XVII y con un arrebatador patio interior, y el **Brusttuch** (*Hoher Weg 1; Tel 0532 13 46 00*), un fabuloso edificio de piedra y madera que actualmente es un hotel. El magistrado que lo mandó construir a principios del siglo XVI contrató a un escultor para que lo adornara con una gran variedad de figuras, entre ellas la «doncella de la mantequilla», que, imperturbable, se rasca el trasero. La porticada **Kaiserworth,** construida en 1494 como sede de un gremio, comparte la Marktplatz con el **ayuntamiento** (Rathaus) gótico.

El magnífico **Kaiserpfalz** (palacio Imperial), de piedra, se levanta majestuoso sobre las pendientes de césped que hay en un extremo del centro de la ciudad. Construido en el siglo XI, fue restaurado en la década de 1870 como símbolo de la recién unificada Alemania.

La **mina Rammelsberg,** a unos 2 km al sur, y de visita obligada, estuvo funcionando por lo menos mil años, y no se cerró hasta 1988. Descubra las técnicas mineras explorando el lugar o, vestido de minero, descendiendo a los pozos. ∎

Goslar
www.goslar.de
🅼 127 E2
Información
✉ Markt 7
☎ 05321 780 660

Siemenshaus
✉ Schreiberstraße 12
☎ 05321 2 38 37
🕐 Abierto mar. y jue. mañana

Kaiserpfalz
✉ Kaiserbleek 6
☎ 05321 311 96 93
💲 $

Mina Rammelsberg
www.ramelsbergr.de
✉ Bergtal 19
☎ 05321 750 0
💲 $$

Celle

Jinetes de uniforme inmaculado y sus monturas actúan en la Granja Estatal de Sementales de Baja Sajonia.

LA ANTIGUA CIUDAD DE CELLE, SITUADA A LA ENTRADA DE la parte meridional del Brezal de Lüneburg, permaneció intacta durante la guerra. Aquí, sin embargo, las típicas casas del sur de Baja Sajonia, con entramado de madera, predominan sobre las construcciones de ladrillo. Celle, además, nunca fue un enclave comercial, y siguió siendo ciudad ducal hasta mediados del siglo XIX, presidida por su Schloß, que situado en un lugar algo separado del centro de la ciudad, refleja claramente el orden social jerárquico del Antiguo Régimen.

Celle
www.celle.de
🅰 127 E3
Información
✉ Markt 6
☎ 05141 12 12

Stadtkirche (torre)
www.stadtkirche-celle.de
✉ Markt
☎ 05141 931298
🕐 Cerrada lun.
💲 $

Bomann-Museum
www.bomann-museum.de
✉ Schloßplatz 7
☎ 05141 12372
🕐 Cerrado lun.
💲 $

Rodeado por un foso y por exuberantes parques, el **Schloß** (*Tel 0514 11 23 73; cerrado lun.*) se eleva en el extremo oeste de la ciudad, rodeado por sus altos muros y las enormes torres de las esquinas. En el Schloßmuseum se explica la historia del Reino de Hannover.

Más cerca de la ciudad se encuentra la **Stadtkirche,** la iglesia parroquial, llena de sepulcros ducales. Una trompeta toca diana desde lo alto de la torre por la mañana y por la noche. Si sube a ella, obtendrá una magnífica vista de la ciudad. Detrás de la Stadtkirche está el **ayuntamiento** (Rathaus), un gran edificio erigido en el estilo Renacimiento del Weser (ver pág. 37), con elaborados aguilones y buhardillas. Las calles están llenas de bonitas casas antiguas, principalmente de los

siglos XVI, XVII y XVIII. No se pierda la **Alte Lateinschule** (antigua escuela latina) en Kaland gasse, con su madera ricamente tallada, o la igualmente elaborada **Hoppener Haus,** de 1532, en la esquina de la Poststraße y la Rundestraße.

Una vez que haya acabado de pasear por la ciudad, visite el **Bomann-Museum,** donde se explica la historia del Land y de la propia Celle; hay reconstrucciones de interiores urbanos y rurales, y hasta una granja. Finalmente, vaya a la **Niedersächsisches Landgestüt** (granja estatal de sementales de Baja Sajonia), fundada como caballeriza real en 1735 (*Spörckenstraße 10; Tel 0514 19 29 40; cerrada dom.*). El desfile anual de sementales tiene lugar a finales de septiembre/principios de octubre. ■

Lüneburg y el Brezal de Lüneburg

DURANTE MIL AÑOS Y HASTA 1980, SE EXTRAJO SAL DE LAS tierras que rodean Lüneburg, una de las ciudades de tamaño medio mejor conservadas del norte de Alemania. El comercio de la sal vinculó a Lüneburg con las ciudades costeras de la Hansa, y la elaborada arquitectura en ladrillo de aquéllas se copió aquí con resultados maravillosamente pintorescos.

Un pastor y su perro vigilan el rebaño que pasta en los grandes espacios abiertos del Brezal de Lüneburg.

La fachada barroca del **ayuntamiento** (Rathaus), uno de los más grandes y bellos del país, domina el **Markt,** la plaza del mercado. Algunas partes del edificio son del siglo XIII, mientras que la sala del Consejo, decorada con paneles y relieves, es renacentista. Desde aquí puede tomar dos direcciones diferentes. Hacia el este, encontrará el **Wasserviertel,** el peculiar «barrio del agua» alrededor del río Ilmenau, con los muelles donde se embarca la sal hacia sus lejanos destinos. Una antigua grúa todavía monta guardia en la orilla.

En dirección sur, unas calles sin apenas tráfico llevan a **Am Sande,** una alargada plaza con algunas de las fachadas más bonitas de la ciudad y la aguja de 108 m de altura de la iglesia decana de la población, la **Johanniskirche.** Al oeste de Am Sande, en el extremo del casco antiguo (Altstadt), se encuentra el **Deutsches Salzmuseum** (museo Alemán de la Sal), situado en las antiguas fábricas de sal. Ofrece exposiciones interactivas sobre todo lo que tiene que ver con la sal: su historia, su producción e incluso una cata.

EL BREZAL DE LÜNEBURG

Lüneburg le ha dado su nombre al Lüneburger Heide, una vasta extensión de páramos entre dicha ciudad y Celle, al sur. Su mosaico de paisajes abarca campos suavemente ondulados de enebro y brezo (pre-

ciosos a finales de verano, cuando florecen), pantanos, estanques y riachuelos de aguas cristalinas, y bosques y prados, con una raza de ovejas autóctona pastando. El brezal es muy popular entre los excursionistas, los jinetes y los amantes de la naturaleza; algunas zonas son hoy parques naturales o reservas. Si quiere disfrutar de este singular paisaje, deje su vehículo en **Undeloh** y ascienda los 169 m de la Wilseder Berg, el punto más alto del brezal.

En el límite sur del páramo estuvo emplazado el campo de concentración nazi de **Bergen-Belsen,** hoy convertido en un lugar conmemorativo. También en el Brezal de Lüneburg, el mariscal Montgomery logró la rendición del ejército alemán el 4 de mayo de 1945, lo que marcó el final de la guerra. ∎

Lüneburg
🅼 127 E4
Información
✉ Rathaus, Am Markt 1
☎ 04131 20 766 20

Ayuntamiento
✉ Am Markt 1
☎ 04131 20 766 20
💲 $

Deutsches Salzmuseum
✉ Sülfmeisterstraße 1
☎ 04131 45065
💲 $

Brezal de Lüneburg
🅼 127 E3-E4

Bergen-Belsen
🅼 127 E3

**Pág. siguiente:
la figura gigante
del caballero
Rolando, el
guardián de las
libertades civiles,
embellece la plaza
mayor de Bremen.**

Bremen

BREMEN SE ENORGULLECE DE SER UN LAND, ALGO QUE
recuerda su pasado independiente como primer puerto marítimo de
Alemania y como una de las Ciudades Libres del país. Tierra adentro,
desde el estuario del río Weser, mantuvo su estatus como puerto de primer orden en el siglo XIX, fundando la nueva ciudad con puerto de
Bremerhaven, cerca de la desembocadura del río. Atrae a un gran
número de turistas que vienen a visitar el museo de la Navegación, de
categoría mundial. Por otro lado, también cuenta con un encantador
casco antiguo (Altstadt), cuyo ayuntamiento, ricamente ornamentado,
por sí solo hace que valga la pena la visita.

Bremen
www.bremen.de
⚠ 126 C4
Información
✉ Am Bahnhofsplatz
☎ 01805 10 10 30

Ayuntamiento
✉ Am Markt
☎ 01805 10 10 30
💲 $

**Museum im
Roselius-Haus**
✉ Böttcherstraße 6-10
☎ 0421 3 36 50 77
🕐 Cerrado lun.
💲 $

**Paula Modersohn-
Becker Museum**
www.pmbm.de
✉ Böttcherstraße 6-10
☎ 042 13 36 50 77
🕐 Cerrado lun.
💲 $

Brauerei Beck & Co.
www.becks.de
✉ Am Deich 18/19
☎ 0421 50 94 40 60
🕐 Cerrado lun.
💲 $

Übersee Museum
✉ Bahnhofsplatz 13
☎ 0421 16038 101
🕐 Cerrado lun.
💲 $

La plaza del mercado de Bremen, el
irregular Markt, es un lugar estupendo para sentarse en un café y
contemplar sus edificios antiguos.

El primero de todos, el **ayuntamiento** (Rathaus), es una magnífica obra de la arquitectura civil
donde los comerciantes patricios se
reunían para tomar decisiones políticas y comerciales que aseguraran la
prosperidad de su ciudad. Aunque se
erigió en la Edad Media, la fachada
es el más elaborado ejemplo del estilo Renacimiento del Wesser, con
arcadas, ventanas enormes y elaborados aguilones, todo ello añadido a
principios del siglo XVII.

Antes de hacer una visita guiada
por el interior, observe los dos tipos
distintos de escultura pública que
adornan la plaza. Por una parte, la
estatua del caballero Rolando,
de 10 m de altura y cubierta por un
baldaquino gótico de 1404. Igual
que en otros lugares de Centroeuropa, Rolando simboliza los derechos y las libertades civiles. Muy
diferentes son los famosos **Músicos
de Bremen** (un gallo, un gato, un
perro y un asno), personajes de un
cuento popular recogido por los
hermanos Grimm, representados en
un tamaño más modesto.

Dentro del ayuntamiento, destaca la magnífica y espaciosa sala
superior, de 40 m de altura y con
fantásticas maquetas de barcos colgadas del techo. Abajo, en su anima-

da **bodega** (Ratskeller) se sirven
vinos de una carta de casi 650 referencias. Esto no es casualidad:
Bremen exporta vinos alemanes
desde hace mucho tiempo.

En contraste con las líneas hori-
zontales del Rathaus, se elevan las de
las altas torres gemelas de la cercana
catedral, añadidas en el siglo XIX,
aunque la historia del edificio se
remonta a finales del siglo VIII, cuando Carlomagno envió aquí al obispo
Willehad para construir una iglesia y
convertir a los paganos. Nada queda
del edificio de madera que Willehad
mandó levantar, y sólo la cripta con
sus capiteles esculpidos del siglo XI y
una **pila bautismal** de bronce del
siglo XIII, soportada por las esculltu-
ras de hombres montados sobre leones, evoca el pasado.

Un paso abierto en el lado sur de
la plaza del mercado lleva a la
Böttcherstraße, una estrecha calle
que destaca por un sorprendente
relieve en oro, «El portador de la
Luz», que representa al arcángel san
Miguel luchando con un dragón.
Esta callejuela, uno de los lugares
más fascinantes de Bremen, fue una
iniciativa conjunta del comerciante
de café Ludwig Roselius y del escul-
tor/arquitecto Bernhard Hoetger en
la década de 1920. Aunque el
ambiente es acogedor y tiene un aire
antiguo, una mirada más atenta le
revelará la originalidad y modernidad de sus edificios de ladrillo y su

decoración. Trate de pasar por aquí cuando el *glockenspiel* de Hoetger suene (a mediodía, a las 15.00 y a las 18.00). En el pequeño **Museum im Roselius-Haus** se guarda una encantadora colección de muebles y pintura de Roselius, mientras que el adyacente **Paula Modersohn-Becker Museum** *(la misma entrada vale para ambos museos)* está dedicado a la obra de esta artista, muerta prematuramente, y que trabajó sobre todo en la cercana Worpswede (ver recuadro, pág. 139). El hotel que hay al final de la calle, la **Haus Atlantis,** es la obra maestra de Hoetger. Aunque muy modificado, vale la pena entrar un momento para ver su escalera futurista.

Pasada la Böttcherstraße verá el **río Wesser,** muy tranquilo desde que los muelles se trasladaron más abajo, pero popular en verano gracias a sus bares y restaurantes, algunos de ellos instalados en barcos. En la orilla opuesta está la **Brauerei Becks & Co.** *(Am Deich; Tel 0421 50 94 55 55),* una de las mayores cervecerías de Alemania; hay visitas guiadas.

La parte mejor conservada de la Altstadt es el antiguo barrio de los pescadores, conocido como el **Schnoorviertel,** una pequeña zona que consiste básicamente en la estrecha y empinada calle Schnoor y algunas de las callejuelas y patios que la rodean. Está muy cuidado y tiene unas cuantas tiendas de regalos y restaurantes.

El Wesser forma uno de los límites naturales de la Altstadt, que queda cerrada al norte por el **Wallanlagen,** el precioso parque que se extiende, en forma de estrella, a lo largo del foso y las murallas de la ciudad. El molino de viento que corona una elevación del terreno es el último de los muchos que antes se levantaban aquí. Más allá de la estación central de ferrocarril se encuentra el **Bürgerpark,** un bonito parque público de mediados del siglo XIX con lagos, árboles, un bosque, canales y miles de senderos. Su diseñador, Franz Benque, pasó algún tiempo en Estados Unidos, donde colaboró con Frederick Law Olmsted en el proyecto del Central Park de Nueva York.

En Bremen hay tantos museos y galerías de arte que se necesitarían varios días para visitarlos todos. El **Übersee Museum** posee una de las mejores colecciones etnográficas del país, mientras que el **Focke Museum** le ilustrará acerca de la historia de Bremen. En la **Kunsthalle** se exponen obras pictóricas y escultóricas del siglo XV en adelante, y en el **Neues Museum Weserburg,** unos antiguos almacenes, obras de artistas contemporáneos internacionales.

BREMERHAVEN

Las instalaciones del puerto de Bremerhaven se han extendido más de 7 km por la orilla del estuario del Weser, a unos 60 km río abajo desde Bremen. Éste es uno de los grandes puertos marítimos internacionales de Alemania. El puerto pesquero, el más grande de Europa, alberga importantes astilleros.

La construcción a principios del siglo XIX de este nuevo puerto en la desembocadura del Wesser demostró ser una excelente idea. A Bremerhaven pueden acceder los buques más grandes sin ningún problema. El tráfico de pasajeros prácticamente ha desaparecido; la Terminal Columbus, por la que pasaban miles de emigrantes al Nuevo Mundo, actualmente sólo se utiliza para cruceros ocasionales. Durante muchos años después de 1945, Bremerhaven funcionó como puerto para el Ejército de Estados Unidos. Uno de los últimos soldados estadounidenses que desembarcaron aquí fue Elvis Presley.

El muelle construido en 1830 es actualmente el **antiguo puerto** (Alter Hafen). En él hay amarrados varios barcos históricos, entre ellos el *Seute Deern*, de tres mástiles y convertido en un restaurante. También está el **submarino *Wilhelm Bauer***, que fue botado en enero de 1945, demasiado tarde para entrar en acción, y que se visita. Aunque fue barrenado, posteriormente se recuperó y utilizó para el entrenamiento de la armada alemana.

La principal atracción turística de Bremerhaven es el **Deutsches Schiffahrtsmuseum** (museo Marítimo Alemán), que ocupa un edificio proyectado por el arquitecto berlinés Hans Scharoun. Sus exposiciones ilustran todos los aspectos de la navegación. Hay más de 500 maquetas de barcos, algunos buques de verdad, y, lo mejor de todo, un Kogge, el emblema de la Liga Hanseática. Este poderoso velero de madera de 1380 fue encontrado en el barro del estuario del Wesser y minuciosamente reconstruido. ∎

Neues Museum Weserburg
www.nmwb.de
✉ Teerhof 20
☎ 0421 59 83 90
🕐 Cerrado lun.
💲 $

U-Boat *Wilhelm Bauer*
✉ Hans-Scharoun-Platz 1, Bremerhaven
☎ 0471 48 20 70
🕐 Cerrado lun. oct.-marzo
💲 $

Deutsches Schiffahrtsmuseum
www.dsm.de
✉ Hans-Scharoun-Platz 1, Bremerhaven
☎ 0471 48 20 70
💲 $
🕐 Cerrado lun.

Worpswede

El nombre de Worpswede se convirtió en sinónimo del deseo de muchos artistas alemanes, de finales del siglo XIX, de escapar de las ciudades y del encorsetamiento de la pintura académica, para vivir en un entorno rural. En el extremo de una gran extensión de pantanos, el pueblo de Worpswede, 24 km al norte de Bremen, fue durante años el hogar de una comunidad de artistas, entre ellos una de las pintoras más populares de Alemania, Paula Modersohn-Becker, que lo llamó «un país de las maravillas, una tierra de los dioses». Muchos de sus retratos y paisajes, sencillos pero conmovedores, se exponen aquí y también en la Kunsthalle y en el museo de Bremen que lleva su nombre. Con su encantadora mezcla de granjas con techos de paja y extravagancias arquitectónicas de principios del siglo XX, Worpswede sigue siendo, para muchos artistas y artesanos, un lugar acogedor donde vivir y trabajar, con muchas galerías de arte y estudios. Cuando brilla el sol, los riachuelos, los cañaverales y las praderas del llano que rodea el pueblo hacen de este lugar el país de las maravillas. La mejor forma de explorarlo es en bicicleta o a bordo de un velero de fondo plano. ∎

Autorretrato, de Paula Modersohn-Becker (1876-1907).

Wolfsburg y la Volkswagen

«Este vehículo es poco atractivo para el comprador estándar; es demasiado feo y demasiado ruidoso», declaró lord Rootes, el magnate británico del motor, cuando visitó la fábrica de Volkswagen en Wolfsburg, tras el final de la segunda guerra mundial. Las autoridades británicas de ocupación le habían pedido que considerara la posibilidad de hacerse cargo de la fábrica. Finalmente, la decisión se dejó al mayor Ivan Hirst, de los Ingenieros Reales Británicos. Puso a trabajar a refugiados y prisioneros de guerra alemanes, y, a finales de 1945, habían conseguido fabricar unas pocas docenas de vehículos. Al año siguiente, el número se elevó hasta más de 10.000. En 1972, el «Escarabajo» se había convertido en el coche más vendido del mundo. La producción de este modelo cesó en Wolfsburg en 1974, aunque se siguió fabricando en el resto de Alemania y también en el extranjero. En 1998, Volkswagen recuperó el Escarabajo, pero en una versión más moderna.

En la década de 1930, el Tercer Reich de Hitler estaba muy ocupado construyendo las *autobahnen*, por aquel entonces la red de carreteras más avanzadas del mundo, aunque apenas hubiera coches para recorrerlas. Al Führer le encantaban los coches, y encargó a Ferdinand Porsche que desarrollara uno (el Volkswagen, o coche del pueblo) para motorizar a las masas a un precio asequible, unos 500 euros. Inspirándose en los vehículos diseñados por Hans Ledwinka para la marca checa Tatra, con el motor detrás y de líneas aerodinámicas, Porsche produjo un primer prototipo en 1935.

Hitler quedó entusiasmado. Se escogió un emplazamiento para la fábrica que los iba a producir en la actual Baja Sajonia y, en 1938, el propio Führer colocó la primera piedra. La nueva ciudad, llamada Kraft durch Freude Stadt (Ciudad de la fuerza a través de la alegría), fue proyectada en el estilo favorito de los nazis, con bulevares y edificios triunfales.

Un Volkswagen de gran tamaño corre por una *autobahn* en este anuncio de 1939.

Pero la guerra incidió antes de que pudieran fabricarse muchos Volkswagen clásicos, y el diseño se adaptó para producir un vehículo tipo todoterreno llamado *Kübelwagen* (coche cubo), del cual se construyeron unos 50.000 en 1945, junto con su versión anfibia, el *Schwimmwagen*. Cuando los británicos llegaron en 1945, la ciudad era un lugar siniestro lleno de barracones habitados por trabajadores forzados procedentes de toda Europa. Evidentemente, había que darle un nuevo nombre a

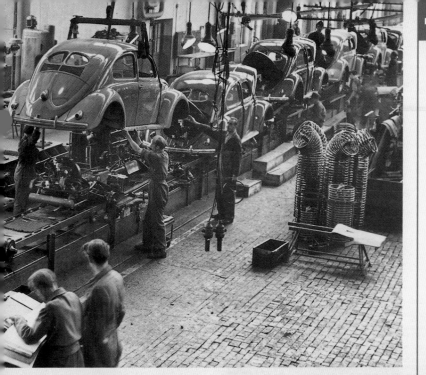

Los Volkswagen *Kombi* (furgoneta) y *Käfer* (Escarabajo), todo un símbolo de la posguerra.

Superior: coches saliendo de la cadena de montaje en Wolfsburg, en la década de 1950. Arriba: un Escarabajo modificado.

todo aquello, y éstos lo tomaron de un castillo cercano del Wesser: Wolfsburg (de estilo renacentista, acoge el museo municipal). Hoy los barracones han sido sustituidos por edificios modernos sin mucho carácter, aunque alguno destaca, como el teatro municipal, un impresionante proyecto del arquitecto Hans Scharoun. También hay un museo del automóvil en la apropiadamente llamada Dieselstraße.

Y de este modo, los Volkswagen, que en su día simbolizaron el ideal nazi de movilidad

para las masas, pasaron a representar las virtudes de la República Federal de después de la guerra, por su solidez, fiabilidad, economía, resistencia y poco interés por la ostentación. La propia Wolfsburg, cercana a la línea divisoria con Alemania del este, con sus fábricas y sus chimeneas visibles desde el otro lado de la frontera durante la guerra fría, se convirtió en un símbolo de los logros del capitalismo y de la sociedad de consumo. ∎

Islas Frisias Orientales

EL ROSARIO DE ISLAS QUE HAY A LO LARGO DE LA COSTA DE
Baja Sajonia, las Ostfriesische Inseln, han atraído a turistas del continente durante casi 200 años, desde que la corte de Hannover decidió
pasar sus vacaciones de verano en Norderney.

**Islas Frisias
Orientales**

◩ 126 B5

**Borkum
Información**
www.borkum.de

✉ Am Georg-Schütte-
Platz 5

**Norderney
Información**
www.norderney.de

✉ Bülowallee 5

☎ 0493 29 18 50

Dominadas por brisas tonificado-
ras, el sol brilla con fuerza en sus
enormes playas, a las que sólo se les
puede sacar el máximo partido si se
utiliza un *Strandkorb*, una especie
de cesto de mimbre que se orienta
para proteger al que toma el sol del
viento del mar del Norte. Los turistas vienen aquí para disfrutar del
aire puro, pasear a pie o en bicicleta
entre las dunas, observar a los pájaros, hacer excursiones a las diversas
islas, montar en los pequeños y
antiguos trenes del lugar o simple-

mente para relajarse en un ambiente
en el que apenas hay tráfico.

Las mareas y las corrientes ero-
sionan las zonas occidentales y de-
positan arena en las orientales, y el
viento cambia constantemente la
forma de las dunas. Y como si fueran una muralla externa del continente orientada al norte, las islas
están separadas del resto de Baja
Sajonia por el *Wattenmeer*, una zona
de llanuras de barro que quedan
al descubierto dos veces al día,
durante la bajamar, y que están

protegidas como parque nacional (Nationalpark Niedersächsisches Wattenmeer).

La isla mayor y más occidental es **Borkum,** más cercana a Holanda que a Alemania. Rivaliza con **Norderney,** la siguiente en tamaño, por la variedad de sus instalaciones recreativas, pero Norderney gana la partida en cuanto a carácter, con una Kurhaus, un Kurpark y un casino que recuerdan los días en que la isla fue el lugar al que venían a retirarse los aristócratas. Aun así, las dos tienen sendas espléndidas piscinas cubiertas de olas.

Entre Norderney y Borkum está **Juist,** de 17 km de longitud y unos pocos cientos de metros de ancho. **Baltrum** es la isla más pequeña y, al igual que Juist, sin tráfico y muy tranquila. Su extremo oriental se caracteriza por unas impresionantes dunas esculpidas por el viento.

La popular **Langeroog** no carece de rincones tranquilos, y a veces se pueden ver focas en la reserva natural que ocupa su extremo este. A pesar de sus instalaciones modernas, **Spiekeroog** conserva gran parte de su carácter tradicional; hay incluso un tranvía tirado por caballos. La iglesia (Alte Inselkirche) conserva unas tallas esculpidas, al parecer, con la madera de los barcos de la Armada Invencible que naufragaron aquí en 1588.

Wangerooge, la isla más oriental, tiene un pequeño tren que le llevará desde el puerto donde atraca el transbordador hasta el pueblo, en el que podrá visitar el museo sobre la vida de la isla instalado en el antiguo faro. ■

Juist
Información
www.juist.de
✉ Kurverwaltung
☎ 04935 80 90

Langeoog
Información
www.langeoog.de
✉ Hauptstraße 28
☎ 04972 693 260

Spiekeroog
Información
www.spiekeroog.de
✉ Noorderpad 25
☎ 04976 9193 101

Wangerooge
Información
www.wangerooge.de
✉ Pavillon am Bahnhof

Otras visitas interesantes en Baja Sajonia

GÖTTINGEN

Göttingen, una de las ciudades universitarias con más carácter de Alemania, bulle de vida estudiantil, aunque sin verse abrumada por la presencia de una de las catedrales del saber. Fue fundada en 1737 por Jorge II de Inglaterra para proveer a su corte hannoveriana de funcionarios cualificados. Ante el ayuntamiento medieval, se levanta la estatua más querida de la ciudad: la Gänseliesel (la chica ganso), la muchacha más besada de Göttingen, ya que tradicionalmente es honrada con un ósculo por todos los estudiantes que acaban el doctorado. Uno bastante menos aplicado fue el futuro canciller Bismarck, cuyas juergas le valieron la prohibición de entrar en el centro de la ciudad; puede visitar su habitación de estudiante, la Bismarckhäuschen.

🅰 127 E1 **Información** ✉ Altes Rathaus, Markt 9 ☎ 055 499 80 0

HILDESHEIM

La leyenda relaciona esta población con Luis el Piadoso, hijo de Carlomagno. Según ella, en 815 salió de caza y dejó un relicario colgado en un rosal; al volver no pudo separarlo del arbusto, hecho que interpretó como una señal de que debía construir una capilla en aquel lugar. Ese santuario más tarde se convirtió en un obispado, la ciudad de Hildesheim. Su importancia ha sido reconocida por la UNESCO, que la ha incluido en la lista del Patrimonio de la Humanidad por ser un excepcional legado de arte y arquitectura del primer Románico. La ciudad se ha esforzado en recrear su ambiente histórico tras la grave destrucción de la segunda guerra mundial, y su enorme plaza del mercado, la **Marktplatz,** permite hacerse una perfecta idea del aspecto que debió de tener en sus días de apogeo. El edificio más llamativo es la Knochenhaueramsthaus (literalmente, la Casa del golpeador de huesos), de finales de la Edad Media, que era, con su enorme aguilón y sus cinco pisos superiores proyectados hacia fuera, la sede del gremio de carniceros. Pero son las iglesias de la ciudad las que le dan relevancia internacional. Entre las obras de arte que guarda la **catedral** (Dom) destacan unas puertas de bronce del siglo XI que están ornadas con escenas del Antiguo y del Nuevo Testamento,

mientras que **St. Michael** es una de las expresiones más elevadas de la arquitectura románica alemana.

🅰 127 E2 **Información** ✉ Am Ratsbauhof 1c ☎ 05121 31432

STADE

Cerca del Elba, río abajo desde Hamburgo, está el puerto de Stade, que en su día fue rival de su poderosa vecina. Su mayor tesoro son sus magníficos edificios antiguos, muchos de ellos levantados con la reconstrucción que tuvo lugar tras un terrible incendio durante la ocupación sueca, en el siglo XVII. Los alrededores del antiguo puerto, que parece un canal, son especialmente encantadores y están llenos de casas con buhardillas que dan al muelle, que aún conserva su antigua grúa. Stade es la capital de la Altes Land (Vieja Tierra), la zona a lo largo del Elba que fue ganada a las aguas por los colonos procedentes de Holanda. Los habitantes de Hamburgo vienen aquí para escapar del estrés entre las granjas y los árboles frutales, ya que este lugar es una de las zonas frutícolas más grandes del país; una maravilla en primavera, cuando florecen los manzanos y los cerezos.

🅰 126 D5 **Información** ✉ Hansestr 16 ☎ 04141 40 91 70

WOLFENBÜTTEL

Durante siglos, los duques de Brunswick prefirieron vivir aquí que en cualquier otro lugar, y es fácil entender por qué. El pueblo es un ejemplo precioso de pequeña capital, con un enorme Schloß renacentista (edificado por Enrique el León) que encuentra su contrapartida en otros bonitos edificios públicos y en una gran cantidad de casas con entramado de madera. Los altos funcionarios de la corte vivían en residencias majestuosas; los de rango medio, en casas más pequeñas aunque profusamente decoradas; y los más humildes, en edificios de dos pisos, sencillos, pero agradables. En el siglo XVII, la biblioteca ducal era la más rica de Europa, y su bibliotecario más famoso fue el dramaturgo Gotthold Ephraim Lessing. Se exhibe una selección de valiosos libros, manuscritos, mapas y globos terráqueos.

🅰 127 E2 **Información** ✉ Rosenwall 1 ☎ 05331 8826 6 ∎

Las ciudades que se encuentran a lo largo del Rin y de su afluente, el Ruhr, reflejan la vida urbana. En contraste, bordeando los valles fluviales hay tierras altas con bosques y los tranquilos paisajes y castillos de Münsterland.

Renania del Norte-Westfalia

Un icono industrial: el pozo de una mina del Ruhr

Renania del Norte-Westfalia

ESTA ZONA, QUE LIMITA AL OESTE CON BÉLGICA Y LOS PAÍSES BAJOS, ES UNA DE las más densamente urbanizadas de Europa. Uno de cada cinco alemanes vive en Renania del Norte-Westfalia, principalmente en la enorme conurbación industrial del Ruhr y en los pueblos y ciudades que hay a lo largo del río Rin. Aunque muchas personas vienen aquí en viaje de negocios, los turistas encontrarán en este Land mucho para ver, sobre todo en las ciudades.

Colonia (Köln), con su magnífica catedral gótica, es una de las grandes ciudades históricas de Alemania. Como centro cultural de primer orden, supera incluso a la capital del Land, la moderna Düsseldorf. También está Bonn, una antigua ciudad en la que nació Beethoven, que de repente se vio elevada a capital del país

Celebración del carnaval.

tras la segunda guerra mundial. Por su parte, Aachen fue la capital del emperador Carlomagno, mientras que Münster, la principal ciudad de Westfalia, tiene unas raíces igualmente venerables.

En cuanto a las ciudades del Ruhr, su historia es la de la revolución industrial, cuando el carbón y el acero de la región impulsaron el ascenso de Alemania hasta la supremacía. Después, cuando a finales del siglo XX las industrias tradicionales entraron en decadencia, el Ruhr se reinventó a sí mismo, desarrollando zonas verdes sobre su paisaje devastado y promoviendo su pasado industrial como una nueva atracción turística. También es la zona con más museos y galerías de arte de todo el país.

Explorar la zona es sencillo, especialmente con el transporte público, que tiene una densa red ferroviaria y excelentes sistemas de transporte en las ciudades. Las autopistas llegan a todas partes, pero tenga en cuenta que por ellas el tráfico es denso y los atascos, frecuentes. La forma más relajante de viajar es en barco: el Rin lo surcan tanto los cruceros como las grandes barcazas de carga, y los canales y los ríos más pequeños también son navegables. El Ruhr se enorgullece de su extensa red de senderos y pistas, y las orillas del Rin se pueden recorrer a pie o en bicicleta.

El paisaje campestre es muy hermoso. En la orilla del río opuesta a Bonn, las pequeñas montañas Siebengebirge marcan el comienzo de la zona más romántica del Rin. Las tierras altas boscosas y los atractivos pueblos y pequeñas ciudades del Eifel son muy populares. Al este del Rin hay paisajes similares en Sauerland, Siegerland y Teutoburger Wald. Finalmente, no deje de visitar los castillos de Münsterland. ■

Colonia

La Eau de Cologne (Kölnisch Wasser), antiguamente medicinal, es hoy una popular «colonia».

Pág. siguiente: los ciudadanos de Colonia se relajan bajo las altas agujas de la catedral.

COLONIA (KÖLN), JUNTO AL RIN, ES LA CAPITAL MEDIÁTICA de Alemania y un importante centro artístico, educativo, industrial y comercial. Recibe visitantes de todo el mundo, que vienen no sólo para admirar la ciudad, sino también para participar en las ferias comerciales y acontecimientos culturales. Aunque el emblema de la ciudad es la catedral con sus torres gemelas, la Colonia católica está muy lejos de ser un lugar piadoso; a sus habitantes se los conoce por su humor cáustico y sus ganas de divertirse. Estar aquí para el carnaval es una experiencia inolvidable. Por otro lado, la ciudad es un hervidero de gente que visita los pubes y las cervecerías, donde los camareros, famosos por su agudezas, sirven jarras de Kölsch, la cerveza local.

Colonia, fundada por los romanos como asentamiento fronterizo con el nombre de Colonia Claudia Ara Agrippinensium, llegó a convertirse en la capital de la provincia de Baja Germania. En la Edad Media prosperó gracias al comercio fluvial, convirtiéndose en la ciudad más grande de Alemania. La gran zona que conforma hoy el casco antiguo (Altstadt) estuvo protegida por las desaparecidas murallas medievales, cuyo perímetro lo sigue marcando en la actualidad el bulevar del Ring. Mucho antes de que la catedral gótica empezara a construirse, los fieles tenían a su disposición más de 150 lugares de culto, de los cuales una docena ha sobrevivido dando lugar al mejor conjunto arquitectónico románico de Alemania.

En el siglo XIX, durante la época de la industrialización, Colonia, a diferencia de otras ciudades del Ruhr, no se vio invadida por las fábricas, en parte gracias a los esfuerzos de Konrad Adenauer, su alcalde, a principios del siglo XX. Adenauer guió el destino de esta ciudad en tiempos difíciles antes de convertirse, después de la guerra, en canciller de la República Federal. La ciudad fue objeto de terribles bombardeos durante la segunda guerra mundial; las fotografías de aquel entonces muestran la maltrecha catedral elevándose sobre una escena de total destrucción. Aun así, la reconstrucción respetó el trazado original de las calles y, a pesar de que la mayoría de los edificios son nuevos, ha conservado su aire antiguo.

Muchos visitantes llegan a Colonia por la Hauptbahnhof, una de las estaciones de tren más activas del país, situada justo al pie de la catedral. Más de 1.200 trenes al día pasan primero bajo el techo abovedado de este edificio y luego por el Hohenzollern, uno de los puentes que cruza el Rin. El verdadero bullicio de la ciudad está aquí, con los turistas y los lugareños mezclados en la gran explanada que rodea la catedral. Las calles, algunas de ellas erigidas en la Edad Media o incluso en tiempos de los romanos, parten de este punto en todas direcciones; un fragmento de puerta romana se alza en este lugar, y bajo él, en el aparcamiento subterráneo, se puede ver la enorme mampostería de la muralla romana. Si quiere rastrear su trazado siga hacia el oeste por la Komödienstraße y la Zeughausstraße. Por el camino pasará por el **Kölnisches Stadtmuseum** (museo Municipal), con piezas históricas y una fabulosa maqueta de cómo era la ciudad medieval.

Desde la catedral, la mayoría se dirige hacia el sur por la Hohe

Straße, la principal calle comercial de Colonia. Al este, hacia el Rin, se encuentra la Altstadt, un entramado de calles, plazas y pasajes con muchos pubes y restaurantes. Aquí también se alzan las conocidas torres góticas del **ayuntamiento** (ver págs. 154-155) y la iglesia románica de **Groß St. Martin**. Aunque en la Hohe Straße encontrará verdaderas gangas, si busca géneros más exclusivos, gire a la derecha hacia la Breite Straße o siga la Schildergasse hasta el Neumarkt y las calles circundantes, donde abundan las tiendas de moda, las galerías y los anticuarios. ■

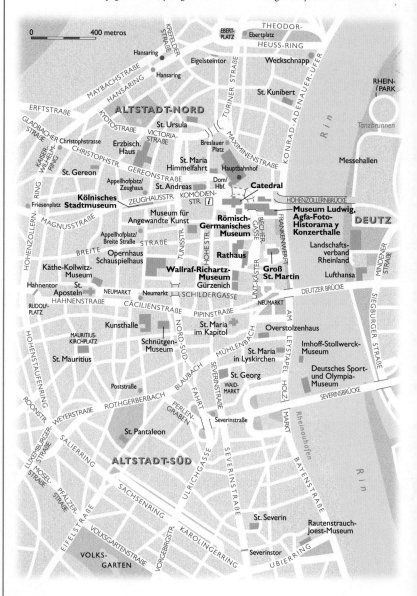

Catedral de Colonia

Catedral
www.koelner-dom.de
- Plano pág. 150
- Am Dom
- 0221 221 3345

Tesoro
- Am Dom
- 0221 17940 100
- $

CON SUS TORRES GEMELAS VISIBLES DESDE LO LEJOS POR encima de la llanura del Rin y la delicadeza de su piedra tallada que parece casi un encaje, la catedral gótica de Colonia se alza majestuosa ante el asombro de los viajeros que salen de la Hauptbahnhof (estación de tren central). Este enorme edificio parece obra de la naturaleza: un gigantesco acantilado de intrincada textura, inspirado en las catedrales del norte de Francia, que, una vez acabado, se convirtió, con 157 m, en el edificio más alto del mundo.

Pero de esto no hace tanto. Aunque la construcción comenzó a mediados del siglo XIII, los fondos para una empresa de tamaña envergadura se agotaron. En el siglo XVI, las obras de la nave central apenas habían comenzado, y de la torre sur sólo se habían completado dos plantas. El entusiasmo decimonónico por la Edad Media inspiró un nuevo comienzo. Las obras se reemprendieron en 1842, y en 1880, una vez terminada, se inauguró triunfalmente como símbolo de la Alemania recién unificada, en presencia del káiser Guillermo II.

Tras admirar la fabulosa fachada oeste, lo mejor es contemplar todo el exterior de la catedral detenidamente. Camine hacia la derecha, pasando por la fachada sur, considerada uno de los mejores logros del neogótico en el siglo XIX, y no deje de ver el patio de los albañiles. Los arbotantes, las torres y los pináculos del ábside, que dan al Rin y que fueron completados hacia 1300, son tan espectaculares como la fachada oeste. En el lado norte del edificio se encuentra la entrada a la **Schatzkammer** (cámara del Tesoro). Guardados en sus bóvedas subterráneas hay preciosos objetos litúrgicos. No obstante, los mejores tesoros de la catedral se encuentran en la nave.

Una vez dentro, concédase un momento para asimilar la enormidad del edificio. Desde la entrada hasta el coro hay nada menos que 144 m, mientras que las bóvedas se encuentran a 43 m de altura. Cuando se haya recuperado de la impresión, diríjase a la izquierda. Los vivos colores y los poderosos dibujos de las vidrieras de la nave norte son obra de maestros de

Los constructores medievales empezaron la catedral de Colonia, pero no fue completada hasta 1880.

Estatuas de santos que adornan el exterior de la catedral.

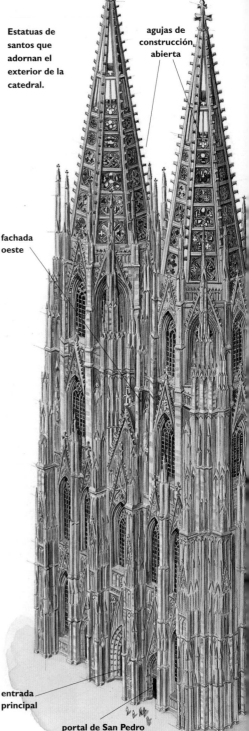

agujas de construcción abierta

fachada oeste

entrada principal

portal de San Pedro

principios del siglo XVI. En la capilla lateral que hay pasado el transepto norte se encuentra la **Gerokreuz** (Cruz de Gero), una obra maestra bastante diferente, de una época anterior y más sombría, tallada en roble hacia finales del siglo X. La talla muestra a Cristo crucificado en el momento de espirar, y es la mayor escultura de principios de la Edad Media que se conserva.

Continúe por el deambulatorio para contemplar sus extraordinarias capillas; esta zona fue lo primero que se completó, y ya se utilizaba hacia 1265. Aunque aquí la mayoría de las vidrieras son medievales, lo que atrae realmente todas las miradas es la **Dreikönigenschrein** (capilla de los Tres Magos), el tesoro más importante de la catedral y también la razón de su existencia. Se encuentra detrás del altar mayor y tardó más de 30 años en construirse. Fue encargada para albergar las reliquias de los Tres Sabios regaladas al arzobispo de Colonia por el emperador Federico Barbarroja. El número de peregrinos que estas reliquias atraían a la ciudad era tan grande que se decidió reemplazar la catedral románica por otra gótica de mayor tamaño. Los Tres Sabios aparecen de nuevo en el retablo exquisitamente pintado de la última capilla del deambulatorio.

El **Dombild** (retablo de la catedral), obra de Stefan Lochner (*c.* 1400-1451), el artista medieval más importante de Colonia, representa al niño Jesús en las rodillas de su madre y a los patrones de la ciudad, santa Úrsula (izquierda) y san Gereon (derecha).

Si sale de la catedral por el sur, fíjese en las puertas de bronce. Puede que no estén a la altura de los tesoros que se guardan en el interior, pero son una prueba de la continua fuente de inspiración que supuso la catedral para los artistas. Ewald Mataré las labró para celebrar el 700 aniversario de la Dom, en 1948. ■

Vitrales del siglo XVI en el pasillo norte de la catedral.

entrada al tesoro en el transepto norte

triforio

capillas radiales

arbotantes del transepto sur

puertas de bronce de Mataré de la entrada sur

pilares de soporte

nave

sillería del coro

Un paseo por las fuentes de Colonia

Una de las peculiaridades de Colonia son sus numerosas fuentes *(brunnen)*; entre ellas solamente hay un corto paseo que le llevará por las calles y plazas más viejas del casco antiguo (Altstadt).

El paseo comienza cerca de la oficina de turismo de la Domplatz, en la delicada espiral de la **Taubenbrunnen ❶**, o fuente de las palomas. La diseñó el escultor Ewald Mataré, que también trabajó en la reconstrucción y embellecimiento de la ciudad durante la posguerra.

Atraviese la plaza en diagonal hacia el **Römisch-Germanisches Museum** (ver pág. 156), en la Roncalliplatz. Marcando el límite entre las dos plazas se encuentra la **Domfontäne ❷**, una fuente de hormigón de la década de 1970 que ofrece su mejor espectáculo cuando el sol arranca destellos de sus chorros de agua. Aunque no tenga tiempo de visitar el museo, mire a través de la pared de cristal para contemplar su espectacular **mosaico de Dioniso.**

En la esquina sudoeste de la Roncalliplatz, en la calle llamada Am Hof, se encuentra la encantadora **Heinzelmännchen-Brunnen ❸**, una fuente que representa el cuento popular de los Heinzelmännchen, unos seres parecidos a los duendes que salían por las noches para terminar las tareas inacabadas de los ciudadanos perezosos, hasta que fueron sorprendidos por la bella esposa del sastre y huyeron para no regresar jamás.

Continúe hacia el sur por Unter Goldschmied; después del siguiente cruce, gire a la izquierda y pase por delante de la parte moderna del ayuntamiento, donde está, a la izquierda, la **Rathausbrunnen ❹**, la fuente del ayuntamiento, de hormigón, símbolo de la reconstrucción de la ciudad tras la destrucción de la guerra. Pase bajo el edificio para acceder a la Rathausplatz. Con su alta torre de finales de la Edad Media y su bonita logia renacentista, el **Rathaus** representó en su día la determina-

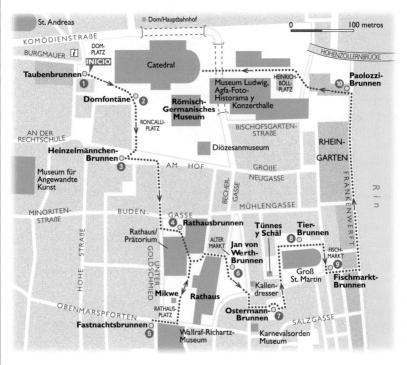

La Domfontäne (fuente de la catedral), enfrente del museo Romano-Germánico.

ción de los ciudadanos de Colonia a no someterse a ningún príncipe o arzobispo. En el subsuelo se conservan restos del Praetorium, el palacio del gobernador romano de la ciudad. Hasta la expulsión de los judíos en el siglo XV, la Rathausplatz fue el centro vital de su comunidad; la silueta de la sinagoga está marcada en el pavimento. Los baños rituales del siglo XII, o **Mikwe,** han quedado a la vista cubiertos por una pirámide de cristal.

Si sale de la plaza por su esquina sudoeste, enfrente de la Haus Neuerburg, de ladrillo, verá la pila de cobre de la **Fastnachtsbrunnen** ❺, la fuente del carnaval de 1913.

Ⓜ Ver también plano pág. 150

▶ Domplatz

🔁 1,8 km

🕐 2 horas

▶ Domplatz

PUNTOS DE INTERÉS

- Mosaico de Dioniso
- Ayuntamiento (Rathaus)
- Mikwe
- «Kallendresser»
- Figuras de Tünnes y Schäl

Regrese por la plaza y baje la escalera que queda al norte del Rathaus hasta el Alter Markt. En el centro verá la **Jan von Werth-Brunnen** ❻, una fuente y estatua dedicada a un mozo de cuadra que ascendió a general en el siglo XVII. Levante su vista hacia el tejado para ver el trasero desnudo del **«Kallendresser»** de Ewald Mataré, una manera muy gráfica de expresar su opinión sobre los próceres que se reunían en el ayuntamiento, justo enfrente.

Pasado el Karnevalsorden-Museum, en el lado este de la plaza, un estrecho pasaje conduce hacia la izquierda a un patio embellecido con las cómicas figuras de la **Ostermann-Brunnen** ❼, un desfile de personajes carnavalescos. Salga del patio hacia la izquierda, cruce la calle y entre en la zona que queda al oeste de la iglesia de Groß St. Martin. Aquí se encuentran las figuras esculpidas por Mataré de **Tünnes y Schäl,** el Gordo y el Flaco de Colonia. Contemple la **Tier-Brunnen** ❽, la fuente de los animales, al norte, y luego baje los escalones que llevan al Rin y al **Fischmarkt-Brunnen** ❾, con su propia fuente en forma de trébol.

Para regresar al punto de inicio, diríjase al norte por el paseo que bordea el río, pase por la **Paolozzi-Brunnen** ❿, que recibe su nombre de su diseñador escocés-italiano, y suba la amplia escalinata hacia la catedral. ∎

Los museos de Colonia

Museos de Colonia
www.museenkoeln.de

SI LE INTERESA EL ARTE, EN COLONIA TIENE MUCHOS sitios para visitar. Hay colecciones de arte religioso, de artes aplicadas y de arte asiático, además de los internacionalmente reconocidos Wallraf-Richartz-Museum y Museum Ludwig. Incluso hay un museo, el Käthe-Kollwitz Museum, dedicado enteramente a la obra de la artista expresionista Käthe Kollwitz (1867-1945).

Bandera sobre campo naranja, de Jasper Johns (nacido en 1930), en el Museum Ludwig.

Wallraf-Richartz-Museum

🅐 Plano pág. 150
✉ Martinstraße 39
☎ 0221 221 211 19
🕐 Cerrado lun.
💲 $

Museum Ludwig

🅐 Plano pág. 150
✉ Bischofsgartenstraße 1
☎ 0221 221 24411
🕐 Cerrado lun.
💲 $

WALLRAF-RICHARTZ-MUSEUM

Aquí, el arte europeo clásico está bien representado, con una selección de cuadros de maestros de la talla de Rubens, Rembrandt o Claude Lorrain, así como obras de los impresionistas franceses y de sus equivalentes alemanes. Ahora bien, si su estancia en la ciudad es corta, quizá debería concentrarse en la notable colección de arte medieval alemán, sobre todo en las obras de Stefan Lochner (muerto en 1451). Este maestro de la pintura religiosa pasó gran parte de su vida en Colonia, de donde llegó a ser concejal.

Las obras medievales del primer piso del museo, situado en el corazón del casco antiguo (Altstadt) permiten hacerse una idea bastante completa de la vida en la Edad Media a través de representaciones de paisajes, escenas urbanas, interiores y ropas de la época. También se ha dado rienda suelta al gusto alemán por lo siniestro y lo grotesco, y podrá ver multitud de tormentos, torturas y decapitaciones. Pero con Lochner se alcanza un plano más elevado, así pues, aunque los diablos y los monstruos que arrastran a los pecadores al infierno en su gran y magnífico *Juicio final* (probablemente iniciado hacia 1440) son terribles, su *Madona en el jardín de rosas* (c. 1440) es una escena exquisita de reposo y armonía. Por otro lado, a pesar de que Lochner es aquí la estrella, no se pierda las obras de sus sucesores, sobre todo las de Durero y Cranach, o la magnífica

colección de cuadros alemanes del siglo XIX, entre los que se hallan algunos de Wilhelm Leibl (1844-1900), natural de Colonia.

MUSEUM LUDWIG

Esta galería compartió en su día su edificio de ladrillo rojo con las colecciones del Wallraf-Richartz-Museum. Actualmente, sus enormes interiores son exclusivamente suyos. El espacio es idóneo para exponer su gran colección de arte moderno, la mayoría de la cual fue reunida por los coleccionistas Peter e Irene Ludwig. El museo es un buen lugar para conocer el arte alemán del siglo XX, pues todos los grandes nombres (Kirchner, Beckmann, Dix, Grosz, Kandinsky, Klee y Beuys) están aquí, junto a otros importantes artistas europeos como Picasso y representantes de la vanguardia rusa. Pero la mayor pasión de los Ludwig fue el arte americano, representado con pintores abstractos como Rothko y De Kooning. La colección de pop art (Rauschenberg, Warhol y Segal) es una de las más grandes del mundo.

En el mismo edificio se encuentra el **Agfa-Foto-Historama,** con una excelente colección de fotografías históricas. Otras exposiciones hablan de la historia cultural de la fotografía.

RÖMISCH-GERMANISCHES MUSEUM

Situada en la línea imaginaria que separaba los mundos romano y germánico hace dos milenios, Colonia se encuentra especialmente bien

ubicada para narrar la historia del encuentro entre estas dos culturas tan diferentes, y ése es precisamente el objetivo de este museo. La pieza más destacada es, sin duda, el magnífico **mosaico de Dioniso,** realizado con más de un millón de teselas. Descubierto durante la construcción de un refugio antiaéreo a principios de la segunda guerra mundial, en él aparece representado Dioniso borracho atendido por sátiros y doncellas danzantes. La tumba del legionario Poblicius, casi tan grande como un edificio, se encuentra cerca del mosaico. Las exposiciones del museo le permitirán hacerse una idea del tamaño y la riqueza de la Colonia romana. Los exquisitos ejemplos de orfebrería de los francos y otros objetos ponen claramente de manifiesto que esos «bárbaros» que llegaron a derrotar a Roma no carecían de habilidad y buen gusto.

OTROS MUSEOS

Si tiene intereses más diversos, hay un museo etnográfico *(Ubierring 45)* y otro dedicado al deporte y a las Olimpiadas *(Rheinauhafen).* Cerca está el Imhoff-Stollwerck-Museum, donde se repasa ampliamente la historia del cacao y donde podrá ver una fuente de la que mana chocolate. ■

La visión de Lochner de la *Madona en el jardín de rosas* revela su sutil genio.

Römisch-Germanisches Museum

🅰 Plano pág. 150
✉ Roncalliplatz 4
☎ 0221 221 244 38
🕐 Cerrado lun.
💲 $

Carnaval en Renania

Cada año, cuando se aproxima la Cuaresma y los buenos católicos de Renania se preparan para cuarenta días de austeridad de camino hacia la Pascua, hay una explosión de alegría y juerga. A lo largo del Rin, los alemanes dejan a un lado su imagen de gente seria y trabajadora, y se disponen a disfrutar a todas horas de diversión desenfrenada, aunque a menudo bien organizada.

El Karneval (llamado Fasching o Fastnacht en otros lugares de Alemania) se remonta a los ritos paganos concebidos para ahuyentar a los malos espíritus del invierno. La Iglesia

Hacer el payaso es obligatorio durante el Karneval, y los niños no son los únicos que se disfrazan.

tomó el control de estas ancestrales festividades y las adaptó a sus propios intereses, permitiendo al pueblo divertirse antes de sumergirse en la austeridad de la Cuaresma. Aunque hay muchos elementos comunes, cada población le da al Karneval su toque particular.

Las celebraciones comienzan con antelación. Durante todo el invierno hay bailes, fiestas y actuaciones de humoristas, en parte basados en leyendas populares. Cada año aparecen nuevas canciones de carnaval, que se venden muy bien. Los vestidos se confeccionan cuidadosamente y la gente se reúne en pubes, asociaciones vecinales, oficinas y escuelas para planear los importantes días que se acercan.

La verdadera diversión empieza el jueves anterior al Miércoles de Ceniza, conocido como el Weiberfastnacht, el carnaval de las mujeres, ya que es el día que éstas tienen para divertirse a lo grande antes de que empiecen los acontecimientos principales, tradicionalmente dominados por los hombres. Aunque cae en un día laborable, ellas se visten con trajes de fiesta, mientras que los hombres son hostigados sin piedad. La fiesta se hace más intensa por la noche en los pubes y en los salones de baile.

El viernes suele ser un día de calma que aprovecha todo el mundo para recuperarse de la resaca general, pero el sábado vuelven a empezar los bailes y la diversión. En Colonia, la ciudad que le saca más partido al carnaval, el sábado se hace una presentación de lo que vendrá al día siguiente, cuando los colegios, los pubes y las asociaciones de vecinos desfilen por las calles.

El lunes (Rosenmontag, o lunes de la rosa) se alcanza el punto álgido, con desfiles y espectáculos. El más grande de todos ellos es la enorme procesión por el casco antiguo. Cerca de un millón de espectadores llenan las calles y plazas para contemplar docenas de carrozas espléndidamente decoradas que satirizan acontecimientos de actualidad o personajes de la política, el deporte o los medios de comunicación. Las bandas de música acompañan a la gente disfrazada que arroja flores, botellas en miniatura de *Eau de Cologne* (el perfume distintivo de la ciudad) y hasta un total de 40 t de caramelos a los espectadores. Soldados vestidos con uniformes del siglo XVIII se burlan de los militares y el encanto aparece en forma de *Tanzmariechen* (algo así como *majorettes* del siglo XVIII) de piernas largas. El desfile de Colonia (en realidad el Karneval entero) lo preside un triunvirato compuesto por un príncipe llamado «*Seine Tollität*» («Su Locura»), un campesino *(Bauer Knut)* y una virgen *(Jungfrau)*. Los tres, hasta la virgen, están representados por hombres.

Las celebraciones empiezan a decaer el martes, con desfiles menores en los barrios de la ciudad, y el miércoles, tras varias noches sin dormir, la mayoría de la gente está preparada para afrontar el comienzo de la Cuaresma, quizá con una cena a base de pescado. ∎

Las muchas caras del Karneval de Colonia: un payaso contemplando el gran desfile entre la multitud (arriba), un portador de estandarte cabalgando cerca de la catedral con un espléndido uniforme (abajo a la izquierda) y un músico diabólico (abajo a la derecha).

Aachen

Aachen
www.aachen.de
🅰 146 B2

Información
✉ Elisenbrunnen, Friedrich-Wilhelm-Platz
☎ 0241 1 80 29 60

Catedral
www.aachendom.de
✉ Münsterplatz
☎ 0241 4770 9127
🕐 No hay visitas guiadas durante las misas
💲 $ (visita guiada)

Ayuntamiento
✉ Marktplatz
☎ 0241 432 7310
🕐 Ocasionalmente cerrado para eventos especiales
💲 $

EN EL SIGLO IX, AACHEN, LA CIUDAD MÁS OCCIDENTAL DE Alemania, alcanzó gran importancia en Europa como capital del primer emperador del Sacro Imperio romano-germánico, Carlomagno (en alemán, Karl der Große). Hay pocos lugares que recuerden su lejano pasado germánico como la gran capilla octogonal (hoy parte de la catedral), que milagrosamente se ha conservado en todo su esplendor.

Aachen mira al este, hacia Renania, y también al oeste, hacia sus vecinos, Bélgica y Holanda, por lo que se puede decir que es una ciudad fronteriza.

El antiguo núcleo de la ciudad de Aachen, al que se llega por unas encantadoras calles adoquinadas, se eleva sobre una colina baja. Al pie de ésta se encuentran la columnata y la glorieta de la **Elisenbrunnen** (fuente de Elisa), del siglo XIX, de la cual manan las aguas termales en las que al emperador Carlomagno le gustaba bañarse y sobre las que se basó la reputación de Aachen como balneario. Las fuentes son un rasgo distintivo de la ciudad; la **Geldbrunnen** (fuente del dinero), con sus figuras satíricas que representan los movimientos monetarios, se alza en la esquina superior izquierda de los jardines que quedan por encima de la Elisenbrunnen.

Dominando la Münsterplatz, que se encuentra más allá, está la **catedral** (Dom). Vista desde fuera, no puede decirse que sea una estructura muy armoniosa. La capilla de Carlomagno está coronada por una cúpula torpemente alargada, y parece aplastada por el gran coro gótico, al este, y por la gran torre del siglo XIX, al oeste. Aunque la capilla barroca parece un casual añadido posterior, al entrar la impresión es muy distinta.

Carlomagno mandó construir una iglesia que proclamara su estatus como sucesor de los antiguos emperadores romanos. Contrató a un maestro arquitecto, Odo de Metz, y saqueó los restos romanos en busca de bronce, piedra y mármol con los que ensalzar un edificio inspirado en las construcciones bizantinas que él había visto durante sus viajes por Italia. Incluso actualmente, ese espacio octogonal es impresionante, potenciado por la enorme lámpara fabricada en el siglo XII. En la galería porticada se alza el sencillo trono en el cual más de 30 emperadores se sentaron tras la ceremonia de coronación *(únase a una visita guiada desde el Tesoro si desea ver el trono).*

Emperadores germánicos posteriores promovieron el culto de Carlomagno, y llegaron aquí tantos peregrinos después de su canonización que se tuvo que añadir un presbiterio gótico, inspirado en la Sainte-Chapelle de París. Aquí se guardan algunos de los mejores tesoros de la catedral, sobre todo en la **Karlsschrein** (capilla de Carlomagno). La **Schatzkammer** (Tesoro) *(Klostergaße; cerrada lun. tarde)* también posee una impresionante colección de objetos preciosos que incluye el busto con joyas de Carlomagno.

Otro magnífico edificio de Aachen, el **ayuntamiento** (Rathaus), que domina la plaza del mercado con su grandiosidad, incorpora mampostería del Palacio de Carlomagno. Aquí es difícil escapar a su presencia; encima de una fuente, su figura en bronce le vigilará incluso mientras se toma tranquilamente un café en la plaza. Aun así, la ciudad tiene otras facetas para descubrir. La mayor parte de la Aachen medieval se quemó a finales del siglo XVII y fue reconstruida en un sobrio estilo barroco, del cual es un buen ejemplo el **Couven-Museum,** donde se evoca la vida cómoda que llevaban los comerciantes de la época. Incluye la reconstrucción de la farmacia en la que se elaboró chocolate por primera vez en Aachen, en 1857.

La fortuna que hicieron con el chocolate permitió a Peter Ludwig y a su esposa crear el **Ludwig Forum für Internationale Kunst** (Forum Ludwig para el Arte Internacional). Aunque gran parte de su colección de arte moderno se encuentra en Colonia (ver pág. 156), aquí se conservan una gran cantidad de piezas y obras de Joseph Beuys y de Roy Lichtenstein.

El distrito de los balnearios de Aachen, cerca de aquí, cuenta con un nuevo y lujoso complejo, las **Carolus Thermen** *(Tel 0241 18 27 40)*, con un toque de la antigua Roma. ∎

Couven-Museum
- ✉ Hühnermarkt 17
- ☎ 0241 432 4421
- 🕐 Cerrado lun.
- 💲 $

Ludwig Forum für Internationale Kunst
www.heimat.de/ludwigforum
- ✉ Jülicher Straße 97-109
- ☎ 0241 180 7109
- 🕐 Cerrado lun.
- 💲 $

Una fuente con su escultura en una calle de Aachen.

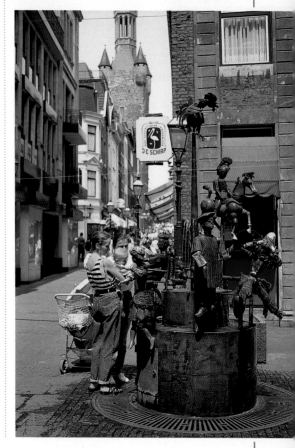

El ayuntamiento color fresa de Bonn domina la pequeña plaza del mercado de la ciudad.

Bonn

EN BONN, ANTIGUA SEDE DEL GOBIERNO ALEMÁN, HAY mucho más que ministerios vacíos y una sensación de pérdida. Esta agradable y antigua ciudad es un lugar animado y de escala humana, con catedral, universidad, varios museos importantes y una envidiable situación en el tramo más romántico del Rin.

Bonn
www.bonn.de
🅰 146 C2
Información
✉ Windeckstraße 1
☎ 02 28 77 50 00

Rheinisches Landesmuseum
www.lvr.de
✉ Colmantstraße 14-16
☎ 0228 20 70 0
🕐 Cerrado lun.
💲 $

Kunstmuseum
www.kunstmuseum.bonn.de
✉ Friedrich-Ebert-Allee 2
☎ 0228 77 62 60
🕐 Cerrado lun.
💲 $

Situado en la parte occidental del país, lejos del Telón de Acero y convenientemente cerca del hogar de Konrad Adenauer, el primer canciller de la República Federal de la posguerra, en su día pareció el lugar más adecuado para instalar lo que todos esperaban que fuera la sede temporal del gobierno. Pero como la reunificación tardó bastante en llegar, la ciudad fue adquiriendo a lo largo de las décadas muchos de los rasgos de una capital nacional.

El moderno barrio del gobierno, al sur del centro histórico, no es especialmente atractivo, a excepción de la llamada «Milla de los Museos», que se extiende a lo largo de la línea del U-Bahn y de la Adenauer-Allee. El más famoso de todos es el **Rheinisches Landesmuseum** (museo regional de Renania), que

guarda el cráneo del Hombre de Neandertal, de 50.000 años de antigüedad, encontrado cerca de Düsseldorf. El **Kunstmuseum** (museo de arte) y la adyacente **Ausstellungshalle** (sala de exposiciones) son interesantes tanto por su innovadora arquitectura como por su contenido. El museo exhibe obras de artistas alemanes del siglo XX, particularmente de August Macke, que vivió en Bonn, mientras que la Ausstellungshalle acoge exposiciones temporales.

Pero el museo imprescindible es el **Haus der Geschichte der Bundesrepublik Deutschland** (de Historia Contemporánea). Este espacioso edificio ofrece un repaso exhaustivo de la época en que coexistieron las dos Alemanias. Venga hasta aquí con el U-Bahn.

Bonn también se enorgullece de su hijo más famoso, Ludwig van Beethoven (1770-1827), al que podrá presentarle sus respetos en la **Beethoven-Haus,** la antigua casa que le vio nacer. Aquí se exponen algunas pertenencias personales suyas, entre ellas un piano y algunos instrumentos de cuerda. La tienda del museo tiene una buena selección de recuerdos, incluidas reproducciones de las partituras originales y de la máscara mortuoria de este gran compositor.

Antes de rendir homenaje a Beethoven, pasee por el centro de la ciudad para ver edificios como el **ayuntamiento** (Rathaus), barroco, pintado con colores pastel, o la **catedral** (Münster), de un románico tardío y completada a finales del siglo XIII, cuando el gótico comenzaba a emerger. Diríjase al río y disfrute de la vista del Rin y de las **Siebengebirge** (siete montañas), al sudeste.

El paseo que bordea el río lleva hasta la agradable zona residencial de Bad Godesberg. Hay vistas incluso mejores de las siete montañas desde las ruinas del **Godesburg,** el

primero de los muchos castillos que dominan el Rin, por su privilegiada situación. Las colinas boscosas, que en realidad son muchas más de siete, son los restos de volcanes que entraron en erupción hace unos 20 millones de años. La extracción de su piedra, excelente para la construcción, empezó en tiempos de los romanos. Estas montañas han originado numerosos mitos y leyendas, una de las cuales habla de un dragón que acechaba en la ladera del **Drachenfels,** aterrorizando a doncellas y marineros hasta que fue vencido por el héroe Siegfried.

Llegar desde la ciudad de Bonn hasta la «Roca del Dragón», una de las atracciones turísticas más populares del país, es una excursión fascinante. El U-Bahn llega hasta el pie de la colina, a la bonita población de **Königswinter,** situada a orillas del río. Desde aquí puede subir a la cumbre (321 m) pasando por el Schloß Drachenburg, un edificio neogótico del siglo XIX, o bien, como hacen la mayoría de los tres millones de personas que la visitan anualmente, tomar el tren cremallera, inaugurado en 1883. ■

Más allá de los frondosos barrios residenciales de Bonn se ve el Rin, dominado por las alturas boscosas de las Siebengebirge (siete montañas).

Haus der Geschichte der Bundesrepublik Deutschland
www.hdg.de
✉ Willy-Brandt-Allee 14
☎ 0228 91 65 0
🕐 Cerrada lun.
💲 $

Beethoven-Haus
www.beethoven-haus-bonn.de
✉ Bonngaße 18-26
☎ 0228 981 75 0
💲 $

Düsseldorf

EN LA ORILLA DERECHA DEL RIN, 30 KM RÍO ABAJO DESDE Colonia, se encuentra Düsseldorf, la mitad de grande que su rival y, sin embargo, capital de Renania del Norte-Westfalia. La ciudad lleva con dignidad este honor, ya que durante siglos fue el lugar de residencia de los duques de Berg, cuya resplandeciente corte atrajo a pintores, músicos y escritores.

Düsseldorf
www.dusseldorf.de
🗺 146 C3
Información
✉ Immermannstraße
65 b (enfrente de la
estación central)
☎ 0211 17 202 22

Schloßturm
✉ Burgplatz 30
☎ 0211 89 94 195
🕐 Cerrado lun., mar.,
jue. y vier.
💲 $

**Kunstsammlung
Nordrhein
Westfalen**
www.kunstsammlung.de
✉ Grabbeplatz 5
☎ 0211 8381130
🕐 Cerrado lun.
💲 $

Schloß Jägerhof
✉ Jacobistraße 2
☎ 0211 899 62 62
🕐 Cerrado lun.
💲 $

Pág. siguiente: las
fascinantes galerías
comerciales de
Düsseldorf
recuerdan a París.

Aunque la industria también tiene su importancia aquí, hay más oficinas que fábricas. Gran parte de lo que ocurre en el Ruhr (ver págs. 167-170) es administrado desde esta ciudad, y gran parte del dinero ganado en Duisburg, Essen y Dortmund se gasta en las elegantes tiendas de la famosa Königsallee. Por otro lado, Düsseldorf es también una antigua ciudad del Rin, con un carnaval solamente superado por el de Colonia en tamaño y en exuberancia, y una Altstadt llena de pubes que recibe orgullosa el sobrenombre de «el bar más largo del mundo».

Muchos visitantes llegan aquí en el crucero que navega por el Rin, por lo que el mejor lugar para captar el espíritu de la ciudad es precisamente el paseo que bordea el río. Desde aquí hay una buena vista del río a su paso por la ciudad, donde describe una gran curva atravesada por tres modernos y elegantes puentes. En la otra orilla verá las fachadas Jugendstil del barrio residencial de Oberkassel.

Más allá del nuevo edificio del parlamento del Land, en el extremo sur del malecón, se alza la **Rheinturm** (torre del Rin), con espectaculares vistas desde su mirador y un café situado a 172 m sobre el río. Más modesta en tamaño, la **Schloßturm** (torre del Castillo), que domina la Burgplatz, es todo lo que queda de las antiguas fortificaciones. Esta torre acoge un interesante museo de la navegación. Al norte de la misma se encuentra la

aguja de la Lambertuskirche *(Stiftsplatz)*, una iglesia del siglo XIV que antiguamente fue el emblema de la ciudad, pero que ahora parece diminuta al lado de los enormes edificios de oficinas.

Tierra adentro desde la orilla del río se encuentran las calles adoquinadas del **casco antiguo** (Altstadt), donde la diversión está asegurada con sus innumerables bares, restaurantes, clubes nocturnos y discotecas. Incontables litros de cerveza se consumen aquí cada día; la típica *Altbier* o simplemente *Alt* es una cerveza de sabor y color más parecidos a los de las *bitter* británicas que a los de las más habituales y claras *lager* alemanas.

La Altstadt no es el lugar adecuado si lo que busca es tranquilidad, aunque el bullicio disminuye progresivamente hacia el sur. Su límite oriental es la **Heinrich-Heine-Allee,** que recibe su nombre del escritor judío-alemán nacido aquí en 1797, conocido sobre todo por su poema *Die Lorelei* (ver pág. 183). Este paisaje está dominado por altos edificios, como los grandes almacenes Jugendstil de la Kaufhaus y la Wilhelm-Marx-Haus, un temprano rascacielos de ladrillo.

Una manzana más al este se encuentra la elegante **Königsallee,** simplemente conocida como la «Kö». Esta calle comercial, una de las más prestigiosas de Alemania, está embellecida con árboles, un canal central, puentes con balaustradas y una gigantesca fuente del Tritón.

Museum Kunst Palast

www.museum-kunst-
palast.de

✉ Ehrenhof 4-5

☎ 0211 8924242

🕐 Cerrado lun.

💲 $

EL EJE DEL ARTE

Muchas de las atracciones culturales de Düsseldorf están organizadas en un «eje del arte», que parte de la Altstadt hacia el norte. La **Kunstsammlung Nordrhein Westfalen** (colección de arte de Renania del Norte-Westfalia), en un edificio ultramoderno de fachada curvada, tiene una excelente colección de arte alemán y europeo del siglo XX. Las piezas más destacadas

como planetario pero convertido en sala de conciertos. Al norte se encuentra el **Museum Kunst Palast,** una combinación del antiguo Kunstmuseum y del Kunstpalast que fue inaugurado en 2001. Cuando el ejército de Napoleón llegó aquí en 1806, muchos de los tesoros artísticos de la ciudad se enviaron a Munich para su custodia y nadie los ha devuelto. Aún así, el museo guarda abundantes piezas de escultura medieval y pintura alemana antigua, del Romanticismo, Impresionismo y del siglo XX, además de una destacable colección de vidrio Jugendstil y *art déco*.

A LAS AFUERAS DE LA CIUDAD

Con sus tiendas elegantes y sus desfiles de moda, la ciudad de Düsseldorf gusta de verse a sí misma como una versión reducida de París; incluso tiene su propio Versalles a 10 km de la ciudad, el **Schloß Benrath.** Construido entre 1756 y 1771 entre los bosques que hay al sur de la ciudad, es un ejemplo perfecto de la fusión armoniosa entre arquitectura y paisaje que estuvo de moda a finales del Barroco. No hay ninguna estructura dominante; el palacio está dividido en un cuerpo central y varias alas separadas. El espacio fluye entre los edificios y los integra con el lago, los canales y las avenidas. Se han recuperado los colores pastel originales y el interior acoge una colección de mobiliario de época.

Los barcos pasan por delante de la torre del castillo de Düsseldorf; detrás, la retorcida aguja de la Lambertuskirche.

Schloß Benrath

✉ Benrather
Schloßallee 104

☎ 0211 89 97 271

🕐 Cerrado lun.

💲 $

Neanderthal-museum

www.neanderthal.de

✉ Mettman

☎ 02104 97 97 97

🕐 Cerrado lun.

💲 $

son las obras de Paul Klee (1879-1940), que fue profesor en la academia de arte de la ciudad.

El eje del arte continúa hacia el norte hasta el **Hofgarten,** el parque situado en el centro de la ciudad y construido en el siglo XVIII para embellecer el **Schloß Jägerhof** ducal en su extremo este. Aunque el Schloß alberga un museo de objetos pertenecientes a Goethe, por encima de los árboles verá una construcción más representativa de la actual Düsseldorf: el **edificio Thyssen.**

El Hofgarten se extiende hacia el noroeste hasta el Rin, donde se encuentra un conjunto de edificios dedicados a la cultura, entre ellos el **Tonhalle,** un espléndido ejemplo de arquitectura expresionista de ladrillo, concebido originalmente

En el valle del Düssel se encuentra el pequeño pueblo de **Neanderthal.** La zona está castigada por la extracción de caliza, pero fue aquí donde en 1856 se descubrió el primer esqueleto del Hombre de Neandertal, pariente lejano del Homo Sapiens. Un pequeño museo muestra reconstrucciones del aspecto que pudo haber tenido. ■

Región del Ruhr

LA RUHRGEBIET, UNA DE LAS REGIONES INDUSTRIALES MÁS importantes del mundo, toma su nombre del río que recorre su extremo sur. Tras la decadencia de sus industrias del carbón y del acero, a los afectados por el cierre de las empresas se les buscaron puestos de trabajo alternativos. Mientras, la mayor parte de su herencia industrial ha sido aprovechada con fines bien distintos de los originales. De este modo, las tierras abandonadas se han convertido en parques, las viejas vías del tren, en carriles para bicicletas y las minas, las plantas de coque y los depósitos de gas, en atracciones turísticas.

Durante dos siglos, el Ruhr fue el motor de Alemania; sus días eran grises debido al humo de las fábricas y sus noches estaban iluminadas por el fulgor de los altos hornos. Las profundas galerías y pozos producían el carbón que se enviaba a todo el país por el río, por los canales o por ferrocarril. Pero en la segunda mitad del siglo XX llegó el declive; el reinado del carbón tocó a su fin y la producción de acero disminuyó. Se hicieron grandes esfuerzos para minimizar el desempleo promocionando el sector de los servicios y atrayendo nuevas industrias.

El encanto de la industria pesada: un alto horno iluminado por los focos en Duisberg.

Región del Ruhr
🅰 146 C3-C4
Información
www.ruhrgebiettouristik.de
✉ Ruhrgebiet
Tourismus GmbH,
Königswall 21,
44137 Dortmund
☎ 180 18 16 186

Desde la década de 1920, el control de la edificación protegió el campo y los bosques. Incluso hoy, gran parte de la zona es «verde» a lo largo del valle del río Ruhr y en las franjas de campo que penetran en la conurbación, lo que permite a las poblaciones mantener su identidad.

En el aspecto cultural, la región tiene multitud de museos, galerías

Relajándose junto al río Ruhr.

aunque los monumentos de su pasado están aprisionados entre edificios modernos. En el centro, por lo demás arquitectónicamente vulgar, podrá contemplar la **catedral** (Münster). Este edificio, construido entre los siglos X y XIV, y su **Schatzkammer** (cámara del Tesoro) contienen magníficas piezas artísticas y objetos de principios de la Edad Media, entre ellos una magnífica virgen dorada de 980. A corta distancia al este se encuentra la **Alte Synagoge,** construida en 1913 por la próspera comunidad judía de Essen. Aunque su interior fue devastado en la Kristallnacht, en 1938, sus poderosos muros resistieron y actualmente alberga un centro de documentación con información sobre la vida de los judíos y sobre Essen durante el período nazi.

Al sur del centro de la ciudad, una sola parada de U-Bahn y un corto paseo le llevarán hasta el mejor complejo museístico del Ruhr: el **Ruhrland-museum,** centrado en la historia social e industrial de la ciudad, y el **Museum Folkwang,** con una de las mejores colecciones de Alemania de arte de los siglos XIX y XX. Obras de pintores franceses y alemanes, colgadas unas muy cerca de las otras, le permitirán hacer interesantes comparaciones. Por ejemplo, la pasión por el color de Emil Nolde (1867-1956) supera a la de Vincent Van Gogh, mientras que las terribles imágenes de Max Beckmann (1884-1950), evocadas por su experiencia en la primera guerra mundial, son mucho más impactantes.

Un recorrido algo más largo en tranvía hacia el norte le llevará a las puertas de la **Zeche Zollverein,** un marco gigantesco que domina el pozo de esta antigua mina de carbón. Cuando fue inaugurada en 1932, era la más avanzada del mundo y sus edificios, excelentes ejemplos de arquitectura funcional,

Essen
www.essen.de
⚐ 146 C3
Información
✉ Am Hauptbahnhof 2
☎ 0201 19433

Schatzkammer
www.domschatz.info
✉ Burgplatz 2
🕐 Cerrado lun.
💲 $

Alte Synagoge
✉ Steeler Straße 29
☎ 0201 88 45218
🕐 Cerrada lun.
💲 $

e instituciones, como la famosa Schauspielhaus, en Bochum. Pero si quiere ver algo único, recorra la «Route Industriekultur». Esta ruta de 400 km, que atraviesa la región y tiene su señalización propia, une docenas de lugares con legado industrial, la mayoría de los cuales son accesibles con transporte público e incluso por los carriles para bicicletas. Podrá descender a los pozos de las minas de carbón, montar en un antiguo tren de vapor y estudiar la vida de los magnates de la industria. Consulte los detalles en las oficinas de turismo.

ESSEN
Essen es la ciudad más grande del Ruhr y el mejor lugar para conocer el carácter a menudo paradójico de la zona. Es una población antigua,

fueron proyectados según los principios de la Bauhaus. Esta mina es un punto clave de la Route Industriekultur y cuenta con una oficina de turismo, exposiciones temporales sobre diseño contemporáneo, visitas guiadas por las instalaciones, un tren de vapor en verano y enlaces con los senderos y carriles para bicicletas.

Si toma el S-Bahn, el tren de cercanías, hacia el sur, descubrirá una de las sorpresas del Ruhr: la yuxtaposición de zonas densamente edificadas y de frondosos bosques y paisaje rural. El ramal del S-Bahn que lleva a Kettwig y a Düsseldorf pronto deja atrás las calles de la ciudad para adentrarse en unos bonitos bosques de hayas. De repente, aparece el agua cuando el tren pasa por encima del **Baldeneysee,** una reserva formada por una presa en el río Ruhr y un lugar popular de recreo. Aún así, el principal motivo para apearse del tren en este punto es visitar la magnífica villa del industrial más importante de la Alemania imperial, Alfred Krupp, construida en 1873 (ver pág. 170).

La **Villa Hügel** se eleva por encima del valle del Ruhr en lo que fue una ladera desnuda hasta que Krupp la transformó en un maravilloso parque. Construyó una enorme residencia moderna para acomodar no sólo a su familia sino también a los dignatarios que vinieran desde cualquier parte del mundo. Entre sus huéspedes más ilustres se destaca el káiser Guillermo II, que llegó a ser amigo personal de la familia. Antes de explorar la villa, con sus enormes salas y su monumental escalinata, visite la «pequeña casa» que hay al lado, donde una exposición enfatiza los logros y el espíritu caritativo de la familia Krupp exaltando sus actividades en este sentido, aunque no menciona su papel en la fabricación del armamento que posibilitó la destrucción a gran escala.

OTRAS CIUDADES DEL RUHR

La más occidental de las grandes ciudades del Ruhr es **Duisburg.** Su estratégica situación, en el punto donde el río Ruhr confluye con el Rin, le ayudó a prosperar con rapidez, y hoy es el puerto interior más grande del mundo. El **Wilhelm-Lehmbruck-Museum** *(Friedrich-*

Wilhelm-Straße 40; Tel 0203 283-2630; cerrado lun.), con una notable colección de escultura moderna, recibió su nombre del artista local Wilhelm Lehmbruck (1881-1919), uno de los escultores alemanes más importantes del siglo XX. Sus figuras profundamente espirituales inspiraron parte del trabajo de Joseph Beuys (1921-1986), que también está representado aquí.

Bochum, en el corazón del Ruhr y asociada con el carbón, el acero y la maquinaria pesada, es más conocida hoy por acoger la fábrica de automóviles Opel y una moderna universidad. La historia del carbón está explicada en el **Deutsches Bergbaumuseum** (museo alemán de la minería. *Am Bergbaumuseum 28; Tel 023 45 87 70; cerrado lun.; www.bergbaumuseum.de),* el más

Alfred Krupp controlaba un enorme imperio industrial desde su estudio sólidamente amueblado en la Villa Hügel.

Ruhrlandmuseum y Museum Folkwang
www.ruhrlandmuseum.de
✉ Goethestraße 41, Essen
☎ 0201 88 45200
🕐 Cerrado lun.
💲 $

Zeche Zollverein
www.stiftung-zollverein.de
✉ Gelsenkirchner Straße 181, Essen
☎ 020 13 02 01 33

Villa Hügel
✉ Hügel 1, Essen
☎ 020 11 88 48 23
🕐 Cerrado lun.
💲 $

Visite el subsuelo del Ruhr en el museo de la Minería de Bochum.

grande del mundo en su género. Los edificios del museo de la Minería están dominados por una gran torre, a la cual podrá subir para disfrutar de las vistas. Bajo tierra, la reconstrucción de una mina recrea la vida y el trabajo de los mineros. Río abajo, en Bochum-Dahlhausen, se encuen-

otras cosas por su cerveza *Dortmunder*), se halla la pequeña ciudad de **Hagen,** donde la zona edificada se funde con el paisaje de colinas boscosas de la Sauerland. La abundancia de agua fue aprovechada en los inicios de la revolución industrial para producir energía. Todo

Duisburg

🗻 146 C3

Información

✉ Koenigstraße 86

Bochum

www.bochum.de

🗻 146 C3

Información

✉ Kurt-Schuhmacher-Platz (Am Hauptbahnhof)

☎ 0234 96 30 20

Hagen

🗻 146 D3

Información

✉ Friedrich-Ebert-Platz

☎ 02331 20 70

tra el **Eisenbahnmuseum** *(Dr.-C-Otto-Straße 191; Tel 0234 49 25 16; cerrado lun., mar., jue. y sáb.)* con una colección de locomotoras de vapor, vagones, diligencias y objetos relacionados con el ferrocarril.

En la orilla opuesta del río Ruhr, al sur de Dortmund (famosa entre

esto está perfectamente documentado en el **Westfälisches Freilichtmuseum** *(Mäcklingerbach; Tel 0233 17 80 70; cerrado lun. y nov.-marzo),* al aire libre. Aquí verá herreros trabajando en molinos de agua y el giro incesante de las palas de los molinos de viento. ■

El «rey de los cañones»

Alfred Krupp (1812-1887), avezado inventor, trabajador incansable y siempre preocupado por el bienestar de sus trabajadores, no parece que reflexionara demasiado acerca de las consecuencias que acarrearían sus creaciones.

De hecho, las armas de Krupp ayudaron a Prusia a vencer a Francia en 1871 y, mucho después de su

muerte, el monstruoso obús apodado «Gran Bertha» ejerció un papel mortífero en la Gran guerra. Luego la familia Krupp ayudó a Hitler a llegar al poder, y la utilización de mano de obra esclava para la fabricación de armas fue una de las razones del encarcelamiento de Alfred Krupp, propietario de la empresa, al final de la segunda guerra mundial. ■

Münster

AUNQUE LA CAPITAL DE LA LLANA Y HÚMEDA MÜNSTERLAND, una ciudad de 1.200 años de antigüedad, parece un lugar un tanto conservador, el hecho de contar con la tercera universidad más grande del país hace que también mire hacia delante. Su catedral gótica del siglo XIII se eleva en armonía con las elegantes casas de la población.

Aguilones y pórticos de la Altstadt de Münster.

La abundancia de bicicletas que encontrará en Münster le hará sentirse como si se encontrara en la vecina Holanda, una impresión que se verá reforzada por las casas patricias de altos aguilones del **Prinzipalmarkt**, el mercado principal. Fue en el **ayuntamiento** (Rathaus) de Münster donde se firmó la Paz de Westfalia el 24 de octubre de 1648. Este tratado terminó con la guerra de los Treinta Años y concedió la independencia a los holandeses. La talla del siglo XII de la **sala de la Paz** *(Friedensaal; Tel 025 14 92 27 24)*, así bautizada por el tratado, está a la altura de la delicada mampostería de la fachada gótica. Contemple las escenas de los paneles que hay detrás de la mesa del alcalde, ya que contienen una interesante combinación de piedad y humor.

Un pequeño paseo hacia el norte, pasando bajo los ajetreados pórticos de Prinzipalmarkt, le llevará a la **Lambertikirche.** Las tres jaulas de hierro que cuelgan de la torre de la iglesia, de 90 m de altura, recuerdan un conflicto del pasado. A principios del siglo XVI, Münster se convirtió en el bastión de los anabaptistas, una secta religiosa radical que tomó el mando de la ciudad e instituyó un sistema de gobierno igualitario. Cuando los derrotaron, sus dirigentes fueron ejecutados y sus cuerpos exhibidos en las jaulas.

Münster es una ciudad firmemente católica y en su corazón, a una manzana de la Lambertikirche, se alza la formidable **Dom** (catedral), con sus torres gemelas y su cubierta de cobre. Construida en el siglo XIII, en la época de transición del Románico al Gótico, la catedral tiene una amplia nave. En el deambulatorio hay un reloj astronómico de 1540 en el que desfilan los Tres Sabios todos los mediodías. El **Domkammer** (Tesoro de la catedral) contiene maravillas de la artesanía medieval, al igual que el cercano **Westfälisches Landesmuseum** (museo regional de Westfalia), donde hay magníficos ejemplos de escultura gótica.

El río Aa pasa por la ciudad hacia Aasee, una popular zona recreativa de Münster donde podrá dar un paseo en barca por el lago, visitar el moderno parque zoológico o dar una vuelta por los edificios tradicionales del **Museo al aire libre** *(Mühlenhof-Freilichtmuseum; Tel 0251 98 12 00).* ■

Münster
www.muenchen.de
🗺 146 D4
Información
✉ Klemensstraße 9
☎ 0251 48 127

Domkammer
✉ St. Paulus-Dom
☎ 0251 495333
🕐 Cerrado lun.
💲 $

Westfälisches Landesmuseum
✉ Domplatz 10
☎ 0251 590701
🕐 Cerrado lun.
💲 $

Castillos con foso de la Münsterland

COMO EN ESTA TIERRA LLANA LOS SEÑORES LOCALES QUE necesitaban un bastión para defenderse de sus rivales no disponían de elevaciones rocosas en las que poder construir un castillo convencional, se optó por el *Wasserburg*, un tipo de fortaleza levantada en una isla artificial, cuya principal defensa era el agua que la rodeaba.

Aunque la antigua provincia de Westfalia llegó a tener más de 3.000 castillos de este tipo, sólo se conservan algunos, y un centenar de ellos están en la Münsterland.

La **Haus Rüschhaus** está en las afueras de Münster. Más parecida a una elegante granja que a un casti-

llo, fue erigida a mediados del siglo XVIII por Johann Conrad Schlaun, a quien también se deben muchos de los edificios barrocos de Münster. Su obra más conocida es la casa de Annette von Droste-Hülshoff (1797-1848), la poetisa más importante de Alemania. No lejos de allí, los muros de piedra y ladrillo de la casa solariega de su aristocrática familia, el **Burg Hülshoff,** también se levantan desde un foso. Una parte del interior ha sido redecorada en el estilo de principios del siglo XIX, y hay un pequeño museo dedicado a la escritora.

A unos 30 km al sur de Münster, en Lüdinghausen, se encuentra el **Burg Vischering,** uno de los más accesibles y también más extraordinarios Wasserburgen. Consta de una fortaleza exterior, el Vorburg, situada en una isla, y la residencia principal, un castillo renacentista con cimientos medievales, erigido en otra. El edificio principal alberga un museo sobre la historia de los Wasserburgen, y el Vorburg, otro sobre la vida rural.

Los Wasserburgen alcanzaron su máximo desarrollo en el **Schloß Nordkirchen,** 8 km al sudeste de Lüdinghausen. Schlaun construyó este magnífico palacio barroco a principios del siglo XVIII para el gobernante de Münster, el príncipe-obispo Friedrich Christian von Plettenberg. Esta enorme estructura de ladrillo ocupa una isla rectangular y tiene una torre circular en cada esquina. ■

Haus Rüschhaus
www.Droste-Gesellschaft.de
🅐 146 D4
✉ Am Rüschhaus 81
☎ 02533 1317
🕐 Cerrada lun.
💲 $

Burg Hülshoff
www.burg-huelshoff.de
🅐 146 D4
✉ Schonebeck 6
☎ 0253 410 52
🕐 Cerrado mediados dic.-mediados marzo
💲 $

Burg Vischering
www.burgvischering.de
🅐 146 C4
✉ Lüdinghausen
☎ 02591 78 2 78
🕐 Cerrado lun.
💲 $

Schloß Nordkirchen
www.nordkirchen.de
🅐 146 D4
✉ Nordkirchen
☎ 02596 917 133
💲 $

Izquierda: la silueta de la residencia renacentista del **Burg Vischering** se refleja en el agua del foso.

Cetrería en Hellenthal, en las verdes colinas del Eifel.

Otras visitas interesantes en Renania del Norte-Westfalia

BAD MÜNSTEREIFEL

Rodeada por sus murallas medievales, Bad Münstereifel se alza a lo largo de un tramo del río Erft, que discurre por la calle principal, con numerosos puentes engalanados con flores. Las calles adoquinadas, con sus antiguas casas, hacen del paseo toda una delicia. Los puntos de interés de la población son la **iglesia parroquial,** de líneas severas, fundada en el siglo IX como «la basílica del Eifel»; la **Romanische Haus,** del siglo XII y actual museo local; y el **Rathaus** (ayuntamiento) rojo, gótico y porticado. En Effelsberg, entre colinas boscosas, se encuentra la inesperada visión de la enorme pantalla blanca del radio-telescopio más grande del mundo.
🅰 146 C1 **Información** ✉ Langenhecke 2 ☎ 02253 50 51 82

EL EIFEL

Estas frescas tierras altas que se extienden desde la frontera belga hacia el este, hasta el Rin y el Mosela, tienen bosques de un color verde oscuro y amplias vistas de los picos formados por la acción de antiguos volcanes. En el pasado, ésta fue una de las zonas más pobres y aisladas de Alemania, e incluso hoy está poco poblada. Sus visitantes buscan tranquilidad, aunque no faltan lugares concurridos como la maravillosamente conservada Monschau (ver pág. 174), los lagos artificiales de las reservas del río Rur (no confundir con el Ruhr) o el paisaje del valle del Ahr, famoso por sus vinos.
🅰 146 B1-C1

HERMANNSDENKMAL

La gigantesca mole del monumento de Hermann (Hermannsdenkmal) se eleva en la cima de una colina en el Teutoburger Wald. Para la Alemania nacionalista del siglo XIX, Hermann fue un gran héroe, el guerrero que aplastó a las legiones romanas cuando intentaron expandir su imperio al este del Rin. Parece ser que la batalla del Teutoburger Wald, en el año 9, tuvo lugar en otro sitio, pero, ajeno a ello, Hermann sigue mirando hacia el oeste mientras empuña su espada de 7 m elaborada con acero de la fábrica Krupp.
🅰 147 E4

LEMGO

Libre de la destrucción de la guerra, este antiguo lugar es un maravilloso y pintoresco pueblo medieval y renacentista, y sus casas, lejos de ser piezas de museo, están habitadas. Pero al parecer, aquí la belleza corrió paralela a la crueldad, ya que uno de los edificios más hermosos, la **Hexenbürgermeisterhaus** *(Breite Straße 19; Tel 0561 21 32 76; cerrada lun.)*, fue la residencia de un burgomaestre del siglo XVI que se mostró especialmente duro en la persecución de las brujas; muy apropiadamente, acoge un museo de instrumentos de tortura.

🅼 147 E4 **Información** ✉ Papenstraße 9 ☎ 05261 21 30

MARIA LAACH

Entre las atracciones típicas del Eifel se encuentran los lagos que ocupan los cráteres de volcanes extinguidos. El mayor de ellos, el Laacher See, sirve de telón de fondo encantador (a pesar de la autopista que pasa cerca de aquí) a uno de los mejores edificios románicos de Renania: la abadía de Maria Laach. Esta austera estructura con seis torres posee el interés añadido de haber sido construida con piedras volcánicas de la localidad, de diferentes colores y texturas. En el vestíbulo, que recibe el nombre de Der Paradies, contemple los intrincados relieves y, en el altar mayor que hay en el extremo este de la iglesia, el fabuloso baldaquino gótico.

🅼 146 C1 y 177 B4 ☎ 02652 5 90

MONSCHAU

Con sus apiñados edificios de entramado de madera y tejados de pizarra, Monschau, en el profundo valle del río Rur, parece casi demasiado perfecto. Muchas de sus casas fueron en otros tiempos pequeñas fábricas en las que el agua del río era utilizada para lavar y teñir telas, un negocio con el que el pueblo prosperó en el siglo XVIII. La ocupación francesa durante las guerras napoleónicas lo dejaron como atrapado en el tiempo, y hoy pasear por la calle principal, peatonal, los puentes y las pequeñas plazas es un placer, aunque lo más probable es que usted no sea el único turista. Por encima del pueblo hay dos castillos en ruinas que en su día sirvieron para vigilar el serpenteante valle. Visite la lujosamente amueblada **Rotes Haus** *(Laufenstraße 10; Tel 0247 25 071; cerrada lun. www.monschau.de)* para conocer la vida del pañero más próspero y su familia. Esta casa roja tiene una preciosa esca-

lera de caracol y algo que a primera vista parece una galería de pintura, pero que en realidad es papel de pared sabiamente pintado.

🅼 146 B1 **Información** ✉ Stadtstraße 16 ☎ 02472 80480

SCHLOß AUGUSTUSBURG

El arzobispo Clemente Augusto de Colonia, un generoso mecenas de las artes y un apasionado de la cetrería, empezó la construcción en 1725 de una residencia de verano y un pabellón de caza en la ciudad de Brühl, aproximadamente a medio camino entre Bonn y Colonia. Rodeado por un parque barroco, este fabuloso palacio muestra la riqueza, el poder y el gusto refinado de su propietario principesco, un miembro de la familia real bávara. El Schloß se ha utilizado durante años para celebrar las recepciones de Estado, y más de un centenar de dirigentes han subido la magnífica escalinata proyectada por el bávaro Johann Fischer von Erlach. En la otra punta del parque se alza el **Schloß Falkenlust** (palacio del placer de la cetrería), más modesto y con un encantador interior rococó. Se dice que fue aquí donde Casanova sedujo a la esposa del alcalde de Colonia.

🅼 146 C2 ✉ Schloßstraße 6, Brühl ☎ 02232 44 000 🕐 Cerrado lun. y dic.-enero y en actos estatales 🅢 $

SOEST

Esta población amurallada y enclavada unos 60 km al este de Dortmund muestra el aspecto que podrían haber tenido las ciudades del Ruhr si la revolución industrial del siglo XIX hubiera pasado de largo. La gente del Ruhr viene de fin de semana para escapar del agobio de la vida urbana y pasear por las calles medievales, con casas de entramado de madera y edificios construidos con la hermosa piedra arenisca local, de tono verdoso. Por encima de los tejados se levantan las torres y las agujas de las iglesias, entre las que destaca la catedral: la enorme **Patroklidom.** La **Wiesenkirche** (iglesia de Nuestra Señora de los Prados) tiene el tamaño y la belleza de una catedral, y unos excepcionales vitrales, en los que se muestran los ingredientes de la cena tradicional de Westfalia: jamón, cerveza y pan moreno.

🅼 146 D3 **Información** ✉ Teichsmühlengraße 3 ☎ 02921 66 35 00 50 ■

Se trata de la mejor región para los amantes del vino, con históricas ciudades vinícolas, el tramo más romántico del Rin, el valle del Mosela, tapizado de viñedos, y la clásica ruta de la Deutsche Weinstraße.

Renania-Palatinado y Saarland

Cartel de una bodega de vinos

Los ríos Rin y Mosela confluyen en la Deutsches Eck, en Koblenz.

Renania-Palatinado y Saarland

EL PAISAJE DE RENANIA-PALATINADO TIENE MUCHAS DE LAS CARACTERÍSTICAS que se consideran esencialmente alemanas, aunque este Land limite con Francia, Luxemburgo y Bélgica. Gran parte de su territorio consiste en tierras altas: el solitario Hunsrück; el Eifel, con sus restos de antiguos volcanes, y el Pfälzer Wald, uno de los bosques más extensos del país. Pero también hay agradables valles creados por los ríos Ahr, Nahe, Mosela y, por encima de todo, el Rin. Aunque el Saarland es industrial y cuenta con grandes depósitos de carbón, también tiene tranquilos rincones de bosque.

En la parte meridional de Renania-Palatinado, el Rin fluye tranquilamente al pasar por ciudades cargadas de historia: Speyer, Worms y Mainz, la capital del Land. Acariciada por el sol, la zona es lo suficientemente cálida para el cultivo de higos y tabaco, aunque lo que realmente le otorga su personalidad al paisaje son las viñas. Los vastos viñedos del Pfalz (el nombre antiguo del Palatinado, que todavía se utiliza en los círculos vinícolas) y de Rhein-Hessen, que cubren la llanura que se extiende por la orilla izquierda del Rin, producen gran parte del vino alemán; el mejor lugar para catarlo son las bodegas de los pueblos de la Deutsche Weinstraße (ruta alemana del vino). Al oeste de Mainz, el Rin gira hacia el norte y se adentra en su garganta, un paisaje vinícola muy distinto, con viñedos plantados en laderas empinadas que suben hasta innumerables castillos, algunos de ellos antiguas guaridas de aristocráticos ladrones que obtenían sus botines del tráfico fluvial.

Como Land, Renania-Palatinado es una creación reciente, debida a las autoridades francesas tras la ocupación en 1946, al reunir varias antiguas provincias. A lo largo de la historia han sido muchos los que han mostrado un interés por este territorio al oeste del Rin, y la zona bien podría haber acabado absorbida por Francia. A los romanos también les gustó; la prueba de ello es la hermosa ciudad de Trier, que tiene una gran concentración de restos romanos. Al mismo tiempo, el lugar es uno de los núcleos de la historia alemana. Los gobernantes de Trier, Mainz y el Palatinado eran tres de los electores encargados de elegir al emperador del Sacro Imperio romano-germánico.

Después de Bremen, el Saarland es el menor de los Länder de Alemania, y su carácter ha quedado en gran parte determinado por haber acogido la industria pesada, hoy convertida en su atracción más destacada: las grandes fábricas de acero de Völklingen. ∎

Mapa de situación

Berlin ✪

0   50 kilómetros

RENANIA DEL NORTE-WESTFALIA

pág. 145

Wissen
Betzdorf
62   Sieg
Altenkirchen 414
Hachenburg
Rennerod
256   Wied
Dierdorf
Remagen
Linz
A3
E35   Westerwald
Ahrweiler
Bad
Altenahr   Neuenahr   Sinzig
A61
412   Rin   255   Montabaur
Laacher
See   Neuwied   NATURPARK
Maria Laach   Burg   Koblenz   NASSAU Diez
Lahneck
Nürburg   Winningen   Bad Ems
Kobern-Gondorf   Nassau
Schloß Stolzenfels   Lahn
Vierseenblick ▲   Braubach
DEUTSCH-   Thurant   Marksburg
BELGISCHER   Gerolstein   Burg Liebenstein
NATURPARK   Boppard   Burg Maus
Prüm   Daun   Burg   St. Goarshausen
Burg Eltz   Rheinfels   Burg Katz
A60   Cochem   Treis-   St. Goar Lorelei
Karden   Kaub
Dasburg   Oberwesel   Pfalz
Bitburg   Wittlich   Alf   Bacharach
A1   Zell   Burg Sooneck
DEUTSCH-   Traben-   Burg Reichenstein
LUXEMBURGISCHER   Trarbach   Burg Rheinstein
NATURPARK   Schweich   Bernkastel-   Bingen   Rin
Neumagen   Kues   Gemünden   A60   Ingelheim   Mainz ◉
Morbach   Bad   Nierstein
A1   Kirn   Sobernheim Bad
RENANIA-   Hunsrück   Bad   Kreuznach
Morbach   Münster
Trier   NATURPARK PALATINADO   Alzey
Konz   SAAR-HUNSRÜCK   Idar-   Meisenheim   A63   E31
Hermeskeil   Oberstein   Lauterecken   Rockenhausen   Worms
Saarburg   Zerf   Birkenfeld
Nohfelden   Altenglan   Grünstadt
Wadern   A62   Kusel   A6   Frankenthal
Orscholz   Mettlach   Ramstein   NATURPARK   Ludwigshafen
Große   Merzig   St. Wendel   E50   PFÄLZER WALD   Bad Dürkheim
Saarschleife Lebach   SAARLAND   Kaiserslautern   Deidesheim
Dillingen   A1   A6   Pfälzer   Neustadt an der   Speyer
Neunkirchen   Weinstraße
Saarlouis   St. Ingbert   Homburg A62
Völklingen   A620   Zweibrücken   Wald   A65   272
Saarbrücken ◉   Blieskastel
Annweiler   Germersheim
FRANCIA   Pirmasens   Landau   Rheinzabern
Bad Bergzabern   427   Kandel
Schweigen-
Rechtenbach

ELGICA
LUXEMBURGO
HESSE   pág. 195
BADEN-WÜRTTEMBERG   pág. 317

5▷
4▷
2▷
I▷

△ A   △ B   △ C   △ D

Mainz

SITUADA FRENTE A LA DESEMBOCADURA DEL MAIN EN EL Rin, Mainz fue elegida la capital del nuevo Land de Renania-Palatinado en 1946. Había sido una población importante en tiempos de los romanos, cuando toda la Germania superior era gobernada desde aquí, y en la Edad Media, sede del príncipe-obispo de Mainz, uno de los siete electores con poder para elegir a un emperador. Además, es la ciudad que vio nacer a Johannes Gutenberg, el inventor de la imprenta de tipos móviles, a finales del siglo XIV.

La imprenta del impresor pionero Johannes Gutenberg está recreada en el Gutenberg-Museum.

Mainz
🅰 177 D3
Información
www.mainz.de
✉ Brückenturm an Rathaus
☎ 06131 2 86 21 0

Dom-und Diözesan-Museum
✉ Domstraße 3
☎ 06131 25 33 44
🕐 Cerrado lun.
💲 $

Gutenberg-Museum
www.gutenberg-museum.de
✉ Liebfrauenplatz 5
☎ 06131 12 26 40
🕐 Cerrado lun.
💲 $

La mayor referencia visual de Mainz es la **catedral** (Dom). El gran edificio de piedra roja se levanta por encima de las casas de la ciudad como lo hacía en la Edad Media, enfatizando sus enormes proporciones y creando, con sus seis torres, una silueta inconfundible. Es una construcción románica del siglo XII, cuyas obras se iniciaron ya a finales del siglo X.

La elevada opinión que tenían de sí mismos los príncipes-obispos queda evidenciada en la serie de monumentos funerarios que hay al pie de las columnas de la nave. Aun así, la mejor pieza de la catedral se conserva en el **Dom-und Diözesan-Museum** (museo Diocesano y de la Catedral), en el claustro. Se trata de los fragmentos de un panel del siglo XII parcialmen-

te destruido con escenas del Juicio final. Otra obra destacada es un retrato medieval de gran expresividad conocido como *Kopf mit Binde* (cabeza con banda).

Deambule por las callejuelas y plazas que rodean la catedral para verla desde todos los ángulos. El **Markt** tiene una bonita fuente renacentista, y los martes, viernes y sábados se llena de puestos de venta. En la Liebfrauenplatz se encuentra la llamada Haus zum Römischen Kaiser, una majestuosa mansión que acoge el **Gutenberg-Museum,** donde se exponen unas copias de valor incalculable de la Biblia, con 42 líneas por página, de Johannes Gutenberg, así como una reconstrucción de su taller, donde verá cómo funcionaba una imprenta del siglo XV.

La ciudad rinde homenaje a su hijo más famoso en la plaza que lleva su nombre, la Gutenbergplatz, donde también hay una estatua del impresor. Otras esculturas adornan la Schillerplatz, al final de la Ludwigstraße, una calle que parte de la catedral. La **Fastnachtbrunnen** (fuente del carnaval) es un tumultuoso tributo a lo que los habitantes de Mainz llaman «la quinta estación del año».

Desde aquí, dé un rodeo en dirección sur hasta la **St. Stephanskirche** (iglesia de San Esteban), construida en el siglo XIII y restaurada. A principios de la década de 1980, el artista ruso Marc Chagall

St. Stephanskirche
- ✉ Kleine Weißgasse 12
- ☎ 06131 23 16 40
- ⊕ Cerrada miér.
- 💲 $

**Römisch-
Germanisches
Zentralmuseum**
- ✉ Ernst Ludwig Platz 2
- ☎ 06131 9124-0
- ⊕ Cerrado lun.

**Museum für
Antike Schiffahrt**
- ✉ Neutorstraße 2b
- ☎ 06131 286630
- ⊕ Cerrado lun.

Landesmuseum
www.landesmuseum-mainz.de
- ✉ Große Bleiche 49-51
- ☎ 06131 2857 0
- ⊕ Cerrado lun.
- 💲 $

diseñó unos vitrales para ella. Sus dibujos de un azul intenso representan el espíritu divino uniendo a toda la humanidad.

Gran parte de los restos romanos hallados aquí están distribuidos en varios museos, como el **Römisch-Germanisches Zentralmuseum** (museo romano-germánico), con importantes piezas; el **Museum für Antike Schiffahrt** (museo de la Navegación Antigua), con restos de embarcaciones de guerra fluviales, y el **Landesmuseum** (museo Regional), que tiene una columna dedicada a Júpiter. ∎

**Payasos
besándose en el
carnaval de
Mainz.**

**Una página del
Evangelio de san
Lucas, de la Biblia
de Gutenberg de
1455.**

Gutenberg y el libro

Debido a los disturbios que se desataron en Mainz, Gutenberg se trasladó a Estrasburgo, donde trabajó en secreto en una serie de inventos, como los tipos móviles, que a partir de entonces permitieron la impresión de libros a gran escala sin perder la calidad y la belleza de los manuscritos medievales. Pero la financiación siempre fue para él un problema, por lo que constantemente se veía obligado a pedir prestadas considerables cantidades de dinero, y justo cuando su famosa Biblia de 42 líneas por página salió de la imprenta en 1455, un acreedor se quedó prácticamente toda su maquinaria. Arruinado, anciano y casi ciego, vivió de la caridad hasta su muerte, acaecida en 1468. ∎

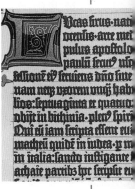

Bastiones como el
Burg Katz (castillo
del gato) montan
guardia en las
curvas del sinuoso
Rin.

Bingen
⚄ 177 C3
Información
www.bingen.de
✉ Rheinkai 21
☎ 06721 184 205

**Historisches
Museum am
Storm**
✉ Museumstraße 3,
    Bingen
☎ 06721 990 654
🕐 Cerrado lun.
💲 $

La garganta del Rin

EL RIN, DESDE SU NACIMIENTO EN LOS ALPES HASTA SU
desembocadura en el Mar del Norte, recorre 1.320 km y atraviesa
cuatro países. Durante más de 2.000 años ha sido una vía comercial
y cultural de primer orden. En el tramo relativamente corto entre
Bingen y Koblenz, se estrecha y se hace más profundo, abriéndose
paso a través de las rocas del macizo renano por un desfiladero tor-
tuoso cuyos empinados taludes están poblados de viñedos, bosques
y castillos temerariamente erigidos sobre riscos.

Este paisaje es uno de los más bellos
y visitados de Europa desde hace 200
años. Ambas orillas las recorren
transitadas carreteras y vías de tren,
mientras que en las aguas hay un
tráfico constante. No deje de hacer
una excursión en barco, preferiblemente río arriba y con calma para
tener tiempo de disfrutar del paisaje

y sus constantes cambios. Pero dedique también tiempo a algunas de las
deliciosas poblaciones vinícolas,
pasee entre las viñas y visite uno
o dos castillos.

DE BINGEN A OBERWESEL
Alimentado por su importante
afluente (el Main), el Rin fluye hacia

el oeste pasando por Mainz (ver págs. 178-179) y por Wiesbaden (ver pág. 208). Los coloridos viñedos de la Rheingau dominan esta parte del río, que, durante un tramo, discurre mansamente y con una anchura de casi un kilómetro. Al llegar a la ciudad de **Bingen,** donde se le une otro afluente, el Nahe, gira en dirección norte y se lanza hacia abajo encajonado entre el Taunus, a su derecha, y las tierras altas de Hunsrück, con unos 550 m de altura, a la izquierda. Las colinas están formadas por rocas duras, que en el lecho del río crean traicioneros escollos. Durante siglos, los barcos de mercancías se tenían que descargar aquí, para ser transportadas por otro camino para rodear estos rápidos. La solución llegó en el siglo XIX, cuando se abrió un canal de navegación seguro. Aun así, el «Bingen Loche» («el agujero de Bingen») todavía debe cruzarse con precaución.

Bingen es famosa por haber sido el hogar de santa Hildegarda (1098-1179), una de las mujeres alemanas más notables de la Edad Media. Esta polifacética mujer escribía, predicaba, sanaba a los enfermos y componía música con la misma facilidad. El 900 aniversario de su nacimiento se celebró con la inauguración del **Historisches Museum am Strom** (museo histórico del río), donde su extraordinaria vida está muy bien documentada. En el museo hay una sección que explica cómo los artistas del siglo XIX le otorgaron al Rin la imagen romántica que todavía persiste.

Un personaje menos popular, el obispo Hatto de Mainz, fue culpado de acaparar grano en tiempos de hambrunas en la **Mäuseturm** (torre de los ratones), que se eleva en medio del río. Según la leyenda, por este pecado murió atacado por innumerables ratones.

Pero la torre de los ratones realmente está asociada a los obispos de

Mainz, quienes la construyeron en el siglo XIII para el cobro de peajes; evidentemente, el río era una importante fuente de riqueza para los que podían controlarlo de esta forma. Esto explica el extraordinario número de castillos que se levantan a lo largo de su recorrido.

Después de Bingen, río abajo y en la orilla izquierda, están el **Burg Rheinstein** (*Trechtingshausen; www.burg-rheinstein.de; Tel 06721 6348*), sobre un saliente rocoso; el **Burg Reichenstein** (*Trechtingshausen; www.burg-rei-chenstein.de; Tel 06721 6117*), un castillo de inspiración medieval; y el **Burg Sooneck** (*Niederheimbach; Tel 06743 60 64*). Otro castillo, el Burg Stahleck, domina los viñedos de los alrededores de **Bacharach,** una pequeña población fortificada, con tejados de pizarra y calles y plazas adoquinadas. Río abajo, a la derecha, están Kaub, con su fortaleza, el Burg Gutenfels, y el **Pfalz,** un castillo en medio del río y que se destinó al cobro de peajes. **Oberwesel,** enfrente, está dominado por las torres de sus fortificaciones.

Derecha: bacanal en Bacharach.

BARCOS DEL RIN
Varias compañías organizan excursiones por el Rin. Estas dos tienen web.

Bingen-Rüdesheimer Fahrgastschiffahrt
www.bingen-ruedesheimer.com
✉ Rheinkai 10, Bingen
☎ 06721 14140

Roessler-Line
www.roesslerlinie.de
✉ Lorcherstraße 34, Assmannshausen
☎ 06722 2353

Cruceros por el Rin bajo la fortaleza de Ehrenbreitstein.

Burg Rheinfels
www.burg-rheinfels.com
- 177 C3
- Schloßberg, St. Goar
- 06741 7753
- $

Burg Maus
www.burg-maus.de
- 177 C3
- Bachstraße 30, St. Goarshausen
- 06771 2303
- $

Marksburg
www.marksburg.de
- 177 C4
- Braubach
- 02627 206
- $

Boppard
- 177 C4
- Altes Rathaus, Marktplatz
- 06742 3888

DE LA ROCA DE LORELEI A KOBLENZ

Río abajo desde Oberwessel, el Rin se estrecha y pasa por la legendaria **roca de Lorelei,** un enorme saliente a unos 130 m de altura sobre el agua, desde donde esta sirena seducía a los marineros con su canto. Aunque la historia sea una leyenda (ver recuadro pág. 183), hay que reconocer que este tramo del río es particularmente traicionero, con solamente un tercio de su anchura normal, corrientes rápidas y 20 m de profundidad.

Más abajo y también en la orilla derecha se encuentra St. Goarshausen; en la orilla izquierda, enfrente, está St. Goar. Aquí se levantan tres castillos que compiten entre sí. La fortaleza más grande del Rin, el arruinado **Burg Rheinfels,** por encima de St. Goar, fue mandado erigir por los condes de Katzenelnbogen en el siglo XIII, hacia 1245. Lo suficientemente sólido para resistir repetidos ataques de los franceses hasta 1797, fue el exponente del sentimiento patriótico alemán sobre la Vigilancia en el Rin *(Wacht am Rhein).*

Para desafiar el monopolio de los peajes fluviales de los Katzenelnbogen, el arzobispo de Trier construyó un castillo más abajo de St. Goarshausen. Sus rivales contestaron construyendo una fortaleza más grande, a la que llamaron Burg Katz (castillo del gato), en referencia al edificio del arzobispo, al que despectivamente llamaban **Burg Maus** (castillo del ratón). Otra expresión de rivalidad puede verse río abajo, en los castillos adyacentes de Liebenstein, actualmente en ruinas, y de Sterrenberg, atribuidos a los «Hermanos en Guerra», cuyas malas intenciones eran mantenidas bajo control por el gran muro levantado entre sus fortalezas.

En este punto, el valle se abre y el río se aproxima a una de las curvas más majestuosas de su curso; aparecen cultivos y el enorme viñedo de la orilla izquierda conocido como Bopparder Hamm. Los romanos escogieron este lugar para construir la ciudad fortificada de Bodobrica, núcleo de la actual **Boppard,** la población más importante y elegante de este tramo del Rin. En el siglo XIX se creó un paseo junto al río de

unos 3 km de longitud, y se animó a los jubilados adinerados a construir aquí sus villas.

Boppard es un agradable lugar para tomarse un descanso mientras se recorre el río y dispone de todas las comodidades y atracciones típicas de Renania: murallas romanas, un castillo, puertas medievales, iglesias, mansiones antiguas, casas con entramado de madera y el siempre cambiante espectáculo del tráfico fluvial. Dé un paseo entre las viñas o admírelas desde arriba tomando el telesilla que le llevará al mirador conocido como **Vierseenblick** (la vista de los cuatro lagos) desde el cual el Rin parece una serie de lagos separados. Una pequeña y empinada vía de tren asciende atravesando hermosos bosques hasta la alta meseta de Hunsrück, al oeste. De vuelta a la ciudad, hay un montón de tabernas donde degustar el vino procedente de la Bopparder Hamm.

Tras la mencionada gran curva del río se encuentra **Braubach**, algo así como una versión reducida pero igualmente encantadora de Boppard, y, por encima, el **Marksburg.** En su interior se exponen armas, armaduras e instrumentos de tortura, mientras que fuera hay un jardín medieval de plantas y hierbas. Río abajo, la confluencia del Lahn con el Rin está vigilada por el **Burg Lahneck,** mientras que en la orilla opuesta, dentro de los límites de la ciudad de Koblenz, se alza el **Schloß Stolzenfels.** Este castillo («la roca orgullosa») fue residencia de verano de los reyes de Prusia, y sus lujosos muebles y obras de arte fueron concebidos para recrear el espíritu medieval. ■

El Marksburg se refugia dentro de sus murallas.

Schloß Stolzenfels
www.schloß-stolzenfels.de
🅰 177 C4
☎ 026 15 16 56
💲 $

Una sirena de piedra: Lorelei.

Lorelei: leyenda y realidad

El acantilado que se levanta sobre las turbulentas aguas dio origen a numerosas leyendas mucho antes de que Clemens Brentano decidiera, en 1802, convertir en balada la historia de la rubia sirena que seducía a los navegantes con su canto y los enviaba a una muerte segura. En el pasado, se pensaba que la roca era morada de duendes, los guardianes del tesoro de los Nibelungos. Lorelei fue inmortalizada por Heinrich Heine en su poema de 1827, que empezaba así: «Ich weiß nicht was soll es bedeuten...» («No sé qué puede significar...»). Al final la roca se hizo demasiado popular, y hasta los nazis aplanaron la cumbre para instalar allí una *Thingplatz*, uno de sus lugares de reunión al aire libre. Una vez acabada la guerra, se llenó de puestos de recuerdos. Una estatua algo *kitsch* de Lorelei se levanta al pie del acantilado. Se ha arreglado la cumbre, desde la cual se obtiene una fantástica vista de la garganta del río. Aunque se puede llegar caminando desde St. Goarshausen, la mayoría prefiere verla desde un barco fluvial. ■

Valle del Mosela

EL MOSELA, QUE NACE EN LO ALTO DE LOS VOSGOS, EN Francia, se ha utilizado desde tiempos inmemoriales como una ruta desde Francia y Luxemburgo a Renania. Fueron los romanos quienes plantaron aquí las viñas para elaborar el vino que hoy se ha convertido en el principal producto del Mosela. De hecho, una parte del valle, la que queda entre Koblenz y Trier, es un gigantesco viñedo. Además, la zona también es un centro de vacaciones al que acuden los alemanes, especialmente concurrido en temporada alta. Así pues, la mejor forma de ver algunos tramos del Mosela es desde un barco fluvial.

Algunos de los mejores vinos alemanes, como el Bernkastler Doctor o el Piesporter Goldtropfchen, se producen en el valle del Mosela (igual que otros, más bien del montón). La mejor manera de degustarlos es hacer coincidir la estancia con uno de los muchos festivales del vino que se celebran en los bonitos pueblos que hay a lo largo del río, lo que le permitirá conocer la *Gemütlichkeit* (jovialidad y hospitalidad) renana. Para explorar la zona, puede realizar excursiones combinando el transporte fluvial con las carreteras y trenes que siguen el curso del Mosela.

Viñas y sólo viñas hasta donde alcanza la vista a lo largo del serpenteante Mosela, en Trittenheim.

Koblenz

🅰 177 C4

Información

www.koblenz.de

✉ Hauptbahnhof 17

☎ 0261 31304

Landesmuseum

www.landesmuseum koblenz.de

✉ Ehrenbreitstein

☎ 0261 66750

💲 $

El **Burg Eltz** se enorgullece de sus torres, torreones, agujas y tejados puntiagudos.

y sólo fue reconstruida cuando pasó a manos prusianas. Actualmente alberga el **Landesmuseum** (museo regional), pero el principal motivo para subir a visitarlo *(a pie o en telesilla; $$)* es la impresionante vista que se obtiene desde aquí.

Río arriba desde Koblenz se encuentra la pequeña población vinícola de **Winningen,** seguida por **Kobern-Gondorf,** con dos castillos, y por **Thurant,** con uno.

A continuación, llegará a un punto destacado del recorrido por el Mosela: el **Burg Eltz,** uno de los pocos castillos de Renania que se conserva en su estado original, incluido el mobiliario. Sus muros de piedra se levantan por encima de los árboles en la orilla norte del río. Fue residencia de diversas ramas de la familia Eltz, cada una de las cuales dispuso sus propias dependencias dentro de este laberíntico edificio. Los interiores, de los siglos XIII a XVI, permiten hacerse una idea de cómo vivían los señores, y el tesoro familiar contiene piezas de las cuales cualquier museo estaría orgulloso.

En las laderas que hay por encima se encuentran las ruinas del Burg Trutzeltz, una fortaleza construida por el arzobispo de Trier, el gran enemigo de los miembros de la dinastía Eltz, para someterlos.

DE KOBLENZ AL BURG ELTZ

El promontorio bajo el cual confluye el Mosela con el Rin en **Koblenz** se conoce como la **Deutsches Eck** (la esquina alemana), y está dominado por una enorme estatua del káiser Guillermo I. Los romanos fundaron un asentamiento aquí y lo llamaron Confluentes (confluencia), nombre germanizado como Koblenz.

Aunque en esta agradable ciudad se pueden dar bonitos paseos a lo largo de ambos ríos, lo más interesante se encuentra en la otra orilla del Rin, en la cima de un acantilado de 125 m de altura. Se trata de la ciudadela de **Ehrenbreitstein,** construida por los arzobispos de Trier. Resistió varios sitios hasta 1799, cuando fue volada por los franceses después de un largo asedio,

DE COCHEM A NEUMAGEN

Después de Treis-Karden llegará a **Cochem,** uno de los destinos más populares del Mosela para hacer excursiones de un día. Aunque la población dispone de todas las delicias imaginables, entre ellas un precioso paseo que bordea el río, es su situación la que lo hace destacar. Una colina en forma de cono y tapizada de viñas se eleva desde el río con un romántico castillo en la cumbre: el **Reichsburg,** construido en la década de 1870 por un magnate berlinés del hierro a imitación de una fortaleza medieval.

Burg Eltz

www.burg-eltz.de

⬣ 177 C3

✉ Münstermaifeld

☎ 02672 9 50 50 0

$ $$

Cochem

⬣ 177 B3

Información

www.cochem.de

✉ Endertplatz 1

☎ 02671 60040

Reichsburg

www.reichsburg-cochem.de

✉ Schloßstraße 36

☎ 02671 255

$ $

Utensilios de botero decoran las paredes del museo del vino de Senheim.

Bernkastel-Kues
🗺 177 B3
Información
www.bernkastel-kues.de
✉ Gestade 6
☎ 06531 40 23

Nikolaushospital Cusanusstift
✉ Cusanusstraße 2
☎ 06531 2260
🕐 Cerrado sáb. y dom.
💲 $

Mosel-Weinmuseum
✉ Cusanusstraße 2
☎ 06531 41 41
💲 $

Neumagen
🗺 177 B3

En Cochem, el tren, que hasta este punto había seguido el curso del río, toma un atajo por un túnel de 4 km y pasa de largo una serie de meandros y pueblos vinícolas, para continuar luego, hasta la siguiente parada, la doble población de **Traben-Trarbach,** dividida por el río, con el mismo tipo de paisaje. Las dos mitades son atractivas, pero en Trarbach podrá ver edificios Jugendstil, entre ellos la imponente puerta de entrada al puente.

Las mansiones con entramado de madera bordean la Marktplatz de Bernkastel, la mitad de **Bernkastel-Kues;** sin duda se ven superadas por la Spitzhäuschen (pequeña casa puntiaguda), actualmente una vinatería que sólo tiene la anchura de una habitación. La institución más sobria de Kues, el **Nikolaushospital** o **Cusanusstift,** una casa de caridad fundada en 1458, sigue desempeñando el cometido para la que fue construida, con su capilla, biblioteca y un comedor. Justo al lado, el **Mosel-Weinmuseum** ofrece información sobre la cultura vinícola de la región, y degustaciones de más de 100 varie-

dades locales de vino y Sekt, el vino espumoso alemán, en su Vinothek. Bernkastel posee uno de los viñedos más famosos del Mosela, conocido como el «Doctor» desde que un arzobispo medieval de Trier recobrara la salud después de beber su vino. Una de las mejores vistas sobre el río se obtiene desde el castillo en ruinas que se alza sobre la ciudad, el **Burg Landshut.**

Entre Bernkastel y Trier se encuentra la población vinícola de **Neumagen,** que se enorgullece del papel que desempeñó en el descubrimiento del pasado romano del valle. En 1884 se descubrieron unos paneles con relieves, entre los que apareció el del **Barco del Vino,** en el que está representada una barcaza cargada con barriles de vino e impulsada por remeros. Los paneles, esculpidos para servir de lápidas, al parecer se reutilizaron para construir una fortificación. Actualmente se encuentran en el Rheinisches Landesmuseum de Trier (ver pág. 188), aunque en Neumagen hay una reproducción del panel del barco y de otro que representa una escena escolar. ■

Trier

CERCA DE LA FRONTERA CON LUXEMBURGO ESTÁ TRIER, con una herencia arquitectónica excepcional, legado de sus 2.000 años de historia. Esto, junto con su afortunada situación entre los viñedos del Mosela y un ambiente tranquilo y relajado, hacen de esta ciudad la más atractiva de Renania-Palatinado.

«Ante Romam Treveris stetit annis mille trecentis» («Trier se alzó ante Roma durante 1.300 años»), reza la orgullosa inscripción latina de la Rotes Haus (Casa Roja), en la plaza del mercado. Trier, en efecto, es una de las poblaciones más antiguas de Alemania, aunque no tanto como se dice en el edificio. Fue hacia 16 a.C. cuando los romanos llegaron, y durante los cuatro siglos siguientes convirtieron el lugar, al que llamaron Augusta Treverorum, en una de las ciudades más bonitas al norte de los Alpes. En el período de mayor auge del dominio romano, Trier llegó a tener 80.000 habitantes, una cifra que no ha vuelto a alcanzar hasta la actualidad. El emperador Constantino y su madre, santa Helena, convirtieron Trier en un centro de la cristiandad; mucho más tarde, la ciudad fue gobernada por poderosos príncipes-obispos. El hijo más famoso de Trier es Karl Marx (1818-1883), cuya casa natal, la **Karl-Marx-Haus,** conserva documentos, fotografías y primeras ediciones de sus obras.

El símbolo de Trier, la colosal **Porta Nigra,** es la puerta romana de la entrada norte de la ciudad. Construida con enormes bloques de piedra arenisca negra, unidos por grandes grapas de hierro, es la estructura de su género mejor conservada de Europa. En el siglo XI, un ermitaño griego llamado Simeón pasó su vida en la torre este. Tras su muerte, la puerta se convirtió en una iglesia, y justo al lado se erigió en su memoria un monasterio, el

El monumento más importante de la Germania romana es la Porta Nigra de Trier.

Trier
🅰 177 B2
Información
www.tier.de
✉ An der Porta Nigra
☎ 0651 97 80 80

Karl-Marx-Haus
www.museum-karl-marx-
haus.de
✉ Brückenstraße 10
☎ 0651 97 06 80
💲 $

Porta Nigra
www.tier.de
✉ Porta-Nigra-Platz
☎ 0651 97 80 80
💲 $

Relájese mientras toma un café en la plaza del mercado de Trier.

Städtisches Museum

www.museum-tier.de

✉ An der Porta Nigra

☎ 0651 7 18 14 50

💲 $

Kaiserthermen

✉ Kaiserstraße/Ostallee

☎ 0651 97 80 80

💲 $

Rheinisches Landesmuseum

✉ Ostallee

☎ 0651 9 77 40

🕐 Cerrado lun.

💲 $

Anfiteatro

✉ Olewigerstraße

☎ 0651 97 80 80

💲 $

Simeonsstift. El patio, con una galería de dos pisos, acoge un café, la oficina de turismo y el **Städtisches Museum** (museo municipal), donde podrá ver una gran maqueta de Trier tal como era en 1800 y un vídeo sobre la evolución de la ciudad tras los romanos.

Desde la Porta Nigra, la Simeonstraße, peatonal, lleva hacia el sur, más o menos siguiendo el trazado de la antigua calle romana, hasta el lugar con más vida de la actual Trier, el **Hauptmarkt,** con cafés, puestos de mercado y una fuente renacentista. Es una de las plazas más atractivas de Alemania, y ostenta una maravillosa variedad de edificios. El de la esquina, con pórticos, es el **Steipe,** una sala para banquetes de los prohombres de la ciudad del siglo XV; a su lado está la Casa roja con su famosa inscripción.

Desde la plaza del mercado sólo hay un corto paseo hasta la catedral. Deténgase un momento en la **Domfreihof,** la tranquila plaza de la **catedral** (Dom), y contemple las austeras pero hermosas formas del edificio, una maravilla del primer románico, cuya mampostería data de tiempos de Constantino. Solamente la torre de la derecha rompe con su altura la simetría de la fachada. Cuenta la leyenda que el arzobispo ordenó que se elevara más para que no fuera superada por la entonces recién construida iglesia de San Gangolf. El gran tesoro de la Dom es la túnica inconsútil que llevaba Cristo en la Cruz, una reliquia adquirida por santa Helena en su viaje a Jerusalén. La túnica sólo se exhibe en ocasiones especiales, en las que acuden a la ciudad hasta dos millones de peregrinos.

A continuación, una encantadora calle le llevará hasta la adyacente **Liebfrauenkirche** (iglesia de Nuestra Señora), una de las primeras construcciones religiosas góticas que se erigieron en Alemania. Más allá se encuentra la gigantesca **Konstantinbasilika,** construida en ladrillo como sala del trono del emperador y más tarde convertida en una iglesia protestante. Es la segunda estructura romana con techo más grande que se conserva, después del Panteón de Roma.

Menos completos pero igualmente impactantes son los **Kaiserthermen** (baños imperiales), en el extremo del antiguo centro de la ciudad. Sólo quedan los cimientos y los sótanos de las termas romanas, aunque los muros son tan imponentes como la Porta Nigra. Más termas, esta vez cubiertas por una moderna estructura de cristal, se conservan en el mercado de ganado (Viehmarkt), mientras que cerca de los Kaiserthermen podrá visitar el **Rheinisches Landesmuseum** (museo regional), donde se guarda el famoso panel del **Barco del Vino,** procedente de Neumagen (ver pág. 186). A cinco minutos a pie está el **anfiteatro,** con capacidad para 20.000 espectadores; aquí se celebraban los combates de gladiadores y otros eventos. Actualmente, en verano, acoge un festival de teatro. ■

Saarbrücken y el Saarland

LA INDUSTRIAL SAARBRÜCKEN ES LA CAPITAL DEL SEGUNDO
Land más pequeño de Alemania, y recibe su nombre del Saar, un río
que nace en los Vosgos y se une al Mosela cerca de Trier. Tras la primera guerra mundial, el Saarland, con sus minas de carbón y su industria
pesada, fue cedido a Francia, aunque un plebiscito en 1935 lo devolvió
a Alemania. Después de la derrota de 1945 quedó de nuevo en manos
francesas hasta 1957, en que pasó a formar parte de la República
Federal de Alemania. Por eso el lugar tiene un aire francés.

Aunque **Saarbrücken** se vio afectada, al igual que las demás poblaciones enclavadas a lo largo del río Saar,
por el declive de las industrias tradicionales del carbón y el acero, aún
conserva un toque regional y animado; abundan los *bistrots*, las palabras
francesas se cuelan en el hablar coti-
diano y los contactos con el otro
lado de la frontera son frecuentes.

A pesar de que el centro de la
ciudad, en la orilla derecha del río, es
básicamente moderno, hay un valioso legado arquitectónico en la orilla
izquierda, que data de los tiempos
en que el príncipe de Nassau embelleció su capital en un estilo barroco.
En un lugar elevado se alza el
Schloß del siglo XVIII, en el que están las oficinas del gobierno local. Su
cuerpo central es hoy una espectacular estructura de acero y vidrio, obra
del arquitecto Gottfried Böhm. Justo
al lado del Schloß se encuentra el
Historisches Museum Saar
(museo de historia regional), también proyectado por Böhm e igual
de impresionante; en él se relata la
compleja historia reciente del
Saarland.

No obstante, la obra más insigne
del barroco de la ciudad es la
Ludwigskirche, construida entre
1762 y 1775. Al lado de esta iglesia
hay una obra maestra del urbanismo
del siglo XVIII, un conjunto de mansiones cuyo colorido suave contrasta
con la aspereza de la piedra de la
iglesia. Entre en ella para experimentar otro contraste, ya que, a dife-

rencia de la fachada, el interior es
todo delicadeza.

Aunque durante gran parte de su
curso el Saar es un río industrial, las
fábricas, las viejas minas de carbón
y las escombreras tienen como telón
de fondo las colinas y sus bosques.

El órgano de la
Ludwigskirche
(siglo XVIII), en
Saarbrücken, tan
agradable de ver
como de escuchar.

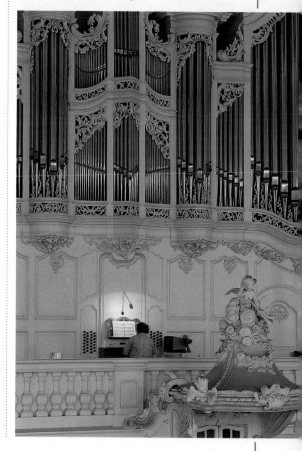

El gran meandro formado por el río Saar cerca de Mettlach.

Río abajo desde la población de Merzig, el río cobra un carácter más rural y serpentea por un profundo valle cubierto primero por bosques y luego por viñas. La abadía de **Mettlach,** de finales del siglo XVIII, es la sede central de la conocida empresa de cerámica Villeroy&Boch y se puede visitar. Si lo hace, verá una instructiva «Keravision» sobre la historia y los productos de la empresa. Desde este punto, cruce el Saar y conduzca hacia la ciudad balneario de Orscholz, siguiendo las indicaciones hacia Cloef. Tras una caminata de 15 minutos desde el aparcamiento, llegará a un mirador que domina el **Große Saarschleife** (gran meandro del Saar), una espectacular curva en forma de horquilla que el río describe alrededor de una península con espesos bosques. ■

Saarbrücken
www.saarbrucken.de
▲ 177 B1
Información
✉ Hauptbahnhof 4
(frente a la estación central)
☎ 0681 94820 40

Historisches Museum Saar
www.historisches-museum.org
✉ Schloßplatz 15
☎ 0681 506 4501
🕐 Cerrado lun.
$ $

Ludwigskirche
✉ Ludwigsplatz
☎ 0681 52 524
🕐 Cerrado lun., jue. y vier.

Una catedral de la industria

La **Völklinger Hütte**, el primer monumento industrial incluido en la lista del Patrimonio de la Humanidad de la UNESCO, es una centenaria fábrica de hierro y acero situada en Völklingen, en el río Saar, 10 km río abajo desde Saarbrücken. Desde que cerró en 1986, ha sido transformada en una atracción turística. Su descripción como catedral de la industria está bien fundamentada, ya que los altos hornos y los depósitos de gas producen, con sus enormes proporciones, un gran impacto visual. Poderoso símbolo de la industria que hizo del Saarland una de las regiones industriales clave de Europa, esta fábrica es un ejemplo perfecto que integra todos los procesos necesarios entonces para la fabricación del acero. Aunque está permitido pasear libremente por la planta, es mucho mejor apuntarse a una visita guiada *(Tel 0689 89 10 00)*. Sólo se hará una idea de la verdadera escala de las instalaciones cuando vea las minúsculas figuras de otros visitantes subir por las escaleras y atravesar pasarelas entre las monstruosas plantas de coque y los altos hornos. ■

Worms

VISIBLES DESDE LA DISTANCIA, LAS TORRES DE LA CATEDRAL dan una idea de la importancia de esta ciudad, sobre todo por lo que se refiere a su relación con Martín Lutero y la iglesia protestante. Pero Worms también es una ciudad vinícola: entre los viñedos que hay al norte se alza la iglesia gótica de Nuestra Señora (Liebfrauenkirche), que da nombre a un famoso vino alemán, el Liebfraumilch.

En el siglo V, la tribu germánica de los borgoñones estableció un efímero reino en Worms, antes de ser aniquilada por Atila, y proporcionó con su historia la base del poema épico anónimo del siglo XII *El Cantar de los Nibelungos (Nibelungenlied)*, que sirvió de inspiración a Wagner. Para llegar a Worms desde la otra orilla del Rin, cruce el **Nibelungenbrücke,** pasando bajo una espléndida puerta del siglo XIX aunque de aspecto medieval. Al lado del puente se alza una estatua de Hagen, el malvado del poema épico.

La enorme **Dom St. Peter** (catedral de San Pedro), románica, domina el centro del casco antiguo (Altstadt). Fue aquí durante la asamblea imperial de 1521, o Dieta, donde Martín Lutero, al que se había ordenado que se retractara de sus creencias heréticas, pronunció sus desafiadoras palabras: «Aquí permanezco, no puedo hacer otra cosa; ayúdame, Dios».

En el interior, el extremo oeste, reservado al emperador y su séquito, muestra elaborados detalles. El extremo este está embellecido por un altar del siglo XVIII obra de Balthasar Neumann. A cinco minutos a pie hacia el norte se encuentra el **Lutherdenkmal** (monumento a Lutero), que representa al reformista con otros personajes de iguales creencias.

Más allá de la Altstadt, en el Lutherring, se encuentra el **Judenfriedhof Heiliger Sand,** el cementerio judío, que al parecer es el más antiguo de Europa. ■

La arquitectura románica alemana muestra su máximo esplendor en la catedral de Worms.

Worms
www.worms.de
🅰 177 D2
Información
✉ Neumarkt 14
☎ 06241 2 50 45

Dom St. Peter
✉ Domplatz
☎ 06241 6115
🆂 Gratis (se agradece un donativo)

La ruta alemana del vino

Esta ruta le llevará por el ondulado paisaje que se extiende al pie del Haardt, el extremo este del enorme bosque del Palatinado (Pfalzer Wald), ofreciéndole unas vistas siempre cambiantes de los viñedos que descienden hasta la llanura y pasando por una serie de pueblos vinícolas, cada uno más atractivo que el anterior.

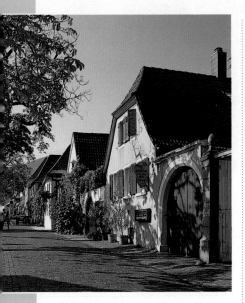

Las residencias de los vinateros llenan las calles del antiguo pueblo vinícola de Rhodt.

Un arco monumental indica el punto de partida de la Weinstraße (y su extremo sur) en **Schweigen-Rechtenbach** ❶, en la frontera con Alsacia. Fue construido en la década de 1930, cuando se estableció la ruta. Por el camino, en el Haardt, verá algunos castillos medievales, así como el Schloß posterior edificado aquí por las fantásticas vistas sobre los viñedos.

Justo antes de llegar a Eschbach, deje atrás la Weinstraße y gire a la izquierda para tomar la ruta 48 hacia Annweiler. Los torreones y los baluartes del Burg Madenburg se alzan en una ladera, a la derecha. Siga las indicaciones hacia el **Burg Trifels** ❷ para obtener unas fantásticas vistas. En el castillo imperial de Trifels estuvo preso Ricardo Corazón de León cuando fue capturado por Enrique IV en 1193, al regresar de la tercera cruzada. Según la leyenda, fue aquí donde se custodió el Santo Grial.

Regrese a la Weinstraße por Albersweiler y continúe hacia el norte durante unos 10 km, hasta llegar a **Rhodt** ❸, un pueblo encantador, con las casas de entramado de madera o de piedra arenisca roja que pertenecieron a los vinateros. En un hermoso lugar por encima del pueblo, donde las viñas dan paso a los bosques, se levanta el **Schloß Villa Ludwigshöhe,** un palacio de verano de estilo italianizante mandado erigir por el rey Luis I de Baviera a principios del siglo XIX. Una pequeña carretera paisajística lleva desde el bonito pueblo de **St. Martin** al **Kalmit** ❹, de 673 m de altura, el punto más alto del Palatinado, con unas magníficas vistas de los alrededores.

De nuevo en la Weinstraße, verá, al aproximarse a Neustadt an der Weinstraße, a la izquierda, el **Hambacher Schloß.** En este antiguo bastión, 30.000 patriotas se manifestaron a favor de la unidad y la democracia alemanas en 1832, y por primera vez ondeó el estandarte negro, rojo y amarillo, desde entonces adoptado como bandera nacional. **Neustadt** ❺ es la metrópoli en miniatura de la Weinstraße, una población mayor que otros pueblos vinícolas de la ruta, con un casco anti-

---

- 🗺 Ver mapa de la zona pág. 177 C1
- ▶ Schweigen-Rechtenbach
- ↔ 85 km
- 🕐 Por lo menos un día entero
- ▶ Bockenheim

PUNTOS DE INTERÉS
- Burg Trifels
- Un paseo por los viñedos hasta el Schloß Villa Ludwigshöhe
- Un paseo por el casco antiguo de Neustadt
- Una comida consistente en Deidesheim
- Cata de vinos en cualquier punto de la ruta

guo (Altstadt) bien conservado y una
multitud de vinaterías.

Deidesheim ⑥ es más pequeño,
pero su plaza del mercado tiene un aire
majestuoso, con man-
siones de vinateros
adinerados; el ayunta-
miento (Rathaus) posee
una espléndida escali-
nata exterior. También
es un paraíso gastronó-
mico, con varios restau-
rantes de renombre
entre los que está el
favorito del ex canci-
ller Helmut Kohl, el
Deidesheimer Hof (su poder de persua-
sión no fue suficiente para convencer a
Margaret Thatcher para que tomara la
especialidad del Palatinado: *Saumagen*,
o panceta de cerdo).

A unos 6 km de Deidesheim está
Bad Dürkheim ⑦, tan impregnado
de la cultura vinícola como cualquier
otra población de la Weinstraße. Aquí es
donde se celebra
el September
Wurstmarkt und
Weinfest, un gran
festival del vino.
Bad Dürkheim es
también un bal-
neario, con
manantiales de
agua salada y una
Kurhaus neoclásica (establecimiento
termal) rodeada por un hermoso
Kurpark. Las ruinas del Kloster
Limburg, al oeste de la población, constituyen el telón de fondo para actuaciones al aire libre
en verano. Justo
al este de la
Weinstraße está
Freinsheim ⑧,
con sus murallas
bien conserva-
das. La ruta
termina en
Bockenheim, en
un arco igual al que hay en el
punto de partida. ∎

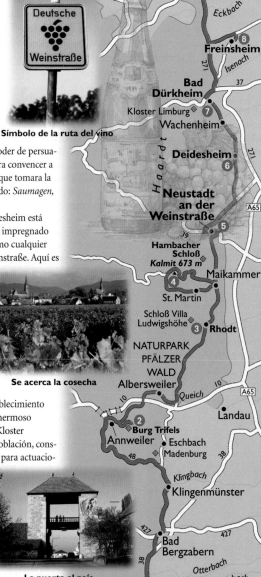

Símbolo de la ruta del vino

Se acerca la cosecha

**La puerta al país
del vino**

Speyer

SPEYER, EN LA ORILLA OESTE DEL RIN, TIENE UNA DE LAS mejores catedrales románicas de Alemania, con cuatro torres y dos cúpulas visibles desde la distancia. Aunque la población quedó totalmente destruida en 1689 por la ocupación francesa, lentamente se fue reconstruyendo. Por suerte, se salvó de otras destrucciones más recientes. Hoy, este alegre pueblo, orgulloso de su situación entre los soleados viñedos del Palatinado, reclama la invención del *pretzel*; también es un reconocido centro del buen comer.

La mejor forma de llegar al antiguo centro de la ciudad es a través del **Altpörtel**, un magnífico arco medieval, de 55 m de altura, desde donde se obtiene una magnífica vista de Speyer. Delante de este arco, la calle principal (Maximilianstraße) serpentea suavemente hasta la **Kaiserdom** o catedral imperial, así llamada por sus vínculos imperiales. Iniciada en 1030, en ese mismo siglo

se construyó en la nave una bóveda de piedra, un considerable logro técnico para la época. Es la mayor catedral de Alemania y un notable ejemplo del románico, por lo que fue declarada Patrimonio de la Humanidad. Podrá apreciar sus majestuosas proporciones y sus magníficos detalles paseando por el parque que la rodea. El interior es igualmente imponente. En la gran cripta abovedada se encuentran los sepulcros de varios reyes y emperadores, incluido el del fundador de la catedral, el káiser Konrad II.

La corona funeraria de este emperador y otros objetos preciosos pertenecientes al Tesoro de la catedral se exhiben en el **Historisches Museum der Pfalz** (museo histórico del Palatinado), donde hay también un museo del vino, cuya pieza más preciada es una botella de vino romano descubierta en un sarcófago del siglo III. El otro museo importante de Speyer es el **Technik-Museum** (museo de la tecnología), un edificio industrial amplio y luminoso, sabiamente remodelado para acoger locomotoras clásicas, vehículos de motor, máquinas voladoras y hasta un submarino.

Igual que Worms, Speyer fue un importante centro judío, y aunque poco queda de la sinagoga, el baño ritual subterráneo, el **Mikwe** (el más antiguo de Alemania), se conserva en perfecto estado (*Judenbadgasse; Tel 06232 29 19 71*). ■

Speyer
www.speyer.de
▲ 177 D2
Información
✉ Maximilianstraße 11
☎ 06232 14 23 92

Kaiserdom
www.dom-speyer.de
✉ Domplatz
☎ 06232 102 132
💲 Gratis (se agradece un donativo)

Historisches Museum der Pfalz
✉ Domplatz
☎ 06232 12 32 50
🕐 Cerrado lun.
💲 $

TechnikMuseum
✉ Am Technik Museum 1
☎ 06232 670 80
💲 $$

El ábside circular de estilo románico de la Kaiserdom.

El Land de Hesse, punto de unión entre los viñedos del Rin y las tierras altas de Baviera y Turingia, es el corazón de Alemania. Sus bosques, castillos y antiguas poblaciones son algunos de los elementos que inspiraron a los hermanos Grimm.

Hesse

Germania **monta guardia en la región vinícola de Rheingau**

El barril de sidra de Herr Possman es todo manzanas.

Hesse

AUNQUE EL LAND DE HESSE (HESSEN) ES EL LUGAR DONDE LOS HERMANOS Grimm (ver pág. 203) vivieron y trabajaron durante la mayor parte de sus vidas, esta región no es del todo un cuento de hadas. La gran extensión urbana que rodea la confluencia de los ríos Rin y Main, centrada en Frankfurt, tiene un aspecto severamente práctico.

Frankfurt es el cruce de rutas internacionales y uno de los aeropuertos más bulliciosos de la Europa continental. Sus rascacielos proclaman la prosperidad y modernidad de esta ciudad, capital financiera de Alemania y sede del Banco Europeo.

Cosmopolita y sofisticada, Frankfurt tiene museos de primer orden y todas las atracciones imaginables en una urbe adinerada. Es sorprendente descubrir que aquí la bebida favorita es el *Äppelwoi*, el licor de manzana elaborado a la manera tradicional con el producto local. Los árboles frutales abundan en el sudoeste de Hesse y constituyen todo un espectáculo en primavera a lo largo de la Bergstraße, la ruta turística que se dirige hacia el sur desde Frankfurt bordeando las boscosas tierras altas del Odenwald. La Rheingau, cuyas laderas orientadas al sur alojan algunos de los viñedos más bonitos y también algunos de los pueblos vinícolas más populares del país, es una región del Land que destaca en la zona vinícola del Rin.

Como muchos otros estados alemanes, Hesse fue objeto de una compleja fragmentación. Unificado a finales de la Edad Media, posteriormente fue dividido en unidades separadas, cada una con su propia capital gobernada, en el mejor de los casos, por dirigentes ilustrados, como el gran duque Ernst Ludwig, que hizo de Darmstadt un centro del Jugendstil, o el margrave Karl de Kassel, que creó uno de los mejores parques paisajísticos de Europa. También hay huellas aristocráticas en Wiesbaden y otras ciudades balneario como Bad Homburg, mientras que en Fulda fueron los príncipes-obispos los que transformaron este antiguo centro de la cristiandad alemana en un modelo de ciudad barroca.

Cerca de la frontera con Turingia está Fulda, situada en el extremo de un territorio de campo abierto conocido como la brecha de Fulda, a través de la cual se esperaba que el ejército del Pacto de Varsovia tratara de pasar hacia el Rin, en el caso de que la guerra fría hubiera subido de temperatura. Sin embargo, pronto se hubieran encontrado con las fuerzas estadounidenses, concentradas en la zona Rin-Main desde el final de la guerra, cuando se creó un nuevo Hesse a partir de las ruinas del Tercer Reich y se nombró a Wiesbaden capital del Land. ∎

0 ——————— 50 kilómetros

5▷

4▷

3▷

NATURPARK
DIEMELSEE

RENANIA DEL NORTE-WESTFALIA
pág. 145

Diemel-
Stausee

Eder-Stausee

BAJA SAJONIA
pág. 125

Reinhardshagen
Hofgeismar
Grebenstein
Vellmar
Zierenberg
Kassel
Wolfhagen   450
Wilhelmshöhe   Baunatal   251
Korbach
Gudensberg
Fritzlar
Bad
Wildungen   253
Frankenberg
Battenberg
Münchhausen
Germünden
Biedenkopf
Dautphetal
Eschenburg   253
Marburgo   454
Kirchhain   62
Dillenberg   Homberg
Herborn
255   Lollar
Wetzlar   49   **Giessen**   Grünberg
54   Braunfels
Weilburg   Lahn   456   Lich   775 m
Hadamar   Butzbach   457   Vogelsberg
Limburgo   Runkel   Nidda
Bad   Usingen   Nidda
A3   Camberg   Friedberg   Bad Nauheim   Nidder
NATURPARK   Idstein   Büdingen
RHEIN-TAUNUS   **Bad**   Niddatau
Taunusstein   **Homburg**   Karben
Bad Schwalbach   245m   **FRANKFURT**   Gelnhausen
Kloster   ▲ Neroberg   **AM MAIN**   **Hanau**
Eberbach   A5   **Offenbach**
Lörch   ◉**Wiesbaden**   A3
Schloß   Seligenstadt
Rüdesheim   **Biebrich**   **Rüsselsheim**   • Rodgau
Rheingau   Gross-Gerau   26
Rin   Dieburg
Darmstadt   Reinheim
Pfungstadt   426   Höchst
Gernsheim   45
A5   Lindenfels
Bensheim   47   Michelstadt
Bürstadt   Heppenheim   Odenwald
A67   NATURPARK   Beerfelden
E451   BERGSTRASSE-
ODENWALD

Bad
Arolsen
A44
Wilhelmshöhe

83   80
Witzenhausen
Werra   Bad Sooden-
Allendorf
Kaufungen   NATURPARK
Hessich-   MEISSNER
Lichtenau   KAUFUNGER
A7   WALD   7   Eschwege
E45   Melsungen
Borken   27   Sontra
Homberg
254   Rotenburg
Schwalmstadt   an der Fulda   Bebra
454   Bad
Kirchheim   Hersfeld   A4
A5   Niederaula   62
E40   27   84
254   Hünfeld
A7   Hilders   278
Lauterbach   E45
275   **Fulda** • Petersberg
Schotten   Neuhof   **Schloß**
Gedern   **Fasanerie**
40   Gersfeld
Schlüchtern
Bad Soden-   Steinau
Salmünster
Bad Orb
NATURPARK
HESSISCHER
SPESSART
Kinzig   126

TURINGIA
pág. 211

BAVIERA
pág. 247

△ D

H E S S E

Eder

Schwalm

Ohm

Fulda

Lahn

Wetter

NATURPARK
RHEIN-TAUNUS

RENANIA-PALATINADO
pág. 175

BADEN-
WÜRTTEMBERG
pág. 317

Neckarsteinach

△   **△**   **△**
A   B   C

Mapa de situación

Berlín ⊛

Arriba: festival del licor de manzana en la Römerberg de Frankfurt.

Frankfurt am Main

Frankfurt am Main
📐 197 B2
Información
www.frankfurt.de
✉ Römerberg 27
☎ 069 212 38800

Römer (Kaisersaal)
📐 Plano pág. 201
✉ Römerberg 27
☎ 069 21 23 49 19
💲 $

Historisches Museum
www.historisches-museum.frankfurt.de
📐 Plano pág. 201
✉ Saalgasse 19
☎ 069 212 35599
🕐 Cerrado lun.
💲 $

FRANKFURT, LA QUINTA CIUDAD MÁS GRANDE DEL PAÍS, tiene un papel tan importante en los asuntos financieros nacionales y europeos que algunos la apodan «Bankfurt». Además, es la ciudad más multicultural de Alemania, ya que uno de cada cuatro ciudadanos es inmigrante o descendiente de inmigrantes. Aun así, conserva un fuerte sentido patriótico local, expresado de forma jocosa por su afición al licor de manzana, producto típico del lugar.

Aunque cerca de 400 instituciones financieras tengan su sede aquí, entre ellas la Börse (la Bolsa) y el Bundesbank (Banco Federal de Alemania), Frankfurt es mucho más que ganar y gastar dinero. Su céntrica situación en el oeste del país, en la intersección de rutas importantes, le ha dado siempre una gran relevancia. En la Edad Media, los reyes y los emperadores coronados aquí sabían que la noticia de su gloria se extendería rápidamente por todo el país, una estratagema que aún utilizan los publicistas y editores, y gracias a la cual Frankfurt controla casi la mitad de los negocios editoriales y de las comunicaciones de Alemania.

La ciudad destila modernidad, especialmente si uno viene aquí en

La elegante silueta de Frankfurt resplandece de noche.

Schirn Kunsthalle
www.schirn-kunsthalle.de
 Plano pág. 201
✉ Römerberg
☎ 06929 9882-140
🕐 Cerrada lun.
💲 $$

Struwwelpeter-Museum
Plano pág. 201
✉ Römerberg, Bendergasse 1
☎ 069 28 13 33
🕐 Cerrado lun.

Catedral
Plano pág. 201
✉ Domplatz
☎ 069 13 37 61 86
💲 $ (Museo de la catedral)

Museum für Moderne Kunst
Plano pág. 201
✉ Domstraße 10
☎ 069 212 30447
🕐 Cerrado lun.
💲 $

Goethe-Haus y Goethe-Museum
Plano pág. 201
✉ Großer Hirschgraben 23-25
☎ 069 138800
💲 $

Jüdisches Museum
Plano pág. 201
✉ Untermainkai 14-15
☎ 069 212 35000
🕐 Cerrado lun.
💲 $

viaje de negocios, llega por el aeropuerto internacional y se dirige directamente a uno de los rascacielos de oficinas, como la Messeturm, en forma de lápiz y con una altura de 256 m, sólo superada por el edificio del Commerzbank, obra de Norman Foster, de 259 m.

NORTE DEL RÍO

Comience su visita en la **Römerberg** para conocer el ambiente de la antigua Frankfurt. Esta plaza irregular es el núcleo histórico, donde los ciudadanos se reunían en las ocasiones especiales. Las fiestas de la coronación se celebraban en el **Römer,** el antiguo ayuntamiento, un conglomerado de casas unidas por aguilones góticos. En la Kaisersaal hay retratos del siglo XIX de docenas de emperadores.

A diferencia de la fachada del Römer, que resistió bien los bombardeos, los altos edificios con entramado de madera del otro lado de la plaza se tuvieron que reconstruir partiendo de cero. La parte sur de la plaza está ocupada por la **Nikolaikirche** (iglesia de San Nicolás), construida en el siglo XIII con piedra arenisca roja. Desde la plataforma del tejado, los padres de la ciudad se dirigían a los ciudadanos. Hoy, el sonido de una trompeta aún saluda desde aquí a los compradores y vendedores del mercado que se celebra en la plaza en Navidad.

Conozca a fondo el pasado de la ciudad en el **Historisches Museum** (museo de historia), inmediatamente al sur. Una maqueta muestra cómo era la Frankfurt medieval en la época de su mayor

Las casas con entramado de madera de la Römerberg recrean el aspecto de antes de la guerra.

Städelsches Kunstinstitut

- 🅰 Plano pág. 201
- ✉ Schaumainkai 63
- ☎ 069 605 0980
- 🕐 Cerrado lun.
- 💲 $$

Liebieghaus

- 🅰 Plano pág. 201
- ✉ Schaumainkai 71
- ☎ 069 212 30701
- 🕐 Cerrado lun.
- 💲 $

Museum für Angewandte Kunst

- 🅰 Plano pág. 201
- ✉ Schaumainkai 17
- ☎ 069 212 34037
- 🕐 Cerrado lun.
- 💲 $

esplendor, y otra, las casi increíbles proporciones de la devastación causada en 1945. Aquí también verá el edificio más antiguo que se conserva de la ciudad, una capilla del siglo XII que formó parte del Palacio Imperial; adosada al museo, hay una auténtica taberna de licor de manzana.

Saliendo de la Römerberg hacia el norte, se encuentra la **Paulskirche** (iglesia de San Pablo), del siglo XVIII, el lugar en que en 1848 se reunieron los delegados de la Europa central con la esperanza de que sus deliberaciones ayudarían a establecer una Alemania democrática y unida; fue en vano. Convertida en un símbolo del complejo progreso del país hacia la unidad y la democracia, las donaciones públicas procedentes de toda Alemania contribuyeron a su reconstrucción después de la guerra, justo a tiempo para el centenario, en 1948.

La Römerberg y la iglesia de St. Bartholomäus quedaron unidas con la construcción de la alargada y posmoderna **Schirn Kunsthalle** (galería de arte Schirn); la decisión tuvo sus detractores y defensores. Aunque en ella se celebran exposiciones tem-

porales, principalmente de arte contemporáneo, también acoge el **Struwwelpeter-Museum,** dedicado al personaje más famoso de los cuentos alemanes, el típico niño desobediente al que al final todo se le pone en contra, y a su creador, Heinrich Hoffmann, un psiquiatra de Frankfurt del siglo XIX, al que hoy se le acusaría de crueldad mental.

En la **catedral** (Dom) de St. Bartholomäus, de piedra arenisca roja, se coronaron diez emperadores, empezando por Maximiliano II en 1562. Mucho antes de la coronación, los siete electores del Sacro Imperio romano-germánico se reunían en la capilla de la Elección (Wahlkapelle) de la iglesia para decidir quién sería el nuevo emperador. El mobiliario de la catedral se renovó por completo tras el incendio que la asoló en 1867, y del que sólo sobrevivió el retablo de 1434 que representa a la Virgen María en el lecho de muerte siendo atendida por los doce apóstoles. En cuanto a su estructura, lo más sobresaliente es la gran torre, completada en 1877 según los planos de un arquitecto del siglo XV.

Una manzana al norte, se alza el **Museum für Angewandte Kunst** (museo de arte moderno), otra obra maestra posmoderna, proyectada por el austriaco Hans Hollein. Apodado «el trozo de pastel», es un *tour de force* arquitectónico que casi supera su contenido, una colección de obras de artistas como Andy Warhol y Joseph Beuys.

Todavía más al norte se encuentra la **Zeil,** la principal calle comercial. Dominando su bullicio, se eleva la barroca **Hauptwache,** la antigua casa del guarda de la ciudad, convertida en un café. También en la Zeil está **Les Facettes,** un centro comercial ultramoderno por el que vale la pena dar una vuelta aunque no se tenga intención de comprar.

Antes de regresar al río, quizá desee acercarse a la perfectamente restaurada **Goethe-Haus,** la casa natal del escritor más reverenciado de Alemania, nacido en 1749. Hay numerosos recuerdos que rememoran su primera época, antes de que abandonara la ciudad; el **Goethe-Museum** sitúa la carrera del escritor en el contexto artístico y literario de la época.

También en esta orilla del Main, cerca del río, está el **Jüdisches Museum** (museo judío), que ofrece una fascinante visión general de la vida de los judíos en Alemania, y de la comunidad judía de Frankfurt en particular, una de las mayores del país antes de 1939. Entre sus 30.000 miembros estaba la familia

Museum für Völkerkunde

- Plano pág. 201
- Schaumainkai 29
- 069 212 35391
- Cerrado lun.
- $

Deutsches Architektur Museum

- www.dam-online.de
- Plano pág. 201
- Schaumainkai 43
- 069 212 38844
- Cerrado lun.
- $$

[MAP]

Alte Oper · OPERN-PLATZ · HOCHSTRAßE · REUTER-WEG · GROßE ESCHENHEIMER STRAßE · K.-ADENAUER-STRAßE

Alte Oper · GROßE BOCKENHEIMER STRAßE · BÖRSENSTRAßE · Börse · Fernmeldeamt · Oberlandes- und Landesgericht

Taunusanlage · Hauptwache · Hauptpost · Konstabler-Wache · ZEIL

Messeturm · TAUNUSANLAGE · BIEBERGASSE · ZEIL · Les Facettes · Verkehrsamt · Katharinenkirche · KURT-SCHUMACHER-STRAßE

Landeszentral-bank · GOETHE-PLATZ · **Hauptwache** · ROSSMARKT · Liebfrauen-kirche · Kleinmarkthalle · STRAßE

GROßE GALLUSSTRAßE · **Goethe-Museum** · BERLINER STRAßE · **Museum für Moderne Kunst** · BATTONN-STRAßE · Jüdischer Friedhof

Commerz-bank · NEUE MAINZER STRAßE · KAISERSTRAßE · **Paulskirche** · Steinernes Haus · Technisches Rathaus

Willy-Brandt-Platz · **Goethe-Haus** · Rathaus · **Römer** · Römer · **Dom**

GALLUSANLAGE · KAISERSTRAßE · WEIß-FRAUEN-STRAßE · Ehem Karmel Kloster · **Nikolaikirche** · RÖMERBERG · **Kunsthalle Schirn y Struwwelpeter-Museum** · SCHONE AUSSICHT

THEATER-PLATZ · Museum für Vor- und Frühgeschichte · **ALTSTADT** · Leonhards-kirche · **Historisches Museum** · MAINKAI · ALTE BRÜCKE

Hauptbahnhof · Städtische Bühnen · UNTERMAIN ANLAGE · UNTERMAIN-BRÜCKE · MAINKAI · Main · EISERNER STEG

GUTLEUTSTRAßE · **Jüdisches Museum** · SACHSENHÄUSER UFER · DEUTSCH-HERRNUFER

UNTERMAINKAI · SCHAUMAINKAI · **Museum für Angewandte Kunst** · WALTER-KOLB-STRAßE · ELISABETHEN-STRAßE · PARADIESGASSE

HOLBEINSTEG · **Deutsches Architekturmuseum** · **Deutsches Filmmuseum** · **Museum für Völkerkunde** · DANNECKERSTRAßE · BRÜCKENSTRAßE

Museum für Post und Kommunikation · SCHWEIZER STRAßE · HANS-THOMA-STR. · DVREBSTRAßE · GARTENSTRAßE · **SACHSENHAUSEN**

Liebieghaus · **Städelsches Kunstinstitut** · SCHAUMAINKAI · Schweizer Platz · SCHWEIZER PLATZ

0 — 400 metros

Museum für Post und Kommunikation

📍 Plano pág. 201
✉ Schaumainkai 53
☎ 069 60600
🕐 Cerrado lun.
💲 $

Deutsches Filmmuseum

www.deutschesfilmmuseum.de
📍 Plano pág. 201
✉ Schaumainkai 41
☎ 069 212 38830
🕐 Cerrado lun.
💲 $

de Anna Frank, autora del famoso diario que lleva su nombre. Una maqueta de la Judengasse, la calle Judía, muestra el hacinamiento que tuvo que soportar esta comunidad antes de su emancipación a principios del siglo XIX.

SUR DEL RÍO

En la otra orilla del río Main está la llamada «Milla de los Museos», constituida por siete importantes museos, entre ellos el **Städelsches Kunstinstitut** (instituto de arte Städel), una de las grandes galerías de arte del país, donde se exponen obras de la pintura alemana desde sus inicios hasta el siglo XX. También hay excelentes obras de maestros

La figura literaria más importante de Alemania encontró inspiración en la Italia clásica: *Goethe en la campiña romana* **(1787), de Wilhelm Tischbein.**

holandeses, flamencos e italianos, así como de impresionistas de distintos países.

Entre las pinturas alemanas tempranas, busque *El jardín del Paraíso*, de un autor renano anónimo, con un pequeño dragón de aspecto inofensivo caído sobre la hierba. El otro cuadro que no debe perderse (en la segunda planta) es un retrato de Goethe, el más famoso de todos, pintado por Wilhelm Tischbein hacia 1787. Titulado *Goethe en la*

campiña romana, muestra al escritor en una postura relajada entre unas antiguas ruinas en Italia.

El **Liebieghaus** (museo Liebieg de escultura antigua) y el **Museum für Kunsthandwerk** (museo de las artes aplicadas) también son interesantes; el primero con un fondo escultórico que abarca desde la antigüedad hasta el siglo XIX y, el segundo, con una magnífica colección de artes aplicadas europeas, asiáticas e islámicas. El **Museum für Völkerkunde** (museo etnológico) celebra exposiciones temporales relativas a las culturas populares del mundo. El **Deutsches Architektur Museum** (museo alemán de arquitectura) une una típica villa del siglo XIX con una estructura moderna de gran pureza. No se pierda sus interesantes dioramas sobre la historia de la arquitectura mundial. El **Museum für Post und Kommunikation** (museo del correo y la comunicación), que ocupa un edificio amplio y luminoso, trata esta temática de una forma totalmente innovadora. Por último, el **Deutsches Filmmuseum** (museo alemán del cine), con su multitud de objetos cinematográficos y sus actividades interactivas, cautivará a cualquier apasionado del séptimo arte.

Donde termina la «Milla de los Museos» comienza el antiguo **Sachsenhausen,** un barrio obrero antiguamente muy denostado. Si viene desde el centro, la mejor forma de llegar es cruzando el **Eiserner Steg,** una pasarela de hierro de 1869. Aunque la zona está muy de moda, aún conserva numerosas callejuelas adoquinadas, casas con entramado de madera y tejados de pizarra y, por encima de todo, docenas de tabernas de Äppelwoi. Sachsenhausen sigue siendo el mejor lugar para probar esta deliciosa especialidad local. ¡No se le ocurra pedir una cerveza! ■

Kassel

CAPITAL REGIONAL DEL NORTE DE HESSE, LA INDUSTRIAL Kassel fue durante muchos años hogar de los *landgraves* (príncipes locales), unos grandes coleccionistas de arte, que legaron a la ciudad el parque Wilhelmshöhe. La poco afortunada reconstrucción del centro antiguo, muy dañado durante la guerra, no ha sido un obstáculo para que hoy ocupe un puesto importante dentro del circuito artístico internacional gracias a las Documenta, muestras de arte quinquenal donde artistas contemporáneos de todo el mundo exponen sus últimas obras.

Kassel
🗺 197 C5
Información
✉ Königsplatz 53
☎ 0561 707 71 63

Schloß Wilhelmshöhe
☎ 0561 707 707
🕐 Cerrado lun.
💲 $

El **Wilhelmshöhe,** situado al oeste del centro, se debe al landgrave Karl, y al viaje que realizó a Italia entre 1699 y 1700. La terraza ajardinada la preside una enorme estatua de Hércules, que se ha convertido en el símbolo de la ciudad. A 71 m de altura sobre el suelo, se alza sobre una pirámide situada en un estructura concebida como «castillo de los vientos». Suba la escalera hasta arriba para obtener una fantástica vista sobre gran parte de Alemania central. Los domingos y los miércoles en verano, si hay suficiente agua, se pone en funcionamiento la cascada que hay bajo el «castillo»: el agua alimenta la gran fuente del **Schloß Wilhelmshöhe,** que lanza un chorro de 52 m de altura.

El neoclásico Schloß Wilhelmshöhe fue la residencia de los *landgraves*. Actualmente, acoge su fabulosa colección de pintura de los antiguos maestros, especialmente obras holandesas y flamencas de artistas como Frans Hals, Rembrandt, Rubens y Van Dyke.

De vuelta a la ciudad, acérquese al **Brüder-Grimm-Museum,** dedicado a los famosos hermanos, que vivieron a principios del siglo XIX. Jakob y Wilhelm Grimm trabajaron como bibliotecarios de la corte, aquí en Kassel, actividad que combinaron con la redacción de gramáticas, historias de la lengua y diccionarios, además de sus famosos cuentos.

Cerca de aquí se encuentra la **Neue Galerie** (*Schöne Aussicht 1;*

Tel 0561 70 96 30; cerrada lun.), con una excelente colección de arte alemán que abarca desde mediados del siglo XVIII en adelante, además de piezas expuestas en pasadas ediciones de la Documenta. El cercano museo regional incorpora el **Deutsches Tapetenmuseum** (*museo del papel de pared. Brüder-Grimm-Platz 5; Tel 0561 784 60; cerrado lun.*), que sin duda le hará replantearse la decoración de su casa. ∎

Una vertiginosa vista sobre la cascada del Wilhelmshöhe.

Brüder-Grimm-Museum
www.grimm-museum.de
✉ Palais Schöne Aussicht 2
☎ 0561 787 20 33
💲 $

La «Alemania verde»: el Bundesgartenschau

El entusiasmo de los alemanes por cualquier cosa relacionada con las plantas asegura el éxito del festival nacional de jardinería, el Bundesgartenschau (BUGA, Festival Nacional de Jardines), que se celebra cada dos años en un lugar diferente. Durante los meses que permanece abierto, normalmente de finales de abril a mediados de septiembre, el BUGA atrae a millones de visitantes, que acuden a ver las últimas ideas y productos hortícolas. Si por casualidad pasa por el lugar donde se está celebrando, no deje de visitarlo para disfrutar de los fabulosos arreglos florales que se exponen, de perfectos jardines paisajísticos y de un completo programa de actividades.

A los alemanes les gusta la jardinería; incluso los que viven en pisos llenan las habitaciones de plantas y el balcón de flores, y son muchos los habitantes de las ciudades que se pasan los fines de semana y las noches de verano cuidando sus *Kleingärten* («colonias» de jardines agrupadas en los parques o en las afueras de la ciudad).

El verdor de gran parte del paisaje urbano alemán es impresionante; los árboles dan sombra a las calles, los arbustos protegen a los peatones del tráfico y en todas partes hay parques y espacios abiertos con plantíos.

Desde su nacimiento en 1951, el Bundesgartenschau se ha utilizado para mejorar el entorno de las ciudades que lo acogen. En los años posteriores a la guerra, ser escenario del festival ayudó a las ciudades a reparar la destrucción que había afectado a los espacios abiertos y parques como resultado de los bombardeos, la tala de árboles para obtener madera como combustible y la sustitución de plantíos de flores y arbustos por cultivos de hortalizas. Así, los primeros festivales tras la guerra (Hannover, 1951 y Hamburgo, 1953) básicamente se dedicaron a la reconstrucción. Se replantaron árboles, volvió a sembrarse césped, se remodelaron los espacios y se limpiaron los lagos para volverlos a llenar de agua.

Cuando el país prosperó, se puso el énfasis en adaptar el entorno urbano a las condiciones cambiantes de la vida moderna. Había problemas de tráfico que resolver, nuevas necesidades de ocio que satisfacer y una creciente preocupación por la ecología. Kassel utilizó el festival de 1955 para devolver el esplendor a los descuidados jardines Karlsaue, a orillas del río Fulda, y el de 1981 para concentrarse en la otra orilla, una zona de grava y marismas que se convirtió en un lugar de recreo con lagos, estupendas instalaciones para barcos de vela y surfistas, y amplias extensiones de césped donde tomar el sol junto a parques infantiles. Se habilitaron puntos para la pesca con caña y se reservaron espacios para la fauna.

Otras ciudades aprovecharon en su día el festival de formas muy diferentes. Munich (1983) y Berlín (1985) construyeron magníficos parques en sus barrios periféricos. En 1979, Bonn decidió regalarse un nuevo «pulmón verde» que uniera el centro de la ciudad con la periferia. El «parque de los Prados del Rin», de 100 ha, une las dos orillas del río en un paisaje completamente nuevo de colinas, bosques y lagos. Stuttgart, que también ha acogido el festival varias veces, lo ha utilizado para crear una red de espacios verdes y sin tráfico por toda la ciudad. Las próximas ediciones tendrán lugar en las ciudades de Gera (2007) y Schwerin (2009). ■

Arriba: las multitudes visitan el festival de jardines en Potsdam (2001). Abajo: una visión del virtuosismo hortícola desde el monorraíl en el BUGA de 1999, en Magdeburgo.

Marburgo

Marburgo

🅰 197 B4

Información

www.marburg.de

✉ Pilgrimstein 26

☎ 06421 9912 0

Elisabethkirche

www.elisabethkirche.de

✉ Elisabethstraße 3

☎ 06421 6557 3

💲 $ (relicario)

Schloß

☎ 06421 28 23 55

🕐 Cerrado lun.

💲 $

MARBURGO (MARBURG) ES UNO DE LOS ASENTAMIENTOS históricos con más carácter de Hesse; sus empinadas calles y callejuelas con escaleras unen la parte baja y alta de la ciudad, que tiene un Schloß, una universidad y una magnífica iglesia gótica dedicada a santa Isabel de Hungría.

Isabel (1207-1231), una princesa húngara prometida en matrimonio a los cuatro años de edad con el gobernante del Land de Turingia, vino a Marburgo, tras la muerte de su marido, cuando sólo contaba 20 años, para ayudar a los enfermos y a los necesitados de esta ciudad. Aquí trabajó sin descanso durante tres años, hasta que murió de agota-

El relicario dorado de santa Isabel de Hungría, del siglo XIII, se encuentra en la iglesia que lleva su nombre, la Elisabethkirche.

miento. Venerada por las gentes del lugar, fue canonizada en 1235.

Alrededor de su sepulcro, en la parte baja de la ciudad, se levantó una de las primeras iglesias góticas de Alemania, la **Elisabethkirche,** mandada erigir en su honor por los caballeros Teutones. Además de su valor intrínseco, la iglesia contiene numerosas obras de arte, la mayoría relacionadas con la santa. Visite su mausoleo y los paneles en relieve

que lo decoraran, así como la magnífica urna dorada donde se conservan sus restos. Tres siglos después de su muerte, su descendiente, Felipe el Magnánimo (1504-1567), *landgrave* de Hesse, decidido como buen protestante a terminar con el culto a la santa, abrió el relicario y enterró los huesos en otra parte.

Alrededor de la iglesia hay otros edificios construidos por los caballeros Teutones. Actualmente pertenecen a la universidad, fundada por Felipe el Magnánimo en 1527 como la primera institución protestante de este tipo en Alemania. Marburgo es un lugar muy animado durante el curso, sobre todo alrededor de la Marktplatz, en la parte alta de la ciudad, a la que se llega por unas calles muy bonitas, pero bastante empinadas (o en ascensor, si no se ve capaz de subir). La plaza del mercado tiene todos los ingredientes necesarios: un **Rathaus** (ayuntamiento) gótico, majestuosas casas con entramado de madera y una fuente que representa a san Jorge y el dragón.

Camine hacia el oeste hasta la **Marienkirche** (iglesia de Santa María), con un osario gótico y una terraza con vistas sobre los tejados del casco antiguo. Pero las vistas son todavía mejores desde el **Schloß,** al que se puede llegar por la escalera que arranca pasada la iglesia. Este castillo sirvió como residencia a los gobernantes de Hesse entre los siglos XIII y XVII. Cabe destacar la espléndida sala de los Caballeros, gótica, y las exposiciones sobre la historia de la universidad y el papel que desempeñó Marburgo en la Reforma. ■

Limburgo y el valle del Lahn

LIMBURGO (LIMBURG), AL IGUAL QUE MARBURGO, ES UNA
de las poblaciones más atractivas del valle del Lahn. Este río, que nace
en los altos bosques de los Rothaargebirge, serpentea bajo una multitud de castillos antes de encontrarse con el Rin cerca de Koblenz.

Limburgo
www.limburg.de
⬛ 197 A3
Información
✉ Hospitalstraße 2
☎ 06431 61 66

Wetzlar
www.wetzlar.de
⬛ 197 B3
Información
✉ Domplatz 8
☎ 06441 997 751

**La gran catedral
de Limburgo se
alza sobre el río
Lahn y su antiguo
puente de piedra.**

Limburgo está situada en el lugar
donde fue más fácil construir un
puente sobre el río y donde, gracias
a la elevación del terreno, se pudo
erigir una fortificación defensiva. El
edificio más destacado de la elevación rocosa sobre la cual se asienta
Limburgo es su magnífica **Dom**
(catedral), con siete torres
(Domstraße; Tel 06431 29 53 32). Se
llega a ella a través de unas calles
estrechas y plazas con casas de entramado de madera. La catedral, erigida en la primera mitad del siglo XIII,
justo cuando el Románico empezaba
a dejar paso al Gótico, combina elementos de ambos estilos. La enorme
presencia del edificio ha quedado
realzada con la recuperación de los
colores originales, como el naranja
brillante, que resalta las poderosas
líneas de la construcción en contraste con las paredes blancas y los tejados grises. Su sobrio interior aún
conserva algunas de sus pinturas
murales originales, como la llamativa representación de Sansón. Al salir,
deténgase un momento y disfrute de
la idílica vista del río, las islas arboladas y el puente antiguo.

Río arriba, en **Runkel,** encontrará otra interesante combinación de
río, puente y edificio, con los muros
y las torres del castillo medieval en
ruinas, elevándose majestuosos
sobre la población. Casi encerrada
por un meandro del río, se halla la
población barroca de **Weilburg,**
dominada por su Schloß renacentista, rodeado de terrazas ajardinadas
(Tel 06471 22 36; cerrado lun.). Un
túnel de agua de 225 m de longitud
atraviesa el promontorio y permite
al tráfico fluvial tomar un atajo.

En **Wetzlar,** desde la misma
orilla del río, las antiguas casas con
tejado de pizarra llenan la ladera
coronada por el Dom o colegiata.
Esta población es famosa por su
relación con Goethe (que se enamoró de Lotte Buff, una muchacha del
lugar) y por sus industrias, especialmente la fábrica Leitz. Además, es
aquí donde Oskar Barnack inventó
la cámara de 35 mm. ■

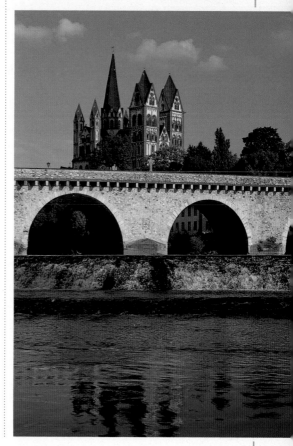

El casino de Wiesbaden, que ocupa una parte de la Kurhaus, conserva su elegancia de 1907.

Wiesbaden

ESTA MAJESTUOSA CIUDAD BALNEARIO AL NORTE DEL RIN fue declarada capital de Hesse en 1946. A finales del siglo XIX y principios del XX, Wiesbaden fue el balneario alemán más elegante: durante esa época, el káiser Guillermo II lo visitaba habitualmente en verano y unos 200 millonarios vivían en los barrios de suntuosas villas situados entre el centro de la ciudad y el extremo del Taunus.

Wiesbaden
www.wiesbaden.de
🗺 197 B2
Información
✉ Marktstraße 6
☎ 0611 1729 930

Kaiser-Friedrich-Therme
✉ Langgasse 38-40
☎ 0611 1729 660
💲 $$$

Museum Wiesbaden
www.museumwiesbaden.de
✉ Friedrich-Ebert-Allee 2
☎ 0611 335 22 50
🕐 Cerrado lun.
💲 $

Un paseo por el centro permite ver la mayoría de elementos típicos de un balneario de lujo. La zona de mayor interés es la **Kurhaus,** terminada en 1907, con sus pórticos y una cúpula. Al norte, una columnata da acceso a una parte del casino, mientras que al sur, otra sirve de entrada al **Staatstheater,** de estilo neobarroco. Si no tiene suerte en el casino, puede buscar consuelo en los alrededores del Kurpark, al este, y si la tiene, ir a gastar sus ganancias en las tiendas de la Wilhelmstraße.

Entre los antiguos edificios que se levantan al oeste de la Kurhaus se encuentra el Stadtschloß, del siglo XIX, residencia de los duques de Nassau y sede actual del parlamento del Land. Al norte se encuentra el **Kochbrunnen,** un manantial con algunos surtidores provistos de grifos para que pueda probar sus aguas algo calientes y saladas. Para una experiencia completa, tome un baño de vapor en el **Kaiser-Friedrich-Therme,** una muestra del Jugendstil.

Como Wiesbaden también se popularizó entre la elite rusa, cuenta con una iglesia ortodoxa. Además, en el **Museum Wiesbaden** hay una galería con cuadros de Alexej Jawlensky (1864-1941), un miembro ruso del grupo artístico Der Blaue Reiter (ver pág. 43).

De la ciudad parten excursiones al castillo de verano de los duques de Nassau, el **Schloß Biebrich,** a la orilla del río, y a la cima de la colina local, la **Neroberg,** a bordo del funicular hidráulico que lleva cubriendo el trayecto desde 1888. ∎

Darmstadt

UN SOLO ATAQUE AÉREO BASTÓ EN 1944 PARA DESTRUIR Darmstadt casi en su totalidad. Aun así, vale la pena visitarla, ya que dentro del ámbito de la arquitectura y las artes aplicadas se la reconoce como uno de los grandes centros del Jugendstil.

Hasta 1918, Darmstadt fue la sede de los grandes duques de Hessen-Darmstadt, una familia de gobernantes ilustrados y mecenas de las artes. El último y más importante representante de esta familia fue el enérgico y renovador Ernst Ludwig, que gobernó entre 1892 y 1918. Sus iniciales, «EL», las verá grabadas en muchos monumentos.

En la **Marktplatz**, en el centro de la ciudad, se encuentra el **Schloß** ducal, que, a pesar del aspecto barroco que se le dio a principios del siglo XVIII, es bastante más antiguo. Dentro, en el Schloßmuseum, se guarda la *Madonna de Darmstadt*, de Hans Holbein el Joven. Justo al norte, hay mucho más para ver en el **Hessisches Landesmuseum** *(Friedensplatz 1; Tel 06151 16 57 03; cerrado lun.)*. Este museo regional tiene obras de Lochner, Cranach, Rembrandt y Rubens, además de importantes muestras de arte contemporáneo, incluida la mayor colección del mundo de obras de Joseph Beuys y, sobre todo, piezas Jugendstil de vidrio, cerámica y mobiliario.

En 1901, el gran duque Ernst Ludwig reunió a algunos exponentes del Jugendstil, la versión alemana del Modernismo y del *art nouveau* francés, y les procuró un lugar donde vivir y trabajar, al tiempo que les organizó una exposición: «Un Documento de Arte Alemán». Para verla, tome el tranvía hasta **Mathildenhöhe**, el lugar donde se emplazó esta colonia de artistas, convertido en una especie de santuario arquitectónico del Jugendstil. Algunas de aquellas idiosincrásicas villas aún existen; el **Ausstellungsgebäude** (edificio de exposiciones) aún se utiliza como tal *(Sabaisplatz 1; Tel 06151 13 33 50; cerrado lun.)*, y el centro donde los artistas tenían sus estudios es hoy el museo de la Colonia de Artistas de Darmstadt *(Olbrichweg/ Bauhausweg; Tel 06151 132 778; cerrado lun.)*. La construcción más extraordinaria es la **Hochzeitsturm** (torre de la Boda), de 48 m de altura y en forma de mano. ∎

Darmstadt
www.darmstadt.de

🅰 197 B2

Información

✉ Luisenplatz 5

☎ 06151 13 1

Schloß

✉ Marktplatz

☎ 06151 240 35

🕐 Cerrado vier.

💲 $

La torre de la Boda de Darmstadt, en forma de mano, está cerca de la capilla Rusa (a la derecha).

Otras visitas interesantes en Hesse

BAD HOMBURG

El Kurpark y sus alrededores, en esta ciudad balneario situada en un extremo del Taunus, conservan gran parte del encanto de sus días de gloria antes de la Gran guerra, cuando la alta sociedad, encabezada por el káiser Guillermo II, venía aquí a relajarse. El Homburg, un sombrero blando de fieltro con la copa abollada y el ala estrecha vuelta hacia arriba, fue inventado aquí y popularizado por el rey de Inglaterra Eduardo VII, un habitual. Por tanto, no sorprende encontrar en la ciudad un museo del Sombrero (*Tannenwaldweg 102; Tel 06172 3 76 18*).

▲ 197 B2 **Información** ✉ Kurhaus ☎ 06172 178 110 ⏱ Cerrado dom.

KLOSTER EBERBACH

Los monjes cistercienses que fundaron el monasterio en 1136 eligieron este lugar alejado y hermoso, donde las colinas de los bosques del

El cartel de una posada en Rüdesheim.

Taunus descienden hasta los viñedos de la Rheingau. En contraste, la iglesia es sencilla y austera. Hay otros edificios que ofrecen una vívida imagen de la vida monacal, como el dormitorio abovedado, de 72 m de longitud. La tradición vinícola continuó después de que el monasterio fuera secularizado en 1803, así que podrá degustar algunos vinos.

▲ 197 A2 ☎ 06723 917 820

FULDA

La ciudad más importante del este de Hesse ha sido un bastión de la cristiandad en Alemania. Sus orígenes se remontan a la fundación de un monasterio en el siglo VIII por el inglés san Bonifacio (asesinado en el curso de su misión de convertir a los alemanes paganos), cuyas reliquias se conservan en el museo de la catedral. No obstante, a pesar de su remoto pasado, no hay que olvidar que una parte de la **Michaelskirche** (iglesia de San Miguel) data del siglo IX, y que el carácter de la población se debe a los poderosos y prósperos príncipes-obispos del siglo XVIII, quienes construyeron aquí fantásticos edificios barrocos, como la catedral, el palacio y su castillo de verano, el Schloß Fasanerie, que destaca en el paisaje campestre de los alrededores.

▲ 197 C3 **Información** ✉ Bonifatiusplatz 1 ☎ 0661 102 1814

MICHELSTADT

El pueblo de Michelstadt, en el corazón de las tierras altas del Odenwald, tiene una de las escenas urbanas más fotografiadas de Alemania. La composición se centra en el Rathaus (ayuntamiento), un edificio con entramado de madera levantado sobre postes que, con sus torres en las esquinas y sus tejados puntiagudos, parece a punto de ponerse a caminar por los adoquines hasta la fuente cubierta de flores que hay al otro lado de la plaza del mercado.

▲ 197 C1 **Información** ✉ Hulster Straße 2 ☎ 06061 979998

RÜDESHEIM

Los turistas acuden en masa a este caótico pueblo vinícola del extremo sur de la garganta del Rin, el lugar más popular de la Rheingau. De hecho, la calle principal se llama Droßelgasse, que significa calle del Tordo, aunque también puede interpretarse como callejuela del Ahogo, ya que realmente la presión de la gente puede ser asfixiante. Rebusque entre los objetos de recuerdos, tome una copa de Riesling y luego suba al teleférico que le llevará hasta el **Niederwalddenkmal,** una gigantesca estatua que conmemora la unificación alemana.

▲ 197 A2 **Información** ✉ Geisenheimerstraße 22 ☎ 06722 19433 ■

Cada vez son más los turistas extranjeros que descubren las tierras altas del Harz y del bosque de Turingia. Aquí encontrará lugares históricos tan importantes como Weimar, Wittenberg y el castillo de Wartburg.

Turingia y Sajonia-Anhalt

Columna decorada en el castillo de **Wartburg**

Turingia y Sajonia-Anhalt

THÜRINGEN Y SACHSEN-ANHALT, QUE ANTES FORMABAN PARTE DE LA República Democrática Alemana (RDA), se encuentran en el corazón geográfico del país, en la antigua frontera entre las dos Alemanias. Esta variada gama de paisajes incluye las tierras altas con bosques del Harz y del bosque de Turingia, llanuras fértiles y zonas industriales que explotan los ricos recursos minerales del subsuelo.

El castillo de Wartburg domina las alturas arboladas del bosque de Turingia.

Turingia, que limita con Baviera por el sur, es una de las provincias originales de Alemania, mientras que Sajonia-Anhalt, al norte de Turingia, es un Land mucho más reciente. Creado en el período inmediatamente posterior a la guerra, fue abolido en tiempos de la RDA y resucitado tras la reunificación. Gran parte de los montes del Harz, incluido el Brocken, la cumbre más alta de la mitad norte de Alemania, pertenecen a Sajonia-Anhalt. El bosque de Turingia, al sur, es también idóneo para el excursionismo y los deportes de invierno.

Protegidas por las colinas, se extienden las bajas llanuras con tierras fértiles, que constitu-

yen una parte del terreno agrícola más productiva de Alemania. El clima benigno favorece incluso el cultivo de viñas a lo largo del valle del Saale, el río que fluye hacia el norte desde el bosque de Turingia hasta el Elba. La antigua ciudad de Halle se benefició en la Edad Media de la extracción y comercialización de un valioso producto, la sal, y, más tarde, del lignito, que impulsó a la industria química de la zona al liderazgo mundial. Hoy, los dinosaurios industriales ya se han extinguido, por lo que se proyecta limpiar estas tierras para salvarlas del abandono al que se han visto sometidas durante décadas.

A principios de la Edad Media, la zona se encontraba en la frontera entre los mundos germánico y eslavo, lo que explica tanta proliferación de castillos, iglesias y monasterios, todos ellos construidos en el curso del avance germánico hacia el este. Magdeburgo, la actual capital de Sajonia-Anhalt, tiene la mejor catedral del este de Alemania, mientras que Eisenach, en Turingia, que suele pasarse injustamente por alto, cuenta con una fortaleza romántica y cargada de historia, el castillo de Wartburg. En el siglo XVI sirvió de refugio a Martín Lutero, que era natural de Eisleben pero estuvo estrechamente vinculado a la ciudad de Wittenberg. Eisenach, al igual que Erfurt (la capital de Turingia) y Gotha (dos antiguas poblaciones cuyo excelente legado arquitectónico ha quedado prácticamente intacto), creció junto a la vía Regia, la importante ruta comercial que unía el este y el oeste de Europa.

La fragmentación política caracterizó gran parte de la historia de la región, formada por principados que rivalizaban entre sí desde sus pequeñas capitales, algunas de las cuales, especialmente Weimar, se convirtieron en centros culturales de relevancia en Europa. Otros lugares, como Quedlinburg y Tangermünde, son tan pintorescos como muchos pueblos bávaros, aunque menos visitados. ■

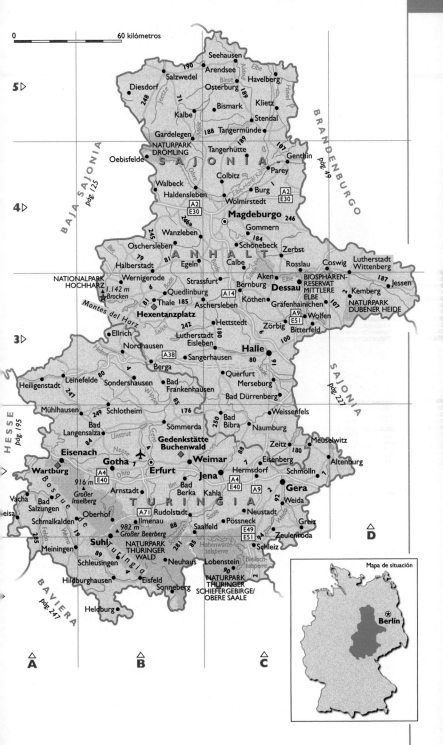

0 _____ 60 kilómetros

5▷

Seehausen
Arendsee
Salzwedel
Diesdorf
Osterburg
Havelberg
190
248
71
Biese
Elbe
Aland

Bismark
Klietz
Kalbe
Stendal
Gardelegen
Tangermünde
188
189
NATURPARK
DRÖMLING
Tangerhütte
S A J O N I A
Oebisfelde
Genthin
107
Colbitz
Parey
pág. 49

4▷

B A J A   S A J O N I A
pág. 125

Walbeck
Haldensleben
Burg
A2
E30
Wolmirstedt
A2
E30
246a
Magdeburgo   246
Wanzleben
Gommern
245
Oschersleben
184
Schönebeck
Zerbst
79
Halberstadt
Egeln
Calbe
81
Rosslau
Coswig
Lutherstadt
Wittenberg
NATIONALPARK
HOCHHARZ
Wernigerode
Strassfurt
Aken
Elbe
187
Jessen
1.142 m
Brocken
6
Quedlinburg
Bernburg
Dessau
BIOSPHÄREN-
RESERVAT
MITTLERE
ELBE
Kemberg
A14
Thale 185
Köthen
2
Montes del Harz
81
Aschersleben
Gräfenhainichen
107
NATURPARK
DÜBENER HEIDE
Hexentanzplatz
A9
E51
Wolfen
Hettstedt
Zörbig
Bitterfeld
BRANDENBURGO

3▷

Ellrich
Selke
242
180
100
Nordhausen
Lutherstadt
Eisleben
Halle
A38
Sangerhausen
80
Hehne
Berga
16
Leinefelde
80
Querfurt
Heiligenstadt
Sondershausen
Bad
Frankenhausen
Merseburg
SAJONIA
pág. 227
241
Wipper
Bad Dürrenberg
Mühlhausen
249
Schlotheim
85
176
Weissenfels
Bad
Langensalza
Sömmerda
250
Bad
Bibra
Naumburg
84
Unstrut
Nesse
Gera
HESSE
pág. 195
Eisenach
Gedenkstätte
Buchenwald
Zeitz
180
Meuselwitz
89
Wartburg
Gotha
Weimar
Eisenberg
Schmölln
Altenburg
916 m
Erfurt
Jena
A4
E40
Großer
Inselberg
Arnstadt
Bad
Berka
Kahla
A9
Gera
Vacha
Bad
Salzungen
Ilm
Hermsdorf
A4
E40
Weida
92
eisa
Schmalkalden
Oberhof
A71
Rudolstadt
Neustadt
Greiz
285
982 m
Großer Beerberg
88
Saalfeld
Pössneck
E49
E51
Zeulenroda
Meiningen
Suhl
Saale
281
Hohenwarte-
talsperre
85
Schleiz
Bosque
89
NATURPARK
THÜRINGER
WALD
Neuhaus
Lobenstein
Turingia
Schleusingen
Eisfeld
Sonneberg
NATURPARK
THÜRINGER
SCHIEFERGEBIRGE/
OBERE SAALE
90
Bleiloch-
talsperre
2
Hildburghausen
Werra
Heldburg
BAVIERA
pág. 247
Fulda

HESSE
pág. 195

T U R I N G I A

Mapa de situación

⊛
Berlín

△
A

△
B

△
C

△
D

Weimar

AUNQUE WEIMAR SEA UNA CIUDAD PEQUEÑA, LO CIERTO es que ocupa un lugar único en los corazones alemanes, ya que fue aquí donde a finales del siglo XVIII se desarrolló un movimiento literario que buscaba inspiración en la antigua Grecia, y que significó una edad de oro, hoy conocida como el Clasicismo de Weimar. Sus exponentes creyeron que el hombre podía modelar su propia naturaleza e identidad de la misma forma que lo hacía con la cultura y la sociedad. Buscaban un equilibrio entre humanidad y refrenamiento. Una atmósfera armoniosa todavía impregna las mansiones, calles y plazas de la ciudad.

Goethe (izquierda) y Schiller (derecha), las luces más resplandecientes de la edad de oro de Weimar, ven pasar la vida en la Theaterplatz.

Weimar
www.weimar.de
🗺 213 B2
Información
✉ Markt 10
☎ 03643 745 0
🕐 Cerrado lun.

Gedenkstätte Buchenwald
☎ 03643 43 00
🕐 Cerrado lun.
💲 Gratis

Schloßmuseum
✉ Burgplatz 4
☎ 03643 545 401
🕐 Cerrado lun.
💲 $$

Fue a finales del siglo XVIII y principios del XIX cuando la corte ducal de Weimar atrajo a las mentes más privilegiadas de la época, como a Johann Wolfgang von Goethe (1749-1832), el personaje más importante de todos, al poeta y dramaturgo Friedrich von Schiller (1759-1805), al filósofo Johann Gottfried Herder (1744-1803) y al poeta Christoph-Martin Wieland (1733-1813), que florecieron en el ambiente ilustrado promovido por Goethe y su mecenas, el gran duque Carl August.

Pero la vida artística de Weimar no empezó ni acabó con Goethe y el Clasicismo. El pintor Lucas Cranach el Viejo (muerto en 1553) también trabajó aquí, y Johann Sebastian Bach fue organista de la corte y director del coro entre 1708 y 1717. Asimismo, Franz Liszt ocupó el cargo de Bach en 1848, y el filósofo Friedrich Nietzsche (1844-1900) pasó en Weimar sus últimos años.

A principios del siglo XX, el gran diseñador belga Van de Velde, representante destacado del Jugendstil, fundó aquí una escuela de artes aplicadas y con él llegaron a la ciudad nuevas ideas. En 1919, Walter Gropius pasó a ser el primer director de una escuela estatal de arquitectura, la Bauhaus, la famosa institución pionera del diseño moderno que predicaba la integración de las artes.

Entretanto, en 1919, el parlamento alemán se reunió en el teatro de Weimar y redactó la constitución para una república, la República de Weimar, como se la denominó hasta su caída en 1933. Pero en una época tan controvertida como ésa, las ideas innovadoras y de tendencia izquierdista de la Bauhaus no fueron bien vistas en Weimar, por lo que en 1926 la institución tuvo que trasladarse a Dessau.

En 1932, Turingia fue el primer estado alemán gobernado por los nazis. En 1937 se estableció el campo de concentración de Buchenwald, a 8 km al noroeste de Weimar. En 1945 más de 50.000 personas habían perdido la vida aquí, seguidas de otras 10.000 durante la utilización estalinista del campo. El **Gedenkstätte Buchenwald,** donde se ha creado un interesante museo histórico, ocupa las antiguas instalaciones.

VISITAR WEIMAR

Comience a explorar la ciudad en la
Marktplatz, con su Rathaus neogótico y la renancentista Cranach-
Haus (cerrada), que fue el estudio de
este pintor. El histórico, aunque muy
reconstruido, Hotel Elefant es uno
de los establecimientos más famosos
y lujosos del país. Diríjase al este
hacia la Platz der Demokratie, presidida por una estatua ecuestre del
gran duque Carl August. Entre los
majestuosos edificios de la plaza se
encuentra el **Grünes Schloß** (palacio verde), con una fantástica biblioteca rococó cuya construcción fue
supervisada por Goethe. Aunque la
mayoría de sus 850.000 volúmenes
están relacionados con la literatura
del Clasicismo de Weimar, también
posee la mayor colección de Europa
de obras escritas por y sobre
Shakespeare. La biblioteca debe su
nombre a la gran duquesa Anna
Amalia (la madre de Carl August),
quien, con sus tertulias literarias,
sentó las bases para el desarrollo de
esta edad de oro.

La Platz der Demokratie mira al
norte hacia el abigarrado conjunto
de edificios que conforman el
Schloß ducal. Los orígenes medievales del palacio se observan en la
sólida base de piedra de la torre, ya
que la mayor parte del edificio data
de los siglos XVIII y XIX. También
guarda una importante colección de
arte, con pinturas de Durero y
Cranach. No obstante, la mejor obra
de este último, un retablo completado por su hijo, está en la cercana
Herderkirche *(Herderplatz)*. El
palacio domina el espléndido **Park
an der Ilm,** de estilo inglés. El

El bullicio del
mercado, bajo el
ayuntamiento
neogótico de 1842.

**Goethes
Hausgarten**

✉ Park an der Ilm

☎ 03643 54 53 75

💲 $$

**Goethes
Wohnhaus**

✉ Frauenplan 1

☎ 03643 545 347

🕐 Cerrada lun.

💲 $$

Friedrich von Schiller pasó los tres años más fructíferos de su vida en esta casa, hoy el museo Schillerhaus.

Schillers Wohnhaus
- ✉ Schillerstraße 12
- ☎ 03643 545 360
- 🕐 Cerrada mar.
- 💲 $$

Wittumspalais
- ✉ Theaterplatz
- ☎ 03643 545 377
- 🕐 Cerrado lun.

Bauhaus-Museum
- ✉ Theaterplatz
- ☎ 03643 545 961
- 💲 $

Liszt-Haus
- ✉ Marienstraße 14
- ☎ 03643 545 388
- 🕐 Cerrada nov.marzo y mar. abril-oct.
- 💲 $

núcleo de este parque, que se extiende por el valle del río Ilm, fue una parcela de tierra en la otra orilla que Carl August le regaló a Goethe, junto con la casa hoy conocida como la **Goethe Gartenhaus.** El poeta pasó mucho tiempo en esta vivienda mientras estuvo en Weimar. Si pasea por aquí, encontrará unas falsas ruinas, una casa construida con corteza de árbol y el retiro del duque, la **Römisches Haus,** de estilo neoclásico.

Ninguna visita a Weimar estaría completa sin ver la residencia principal de Goethe, la **Goethes Wohnhaus,** situada en una pequeña plaza conocida como Frauenplan. Adosada a ella, está el elegante y moderno museo que repasa los acontecimientos de la vida del poeta en Weimar. Aunque la mayor parte de lo que se expone aquí sólo será del interés de aquellos con motivaciones académicas, también hay piezas fascinantes, como la maqueta de la locomotora de vapor *Rocket,* adquirida por el poeta, que muestra lo variado de sus intereses. De todas formas, la principal atracción es la propia casa, que prácticamente está

como la dejaron Goethe y su familia después de haber vivido en ella 50 años. Las estancias privadas del poeta son muy evocadoras: la biblioteca, con unas estanterías al parecer provisionales, su colección de minerales, y su pequeño dormitorio.

Schiller también vivió durante un tiempo en la Frauenplan, por lo que la ancha calle peatonal que sale de allí en dirección oeste hacia la Theaterplatz lleva su nombre. A diferencia de Goethe, que había obtenido su residencia gracias al favor ducal, Schiller, bastante menos afortunado y siempre atribulado, tuvo que endeudarse para comprar en 1802 lo que actualmente se conoce como la **Schillerhaus.** Al igual que la casa de Goethe, tiene un anexo moderno donde se recuerdan la vida y la época del poeta.

Schiller quiso vivir aquí para estar cerca de Goethe, su amigo e ídolo; su relación se celebra en la **Theaterplatz** con una de las estatuas más famosas de Alemania. Los dos poetas, igual de altos (aunque en realidad Goethe era bastante más bajo que Schiller), posan uno al lado del otro. Goethe parece estar presentando a su joven amigo al público, mientras que Schiller tiene una mirada distante. Detrás de ellos se alza el remodelado **Deutsches Nationaltheater,** escenario de más de un estreno, como el de *Fausto,* de Goethe; *Guillermo Tell,* de Schiller, y *Lohengrin,* de Wagner. Una placa recuerda el papel histórico que desempeñó el edificio en 1919 (ver pág. 214).

Otros edificios destacados de la plaza son el **Wittumspalais** (actualmente el Wieland-Museum), con un precioso interior barroco tardío y neoclásico, y el **Bauhaus-Museum.** En este último podrá ver exposiciones no sólo acerca de la Bauhaus en la década de 1920, sino también sobre la anterior Escuela de Artes Aplicadas dirigida por Van de

Velde. Los entusiastas de la arquitectura querrán ver el edificio donde se enseñaban las revolucionarias ideas de la Bauhaus. Actualmente, parte de la universidad se encuentra al sur de la ciudad, cerca de la **Liszthaus,** que fue el hogar de este compositor entre 1869 y 1886. Muy cerca de allí está el **Historischer Friedhof** (cementerio histórico), donde fueron enterrados juntos, en el llamado **Fürstengruft,** un pequeño mausoleo clásico, el gran duque Carl August el poeta Schiller y el legendario Goethe. ■

El estudio austeramente amueblado de la Gartenhaus de Goethe.

Charlotte y Christiane

Cuando Goethe, con 26 años, fue llamado por primera vez a Weimar en 1775 por su amigo y admirador el adolescente gran duque Carl August, sus maneras poco refinadas y su comportamiento grosero ofendieron a Charlotte von Stein, esposa de un aristócrata menor y funcionario de la corte, que más adelante se convertiría en su amiga, mentora y amante platónica. Su pasión quedó expresada en las innumerables cartas que se escribieron, aunque sólo se conservan las de Goethe. Charlotte hizo de este tosco joven un «*salonfähig*» (presentable en sociedad) y le ayudó a poner los cimientos de su carrera como alto funcionario de la corte, el contrapunto a su prolífica actividad poética y científica. Sin embargo, al final Goethe se cansó de esta relación espiritual y en 1788 se enamoró de los encantos más prosaicos de Christiane Vulpius, una chica alegre y sencilla del lugar. La alta sociedad de Weimar se sorprendió de que un personaje tan importante pudiera relacionarse con una criatura tan vulgar, razón por la cual, independientemente de que Goethe adorara al «tesoro de su alcoba», la mantuvo siempre en segundo plano y se casó con ella 18 años después de conocerla. ■

Las mujeres de Goethe: Charlotte (arriba) y Christiane (abajo).

El Altar de las Brujas es el nombre que se da a esta peña de granito que corona la cumbre del Brocken, la montaña más alta del norte de Alemania.

Un paseo hasta la cumbre del Brocken

La cima redondeada del Brocken, el punto más alto de los montes del Harz (1.142 m), con sus torres y postes, es visible desde la distancia. Ocupa un lugar especial en el corazón de los alemanes por sus asociaciones con lo sobrenatural, que se remontan a la Edad Media e incluso antes, y también por su vinculación con la literatura desde Goethe en adelante.

Se dice que, en la víspera del 1 de mayo, las brujas se reúnen en las peñas de la cumbre del Brocken, yermas y azotadas por el viento, para asociarse con el diablo y celebrar la fiesta de la Walpurgisnacht (noche de Walpurgis), tal como Goethe inmortalizó en su obra *Fausto*. El poeta subió hasta aquí varias veces. Así que la mejor forma de experimentar el especial atractivo de esta peculiar montaña es hacer como él y subir a pie. También puede hacerlo en un carro tirado por caballos o en el *Brockenbahn*, el tren de vapor que ascendió la empinada pendiente hasta la cumbre por primera vez en 1899. Hay quien sube en tren y baja caminando, pero lo cierto es que la ascensión, aunque lenta y cansada, le permitirá disfrutar mucho más del paisaje. De bajada, en

cambio, lo escarpado del terreno le exigirá toda su atención. Recuerde que el Brocken es una auténtica montaña, con un clima severo y variable. Póngase un calzado resistente y cómodo, y pregunte por las condiciones climáticas; puede hacerlo en la oficina de turismo del pequeño pueblo de montaña de Schierke (*Brockenstraße 10; Tel 039455 868 0*).

La excursión sale del aparcamiento que hay al lado de la iglesia de **Schierke.** Las casas y hoteles de la calle principal pronto dan paso a los bosques. Gire a la derecha para salir de la carretera cuando encuentre un cartel que reza «Brocken über Eckerloch 5 km», y siga el sendero que sube bordeando un riachuelo, cruza la carretera y se encuentra de nuevo con ella en el puente al que Goethe dio su nombre. No deje el sendero, que cruza la vía del Brockenbahn y luego atraviesa un riachuelo por otro puente. El ascenso se vuelve más duro pasado el **refugio de Eckerloch;** el sendero es empinado, rocoso y húmedo en algunos puntos, aunque hay tramos de pasarela que facilitan el camino. Cuando los árboles escasean, se llega de nuevo a la carretera, por la que se continúa, cruzando las vías una vez más antes de llegar a la cumbre.

Arriba le espera como recompensa una buena cerveza, salchichas..., así como la multitud de personas que habrá subido en el tren. Quizá desee unirse a ellos para visitar la **Brockenhaus** *(Tel 039455 50005),* inaugurada en 2000 con exposiciones que explican la historia de la montaña. Descubra cómo el Brocken, en la frontera entre las dos Alemanias, fue una zona militar restringida de la RDA y cómo tuvo su propia versión del Muro de Berlín para proteger las instalaciones que permitían a la Stasi intervenir conversaciones telefónicas de larga distancia. Si sigue el circuito de 2 km por la cima de la montaña, podrá disfrutar de las estupendas vistas sobre los montes boscosos del Harz y la llanura que hay más allá, así como admirar las peñas de granito fabulosamente erosionadas conocidas como **Teufelskanzel** (el púlpito del diablo) y **Hexenaltar** (el altar de las brujas). Si una vez aquí piensa que ya ha caminado bastante, tome el tren de vuelta a la estación de Schierke y luego ande medio kilómetro por un sendero entre los árboles hasta el punto de partida. ■

🗺 Ver mapa pág. 213 B3
➤ Aparcamiento de la iglesia, Schierke
🔁 14 km
🕐 Un día entero
➤ Aparcamiento de la iglesia, Schierke

PUNTOS DE INTERÉS

- Vistas desde la cumbre
- Brockenhaus
- Púlpito del diablo y altar de las brujas
- Viaje en el tren de vapor *Brockenbahn*

Halle

Halle
www.halle.de

🅰 213 C3

Información

✉ Roter Turm, Marktplatz

☎ 0345 2 02 33 40

Händel-Haus

✉ Große Nikolai-
straße 5

☎ 0345 500 90324

💲 $

**Technisches
Halloren- und
Salinenmuseum**

✉ Mansfelderstraße 52

☎ 0345 202 50 34

🕐 Cerrado lun.

ESTA CIUDAD, LA MÁS GRANDE DE SAJONIA-ANHALT, NO HA
tenido muy buena prensa. Después de todo, era el emplazamiento del
40 % de las industrias químicas de la RDA. Aun así, también es una
ciudad antigua, orgullosa de su pasado y que, sin duda, se merece una
visita de uno o dos días. Su universidad fue uno de los centros de la
Ilustración, y su vibrante tradición musical culminó en el gran Georg
Friedrich Händel (1685-1759).

Halle, que ya se ha recuperado del
golpe que sufrió cuando Magdeburgo fue elegida capital del Land,
ahora sufre los efectos de la defun-
ción de su industria pesada. Esto
genera desempleo, aunque el aire
está más limpio y los vertidos al río
Saale han descendido bastante.

**Los edificios del
museo de la Sal de
Halle simbolizan la
larga tradición
industrial de la
ciudad.**

Aquí, los daños de la guerra fueron mínimos, por lo que aún queda
algo del ambiente de la Halle histórica, a pesar de que durante el período
comunista se descuidara totalmente
su casco antiguo (Altstadt) y otros
barrios. La vida de la ciudad se centra en la **Marktplatz,** a la que se
llega desde la estación central por la
Leipziger Turm, la única puerta
de la ciudad que se ha conservado, y
por la animada y peatonal Leipziger
Straße. La gran plaza del mercado,

de forma irregular, está dominada
por varias torres, cuatro de ellas pertenecientes a la Marktkirche, erigida
en el siglo XVI a partir de dos iglesias
separadas que ya existían en el lugar,
algo que no deja de ser curioso. La
estructura más alta es la **Roter
Turm** (torre roja) del siglo XV, a la
que se puede subir para obtener una
vista panorámica de Halle y sus alrededores.

La figura de Rolando (el tradicional guardián de los derechos de los
ciudadanos), que se alza al pie de la
Roter Turm, queda eclipsada por la
Andel, en la misma plaza, y fue colocada allí en 1859 para conmemorar
el centenario de su muerte. La
Händel-Haus, la mansión barroca
en la que nació el compositor en
1685, es hoy un museo dedicado a
su vida y obra, con instrumentos
musicales de época. En la pequeña
sala de conciertos del patio interior
se celebran de vez en cuando recitales de su música.

Los amantes del arte desearán ver
las colecciones reunidas en el
Moritzburg (*Friedemann-Bach-
Platz 5; Tel 0345 212590; cerrado
lun.*), el palacio fortificado mandado
erigir por los arzobispos a finales de
la Edad Media con el fin de controlar a las gentes del pueblo.

Más original es el **Technisches
Halloren- und Salinenmuseum**
(museo de la Sal), instalado en las
antiguas fábricas que permitieron
que esta población prosperara en la
Edad Media y que se establecieran
sus grandes industrias químicas. ∎

Magdeburgo

LA HISTORIA NO SIEMPRE HA SIDO AMABLE CON UNA DE las ciudades históricas alemanas más importantes. La población barroca que nació de las cenizas de la guerra de los Treinta Años quedó devastada por las bombas a principios de 1945, y la reconstrucción llevada a cabo durante el período comunista fue poco afortunada. No obstante, en 1990 la ciudad venció a Halle en la batalla por la capitalidad del nuevo Land, Sajonia-Anhalt.

Magdeburgo
www.magdeburg.de
🅰 213 C4
Información
✉ Ernst-Reuter-Allee 12
☎ 0391540 9933

Kloster Unser Lieben Frauen
www.kunstmuseum-magdeburg.de
✉ Regierungsstraße 4-6
☎ 0391 56 50 20

La catedral del siglo XIII de Magdeburgo marcó el camino al Gótico alemán.

La celebración en 1999 del Festival Nacional de Jardines (ver págs. 204-205) permitió transformar las tierras que habían ocupado la guarnición soviética en un nuevo parque de 100 ha. Éste se sumó así a los otros espacios abiertos de la ciudad, como el **paseo del Elba** y el **Stadtpark Rotehorn,** que ocupa una isla del río. La vida de la ciudad se centra en el **Alter Markt,** con su ayuntamiento (Rathaus) barroco y la reproducción en bronce de la estatua del siglo XIII del **Jinete de Magdeburgo,** que pudo haber sido el emperador Odón I. La original está en el Kulturhistorisches Museum de la ciudad.

Pero la joya de Magdeburgo es, sin duda, la **Dom** (catedral), gótica, iniciada a principios del siglo XIII. Esta maravillosa estructura se eleva en la orilla izquierda del Elba, donde los mercaderes germánicos se establecieron a principios del siglo IX para comerciar con sus vecinos eslavos de la otra orilla. En el interior se encuentra el modesto sepulcro de Odón I, junto con una impresionante estatua del siglo XIII de una pareja sentada. Casi seguro que representa al emperador y a su esposa Edith. La Puerta del Paraíso, en la fachada principal, está decorada con diez figuras que representan a las vírgenes sabias y a las necias, y los capiteles del interior, ostentan representaciones de los apóstoles.

Aquí se encuentra también la tumba de bronce del arzobispo Ernst (1495), del escultor de Nu-remberg Peter Vischer el Viejo, así como la estatua de san Mauricio, de aproximadamente 1245. Si desea ver más esculturas (tanto medievales como modernas), visite el **Kloster Unser Lieben Frauen,** un monasterio fundado hacia 1017 y transformado en museo. ∎

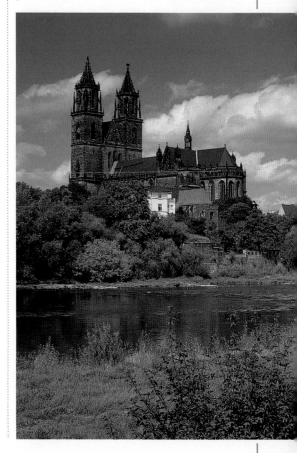

Eisenach

Eisenach
www.eisenach.de

▲ 213 A2

Información

✉ Markt 2

☎ 03691 792 30

Lutherhaus
www.lutherhaus-eisenach.de

✉ Lutherplatz 8

☎ 03691 298 30

💲 $

Los edificios con entramado de madera encierran un acogedor patio en el interior del Wartburg.

LA MAYORÍA DE LOS VISITANTES QUE VIENE A EISENACH LO hace para subir al Wartburg, un castillo tan lleno de historia que fue incluido en la lista del Patrimonio de la Humanidad de la UNESCO. La empinada ascensión puede hacerse a pie desde la ciudad en una media hora, o bien, en coche la mayor parte del camino, y completar el ascenso en burro. Pero antes, concédale a Eisenach la atención que se merece, entrando en ella por la austera Stadttor (puerta de la ciudad).

La **Bachhaus** *(Frauenplan 21; Tel 03691 79 34 0)*, casa natal de Johann Sebastian Bach (1685-1750), a pocos minutos a pie al sur del Markt, rinde homenaje al hijo más famoso de Eisenach; su mobiliario y decoración evocan el período de principios del siglo XVIII. En la sala de música se

residencia de los duques de Sajonia-Weimar y hoy museo regional.

Pero lo que hizo más famosa a la ciudad en los tiempos de la RDA fue el prestigioso coche nacional. El último salió de la cadena de montaje en 1991 y puede verse, junto con otros vehículos históricos, en el **Automobilbaumuseum,** donde se recuerda que en Eisenach se han fabricado coches durante más de cien años.

EL WARTBURG

La famosa fortaleza, situada en la cima de un risco que se levanta sobre la ciudad, tiene todo aquello que debería tener un castillo alemán: pasarelas para los centinelas, plantas superiores con entramado de madera elevándose sobre enormes bases de piedra e interiores abovedados. Atraviese el patio exterior, con edificios de entramado de madera, hacia el patio interior y el **Palais** del siglo XII, un singular ejemplo de palacio románico *(visita guiada).* Al lado de estructuras auténticamente medievales, hay partes que fueron remodeladas en el siglo XIX. Multitud de trovadores se reunieron en el Wartburg con ocasión de un famoso torneo, un episodio que Richard Wagner recreó en *Tannhäuser.* El reformista Martín Lutero se alojó aquí, en la **Lutherstube,** de 1521 a 1522, mientras traducía la Biblia al alemán. En 1817, los estudiantes se reunieron en el castillo para manifestarse a favor de la unidad alemana. ■

Automobilbaumuseum

✉ Friedrich-Naumann-Straße 10

☎ 03691 772 12

🕐 Cerrado lun.

💲 $

Wartburg
www.wartburg-eisenach.de

✉ Auf der Wartburg

☎ 03691 25 00

💲 $$

celebran audiciones con los instrumentos de teclado originales.

La **Lutherhaus,** de finales del gótico y con entramado de madera, situada al noroeste de la Bachhaus, es donde se cree que se alojó el joven Lutero entre 1498 y 1501. Veinte años más tarde, predicó en la **Georgenkirche,** la iglesia donde Bach fue bautizado en 1685, y que se alza en el **Markt,** junto con el **Rathaus** (ayuntamiento), del siglo XVI, y el **Stadtschloß,** en su día

Erfurt

Erfurt
www.erfurt.de
🔼 213 B2
Información
✉ Fischmarket 1
☎ 0361 665 0

LA CAPITAL DE TURINGIA FUE UNA DE LAS CIUDADES MÁS grandes de la Alemania medieval, y su casco antiguo (Altstadt), con edificios de distintas épocas, permaneció relativamente intacto tras la guerra. El paseo por cualquier calle del centro le reservará agradables sorpresas, y hay pocas vistas comparables a la de las dos grandes iglesias de la ciudad alzándose sobre la enorme plaza principal, lugar donde se instala uno de los mayores mercados navideños de Alemania.

Al oeste del centro de la ciudad, la colina de **Petersberg,** coronada por uno de los castillos barrocos más grandes de esta parte de Europa, ofrece unas excelentes vistas de la población. Al pie de la colina se encuentra la Domplatz. Esta espaciosa plaza tiene una belleza comparable a la de los edificios que hay en dos de sus lados: la magnífica **Dom** (catedral) gótica, y la **Severikirche** (iglesia de San Severo), en el terreno elevado que queda al oeste. El desnivel se hace evidente en el monumental tramo de escaleras y en los enormes contrafuertes de las llamadas *Cavaten,* unas estructuras que soportan la altísima mampostería del coro de la catedral.

En el interior hay, entre otros tesoros, unos fabulosos vitrales, un altar barroco y la singular *Wolfram,* una escultura románica adaptada como candelabro. El inusual portal triangular está ornamentado con las figuras de las vírgenes sabias y de las ignorantes, y la torre central soporta una de las campanas más grandes de Europa, la «Gloriosa». La sencillez de San Severo se ve compensada por sus tres agujas. El sarcófago del santo, en el interior, está decorado con unos relieves que narran la historia de este humilde tejedor que llegó a ser obispo.

El **Krämerbrücke** (puente de los mercaderes), sobre el río Gera, con su hilera de tiendas, es único en Europa central. No deje de ver la céntrica plaza o **Fischmarkt,** donde el edificio del ayuntamiento (Rathaus), de estilo neogótico, compite con mansiones renacentistas igualmente elaboradas.

Complete su visita con un paseo por la ancha y curvada calle **Anger,** un museo callejero de arquitectura del siglo XIX. ■

San Martín, patrón de Erfurt, vigila la plaza o Fischmarkt.

Trenes de vapor

Uno de los placeres de visitar el este de Alemania es viajar en los trenes de vapor. Mucho más que atracciones turísticas, son auténticos ferrocarriles en pleno funcionamiento que proporcionan un servicio diario para pasajeros (y a veces para mercancías), tripulados no por aficionados sino por empleados profesionales del ferrocarril.

Una enorme locomotora echa vapor por la nieve hacia la cumbre del Brocken.

Una vez que la red ferroviaria principal de Alemania se completó, hacia finales del siglo XIX, se construyeron una infinidad de líneas locales de enlace. Para ahorrar dinero, estas líneas se hicieron de vía estrecha (normalmente, de 1 m de ancho), y durante décadas llevaron al mercado a los campesinos con sus productos, a los niños al colegio y a los turistas al mar, aparte de transportar todo tipo de mercancías. Estas líneas locales fueron las últimas en construirse y las primeras en clausurarse, por lo menos en Alemania Occidental, donde la competencia de coches y camiones a partir de la década de 1950 hizo que dejaran de ser rentables. Sin embargo, en la RDA, este proceso fue más lento, por lo que aún bien entrada la década de 1970, el vapor seguía utilizándose en las líneas principales. La empresa estatal Deutsche Reichsbahn no se preocupó nunca de la rentabilidad de sus líneas pequeñas, y de esta forma sobrevivieron. Posteriormente, en el período que siguió a la reunificación, se reconoció su importancia para la economía local, especialmente en las zonas turísticas, y mediante ingeniosos métodos de privatización la mayoría se han podido conservar.

La red más extensa de vía estrecha, la Harzquerbahn, recorre 113 km por los montes del Harz. Sus líneas principales unen poblaciones como **Wernigerode** y **Gernrode,** en el lado norte del macizo, con **Nordhausen,** en el flanco sur, y hay varios ramales. Uno de ellos es

la Brockenbahn (ver pág. 218), que deja atrás la línea principal en Drei Annen Hohne y asciende hasta la cumbre del Brocken, a 1.142 m de altitud.

La estación del **Brocken** es la más alta de Alemania a la que llega un tren, sin tracción de cremallera. Desde los vagones abiertos se oye rugir a la locomotora mientras ésta supera este importante desnivel. Pero estas locomotoras, las formidables máquinas 2-10-2 de la década de 1950, fueron especialmente diseñadas para este trabajo y parecen ser perfectamente capaces de seguir funcionando durante otro medio siglo más. Aunque la Brockenbahn estuvo cerrada al público durante 30 años, para proteger las instalaciones secretas de la cumbre (ver pág. 219), su reapertura en 1991 levantó una gran polémica, ya que los conservacionistas afirmaron que la línea debía seguir cerrada. Al final, las necesidades del turismo se impusieron, pero la compañía sólo tiene permitido dejar circular un máximo de cinco trenes al día.

Otra línea de montaña es la Fichtelbergbahn, que sube hasta la población más alta del país, **Oberwiesenthal,** atravesando algunos de los paisajes campestres más bonitos de Sajonia. Esta región cuenta con otros trenes, como el Lössnitzgrundbahn, apodado «el Dachshund de Lössnitz», que recorre 16,5 km por el hermoso valle de Lössnitz, cerca de Dresde, hasta el castillo de Augusto el Fuerte, en **Moritzburg.**

En la costa Báltica, la Molli circula por las calles de **Bad Doberan** antes de dejar a la multitud de turistas a la orilla del mar en **Kühlungsborn,** mientras que en la isla de Rügen esta tarea la desempeña la Bäderbahn Lauterbach-Putbus-Göhren *(infórmese sobre horarios y precios en cualquiera de las estaciones resaltadas en negrita).* ■

Arriba: los coches comparten la calle con la Molli, de vía estrecha, en Bad Doberan.

Abajo: la veterana 91 134, la locomotora de vapor de vía ancha más antigua de Alemania, que, después de un siglo, todavía está en activo.

Otras visitas interesantes en Turingia y Sajonia-Anhalt

MONTES DEL HARZ DEL ESTE

Las oscuras nubes que sobrevuelan la llanura del norte de Alemania descargan sobre los bosques de los montes del Harz. Los ríos resultantes han excavado valles, gargantas y cuevas. Dentro del **Parque Nacional de Hochharz,** el Brocken es la cumbre más alta (ver págs. 218-219). En otras zonas, el manto de oscuros bosques de abetos da paso a magníficos bosques de hayas y otros árboles caducifolios, que alcanzan su máximo esplendor en el **Bodetal,** el espectacular valle del río Bode. Desde el pequeño balneario de **Thale,** un teleférico le llevará a la Hexentanzplatz (lugar donde «bailan las brujas») y un telesilla al **Rosstrappe,** con vertiginosas vistas al acantilado. La mejor forma de desplazarse por los Harz orientales es con la maravillosa **Harzquerbahn,** la red ferroviaria de 131 km que enlaza las poblaciones y puntos de interés de la región (ver pág. 224). Una de las estaciones principales es la del pueblo de **Wernigerode,** con casas de entramado de madera y un pintoresco ayuntamiento (Rathaus), maravillosamente situado en un lugar donde los valles emergen a la llanura. 🅰 213 B3 **Información** ✉ Nicolaiplatz 1, Wernigerode ☎ 03943 63 30 35

NAUMBURG

Este exquisito pueblo está situado en los hermosos paisajes del valle del Saale. Su más preciado tesoro son las **obras escultóricas medievales de la catedral.** La reja que hay entre la nave y el coro, y las figuras de los Benefactores, todas del escultor de finales del siglo XIII conocido como el Maestro de Naumburg, tienen un extraordinario realismo emotivo sin parangón en la Edad Media. 🅰 213 C2 **Información** ✉ Markt 12 ☎ 03445 27 31 12

QUEDLINBURG

El atractivo de Quedlinburg son sus más de 1.600 edificios con entramado de madera construidos en todas las épocas, y que le han hecho merecedora a la ciudad del título de Patrimonio de la Humanidad. Primero visite la **Burgberg** (literalmente «la montaña-castillo»), con su fortaleza, un bastión imperial que data del siglo X.

Su iglesia románica contiene exquisitas tallas y un magnífico Tesoro; algunas de las mejores piezas no se recuperaron hasta la década de 1990, ya que en 1945 un teniente estadounidense aficionado al arte se las llevó. Después, pase por las calles, plazas y callejuelas adoquinadas. 🅰 213 B3 **Información** ✉ Markt 2 ☎ 03946 905 624 5

BOSQUE DE TURINGIA

Estas frescas y verdes tierras altas se extienden más de 100 km desde Eisenach hacia el sudeste, con la línea de sus cimas seguida por el **Rennweg,** un sendero de largo recorrido. Aunque predominan los bosques de abetos y de hayas, los pastos elevados y los cultivos alrededor de los pueblos de los valles crean un paisaje muy variado. Ésta es una de las zonas vacacionales más importantes de Alemania durante todo el año, y el excursionismo de verano da paso a los deportes de invierno, centrados en la estación de **Oberhof,** a 800 m de altitud. El pico más elevado de la cordillera es el Großer Beerberg, de 982 m, pero el **Großer Inselberg,** de 916 m de altitud, es el más popular debido a su accesibilidad (la carretera lleva casi hasta la cima) y a sus espléndidas vistas. 🅰 213 A2-B1 **Información** ✉ Crawinklerstraße 2, Oberhof ☎ 036842 221 44

WITTENBERG

Wittenberg (también conocida como Lutherstadt Wittenberg), una población de tamaño medio, atractiva pero por lo demás poco notable, fue el motor del protestantismo, y su nombre celebra su íntima relación con Martín Lutero (ver pág. 25). Fue en la puerta de la **Schloßkirche** donde en 1517 clavó sus 95 tesis; dentro se encuentra su tumba. Un roble señala el lugar donde quemó en público la misiva papal que le amenazaba con la excomunión. La **Lutherhalle** posee una rica selección de documentos, pinturas y otros objetos que evocan la vida de Lutero y el ascenso del protestantismo. 🅰 213 D4 **Información** ✉ Schloßplatz 2 ☎ 03491 498610 🕓 Cerrado sáb.-dom. invierno ■

Este Land del este de Alemania tiene, al igual que Baviera, mucho carácter y una fuerte identidad, con infinidad de castillos, paisajes espectaculares y un resplandeciente pasado real.

Sajonia

La corona real de Sajonia en un tejado de Dresde

Sajonia

SAJONIA FUE UN REINO HASTA 1918, UN ESTADO TAN ORGULLOSO COMO Prusia. A sus gobernantes se les conocía por su munificencia, y dejaron su huella más visible en Dresde, uno de los grandes centros europeos del arte y la cultura. El nombre de Leipzig también resuena en el universo cultural europeo, aunque las tradiciones heredadas por esta ciudad, la segunda de Sajonia, eran muy diferentes; la música, la habilidad para el comercio y los logros técnicos alcanzaron aquí su máximo desarrollo. Su reputación se construyó sobre el talento de músicos como Bach y Mendelssohn, de impresores y editores, de comerciantes e inventores. Leipzig también tuvo un papel importante en los acontecimientos que llevaron a la caída del comunismo, con manifestaciones contra el gobierno.

La alegría y el bullicio reinan en el Auerbachs Keller de Leipzig, donde Fausto y Mefistófeles se divirtieron en su día.

La industrialización llegó pronto a esta parte de Alemania, y las ciudades construyeron con los beneficios de las minas medievales de los Erzgebirge (montes Metálicos) muchos de sus monumentos. A principios del siglo XVIII, en Meißen, se descubrió el proceso de elaboración de la porcelana, que hasta entonces sólo se conocía en China. En el siglo siguiente, la primera línea ferroviaria de larga distancia de Alemania enlazó Leipzig y Dresde, y el humo empezó a salir de las numerosas chimeneas de Chemnitz mientras la industria crecía.

Los restos de la primera industrialización abundan, y ninguno supera al magnífico Göltzschtalbrücke, el viaducto ferroviario de ladrillo más alto del mundo. La población de Zwickau lleva a sus espaldas un siglo de fabricación de coches, como el Trabant, el coche popular de Alemania del Este.

El paisaje más impresionante es el de la Suiza sajona, en el valle superior del Elba, donde los acantilados de piedra de 300 m de altura tienen formas fantásticas debidas a la erosión. Los bosques y valles de los Erzgebirge, que constituyen la frontera con Bohemia, en la República Checa, son un lugar ideal para caminar, y en el lejano sudeste se eleva la cordillera boscosa de Zittau.

Sajonia es el corazón de la minoría eslava de Alemania, los sorabos, cuya capital, Bautzen, es una ciudad pequeña y encantadora. ■

Dresde

CONOCIDA COMO «LA FLORENCIA DEL ELBA», LA CAPITAL de Sajonia ha reconstruido con tesón, desde febrero de 1945, cuando su centro histórico quedó destruido por las bombas de los aliados, gran parte de su glorioso legado. Los visitantes acuden para explorar sus museos y galerías, que están entre los mejores de Alemania, y para deleitarse con los bellos paisajes del cercano valle del Elba.

Dresde
www.dresden.de
🗺 228 D3
Información
✉ Ostra Allee 11
☎ 0351 49192100

Aunque el reconstruido casco antiguo (Altstadt) de Dresde está situado en la orilla izquierda del río, la famosa silueta de la ciudad se ve mejor desde la parte nueva (Neustadt), en la derecha. Antes de 1945, el horizonte de la población estaba dominado por la monumental cúpula de la **Frauenkirche,** barroca, completada en 1743 como el lugar de culto protestante más importante de la ciudad. Sorprendentemente, la cúpula sobrevivió a la tormenta de fuego de 1945 (ver recuadro pág. 235), pero se derrumbó unos días después, al enfriarse los materiales. La montaña de escombros ennegrecidos permaneció en el lugar durante décadas, un monumento a la insensatez de la guerra.

En 1993 empezaron los trabajos de reconstrucción como resultado de una iniciativa popular. Para ayudar a financiar las obras se vendieron fragmentos como recuerdos (incrustados en esferas de relojes, por ejemplo). La iglesia fue consagrada en octubre de 2005 y su reconstrucción fue una de las obras más importantes llevadas a cabo para la celebración del 800 aniversario de la fundación de la ciudad. Desde la plaza Neumarkt suba hasta la cúpula para admirar unas bonitas vistas de la ciudad y el río, con los barcos de palas que surcan sus aguas.

ZWINGER

Muchos comienzan su visita por el **Zwinger,** en el centro, concebido

como un impresionante escenario arquitectónico para fiestas y ceremonias de la corte, y actualmente convertido en un complejo museístico. Construido por el arquitecto Matthäus Daniel Pöppelmann (1662-1736) bajo las órdenes del rey de Sajonia Augusto el Fuerte, que subió al trono en 1694, consta de una serie de edificios dispuestos alrededor de un espacioso patio con estanques y fuentes, en lo que muchos consideran la expresión suprema de la arquitectura barroca. En el interior acoge una notable colección de pintura antigua.

La forma más sencilla de llegar al Zwinger es atravesando la puerta del **Glockenspielpavillon,** con su carillón de campanas de porcelana de Meißen. En el centro del ala que queda a la izquierda se abre la **Kronentor** (puerta de la corona), rematada por unas esculturas de águilas que vigilan la corona de Polonia (Augusto también gobernó durante un tiempo a sus vecinos del este). A la derecha, se alza la enorme **Galería Semper,** proyectada por Gottfried Semper, y que fue añadida al conjunto en 1847; al otro lado del

patio, hay el **Wallpavillon,** la estructura más llamativa y la obra maestra de Pöppelmann, que además se beneficia de las expresivas esculturas creadas por su colaborador, Balthasar Permoser (1651-1732). La adyacente **Nymphenbad,** una gruta en la cual retozan unas ninfas de piedra, es aún más exuberante.

En el interior del Zwinger hay multitud de tesoros que rivalizan con las maravillas arquitectónicas y escultóricas del edificio. Con tantas cosas para ver, lo mejor es que elija lo que más le interese y siga las indicaciones. La **Rüstkammer** (armería) alberga una de las colecciones más grandes del mundo de armas y armaduras, mientras que el **Mathematisch-Physikalischer Salon** (salón matemático-físico) muestra un extraordinario conjunto de instrumental científico de los siglos XVI al XIX. También está la extensa **Porzellansammlung** (colección de porcelana), con magníficas piezas chinas, japonesas y antiguas de Meißen pertenecientes a las colecciones reales y que se cuentan entre las más importantes del mundo. A Augusto el Fuerte le fasci-

La arquitectura barroca en su máxima expresión: el Zwinger, palacio de recreo de Augusto el Fuerte.

Colecciones del Zwinger
🗺 Plano pág. 232
☎ 0351 491 4200 (todos los departamentos)
Rüstkammer
🕐 Cerrada lun.
💲 $
Mathematisch-Physikalischer Salon
🕐 Cerrado lun.
💲 $
Porzellansammlung
☎ 0351 491 4200
🕐 Cerrada lun.
💲 $
Gemäldegalerie Alte Meister
☎ 0351 491 4200
🕐 Cerrada lun.
💲 $

naba la porcelana, y su químico, Johann Friedrich Böttger, descubrió cómo producirla con sus experimentos sobre la vitrificación de la arcilla con el calor, sentando así las bases de una floreciente industria ligada a los nombres de Dresde y Meißen.

La **Gemäldegalerie Alte Meister** (galería de los antiguos maestros) se debe también al entusiasmo de Augusto el Fuerte y de su sucesor, Federico Augusto II. El cuadro más conocido de la galería es la *Madonna Sixtina* (1512-1513), de Rafael, muy celebrado no sólo por su exquisita representación de la Virgen con el Niño, sino también por la maravillosa pareja de aburridos querubines de la parte inferior. Otra famosa pintura del Renacimiento italiano es la *Venus dormida,* de Giorgione, que quedó inacabada a la muerte del pintor, en 1510. Pero aparte hay otros muchos artistas europeos de talla internacional representados aquí: Rembrandt, Vermeer, Claude Lorrain, Poussin, El Greco, Velázquez, Cranach, Durero y Canaleto.

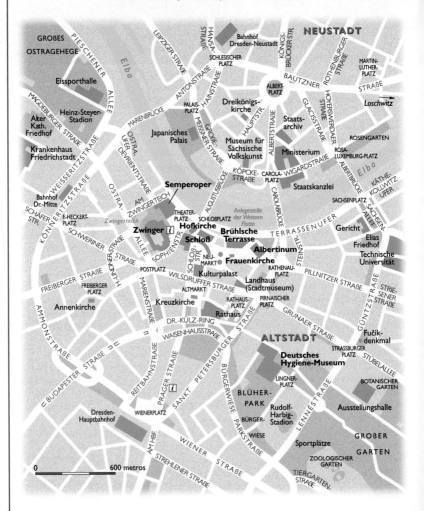

ALTSTADT (CASCO ANTIGUO)

La fachada nordeste de la Gemäldegalerie Alter Meister domina la **Theaterplatz,** una imponente plaza con algunas de las referencias históricas más notables de Dresde. Aquí, hasta la oficina de turismo ocupa un edificio neoclásico, ya que originalmente fue la casa del guarda, construida por el arquitecto berlinés Karl Friedrich Schinkel entre 1830 y 1832.

La grandiosa **Semperoper,** hogar tanto de la Ópera Estatal de Sajonia como de la Orquesta Estatal, lleva el nombre de los arquitectos Gottfried Semper y su hijo Manfred. La primera ópera de Gottfried Semper quedó totalmente destruida por un incendio en 1869, y como él había sido expulsado de la ciudad por su implicación en la fracasada revolución de 1848, la reconstrucción se la confió a su hijo. El suntuoso interior fue testigo de los estrenos de varias óperas de Wagner y Richard Strauss. Abandonada en 1945, se salvó de la demolición gracias a su reputación mundial y a las credenciales revolucionarias de su arquitecto. La compleja tarea de reconstruirla y proporcionarle unas instalaciones modernas más adecuadas quedó completada en 1985, el 40 aniversario de su destrucción.

Aunque el cercano y magnífico **Schloß,** con 100 m de altura, donde los gobernantes de Sajonia residieron hasta 1918, tiene una historia que se remonta varios siglos atrás, el estilo en el que fue reconstruido hace cien años es, en su mayor parte, neorrenacentista. No se pierda el extraordinario friso del muro exterior que da a la Schloßstraße: hecho con azulejos de Meißen, representa una sucesión de figuras principescas que glorifican el mandato de 800 años de la dinastía.

Unida al palacio por un puente que permitía a la familia real asistir a

misa sin cruzar la calle, se encuentra la **Hofkirche,** una iglesia católica cuya construcción en esta ciudad, fuertemente protestante, causó un gran revuelo. Augusto el Fuerte, convertido al catolicismo, le encargó la construcción en 1739 a su arquitecto, el italiano Gaetano Chiaveri, que trajo de su país a los albañiles y los alojó en el malecón del Elba, en lo que todavía se conoce como el Italienisches Dörfchen (el «Pueblo italiano», actualmente un restaurante con una terraza que da al río). Estatuas de santos en piedra arenisca llenan la balaustrada de la iglesia de Chiaveri, que guarda en el interior un magnífico mobiliario barroco. Los restos de los gobernantes sajones descansan en la cripta.

La vista más clásica del río Elba es la que se obtiene desde la

Los barcos de rueda llenan las orillas de Dresde, con la restaurada Altstadt al fondo.

Semperoper

www.semperoper.de

🗺 Plano pág. 232

✉ Theaterplatz 2

☎ 0351 49 11 0

🎟 Visitas guiadas los fines de semana **$$**

cio que sirvió de arsenal real y que en la actualidad acoge una serie de museos. De éstos, el más interesante es el conocido como **Grünes Gewölbe** (bóvedas verdes), con una gran colección de joyería y orfebrería. No se pierda la extravagante pieza titulada *La Corte de Delhi en el Cumpleaños del Gran Mogul*. El joyero de la corte de Augusto el Fuerte, Johann Melchior Dinglinger, trabajó con sus hermanos durante siete años para elaborar esta apenas disimulada glorificación de la ostentosa corte del rey de Sajonia. Realizaron 137 figuras doradas y esmaltadas, y utilizaron incontables piedras preciosas. El coste de la pieza llegó a superar el del magnífico Palacio de Augusto en Moritzburg (ver pág. 246).

Aunque en el Albertinum también se exponen esculturas antiguas (principalmente romanas) y una notable colección de monedas, su otra atracción principal, un magnífico contrapunto de la galería de los antiguos maestros del Zwinger, es la **Gemäldegalerie Neue Meister** (galería de los nuevos maestros), uno de los mejores lugares para conocer la pintura alemana de los siglos XIX y XX. Aunque estará cerrada por restauración hasta 2009, podrá ver sus obras en la Semperbau y a la Gläsernen Manufaktur von Volkswagen. Dos de las figuras cumbres de la pintura Romántica, Caspar David Friedrich (1774-1840) y Ludwig Richter (1803-1884), hicieron grandes progresos en Dresde, inspirándose en los paisajes de Sajonia y de Bohemia. La galería tiene obras suyas, como *Dos hombres mirando la Luna*, un cuadro que a pocos deja indiferentes, y *Cruzando con el Schreckenstein*, de Richter, una metáfora del río de la vida.

Un siglo más tarde, Dresde asistiría al desarrollo del Expresionismo con la fundación, en 1905, de un grupo de este movimiento conocido como Die Brücke

En el Albertinum se expone un resplandeciente conjunto de tesoros.

Colecciones del Albertinum

 Plano pág. 232

☎ 0351 491 4200
(todos los departamentos)

Grünes Gewölbe

🕐 Cerrado mar.

💲 $

Gemäldegalerie Neue Meister

🕐 Cerrada por reformas

Brühlsche Terrasse, el paseo mandado erigir por el conde Brühl en el siglo XVIII sobre las fortificaciones de la orilla como parte de su jardín privado. Es el lugar ideal para sentarse un rato o pasear contemplando las embarcaciones que entran y salen del muelle que hay abajo. En la otra orilla del río, a la cual se llega por el Augustusbrücke, un puente de 1910, se encuentra la **Neustadt** (ciudad nueva), construida en el siglo XVIII. Quedó menos afectada que la Altstadt por los bombardeos de 1945, y, con sus tiendas y cafés, tiene un aire muy animado.

Acceda a la Terrasse, de 500 m, por la escalinata decorada con esculturas que representan las estaciones del año; saldrá cerca de la Hofkirche y le llevará al **Albertinum,** el edifi-

(ver pág. 74). Entre 1929 y 1932, uno de sus miembros, Otto Dix (1891-1965), pintó la más dura evocación de los horrores de las trincheras de la Primera Guerra Mundial, el tríptico titulado *Der Krieg* (*La guerra*), deliberadamente basado en los grandes retablos de la Edad Media. Cerca de esta obra cuelga otro tríptico que produce un impacto similar: *Das tausendjährige Reich* (*El Imperio de los mil años*), completado en 1938 por Hans Grundig (1901-1958), que predijo con exactitud los horrores aún mayores que se perpetrarían con el régimen de Hitler.

OTRAS VISITAS

Si bien en el norte de la Altstadt la prioridad fue, al parecer, revivir la historia tras la Segunda Guerra Mundial, en el sur lo que se hizo fue levantar de entre los escombros una ciudad nueva y socialista. Los barrios devastados se limpiaron, y las calles del siglo XIX se vieron reemplazadas por monótonos bloques de pisos al estilo soviético. Esta nueva Dresde creada por los arquitectos y planificadores de la RDA se distingue claramente alrededor del **Altmarkt,** con sus edificios barrocos de imitación de la década de 1950. Denostados en su día como estalinistas, hoy se han incluido en la lista de edificios protegidos, ya que sus cuidadas proporciones y su

decoración con estatuas y paneles en relieve merecen la atención de los visitantes. Sin embargo, la Dresde auténticamente «antigua» se conserva en los barrios periféricos, con sus elegantes villas.

Por otra parte, uno de los museos más singulares de esta ciudad es

el **Deutsches Hygiene-Museum** (museo alemán de la higiene), instalado en un edificio de la década de 1920. Las exposiciones, muchas interactivas, se centran en el tema del cuerpo y su relación con el entorno. La «Mujer de cristal» muestra cómo funciona el cuerpo humano. ■

Deutsches Hygiene-Museum

- 🅰 Plano pág. 232
- ✉ Lingnerplatz 1
- ☎ 0351 4846 0
- 🕐 Cerrado lun.
- 💲 $$

Arriba: la Pragerstraße es un ejemplo del urbanismo comunista.

Abajo: picapedrero en plena tarea.

Febrero de 1945

Durante las semanas previas al fin de la Segunda Guerra Mundial, Dresde se llenó de refugiados ante el avance del Ejército Rojo. Su población se aferró a la errónea creencia de que la ciudad, con sus tradicionales conexiones con Gran Bretaña y Estados Unidos, se salvaría del bombardero. Por eso, el alto mando alemán, convencido de esto, la dejó sin defensas aéreas, enviando la aviación a otros lugares. Fue así como, en la noche del 13 al 14 de febrero, los bombarderos aliados, al encontrar poca resistencia, lanzaron una tormenta de fuego que destruyó el 75 % de la ciudad y acabó con la vida de un incontable número de personas, quizá tantas como en Hiroshima. ■

Una ruta por el valle del Elba y la Suiza sajona

Esta excursión relativamente corta por las orillas del Elba pasa por palacios y castillos, bonitas poblaciones antiguas y el espectacular paisaje de piedra arenisca del Parque Nacional de la Suiza sajona (Sächsische Schweiz).

Las amplias pasarelas permiten acercarse a las formaciones rocosas del Bastei.

Salga de Dresde por la B172 hacia **Pirna** ❶. El centro histórico de esta antigua población a la orilla del río tiene su piedra angular en la plaza del mercado. Entre un momento en la iglesia y contemple sus intrincadas bóvedas. Continúe por la B172, y gire a la derecha hacia **Festung Königstein** ❷ (*www.festung-koenigstein.de*; *Tel 035021 646 07; $$*), una fortaleza que se levanta sobre los riscos; todavía es más impresionante si sube hasta ella a pie, aunque la lanzadera que sale del aparcamiento es la forma más fácil de ir. Una vez arriba, tendrá unas vistas vertiginosas sobre el río y el singular paisaje de la Sächsische Schweiz. Ya en el coche, continúe por la carretera principal hasta el pueblo balneario de **Bad Schandau** ❸, donde la **Nationalparkhaus Sächsische Schweiz** (*An der Elbe 4; Tel 035022 900 75*) ofrece innovadoras exposiciones sobre el parque nacional.

Desde Bad Schandau, un pequeño tranvía circula por el valle del Kirnitzschtal, en el corazón de la zona este del parque nacional. Pero si no le sobra el tiempo, vuelva atrás en dirección a Dresde, y en vez de atravesar el puente sobre el Elba, siga recto por la carretera secundaria que atraviesa el pueblo de Rathmannsdorf, y también cuando llegue al cruce. La estrecha carretera que sube entre los bosques le llevará al pintoresco pueblo de **Hohnstein** ❹, con su castillo. Pasada esta población, siga las indicaciones hacia «Bastei», que, llegado el momento, le harán dejar la carretera principal en dirección a uno de los aparcamientos.

Suba andando hasta el **Bastei** 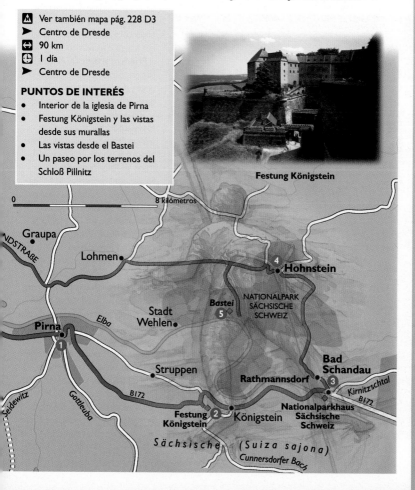, una interesante estructura natural. Sus acantilados, riscos y pilares de piedra arenisca se levantan 300 m por encima de un meandro del Elba. El Bastei (bastión), muy concurrido, lleva mucho tiempo atrayendo a los turistas, con sus senderos, miradores y pasarelas que permiten deambular por él, protegido por barandillas.

Regrese a la carretera principal y diríjase hacia Pirna. Rodee la ciudad y continúe hacia Dresde, deteniéndose en el **Schloß Pillnitz** *(Tel 0351 2613 260)*, un palacio de estilo chino situado a la orilla del río, que empezó a construirse en 1720 como residencia de verano para Augusto el Fuerte. Los invitados eran traídos desde Dresde por el Elba y desembarcaban en la escalera que llegaba hasta el agua. La decoración incluye algunos de los primeros ejemplos de *chinoiserie* de Europa. El parque, una combinación de paisajismo francés y naturalismo inglés, cuenta con edificios dispersos como la Palmenhaus, la Orangerie y la Kamelienhaus, construida para proteger una camelia de 200 años de antigüedad.

El palacio acoge una de las mejores colecciones de Dresde, el **Kunstgewerbemuseum,** con fabulosas muestras de mobiliario, objetos de plata, tallas de madera y otras piezas artesanales de diferentes épocas. Pillnitz está situada entre los viñedos que cubren las laderas de las colinas, coronadas por bosques. Entre las viñas se levanta una iglesia, la **Weinbergkirche,** que, al igual que el palacio, fue construida por el arquitecto de la corte, Daniel Pöppelmann.

Continúe por la carretera principal hacia Dresde y atraviese el Elba por el **Blaues Wunder;** esta «maravilla azul» es un puente colgante de acero que data de 1893. ◼

Ver también mapa pág. 228 D3
Centro de Dresde
90 km
1 día
Centro de Dresde

PUNTOS DE INTERÉS

- Interior de la iglesia de Pirna
- Festung Königstein y las vistas desde sus murallas
- Las vistas desde el Bastei
- Un paseo por los terrenos del Schloß Pillnitz

Festung Königstein

0   8 kilómetros

Graupa

Lohmen

Hohnstein

Stadt Wehlen

Bastei

NATIONALPARK SÄCHSISCHE SCHWEIZ

Elba

Pirna

Struppen

Bad Schandau

Rathmannsdorf

Kirnitzschtal

B172

Festung Königstein

Königstein

Nationalparkhaus Sächsische Schweiz

Sächsische (Suiza sajona)

Cunnersdorfer Bach

Bautzen

🅐 229 E3

Información

www.bautzen.de

✉ Hauptmarkt 1

☎ 03591 420 16 o
   03591 194 33

Alte Wasserkunst

✉ Wendischer
   Kirchhof 7

☎ 03591 4 15 88

🕐 Cerrada nov.-marzo

💲 $

La torre del agua de Bautzen es una maravilla técnica de la Edad Media.

Bautzen

BAUTZEN, SITUADA EN UNA ELEVACIÓN FÁCIL DE DEFENDER sobre un meandro del río Spree, con su característica silueta llena de torres, es una población antigua y majestuosa, reconstruida en su mayor parte en estilo barroco tras haber sido destruida por las llamas más de una vez durante la guerra de los Treinta Años.

Entre las torres de Bautzen destacan, además de las de la muralla medieval, las agujas de las iglesias, la alta y delgada torre del ayuntamiento (Rathaus) y dos auténticas curiosidades: la torre inclinada de Sajonia, la **Reichenturm** (*Reichenstraße; Tel 03591 46 04 1; $*), con 56 m de altura y una desviación de 1,44 m respecto a la vertical; y la **Alte**

Wasserkunst, una torre que suministró agua corriente a la población durante más de 400 años antes de ser clausurada en 1965. Si no le intimidan sus 135 escalones, la Reichenturm, de finales del siglo XV, ofrece una espléndida vista sobre la ciudad desde su mirador. La rueda de la Alte Wasserkunst se utilizaba para bombear agua del Spree a una cisterna, desde donde se distribuía por unas conducciones de madera. Cómo funcionaba, se explica en el museo que hay en la torre, y que se ve desde el **Friedensbrücke** (puente de la paz), la entrada a Bautzen desde el oeste y desde el cual también se tiene una buena vista de toda la ciudad.

En la plaza central o **Hauptmarkt** se alza el ayuntamiento del siglo XVIII, una farmacia gótica y la Jahreshaus (la casa del Año), así llamada por sus cuatro escaleras, 12 chimeneas, 52 habitaciones y 365 ventanas. La plaza conocida como Fleischmarkt, al norte, está dominada por la **Petridom** (catedral de San Pedro), donde oran católicos y protestantes (los primeros en el coro y los segundos en la nave).

Las viejas calles llevan al oeste hasta el **Ortenburg**, el castillo de Bautzen, que data de cerca del año 1000. Fue reconstruido en estilo gótico por el rey Matías de Hungría, que gobernó aquí a finales del siglo XVI; en el muro de una de las torres hay un retrato suyo. En el **Serbski Musej** (*Ortenburg 3-5, www.museum.sorben.com; Tel 03591 4 24 03; $*), el museo del pueblo sorabo (ver págs. 240-241), verá, entre otras piezas, vestimentas tradicionales. ∎

Meißen

AUNQUE LA FAMA INTERNACIONAL DE MEIßEN SE DEBE A SU porcelana, en esta población hay mucho más para ver. Las casas de tejados rojos de su casco antiguo (Altstadt), dominadas por la Burgberg (la roca coronada por el castillo y la catedral), la convierten con toda probabilidad en la ciudad pequeña mejor conservada de Sajonia.

Al llegar, deténgase un momento en el aparcamiento que hay en la orilla derecha del Elba, ya que desde aquí se aprecia el armonioso conjunto del pueblo y la ciudadela. Cruce el puente hacia la Altstadt, que tiene su punto central en el **Markt,** con sus majestuosas casas, la farmacia y el Rathaus (ayuntamiento) de finales del siglo XV. La torre de la **Frauenkirche** domina un lado de la plaza, y muy cerca está la famosa taberna de la Gasthaus Vincenz Richter, con entramado de madera.

Suba a la colina del castillo por las estrechas callejuelas y por una escalera. En el centro de este recinto cerrado por edificios se eleva la magnífica **Dom** (catedral) gótica. Aunque sus agujas gemelas se añadieron a principios del siglo XX, su interior es enteramente medieval,

con unas espléndidas esculturas y mobiliario. El **Albrechtsburg,** el castillo, construido en su mayor parte entre 1471 y 1525, cuenta con algunos detalles interesantes, como una fantástica escalera de caracol.

En 1709, el químico de la corte de Augusto II el Fuerte, Johann Friedrich Böttger, descubrió el procedimiento para elaborar porcelana (ver pág. 232), e inició su producción comercial entre estos muros. En la década de 1860 la fábrica se trasladó a su ubicación actual en el valle de Triebisch, y hoy la **Staatliche Porzellan-Manufaktur** da la bienvenida a los visitantes con visitas guiadas y demostraciones de las técnicas que todavía mantienen bien alta la palabra «Meißen». Hay una exposición de piezas antiguas y una tienda bien surtida. ∎

La ciudadela de Meißen en la Burgberg, la roca que domina el río Elba.

Meißen

🅐 228 D3

Información

www.meissen.de

✉ Markt 3

☎ 03521 41 94 0

Dom

www.dom-zu-meissen.de

✉ Domplatz 7

☎ 03521 45 24 90

Albrechtsburg

www.albrechtsburg-meissen.de

✉ Domplatz 1

☎ 0352 1470 7

💲 $

Staatliche Porzellan-Manufaktur

www.meissener-porzellan.de

✉ Talstraße 9

☎ 03521 46 87 00

💲 $$

La minoría eslava de Alemania

De las numerosas minorías étnicas de la Alemania actual, ninguna es tan antigua como la de los sorabos, de Sajonia y Brandenburgo, uno de los pueblos eslavos que se extendieron hacia el oeste alrededor del siglo VI y que ocuparon el este de Alemania. Sin ningún tipo de organización política centralizada, los sorabos opusieron poca resistencia cuando los germanos empezaron a colonizar las tierras al este del Elba.

Los huevos pintados son una parte importante de las celebraciones de Pascua entre los sorabos.

En su avance, otros pueblos eslavos se retiraron, fueron aniquilados o quedaron asimilados por la población germánica, mientras que los sorabos, de alguna manera, sobrevivieron, y también su lengua y su cultura, aunque actualmente haya disminuido su número. Unos 50.000 miembros de esta pequeña nación viven en Oberlausitz (Alta Lusacia), la zona centrada en la población de Bautzen (ver pág. 238), en el este de Sajonia, y en Niederlausitz (Baja Lusacia), alrededor de Cottbus, en el sudeste de Brandenburgo.

La presencia soraba es particularmente obvia en Bautzen, donde tiene la sede su principal organización cultural, la Domowina, y donde también se encuentra el Serbski Musej (museo sorabo), que ofrece información sobre diversos aspectos de su cultura. Fíjese en las indicaciones bilingües de las carreteras: en sorabo, Bautzen es Budysin, Cottbus es Chosebuz y Weisswasser, Bela Woda. Aún hay pueblos donde las mujeres más mayores visten el atuendo tradicional de este pueblo.

Los sorabos siguen celebrando sus fiestas, la mayoría de ellas relacionadas con la vida y el trabajo en el campo. El equivalente sorabo a la Fastnacht alemana (carnaval) es el Zapust, tres días de fiestas y procesiones en Shrovetide. En Pascua vuelve a haber procesiones, esta vez a caballo, y los huevos se pintan elaboradamente. También se festeja la cosecha, pero el mayor festival folclórico es probablemente el que se celebra en años impares alternos en el pueblo de Crostwitz, cerca de Bautzen.

Los derechos de los sorabos no garantizan la supervivencia de su cultura, que, en cualquier caso, dista de ser homogénea (la lengua soraba hablada en la Baja Lusacia es parecida al polaco y bastante distinta del dialecto de la Alta Lusacia, más cercano al checo). No obstante, las perspectivas para esta cultura son hoy más esperanzadoras de lo que lo fueron en el pasado. De hecho, cuando los gobernantes germanos medievales trataron de eliminar su lengua y hacer que fueran asimilados por la cultura germánica, la lengua soraba quedó confinada a los pueblos, donde, paradójicamente, floreció. La comunidad se vio de nuevo amenazada en el siglo XIX con la industrialización, ya que tuvo que hacerse bilingüe para encontrar trabajo y algunos de sus pueblos perdieron la identidad eslava. Pero el peor momento, como es de suponer, llegó con el régimen nazi, perseguidor de todo tipo de minorías, que no sólo prohibió el uso de su lengua sino que también planeó expulsar a los sorabos a algún lugar remoto. Muchos miembros importantes de la comunidad fueron encarcelados o se exiliaron a otras partes de Alemania. En los tiempos de la República Democrática Alemana, los sorabos recuperaron sus privilegios en teoría, pero la vida cultural quedó estrictamente controlada y el entusiasmo del régimen por las grandes minas de carbón a cielo abierto destruyó docenas de sus pueblos en la Baja Lusacia. Hoy, la mayor amenaza es la asimilación y la emigración debida al desempleo local, pero aun así, siguen siendo una presencia viva y hospitalaria en el este de Alemania. ∎

Arriba: muchachas sorabas con sus vestidos tradicionales llenos de flores bordadas salen a pasear en barca por el río Spree. Abajo a la izquierda: encabezando la cabalgata de Pascua en Storcha, cerca de Bautzen. Abajo a la derecha: una hábil decoradora de huevos.

Leipzig

Leipzig

📍 228 B3

Información

www.leipzig.de

✉ Richard-Wagner-Str. 1

☎ 0341 7104 0

Nikolaikirche

www.nikolaikirche-leipzig.de

📍 Plano pág. 244

✉ Nikolaikirchhof 3

☎ 034 19 60 52 70

Una estatua de
Johann Sebastian
Bach adorna la
plaza que hay
enfrente de la
Thomaskirche.

JOHANN
SEBASTIAN
BACH

**Stadtgeschichtliches
Museum**

www.stadtgeschichtliches-
museum-leipzig.de

📍 Plano pág. 244

✉ Böttchergäßchen 3

☎ 0341 9 65 13 0

🕐 Cerrado lun.

💲 $

A LA SEGUNDA CIUDAD DE SAJONIA SE LA CONOCE SOBRE
todo por su tradición musical e intelectual y por sus ferias comerciales. Desde que se derrumbó la RDA en 1989, un hecho en el cual los
habitantes de Leipzig tuvieron un papel importante, la ciudad se ha
apresurado a recuperar su antiguo lugar como una de las ciudades alemanas más brillantes. Leipzig mira hacia delante, y eso se ve en la opulencia de los nuevos edificios y en su animado ambiente, con una
variedad sin igual de restaurantes, bares y cabarets.

Al otro lado de la Willy-Brandt-Platz
y de la carretera de circunvalación,
se encuentra la **Innenstadt,** el
núcleo histórico de Leipzig, que al
ser relativamente pequeño, puede
explorarse fácilmente a pie. Los
Passagen o galerías comerciales
cubiertas contribuyen con sus tiendas, lugares de descanso y decoración refinada a que pasear por la
ciudad sea todo un placer. La **Steibs
Hof** es un ejemplo contemporáneo
de una de estas galerías, mientras
que la **Specks Hof,** de principios
del siglo XX, se ha modernizado.

Enfrente de la entrada a la Specks
Hof se halla la **Nikolaikirche.** El
sombrío exterior de la iglesia, de
estilo románico, contrasta con el
interior, remodelado a finales del
siglo XVIII, donde todo es luz y alegría, con sus altas columnas blancas
que terminan en palmas de color
verde claro, perdiéndose en las elaboradas bóvedas.

En el **Mädlerpassage,** el
Passage más espléndido de todos
(consta de tres plantas), está el
Auerbachs Keller (*www.auerbachs
keller-leipzig.de; Tel 0341 21 61 00*),
el famoso establecimiento subterráneo que debe su reputación a
Goethe: a esta taberna descienden
Fausto y Mefistófeles para divertirse
y tomar un trago con los estudiantes. Y la mayoría de los visitantes que
vienen a Leipzig siguen sus pasos
para degustar una copa de vino
sajón del barril o una buena comida
entre los objetos que evocan a Faus-

to. En el cercano **Naschmarkt** hay
una estatua del propio Goethe. El
pequeño edificio barroco que se alza
en esta plaza fue construido como
lugar de intercambio de productos y
actualmente funciona como sala de
conciertos.

En el centro de la Innenstadt se
encuentra el **Altes Rathaus** (antiguo ayuntamiento), construido en
1557. Se trata de un ayuntamiento
típico del Renacimiento alemán, con
techos altos, buhardillas escalonadas,
una alta torre y una planta baja
porticada que da a la plaza del
mercado. El edificio alberga el
Stadtgeschichtliches Museum
(museo municipal de historia), con
un imponente vestíbulo lleno de
retratos de príncipes y padres de la
ciudad. Hay una sala dedicada al
compositor Felix Mendelssohn-
Bartholdy, que pasó los últimos 12
años de su vida en la ciudad.

Camine por la Thomasgasse y
encontrará la segunda gran iglesia
de Leipzig, la **Thomaskirche**
(*Thomaskirchhof 18, www.
thomaskirche.org; Tel 0341 212 46
81*). Fundada en 1212, fue reconstruida en estilo gótico a finales del
siglo XV. También se la conoce por el
Thomaner, su famoso coro de muchachos, tan antiguo como la propia
iglesia; sus miembros estudian en un
colegio donde, además de la educación convencional, reciben un rigu-
roso adiestramiento musical. Pero
no todos aguantan el ritmo: Sebastian Krumbigel, cantante de un

famoso grupo pop, fue expulsado por su «falta de disciplina».

Desde 1723 hasta su muerte en 1750, Johann Sebastian Bach fue *Kantor* (director del coro) de Santo Tomás, y también director musical de la ciudad. Está enterrado aquí, y fuera de la iglesia hay una estatua suya. Justo enfrente se encuentra el **Bachmuseum** *(Thomaskirchhof 16,*

www.bach-leipzig.de; Tel 0341 9137 200) con documentos e instrumentos musicales. Ahora bien, la mejor forma de rendir homenaje al gran músico y al coro que dirigió es asistir a una de las misas en las que canta el coro *(llame a la Thomaskirche, ver antes, para más información)*.

Si la Thomaskirche representa una parte de la vida musical de

Los muchachos del coro Thomaner cantan en el tranquilo interior de la Nikolaikirche.

Grassi-Museum

www.grassimuseum.de

Plano pág. 244

Johannisplatz 5-11

0341 2133719

Cerrado lun.

$

Leipzig, la otra está centrada en la enorme **Augustusplatz,** en el otro extremo de la Innenstadt, donde a un lado se alza la **Opernhaus** (Ópera), de 1960, y al otro, la **Neues Gewandhaus** (nueva sala de conciertos), sede de la orquesta de la ciudad, cuyos orígenes se remontan a mediados del siglo XVIII. Felix Mendelssohn fue nombrado director de la orquesta a los 26 años en 1835. El edificio está muy cerca de la sede del gremio de pañeros (Gewandhaus), en cuya planta superior se

improvisó una sala de conciertos en 1781. La nueva sala de conciertos, un proyecto de la época de la RDA, se erigió en 1981. Tanto la ópera como la sala de conciertos tienen una excelente acústica y están ricamente ornamentadas. Otro ejemplo de la arquitectura de la etapa comunista es la torre de 31 pisos de la universidad, cerca de aquí.

FERIAS COMERCIALES

Mucha gente que viene a Leipzig en viaje de negocios se dirige directa-

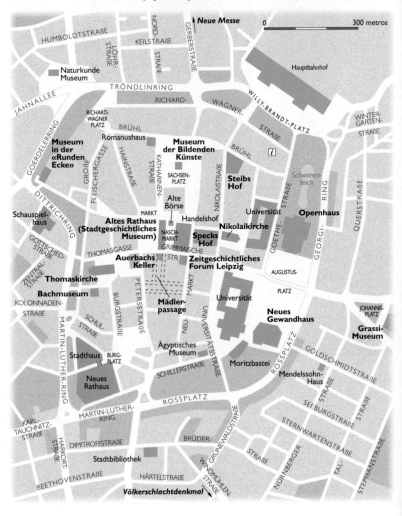

mente a la **Neue Messe,** el resplandeciente nuevo centro para ferias comerciales situado a las afueras de la ciudad, dirección norte, cerca del aeropuerto. Conectado a la ciudad por transporte público, este complejo, de cinco salas de exposiciones centradas en la Glasshalle, y de 300 m de longitud, es el último ejemplo de una tradición de mercados y ferias comerciales que ha durado más de 800 años. La línea rápida deja a los pasajeros en la estación central de Leipzig, la **Hauptbahnhof,** que, completada en 1915, es la terminal ferroviaria más grande de Europa.

MUSEOS Y OTRAS VISITAS

El **Grassi-Museum,** construido en el estilo concebido por la Bauhaus a finales de la década de 1920, al este de la ciudad, en la Johannisplatz, alberga tres museos independientes: el Völkerkunde (de etnografía), el Musikinstrumenten (de instrumentos musicales) y el Kunsthandwerk (de artes decorativas), este último basado en una gran colección con piezas que van desde la Edad Media hasta mediados del siglo XX. El

Museum der Bildenden Künste (museo de bellas artes) expone pintura alemana de los primeros maestros y de los románticos.

Dos de los museos más fascinantes de la ciudad tratan la historia reciente del país: el **Zeitgeschichtliches Forum Leipzig,** cerca de la Nikolaikirche, donde se repasan los entresijos de la vida cotidiana de la República De-mocrática Alemana, y el **Museum in der «Runden Ecke»,** instalado en el cuartel general de la policía secreta, al oeste del centro, todavía más evocador. Con el título «Stasi: poder y banalidad», las exposiciones documentan lo lejos que llegaban los dirigentes de la RDA para controlar a sus súbditos.

En 1813, en las afueras de la ciudad, Napoleón sufrió una de sus peores derrotas. El conflicto, conocido como la Völkerschlacht (batalla de las Naciones), es recordado por el **Völkerschlachtdenkmal** *(Prager Straße, www.voelkerschlachtdenkmal. de; Tel 0341 878 04 71).* Suba la escalera de esta colosal construcción piramidal hasta el mirador de 91 m para obtener unas fabulosas vistas de la ciudad y sus alrededores. ■

Vestíbulo de la feria comercial de Leipzig.

Museum der Bildenden Künste
www.mdbk.de
🅰 Plano pág. 244
☎ 0341 216 999 20
🕐 Cerrado lun.
💲 $

Zeitgeschichtliches Forum Leipzig
www.hdg.de/zfl
🅰 Plano pág. 244
✉ Grimmaische Str. 6
☎ 0341 22 20 0
🕐 Cerrado lun.

Museum in der «Runden Ecke»
www.runde-ecke-leipzig.de
🅰 Plano pág. 244
✉ Dittrichring 24
☎ 0341 96 12 44 3
🕐 Cerrado lun. y mar.
💲 Donativo

Otras visitas interesantes en Sajonia

COLDITZ

La fortaleza de aspecto inexpugnable que se levanta muy por encima del río Mulde hace que el agradable pueblo de Colditz, abajo, parezca diminuto. Entre 1940 y 1945, el Schloß fue un campo de prisioneros de guerra «a prueba de fugas», que retenía a los oficiales aliados conocidos por sus intentos de fuga. Vale la pena unirse a una visita guiada para ver cómo se dio buen uso a la experiencia en fugas allí reunida. De los más de 300 intentos, aproximadamente un 10 % tuvieron éxito. El más ambicioso, un ala delta laboriosamente construida bajo el tejado del castillo, no se llegó a probar, ya que la guerra terminó antes. Las visitas guiadas empiezan cuando se reúne el número suficiente de visitantes.

🗺 228 C3 **Schloß** ✉ Tiergartenstraße 1 ☎ 034381 4 49 87

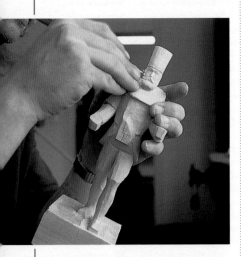

Un tallador de madera de los Erzgebirge da forma a la figura de un minero.

ERZGEBIRGE (MONTES METÁLICOS)

El sur de Sajonia está constituido en su mayor parte por estas tierras altas cubiertas de bosques que se elevan suavemente desde el norte hacia el sur y que terminan en una caída abrupta en la frontera checa. En la Edad Media éste fue el corazón de la «industria» alemana, el lugar donde se inventaron y refinaron las técnicas mineras para extraer plata, estaño y hierro. Cuando los recursos minerales se agotaron, los habitantes de la región se dedicaron a la artesanía. Los talladores de madera de los Erzgebirge son famosos por su habilidad, y la zona tiene una larga tradición en la fabricación de juguetes. El turismo que acude aquí, entre otras cosas para practicar deportes de invierno, es una importante fuente de ingresos.

La prosperidad de la zona en el pasado se pone claramente de manifiesto en poblaciones como **Annaberg-Buchholz,** con una iglesia suntuosamente decorada y de exquisitas bóvedas, o **Freiberg,** donde la catedral tiene un púlpito en forma de tulipán gigante y otro sostenido por la figura de un minero de plata. Las antiguas minas de ambas poblaciones se han convertido en atracciones turísticas.

Oberwiesenthal, a 24 km de Annaberg-Buchholz, está al pie del punto más elevado de los Erzgebirge, el Fichtelberg, con 1.214 m de altura: se puede ascender a la cumbre andando o en telesilla. La manera más agradable de llegar a Oberwiesenthal es en uno de los trenes de vapor de la Fichtelbergbahn, que atraviesa el hermoso valle desde la estación terminal de Cranzahl (ver pág. 224).

🗺 228 C2-D2 **Información** ✉ Markt 1, Annaberg-Buchholz ☎ 03733 42 51 39

SCHLOß MORITZBURG

Augusto II el Fuerte tenía su residencia en el campo que hay al norte de Dresde, donde su predecesor, el duque Moritz, había construido un modesto pabellón de caza renacentista en 1546. Las modificaciones que hizo en el Schloß Moritzburg lo convirtieron en un imponente palacio barroco, con las torres de sus esquinas reflejándose en un lago artificial, en el cual se celebraban desfiles acuáticos. El palacio es actualmente el **museo del Barroco,** y expone porcelanas, muebles, cuadros, colgaduras y trofeos de caza (Augusto era conocido por coleccionar trofeos particularmente espectaculares). En el exterior del palacio hay estanques con peces, el pabellón rococó de los Faisanes, que se eleva sobre un puerto en miniatura, y la granja estatal de sementales de Sajonia.

🗺 228 D3 ☎ 03520 78 73 11 ∎

Esta región ha sido bendecida con tranquilos valles fluviales y maravillosas montañas tapizadas de bosques, mientras que la riqueza de la región en poblaciones llenas de historia, arte y cultura no tiene parangón en Alemania.

Norte de Baviera

San Cristóbal, en la basílica de Vierzehnheiligen

Norte de Baviera

DESDE LA CIUDAD DE ASCHAFFENBURG, AL NOROESTE, HASTA PASSAU, EN EL otro extremo y junto a la frontera austriaca, esta región es una de las que ofrecen mayores recompensas a los visitantes. Gran parte de la zona (las antiguas provincias de Franconia, al norte, y parte de Suabia, al sudoeste) fue incorporada al antiguo reino de Baviera (Bayern) a principios del siglo XIX, y se encuentra muy lejos de los tópicos bávaros: *Lederhosen* (pantalones de cuero), cervecerías y prados alpinos llenos de vacas.

Ciudades como Nuremberg, en Franconia, y Augsburg, en Suabia, son capitales regionales con una identidad defendida con tesón. Nuremberg combina la modernidad y el dinamismo de una gran ciudad con el encanto medieval. Pero para un viaje al pasado casi alucinante, Rothenburg ob der Tauber es la que se lleva la palma. Perfectamente conservada, esta población es la joya de la corona de la Carretera Romántica (Romantische Straße), la ruta turística más importante de Alemania, que comienza al norte, en Würzburg, con su magnífico

Los duros inviernos del Bosque Bávaro ofrecen excelentes condiciones de nieve para los amantes del esquí alpino.

legado de edificios barrocos, y discurre hacia el sur pasando por numerosas e interesantes poblaciones antiguas, como Dinkelsbühl, Nördlingen y Augsburg, hasta los Alpes.

Todas las ciudades de la región tienen algo que ofrecer:

Regensburg posee un carácter casi italiano, al igual que Passau, en su inigualable situación en la confluencia del Inn y del Danubio (Donau); Bamberg se enorgullece de su arquitectura de todas las épocas completamente intacta tras la guerra; Bayreuth acoge uno de los festivales de música más importantes del mundo, y Coburg tiene un pasado único que la vincula con muchas de las familias reales europeas.

Baviera del Norte ha sido el hogar de grandes artistas y artesanos. Alberto Durero nació en Nuremberg, donde se conserva una parte importante de su obra, y también de sus contemporáneos, especialmente del maestro tallador Veit Stoss. Además, en toda la región pueden verse magníficas obras de arte, tanto en museos y galerías como en abadías, iglesias de peregrinaje, como la de Vierzehnheiligen, que domina el ancho valle del Alto Main, y monasterios barrocos, entre los que destaca el de Weltenburg, situado en la estrecha garganta que forma el Danubio antes de su confluencia con el Altmühl, un paisaje fluvial muy distinto. El valle de este río, un parque natural protegido, es un popular destino turístico para los alemanes. Otra relajante zona es la campiña que asciende hasta las cimas arboladas del Bosque Bávaro, en la frontera con la República Checa. ■

Nuremberg

Nuremberg
www.nuremberg.de

 249 C3

Información

✉ Hauptmarkt

☎ 091 12 33 61 35
También

✉ Hauptbahnhof

☎ 0911 23360

Lorenzkirche

 Plano pág. 252

✉ Lorenzerplatz

☎ 0911 20 92 87

MARAVILLOSAMENTE RECONSTRUIDA DESPUÉS DE LA guerra, Nuremberg (Nürnberg) es la ciudad alemana medieval arquetípica, rodeada de murallas, con edificios de tejados rojos y buhardillas vigilados por el Kaiserburg, el castillo imperial que se eleva sobre un risco. La capital de Baviera del Norte es una ciudad que se puede visitar en cualquier época del año, ya que además de sus museos, tiene una animada vida callejera desde la primavera hasta el otoño, y el mayor mercado navideño y también el más antiguo de Alemania.

Las piedras de la ciudad narran la historia de Alemania, con los fantasmas de los emperadores acechando en lo alto de los castillos, y las iglesias llenas de tesoros medievales. Pero también por estas calles anduvieron los Camisas pardas para ir a los grandes mítines nazis. Las leyes sobre la raza decretadas por el Tercer Reich llevaban el nombre de Nuremberg, y tras la guerra desencadenada por sus dirigentes, fue aquí donde se los juzgó por sus crímenes.

Aunque ocupa una superficie considerable (casi 4 km²), la **Altstadt** de Nuremberg puede explorarse a pie, y su antiguo e irregular entramado de calles, conservado intacto en ambas orillas del río Pegnitz, hacen de ello una delicia. La carretera de circunvalación, que sigue la línea del antiguo foso de las murallas, está embellecida con magníficos edificios como la ópera y la impresionante estación central de ferrocarril (Hauptbahnhof).

Un buen punto de partida es la **Lorenzerplatz,** plaza que debe su nombre a una de las grandes iglesias de la ciudad, la **Lorenzkirche.** En el interior hay obras de arte que revelan la prosperidad y creatividad que alcanzó la ciudad en la época medieval. Las más destacadas son de dos artistas muy vinculados a ella: Adam Krafft, autor del magnífico tabernáculo, de 20 m de altura (1490), y Veit Stoss (muerto en 1533), a quien se debe la Anunciación policromada que cuelga en el coro.

Aunque las torres gemelas de la iglesia, de 81 m de altura, dominan el paisaje, la **Nassauer Haus,** justo enfrente, es igual de impresionante. Esta casa fortificada, con torretas en las esquinas y las típicas ventanas con mirador, se remonta al siglo XIII. También en la plaza está la **Tugendbrunnen,** una fuente renacentista que lanza sus chorros de agua a través de las figuras de las Siete Virtudes.

Los puentes que cruzan el Pegnitz ofrecen encantadoras panorámicas. Desde el Museumsbrücke (puente del museo) obtendrá una buena vista del **Heilig-Geist-Spital** (hospital del Espíritu Santo), que se levanta en un brazo del Pegnitz, río arriba. Casa de caridad y hospital en la Edad Media, el edificio fue fielmente reconstruido en la década de 1950 tras quedar totalmente destruido en la segunda guerra mundial. Su estructura, apoyada sobre unos arcos bajos, llega hasta una isla del río y actualmente acoge un restaurante. En la otra orilla está el **Hauptmarkt,** donde cada día desde la Edad Media se celebra el mercado; es también el centro neurálgico de la ciudad y el lugar donde se monta el mercado navideño, con el inigualable telón de fondo de la **Frauenkirche,** una de las iglesias más exquisitas de Alemania. Bajo su empinado y puntiagudo tejado, adornado con esculturas, hay un mirador con un reloj, en el que a diario aparecen, al mediodía, los

Pensadores, sacerdotes y príncipes adornan la Schöner Brunnen.

Frauenkirche

 Plano pág. 252

✉ Hauptmarkt

☎ 0911 206 56 41

Männleinlaufen. La iglesia, construida en el siglo XIV por el emperador Carlos IV como capilla imperial, acogió durante años las joyas de la Corona. Entre sus piezas más preciadas están el altar mayor, con relieves de los ayudantes de Veit Stoss, y el altar de Tucher, un espléndido tríptico. Todavía más espectacular es la **Schöner Brunnen,** en la esquina noroeste de la plaza del mercado, una fuente de estilo gótico, con 19 m de altura, que es una auténtica obra de filigrana. Sus 40 figuras representan a personajes bíblicos, alegóricos y a los siete electores.

Desde la plaza, la Burgstraße discurre en dirección norte hacia lo alto del castillo. No obstante, antes de emprender la subida, dedíquele un rato al **Rathaus** (ayuntamiento), una espléndida obra renacentista; quizá le apetezca también explorar las 30 salas de la **Fembohaus,** una majestuosa mansión urbana del siglo XVI, que actualmente es el Stadtmuseum (museo municipal). La mejor forma de hacerlo es subir en ascensor hasta la planta superior, donde hay una fabulosa maqueta de la ciudad, para ir bajando poco a poco.

La compleja silueta del **Kaiserburg,** en el extremo norte de la ciudad, es el resultado de siglos de demoliciones y reconstrucciones. El elemento más interesante del interior es la capilla Imperial, construida en dos niveles. Si todavía le quedan fuerzas y sube los 113 escalones de la Sinwellturm (la torre) será recompensado con una estupenda vista panorámica de toda la ciudad. Justo a los pies del castillo se encuentra la **Albrecht-Dürer-Haus** que, amueblada en estilo medieval, permite hacerse una idea de cómo vivió este gran artista, aunque aquí no se exponga ninguna de sus pinturas más famosas.

La última de las tres grandes iglesias de Nuremberg es **Sebaldus-kirche** (San Sebaldo), cuya austera fachada oeste, románica, se remonta a la fundación de la iglesia en el siglo XIII. Por el contrario, la parte alta del extremo este fue completada en estilo gótico hacia finales del siglo XIV. El suntuoso mobiliario incluye una estatua de Cristo llevando la Cruz, paneles con relieves de Veit Stoss y el sepulcro de san Sebaldo, una tumba de bronce muy elaborada, obra del

Una reja del siglo XVI rodea la Schöner Brunnen.

Fembohaus
www.fembohaus.de
🅰 Plano pág. 252
✉ Burgstraße 15
☎ 091 12 31 25 95
🕐 Cerrada lun.
💲 $

Kaiserburg

✉ Kaiserburg
☎ 0911 22 57 26
💲 $$

Albrecht-Dürer-Haus

www.museum.nuremberg.de

🗺 Plano pág. 252
✉ Albrecht-Dürer-Straße 39
☎ 091 12 31 25 68
🕐 Cerrada lun.
💲 $

El medieval Heilig-Geist-Spital fue construido sobre las aguas del río Pegnitz en 1488.

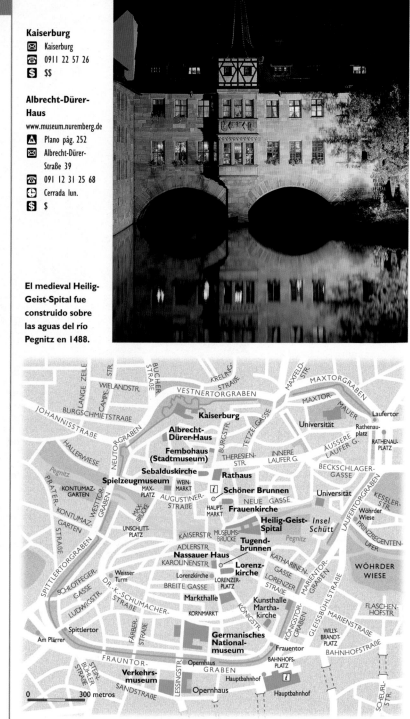

maestro artesano Peter Vischer el Viejo (1455-1529), a la que incorporó un autorretrato. Aunque este nivel de habilidad es excepcional, lo cierto es que Nuremberg siempre fue famosa por la meticulosidad e inventiva de sus artesanos (la expansión de Europa en la era de las grandes exploraciones se llevó a cabo en gran parte utilizando instrumentos fabricados o inventados aquí).

MUSEOS

La producción artesanal de juguetes que floreció aquí hizo de Nuremberg la elección lógica para el emplazamiento de la feria comercial anual de juguetes. De hecho, el **Spielzeugmuseum** (museo de los juguetes) gusta tanto a los adultos como a los niños. Entre otras cosas, se exponen maquetas de trenes, aunque si prefiere verlos de verdad, vaya al **Verkehrsmuseum** (museo del transporte). Uno de los motivos de que el museo nacional del transporte público de Alemania se encuentre aquí es que el primer tren de vapor del país, inaugurado en 1835, fue el que unió Nuremberg con la cercana población de Fürth. Aunque el sitio de honor lo ocupa una maravillosa reproducción de la locomotora *Adler* (Águila), hay muchas cosas más, como por ejemplo, el lujoso vagón real del rey Luis de Baviera o una gigantesca maqueta ferroviaria.

El **Germanisches Nationalmuseum,** justo al norte, data de 1852 y se ha expandido desde entonces para albergar piezas de arte y artesanía muy diversas: pintura, escultura, mobiliario, armas y armaduras, vestidos y objetos folclóricos. Hoy, su sede original, un monasterio cartujo, está rodeado por sus propias ampliaciones, de las cuales la más reciente (1993) e impactante le ha proporcionado un espléndido nuevo vestíbulo y un espacio para exposiciones. No se pierda la galería de pintura de la segunda planta, donde podrá admirar la obra de Durero. Este artista, uno de los representantes más destacados del Renacimiento alemán, representó con una habilidad magistral los detalles anatómicos; observe su obra *Hércules matando a los pájaros estinfalidas*. En los retratos también supo plasmar la

Los *Lebkuchen*, que encontrará en el mercado navideño de Nuremberg, son una especialidad de la ciudad.

personalidad del modelo con igual talento, como se pone de manifiesto en el que le hizo a *Michael Wolgemut*, su antiguo maestro, un homenaje emotivo pero realista de un hombre anciano.

La calle que separa las dos zonas principales del museo ha quedado convertida en una obra escultórica después de que el artista israelita Dani Karavan colocara unas columnas con inscripciones en los idiomas de las víctimas de los nazis. La obra es una referencia a las construcciones monumentales del sudeste de la ciudad en las que se reunían los nazis. Los restos del podio desde el que Hitler pasaba revista a sus acólitos siguen allí, junto con el inacabado edificio de congresos inspirado en el Coliseo de Roma. Las pretensiones megalómanas de este edificio se ponen de manifiesto en el nuevo centro de documentación, concebido para mostrar el importante papel que tuvo Nuremberg en la creación del estado nazi. ■

Sebalduskirche
- 🅰 Plano pág. 252
- ✉ Sebalderplatz
- ☎ 0911 214 25 00

Spielzeugmuseum
- 🅰 Plano pág. 252
- ✉ Karlstraße 13-15
- ☎ 0911 231 31 64
- 🕐 Cerrado lun.
- 💲 $

Verkehrsmuseum
- 🅰 Plano pág. 252
- ✉ Lessingstraße 6
- ☎ 0911 219 24 28
- 🕐 Cerrado lun.
- 💲 $

Germanisches Nationalmuseum
- 🅰 Plano pág. 252
- ✉ Kartäusergasse 1
- ☎ 0911 133 10
- 🕐 Cerrado lun.
- 💲 $

Bamberg

ESTA MARAVILLOSA CIUDAD, SÍNTESIS DE NATURALEZA Y
arquitectura, está situada en el lugar donde las colinas bajas convergen
en el armonioso valle del río Regnitz. Su encanto y el hecho de que se
haya convertido en Patrimonio de la Humanidad no se debe a edificios concretos sino al conjunto. Aquí el pasado se siente como una
presencia viva. En el centro de la población se han conservado los antiguos barrios residenciales y jardines, y las calles y plazas se han salvado
tanto de la destrucción de la guerra como de una mala reconstrucción.
Aún así, Bamberg es una ciudad moderna, convertida en el centro cultural y comercial de la zona, con un importante puerto en el canal
Main-Danubio y una universidad recientemente reinaugurada.

La herencia de Bamberg está marcada por la polaridad entre iglesia
y ciudad, obispos y ciudadanos.
Aunque los edificios más destacados
son los de la zona empinada que se
eleva desde la orilla izquierda del río,
la magnífica catedral y el palacio del
obispo, la Residenz, lo mejor es que
comience su visita en la **parte baja
de la ciudad,** obra de los ciudadanos más que del clero. El **Altes
Rathaus** (antiguo ayuntamiento) se
alza en una pequeña isla del río. Se
trata de una estructura singular, formada por tres partes: una sección
del siglo XVIII bastante convencional
y decorada con coloridos frescos;
una elaborada torre barroca atravesada por la carretera del puente, y
una casa con entramado de madera
suspendida sobre el río. En el interior podrá visitar la **Sammlung
Ludwig,** una colección excepcional
de porcelana.

Continúe paseando por el río,
atraviese los puentes y contemple
sus estatuas, sin dejar de captar el
paisaje que domina la orilla, con sus
antiguas esclusas, sus viejas grúas y
las bonitas e irregulares casas de los
pescadores, que constituyen la
«pequeña Venecia» de Bamberg.

La parte baja de la ciudad tiene
muchos tesoros más. Dos de los
mejores arquitectos barrocos de
Baviera, Georg Dientzenhofer y

Balthasar Neumann, trabajaron aquí
en los proyectos de la magnífica
iglesia de San Martín, de los
jesuitas, y del **Neues Rathaus**
(nuevo ayuntamiento), respectiva-
mente. También hay calles enteras
llenas de preciosas casas del siglo
XVIII. Algunos de los *Cuentos de
Hoffmann,* en los que se basó la
ópera de Offenbach, fueron escritos
en la pequeña **E. T. A. Hoffmann-
Haus,** que fue hogar de este popular
escritor y músico entre 1808 y 1813.
La casa conserva documentos y
objetos relacionados con los años
que Hoffmann pasó aquí.

Unas empinadas calles y escaleras
le llevarán a la **parte alta de la
ciudad,** dejándole en la inclinada y
adoquinada **Domplatz,** un espacio
abierto bastante impactante, donde
se encuentran la **Dom** (catedral),
con sus cuatro torres; el Alte
Hofhaltung, un palacio de finales de
la Edad Media, y la Neue Residenz,
del siglo XVIII. La Dom, que fue la
tercera catedral que se construyó
aquí después de que las dos anteriores quedaran destruidas por un
incendio, tardó casi todo el siglo XIII
en levantarse, período durante el
cual se produjo la transición del
Románico al Gótico, un cambio que
no afectó a la armonía del edificio.

En su interior conserva obras
maestras de la escultura medieval,

Construido en los
estilos gótico,
barroco y rococó,
el antiguo
ayuntamiento se
alza en su pequeña
isla del río Regnitz.

Bamberg
www.bamberg.de
🅰 249 C3
Información
✉ Geyerswörthstraße 3
☎ 0951 2976 200

Sammlung Ludwig
✉ Im Alten Rathaus,
Obere Brücke
☎ 0951 87 18 71 o
0951 87 11 42
🕐 Cerrado lun.
💲 $

entre ellas, el ***Bamberger Reiter,*** una noble figura a caballo que parece incorporar todas las virtudes de la caballería germánica medieval. De hecho, bien podría representar a un gobernante extranjero, en concreto al rey Esteban de Hungría, el cuñado del emperador Enrique II, enterrado aquí junto a su esposa, la emperatriz Kunigunde. El sepulcro de ambos lo realizó Tilman Riemenschneider (*c.* 1460-1531), uno de los escultores más notables de finales de la Edad Media. Otras esculturas que cabe destacar son las figuras femeninas que representan a la Iglesia triunfante («Ecclesia») y al desencaminado judaísmo (la «Sinagoga», con los ojos vendados), así como el maravilloso altar de la Natividad, de madera de tilo, la última obra importante de Veit Stoss.

Justo enfrente de la catedral, en la Domplatz, se alza el **Alte Hofhaltung,** originalmente construido como palacio imperial y más tarde convertido en la residencia del obispo. Tras la entrada renacentista hay un patio dominado por edificios con entramado de madera y techos altos. En 1693, el príncipe-obispo Schönborn encargó a Leonhard Dientzenhofer (*c.* 1655-1707) que proyectara la **Neue Residenz,** pero como los fondos se agotaron, sólo pudieron completarse dos alas de este grandioso palacio barroco. En el interior hay magníficas salas de estado y la **Staatsgalerie,** que contiene una colección de pintura de maestros alemanes como Grien y Cranach. Desde la terraza del Rosengarten hay una fantástica vista panorámica de toda la ciudad. ■

E. T. A.-Hoffman-Haus
www.etahg.bamberg.de
✉ Schillerplatz 26
☎ 095 12 47 09
🕐 Cerrada lun.
💲 $

Dom
✉ Domplatz
☎ 0951 955 030

Alte Hofhaltung
✉ Domplatz
☎ 0951 87 11 42
🕐 Cerrado lun.
💲 $

Neue Residenz
✉ Domplatz
☎ 0951 519 39 0
💲 $

Vierzehnheiligen

LA MAGNÍFICA IGLESIA DE PEREGRINAJE DEDICADA A LOS catorce santos (Vierzehnheiligen), en lo alto de una ladera del hermoso valle del alto Main, es una de las maravillas arquitectónicas de Alemania.

Durante siglos la iglesia ha atraído a multitud de peregrinos, y si decide seguir sus pasos colina arriba, esta obra maestra del rococó no le decepcionará. Fue proyectada por Balthasar Neumann, uno de los arquitectos más creativos de todo el siglo XVIII.

Los catorce santos, entre ellos santa Bárbara, santa Catalina, san Cristóbal y san Vito, que habían sido

durante mucho tiempo objeto de culto popular en el sur de Alemania, donde se les llama Nothilfer («los que ayudan en los momentos de necesidad»), se aparecieron en 1519, acompañados del niño Jesús, a Hermann, un pastor de Franconia. El milagro pronto se divulgó y no tardó en erigirse en el lugar de la aparición una capilla de peregrinaje.

Reconstruida más de una vez para dar cabida a los cada vez más numerosos peregrinos, fue finalmente ampliada por orden del príncipe-obispo Friedrich Carl von

Schönborn, por aquel entonces dedicado totalmente a transformar su ciudad episcopal, la cercana Bamberg (ver págs. 254-255). Y evidentemente fue Neumann, quien había adquirido fama como arquitecto de la corte en Würzburg (ver págs. 261-262), la elección natural para proyectar el tipo de edificio que Schönborn tenía en mente. La primera piedra se colocó en 1741 y el edificio fue terminado en 1772, bastante después de que muriera Neumann, aunque respetando fielmente sus planos.

Las torres gemelas de la iglesia hallan su contrapartida en la abadía barroca de Kloster Banz, que se alza en una ladera al otro lado del Main. Por fuera, Vierzehnheiligen parece una iglesia convencional, con muros de basta piedra arenisca dorada que en apariencia encierran la típica estructura de nave central, naves laterales, transeptos y coro.

Sólo la ondulante fachada oeste insinúa las deliciosas sorpresas que nos esperan en el interior, cuya maravilla se revela tan pronto como se cruzan las puertas y se accede a un espacio que parece más a un fantástico arrecife de coral que una obra arquitectónica. La luz que entra por los numerosos vitrales ilumina exuberantes formas sinuosas de color rosa, blanco y dorado, una rica ornamentación que hace que la estructura del edificio se desvanezca del todo y que alcanza su punto máximo en el ovalado altar de la Piedad (Gnadenaltar), de mármol y estuco, dedicado a los catorce santos y situado en el centro de la iglesia. Rodeado por una balaustrada, reproduce la

Vierzehnheiligen
www.vierzehnheiligen.de

🅰 249 C4

✉ Wallfahrtskirche Vierzehnheiligen

☎ 09571 95 08 0

💲 Donativo obligatorio

transepto norte

Izquierda: la parte más importante de la iglesia de peregrinaje es el Gnadenaltar, con sus estatuas de los catorce santos.

visión del pastor de la forma más extravagante, como si fuera un cuadro con figuras de tamaño superior al natural, hecho con porcelana de Meißen. Ninguna otra pieza expresa tan vivamente el espíritu sensual y jocoso del rococó. ■

el *Gnadenaltar* de Johann Michael Feichtmayer

ransepto sur

torres gemelas con cúpulas

exterior convencional de piedra arenisca basta

tar ayor

El palacio ducal del centro de Coburg, el Ehrenburg, domina la Schloßplatz.

Coburg

DURANTE SIGLOS, ESTA POBLACIÓN DE LA FRONTERA CON Turingia fue la capital de una dinastía ducal cuya sangre llegó a fluir por las venas de numerosas familias reales de Europa, por los numerosos enlaces matrimoniales que concertaron. Los majestuosos edificios de sus calles y plazas, y su magnífico legado de parques y jardines, ponen claramente de manifiesto su pasado aristocrático.

Coburg
www.coburg.de
🗺 249 C4
Información
✉ Herrngasse 4
☎ 0956 17 41 80

Ehrenburg
www.sgvcoburg.de
✉ Schloßplatz
☎ 0956 18 08 80
🕐 Cerrado lun.
💲 $

Veste Coburg
www.kunstsammlungen.de
✉ Veste Coburg
☎ 09561 87 90
🕐 Cerrado lun.
💲 $

La vida en Coburg se centra en la animada **Marktplatz,** donde se alza el Rathaus (ayuntamiento) de finales del siglo XVI, y, justo enfrente, la magnífica Stadthaus, el edificio del Gobierno, con tres aguilones y construido por el duque Johann Casimir von Sachsen-Coburg-Eisenach (1564-1633). La estatua que hay en la plaza es la de su descendiente lejano Albert von Sachsen-Coburg-Gotha, que en 1840 se casó con su prima Victoria, reina de Inglaterra.

Durante sus visitas, la reina se alojó en el **Ehrenburg,** un palacio ducal de principios del siglo XIX, con una fachada imitación Tudor. Lo más interesante del interior es la Riesensaal, una sala de baile maravillosamente estucada, cuyo techo es sostenido por gigantes *(Riesen).* El

palacio da a la **Schloßplatz,** una bella plaza porticada, donde se alza el Staatstheater, de estilo neoclásico.

Suba al viejo castillo, **Veste Coburg,** en coche o a pie, por el parque del Hofgarten hasta llegar a la portada barroca. Debido a su elevada ubicación, a su triple perímetro amurallado y a sus torres, a esta fortaleza se la conoce como «la Corona de Franconia». En el edificio Steinerne Kemenate hay dos habitaciones donde Lutero se alojó durante seis meses en 1530 y salas con obras de arte de la Edad Media y principios de la edad moderna. Las artes decorativas y las piezas de vidrio se exhiben en el edificio Carl Eduard. Los trineos y las carrozas de la familia ducal se encuentran en el ala de la Duquesa. ∎

Bayreuth

El elegante público de la ópera se concentra en el exterior de la famosa **Festspielhaus de Bayreuth.**

AUNQUE LOS ORÍGENES DE ESTA ANTIGUA CIUDAD SE remontan al siglo XII, no fue hasta el siglo XIX cuando Bayreuth adquirió fama mundial como hogar y lugar de trabajo del compositor Richard Wagner (1813-1883). Cada año durante julio y agosto, el gran festival de ópera de Wagner, el Festspiele, llena la ciudad de visitantes de todo el mundo.

Las bases de la fama de esta ciudad se sentaron en el siglo XVII, cuando Bayreuth se convirtió en la sede de los margraves de Kulmbach, que empezaron a reconstruirla en un estilo más adecuado para una pequeña ciudad principesca. La vida de la corte recibió un gran impulso un siglo más tarde, cuando al margrave Friedrich, un hombre gris, le concedieron la mano de la princesa Wilhelmine, la hermana favorita de Federico el Grande de Prusia.

Enérgica y con talento, apasionada de la música, el teatro, la arquitectura y la jardinería paisajística, Wilhelmine atrajo a artistas, arquitectos y músicos a la ciudad e impulsó proyectos como la lujosa **Markgräfliches Opernhaus** (ópera de los margraves). Este tea-tro, uno de los cinco que se construyeron bajo su mandato, es el más espléndido de todos, ya que tiene uno de los mejores interiores barrocos de Alemania. Se dice que es este teatro lo que atrajo a Wagner a Bayreuth.

La Markgräfliches Opernhaus acoge en mayo el «otro» festival musical de Bayreuth, el Fränkische Festwoche, que pone en escena obras de compositores del siglo XVIII. También en el antiguo centro de la ciudad se encuentra la **Schloßkirche**, rococó, con los sepulcros de Wilhelmine y su marido. Cerca de aquí se encuentra el **Altes Schloß** (antiguo palacio), reconstruido en estilo barroco a finales del siglo XVII. Lo más impactante de él es la torre renacentista

Bayreuth
www.bayreuth.de
🗺 249 C3
Información
✉ Luitpoldplatz 9
☎ 092 18 85 88

Markgräfliches Opernhaus
✉ Opernstraße
☎ 0921 75969 0
🕐 Cerrada lun.
💲 $

Representación de *Los Maestros Cantores de Nuremberg* durante la temporada operística de Wagner.

Neues Schloß
- ✉ Ludwigstraße
- ☎ 0921 75 96 90
- 🕐 Cerrado lun.
- 💲 $

Villa Wahnfried (Richard-Wagner-Museum)
www.manfried.de
- ✉ Richard-Wagner-Straße 48
- ☎ 0921 757 28 0
- 🕐 Cerrado lun.
- 💲 $

Festival Theater
- ✉ Festspielhügel
- ☎ 092 17 87 80
- 🕐 Cerrado lun.
- 💲 $

octogonal, con una escalera de caracol tan grande que los margraves podían subirla a caballo.

Wilhelmine, que no se conformó con vivir en un viejo castillo, mandó construir otro. Los deliciosos interiores del nuevo palacio (Neues Schloß) muestran su gusto en su faceta más inventiva, con una sala japonesa, una sala de palmeras, un extraordinario salón de espejos y la espléndida sala del Cedro, un magnífico escenario para la ceremonia de apertura del Festspiele. Hay visitas guiadas. Más allá se encuentra el **Hofgarten,** un parque construido en un estilo inglés informal a finales del siglo XVIII.

La residencia de Wagner, la **villa Wahnfried,** se encuentra en un extremo del Hofgarten y es de visita obligada no sólo para los amantes de la ópera sino para cualquiera que esté interesado en este personaje. A poca distancia del centro de la ciudad se encuentra el **Festspielhaus** (teatro del Festival), donde se representan sus «dramas musicales». Se inauguró en 1876 con una representación de su serie de óperas del Anillo de los Nibelungos. ∎

Wagner

Estatua de Wagner.

A una edad temprana, Richard Wagner dejó clara su intención de crear una verdadera ópera nacional que sería un logro cultural tan magnífico como las sinfonías de Beethoven. Volvió la espalda a la pasión germana por Italia y la antigüedad clásica, y encontró inspiración en la Edad Media alemana y en las hazañas de los dioses de la mitología escandinava. También revolucionó y enriqueció el lenguaje musical para crear un sonido de impresionante intensidad y fuerza emotiva. Gracias a la generosidad de uno de sus admiradores, el rey Luis II de Baviera, Wagner se salvó de una vida errática. En un principio, el teatro requerido para la representación de sus grandes obras épicas iba a construirse en Munich, la capital de Baviera, pero él prefirió que fuera en Bayreuth.

El estilo de las óperas de Wagner, llamado «drama musical», provoca entusiasmo en sus seguidores. Pero no a todo el mundo le gusta; a veces se ha definido su música de «avalancha de sonido». Por otro lado, su antisemitismo y nacionalismo exacerbado le merecieron el aprecio de los nazis (Hitler asistía regularmente al Festspiele), y contribuyeron a crear una imagen negativa de su persona. ∎

Würzburg

El puente
de piedra de
Würzburg cruza el
río Main desde
principios del
siglo XII.

LA HISTORIA DE ESTA ANTIGUA POBLACIÓN UNIVERSITARIA comenzó en el siglo VIII, cuando se erigió una iglesia en el lugar donde descansaban los restos del martirizado misionero irlandés san Kilian. Más tarde la ciudad se convirtió en un centro de la Contrarreforma y, posteriormente, en 1895, el físico Wilhelm Konrad Roentgen descubrió aquí los secretos de los rayos X. Aunque fue bombardeada durante la guerra, son muchos los edificios que se han conservado o restaurado. Además, la Residenz, de estilo barroco, justifica por sí sola la visita.

Después de vivir unos cinco siglos en la fortaleza de Marienberg, elevada sobre la orilla oeste del Main, los príncipes-obispos encargaron al arquitecto Balthasar Neumann (ver pág. 37) la construcción de un nuevo y elegante palacio: la **Residenz,** que, erigida entre 1720 y 1744, es uno de los mejores edificios barrocos de Alemania.

Al entrar en el ala central, observe la espectacular escalinata, adornada con la mayor pintura de cielo raso del mundo, obra del artista veneciano Giovanni Battista Tiepolo (1696-1770). Tras la discreción de la Weisser Saal (sala blanca), decorada con estuco, se encuentra la ovalada

Kaisersaal (sala imperial), con escenas en trampantojo de la historia de Würzburg pintadas en el techo, también por Tiepolo. La suntuosa sala terrena conecta el palacio con la terraza ajardinada, un escenario perfecto para el festival de Mozart que se celebra a principios de verano.

Al oeste de la Residenz, la **Dom** (catedral), de estilo románico, resultó muy dañada en 1945. Hoy, totalmente reconstruida, contiene los sepulcros de los Schönborn, la familia más importante de príncipes-obispos.

La adyacente **Neumünster,** una basílica románica reconstruida en un exuberante estilo barroco, es el

Würzburg
www.wuerzburg.de

🅰 248 B3

Información

✉ Am Congress
Centrum

☎ 0931 37 23 35

Residenz

✉ Residenzplatz

☎ 0931 35 51 70

💲 $ (jardín gratuito)

El fresco de Tiepolo sobre la enorme escalinata barroca de la Residenz de Würzburg representa a los cuatro continentes entonces conocidos, rindiendo homenaje al príncipe-obispo.

Marienberg y Mainfränkisches Museum

✉ Festung Marienberg

☎ 093 14 30 16

🕐 Cerrado lun.

$ $

lugar donde reposa san Kilian. Detrás, en la pequeña zona verde del **Lusamgärtchen,** hay un monumento conmemorativo dedicado a otro personaje ilustre de la ciudad, el popular trovador Walther von der Vogelweide. En la cercana Marktplatz se encuentran la reconstruida **Haus zum Falken,** una mansión rococó, y la hermosa **Marienkappelle,** gótica, con su Anunciación sobre la entrada norte. Esta capilla dedicada a la Virgen María fue erigida en el lugar que ocupó el gueto, incendiado en 1349 cuando los judíos fueron acusados de haber traído la peste bubónica a la ciudad.

La zona norte del centro es un lugar indicado para catar los productos de los viñedos de Franconia. Los dos hospicios medievales que hay aquí siempre han confiado en las viñas plantadas por sus fundadores de la Edad Media como parte importante de sus ingresos. Tanto el Bürgerspital, inaugurado en 1319, como el **Juliusspital,** en 1576, tienen bodegas. Este último (*Juliuspromenade; Tel 093 13 93 14 00; sólo visitas guiadas, vier. tarde*) cuenta con un hermoso patio y una farmacia del siglo XVIII que conserva su mobiliario original.

El **Alte Mainbrücke,** el puente de piedra que cruza el Main, data de 1133. En el siglo XVIII fue embellecido con estatuas barrocas, figuras de obispos y santos en posturas teatrales. Al cruzar el puente, observe las compuertas que permiten a las grandes barcazas que circulan por el canal Main-Danubio pasar la presa.

Puede llegar a la **Festung Marienberg** (fortaleza Marienberg) a pie o en autobús, aunque éstos pasan con poca frecuencia. El castillo medieval, residencia de los príncipes-obispos, fue ampliado y convertido en un palacio renacentista antes de que sus ocupantes se trasladaran a la Residenz, en la ciudad. La maravillosa vista del río y de la ciudad se aprecia mejor desde la terraza que hay debajo del castillo. Dentro podrá visitar la **Marienkirche,** una singular iglesia de planta circular del siglo VIII, y el **Mainfränkisches Museum,** el museo regional. No se pierda la colección de tallas de madera de tilo, obra de Tilman Riemenschneider, que comenzó a ser reconocido en Würzburg hacia 1478.

Aproximadamente al mismo nivel que la Marienberg, aunque separada de ésta y accesible por un pasaje jalonado por las estaciones de un vía crucis, se encuentra la **Käppele,** una iglesia de peregrinaje con una cúpula bulbiforme, obra de Balthasar Neumann. Desde su terraza obtendrá una espléndida vista de la ciudad y de la Marienberg. ■

Rothenburg ob der Tauber

LA CAMPIÑA SE EXTIENDE HASTA LAS MURALLAS MEDIEVALES de Rothenburg, dentro de las cuales los felices incidentes de la historia han conservado un paisaje urbano de gran perfección. Aunque posee pocos monumentos de relevancia, sus estrechas calles y sus encantadoras plazas parecen no haber cambiado desde que el burgomaestre Nusch la salvó de la destrucción en la guerra de los Treinta Años, gracias a una famosa apuesta: la *Meistertrunk* (ver pág. 265). Rothenburg está en todas las rutas turísticas, por lo que, si puede, venga en temporada baja o por la mañana temprano, antes de que las calles se llenen.

La primera fortificación construida sobre el río Tauber hace mil años se encontraba en el actual emplazamiento del Burggarten. Una pequeña población se extendió por la meseta al este, protegida por una línea de murallas que hoy ya no existe. Hacia 1300, la creciente prosperidad trajo la expansión, lo que llevó a construir un segundo cinturón de murallas y torres de unos 2,5 km de longitud, con una pasarela para los centinelas que todavía hoy se puede recorrer.

Tras la guerra de los Treinta Años hubo una recesión comercial y el pueblo pasó a ser un lugar apartado de las rutas importantes.

Una de las puertas medievales de **Rothenburg** vigila la entrada a la adoquinada **Plönlein**.

Rothenburg ob der Tauber
www.rothenburg.de
🗺 248 B3
Información
✉ Marktplatz 2
☎ 09861 404 800

Perfectamente conservadas, las antiguas murallas de Rothenburg todavía mantienen a raya al mundo moderno.

St.-Jakobskirche

✉ Klingergasse

☎ 09861 7 00 60

Reichsstadt-museum

www.reichsstadtmuseum.rot henburg.de

✉ Klosterhof

☎ 09861 93 90 43

$ \$ $

Rathaus

www.rothenburg.de

✉ Marktplatz 1

☎ 09861 40 40

$ \$ $

A mediados del siglo XIX, Rothenburg fue «descubierta» por pintores de la talla de Carl Spitzweg y Ludwig Richter, que vieron en el lugar la esencia del pasado romántico alemán, lo que la convirtió en parada obligatoria para los viajeros británicos que se dirigían al sur, hacia Suiza e Italia. Fue así como los lugareños se dieron cuenta de que su futuro dependía del turismo, y de una de las políticas conservacionistas más restrictivas de Alemania, que llevaron a prohibir cualquier intrusión moderna (como rótulos de tiendas) que pudiera dañar su imagen medieval. Tras un ataque aéreo en los últimos días de la segunda guerra mundial, J. J. McCloy, un civil que acompañaba al ejército estadounidense en su avance, pidió, con éxito, que no se lanzaran más bombas sobre ella. Desde entonces Rothenburg ha sido restaurada y conservada.

En el centro del pueblo está la **Marktplatz,** dominada por la majestuosa ala renacentista del ayuntamiento (Rathaus), cuyos escalones son el lugar de descanso de los turistas. En el lado norte de la plaza está

la **Ratsherrentrinkstube,** una taberna de estilo barroco donde antiguamente se reunían los concejales de la población. Adornada con tres relojes, también muestra las figuras de Tilly y Nusch (ver pág. 265), que aparecen varias veces al día, a ciertas horas en punto, para representar su histórico encuentro.

Justo al norte de la Marktplatz se alza la **St.-Jakobskirche,** con el mayor tesoro de Rothenburg: el altar de la Sangre Sagrada, una obra maestra de gran delicadeza y expresividad, tallada en madera de tilo por Tilman Riemenschneider (1504). Detrás de la iglesia, en un antiguo convento, se ha instalado el **Reichsstadtmuseum,** donde se guarda el *Humpen* (cántaro) original de la leyenda de la *Meistertrunk.*

La mejor vista de Rothenburg se obtiene desde el **ayuntamiento** (Rathaus). Atraviese la amplia Kaisersaal (Sala imperial) y suba la escalera de la parte gótica del edificio, que le llevará a una plataforma en lo alto de la torre. Sesenta metros por debajo están los adoquines de la plaza del mercado, mientras que más allá de los tejados rojos y de las

murallas se extienden los hermosos campos y bosques de Franconia.

Algunas de las mejores casas antiguas están en la **Herrngasse,** la calle que discurre en dirección oeste hasta la Burgtor, la antigua puerta del castillo, que actualmente da entrada al **Burggarten,** un parque con vistas idílicas sobre el valle del Tauber. Al sur de la plaza del mercado se abre la **Schmiedgasse,** también con espléndidos edificios, entre ellos la **Baumeisterhaus,** con tejado escalonado. Las estatuas del segundo piso representan a las siete virtudes, y las del superior, a los siete pecados capitales. Saliendo de la Schmiedgasse llegará al interesante **Puppen- und Spielzeug-Museum** (museo de marionetas y juguetes). El **Mittelalterliches Kriminalmuseum** le hará estremecer con su exposición de instrumentos de tortura, entre los que hay un ejemplar de la cruel Dama de Hierro. La Schmiedgasse termina en una pequeña plaza triangular conocida como la **Plönlein.** ■

Puppen-und Spielzeug-Museum
✉ Hofbronnengasse 13
☎ 09861 73 30
💲 $

Mittelalterliches Kriminalmuseum
✉ Burggasse
☎ 09861 53 59
💲 $

El *Humpen*, de 3,25 l de capacidad.

La *Meistertrunk*

Aunque Rothenburg fue derrotada por el ejército imperial del general Tilly el 30 de octubre de 1631, este despiadado señor de la guerra aceptó el ofrecimiento, antes de arrasar la población a causa de su resistencia insolente, de tomarse un trago de un *Humpen*, un recipiente con una capacidad de unos 3,25 l, de vino local. Entonces, ligeramente ablandado, propuso perdonar al pueblo si alguien era capaz de vaciar el recipiente de un solo trago (una inaudita *Meistertrunk*, o hazaña de campeones del beber). El ex alcalde Nusch aceptó el reto y lo consiguió, aunque le llevó unos diez minutos completar su hazaña. Tilly cumplió su palabra y Nusch, después de tres días de feliz olvido, se recuperó y vivió hasta la edad de 80 años. Una colorida recreación de este acontecimiento se escenifica varias veces al año en la Kaisersaal de la Rathaus. ■

Una ruta por la Carretera Romántica

Campiñas tranquilas, el recuerdo de grandes batallas, curiosidades naturales y, por encima de todo, una sucesión sin igual de poblaciones históricas constituyen la Romantische Straße, la ruta turística más popular de Alemania, que se extiende 350 km desde Würzburg, en el valle del Main, hasta Füssen, en los Alpes.

Comience al norte de la primera parte de esta ruta bien señalizada, que lleva desde Würzburg (ver págs. 261-262) por la B27 hasta **Tauberbischofsheim** ❶, un precioso pueblo vinícola medieval situado en el valle del Tauber. Siga el río corriente arriba por la B290 hasta la ciudad balneario de **Bad Mergentheim** ❷, donde el moderno barrio de los balnearios contrasta con el casco antiguo y la residencia renacentista del gran maestre de la orden de los Caballeros Teutones. Desde aquí, la ruta le llevará a **Weikersheim,** con su castillo rodeado por un foso de la familia Hohenlohe, y a **Creglingen.** En la Herrgottskirche de esta

Descansando del recorrido de la Carretera Romántica en el medieval Dinkelsbühl.

población se halla el espléndido retablo de la Virgen María, de madera de tilo, tallado en 1510 por el maestro Tilman Riemenschneider. La iglesia de **Detwang** también conserva un retablo de este artista. Deténgase para dar un paseo por la incomparable **Rothenburg ob der Tauber** ❸ (ver págs. 263-265).

Al sur de Rothenburg está **Feuchtwangen** ❹, una población medieval con una preciosa y antigua plaza del mercado, y unos claustros románicos que se utilizan para actuaciones al aire libre en verano. Al siguiente pueblo, **Dinkelsbühl** ❺, bien conservado dentro de su perímetro amurallado, jalonado de torres, solamente se puede entrar por una de sus cuatro puertas. Dentro hay magníficas casas antiguas de mercaderes, como la **Deutsches Haus** (*Am Weinmarkt*), con siete plantas proyectadas hacia fuera y un enorme tejado abuhardillado. La iglesia de San Jorge, del siglo XV, una de las más hermosas del sur de Alemania, tiene un interior de elevadas proporciones. De día, pasee por las calles en un carro tirado por caballos y, de noche, recorra las murallas. Cada año, en julio, se celebra con un desfile, el Kinderzeche, que Dinkelsbühl se salvara de la destrucción durante la guerra de los Treinta Años. En él se recuer-

🗺 Ver mapa de la zona pág. 248 B3
➤ Würzburg
🔁 350 km
🕐 Mínimo 3 días
➤ Füssen

PUNTOS DE INTERÉS

- Retablo de Riemenschneider en Creglingen
- Un paseo por Rothenburg ob der Tauber
- Deutsches Haus en Dinkelsbühl
- Vista desde la torre de la iglesia de Nördlingen
- Castillo de Neuschwanstein

da la exitosa llamada que hicieron los niños del pueblo al comandante de la tropa asediadora.

Cuando la ruta se aproxima a Nördlingen, atraviesa un paisaje abierto casi totalmente desprovisto de árboles. Se trata del **Ries**, un cráter circular de 25 km de diámetro creado por un meteorito hace unos 15 millones de años. Contemple la zona desde lo alto de la torre de la iglesia de San Jorge de **Nördlingen** ⑥, de 90 m de altura, e infórmese acerca del cráter en el **Rieskrater-Museum** *(Hintere Gerbergasse 3; Tel 09081 27 38 22 0; cerrado lun.)*. Desde la torre también obtendrá la mejor vista panorámica de esta población, que vivió sus días de gloria entre los siglos XIV y XVI, cuando su enorme feria de Pentecostés atraía a comerciantes de toda Alemania. El estancamiento posterior preservó su pintoresco paisaje urbano. Un poderoso cinturón de murallas, con 16 torres y cinco puertas, todavía protege las calles que parten radialmente de la Marktplatz central, presidida por el ayuntamiento (Rathaus) del siglo XIII. En el **museo Municipal** *(Vordere Gerbergasse 1; Tel 0908 18 41 20; cerrado lun.)*, 6.000 soldados de plomo aún disputan una de las grandes batallas de la guerra de los Treinta Años, que tuvo lugar a las afueras de la ciudad en 1634.

Desde Nördlingen, la ruta alcanza el Danubio en **Donauwörth** ⑦ y luego, pasada Augsburg, cruza el **Lechfeld**. En 955 tuvo lugar aquí una de las batallas más decisivas de Europa, que permitió a Otón I el Grande terminar con las incursiones de los húngaros, obligándoles a retroceder hacia el este. Aunque más allá de Landsberg comienzan las estribaciones de los Alpes, antes de llegar a la frontera austriaca en Füssen, encontrará una de las atracciones más románticas de Alemania: el castillo de ensueño del rey Luis II, **Neuschwanstein** ⑧, colgado sobre un risco entre bosques y saltos de agua (ver pág. 307). ∎

La población amurallada de Nördlingen.

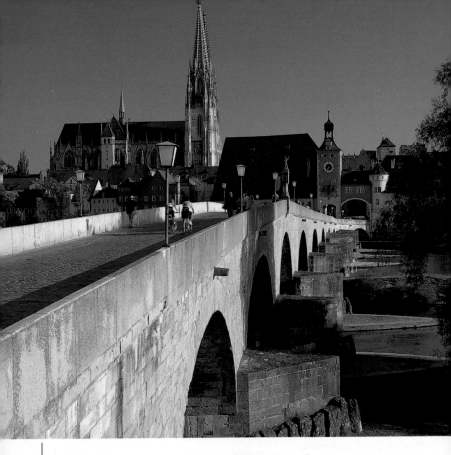

Regensburg

A LOS HABITANTES DE REGENSBURG LES GUSTA RECORDAR
que su hermosa ciudad, presidida por la catedral, en la confluencia de
los ríos Danubio y Regen, disfruta del ambiente de una plácida capital
de provincias que la cosmopolita Munich perdió hace tiempo. El ritmo
de vida es pausado, a pesar de la presencia de una universidad con más
de 20.000 estudiantes. Además, el centro sufrió pocos daños durante la
guerra y la ciudad estuvo a la cabeza del movimiento conservacionista
urbano; fue una de las primeras poblaciones alemanas que eliminó el
tráfico de algunas calles, creó barrios peatonales y rehabilitó edificios.

Regensburg
www.regensburg.de
🄰 249 D2
Información
✉ Altes Rathaus
☎ 0941 507 4410

Dom
✉ Domplatz
☎ 0941 59 71 002
$ $ (visita guiada)

Como Castra Regina, Regensburg
fue una población romana que vigi-
laba la frontera septentrional del
Imperio, en el Danubio. Las murallas resistieron mil años, y el entramado de calles estrechas todavía
recuerda la cuadrícula trazada por
los agrimensores militares romanos.

En la Edad Media, la época de su
mayor auge, Regensburg fue la
población más importante del sur
de Alemania. Las familias más adi-
neradas, siguiendo entonces la moda
italiana, construyeron torres fortifi-
cadas urbanas que rivalizaban las
unas con las otras. Unas 30 de estas

singulares estructuras se han conservado y asoman sobre un mar de tejados rojos.

Pese a todo, la vista más impactante de la ciudad es la que obtendrá desde el **Steinerne Brücke** (puente de piedra) del siglo XII, que se extiende sobre los dos brazos del Danubio con sus 336 m de longitud. Precedió en dos siglos al puente Carlos de Praga, todavía más espectacular, y se dijo que sólo la ayuda del diablo podía haber hecho posible la construcción de una estructura semejante, por lo que éste exigiría a cambio el alma del primero que lo cruzara. Los ciudadanos se aseguraron de que esa alma fuera la de un desafortunado asno.

La entrada al puente desde la ciudad es una maravillosa puerta con una torre del reloj flanqueada por dos sólidos edificios, que en la Edad Media sirvieron de almacenes de sal, un producto en el cual se basaba la prosperidad de Regensburg. El delicioso aroma que flota en esa zona procede de la **Historische Wurstküche** (*Thundorferstraße 3; Tel 094 15 90 98*), la «cocina de las salchichas», en la que podrá comprar salchichas y *sauerkraut*.

Cuando llegue a Regensburg por el puente verá las altísimas agujas gemelas de la **Dom** (catedral) gótica. Sus obras se iniciaron en el siglo XIII, pero la piedra labrada de las torres, que parece de encaje, se añadió en el siglo XIX. Los amantes del arte apreciarán los vitrales, el «ángel que ríe» y las otras figuras del espléndido grupo escultórico de finales del siglo XIII que representa la Anunciación.

Al oeste de la catedral se halla una de las mejores casas de mercaderes de toda la ciudad, la **Heuporthaus,** actualmente un restaurante, y más al oeste todavía, excelentes ejemplos de torres, como la **Goldener Turm,** en la Wahlenstraße, la calle con nombre

más antigua de la ciudad. El pintoresco **antiguo ayuntamiento** (Altes Rathaus), gótico, sirvió de lugar de reunión al debilitado Reichstag alemán hasta que fue disuelto por Napoleón en 1806.

Al este del centro de la ciudad se encuentra, instalado en un antiguo

Antiguo Ayuntamiento
www.regensburg.de
✉ Rathausplatz
☎ 0941 50 74 411
$ $

monasterio, el **Historisches Museum** (museo histórico), cuyas vastas colecciones están relacionadas con la historia local. No obstante, sus obras más interesantes son las pinturas de Albrecht Altdorfer (*c.* 1480-1538), concejal de Regensburg y uno de los primeros artistas que trató el paisaje como un tema independiente.

La parte sur del casco antiguo (Altstadt) está dominada por el **Schloß Thurn und Taxis,** residencia de la familia de príncipes que en el siglo XVI fue pionera de los servicios postales por toda Europa, y que gracias a ello amasó una fortuna. El palacio tiene claustros medievales, parte del museo nacional bávaro con espléndidas piezas de artes decorativas, y una colección de carruajes, trineos y sillas de mano. ∎

La Haidplatz de Regensburg, dominada por una de las torres de la ciudad.

Historisches Museum
✉ Dachauplatz 2-4
☎ 0941 507 2448
🕐 Cerrado lun.
$ $

Schloß Thurn und Taxis
www.thurnundtaxis.de
☎ 0941 5048 133
$ $$

UNA RUTA POR EL VALLE DEL ALTMÜHL

Una ruta por el valle del Altmühl

Esta excursión en coche, de todo un día de duración, le llevará por uno de los valles fluviales más vírgenes de Alemania. El sinuoso Altmühl se ha abierto paso a través de una meseta de piedra caliza, creando así un variado y ecológicamente rico paisaje de pastos llenos de ovejas, dominado por acantilados de piedra caliza y con bonitos pueblos y castillos.

La ruta comienza en **Ellingen** ❶, 54 km al sur de Nuremberg y dejando la B2. El pueblo fue reconstruido en el siglo XVIII y está dominado por el gran Schloß de estilo barroco, que fue residencia de los Caballeros Teutones. Continúe por la antigua carretera principal en dirección sur hasta el castillo medieval de **Weissenburg** ❷, más grande y más pintoresco, con el foso, las murallas casi completas y restos romanos (fue el puesto de vigilancia de la frontera septentrional de la provincia imperial de *Rhaetia*).

Continúe hacia el sur por la B2 unos 11 km y gire a la izquierda después de pasar bajo un puente del ferrocarril hacia el valle del Altmühl. Desde aquí hasta Kelheim la carretera sigue el curso del río y forma parte de la ruta de vacaciones de los Alpes-Báltico (Ferienstraße Alpen-Ostsee). **Pappenheim** ❸, rodeado casi del todo por un meandro del río, y presidido por un castillo, es un pueblo bien conservado. Cerca de Esslingen, el río serpentea entre unos bastiones naturales, las rocas conocidas como los Doce Apóstoles, en otro tiempo parte de un enorme arrecife de un antiguo mar.

Al acercarse a la población episcopal de **Eichstätt** ❹, verá el Willibaldsburg, un castillo blanco erigido en los bosques de la colina que hay por encima del pueblo. En su interior se ha instalado el **Jura-Museum** (*Willibaldsburg; Tel 08421 29 56*), que repasa la interesante historia geológica de la piedra caliza de los paisajes del Altmühl. También es interesante el **Informationszentrum Naturpark Altmühltal** (*Notre Dame 1; Tel 08421 9876 0*), que ocupa un antiguo monasterio.

Continúe por la carretera del valle hacia el pueblo de Pfünz, pasando por más acantilados de piedra caliza cerca de Arnsberg y bajo la autopista A9 cerca de Kinding. Después de la población de **Beilngries** ❺ y su elevado palacio de Hirschberg, el Altmühl se funde con el canal Main-Danubio (Main-Donau Kanal), el intento más reciente de conectar los sistemas fluviales que discurren hacia el Mar del Norte

con aquellos que fluyen hacia el sudeste de Europa y el Mar Negro. Este plan sigue a los de Carlomagno, que fracasó en el siglo VIII, y a los de Luis I de Baviera, que tuvo éxito sólo en parte en el siglo XIX. Por el canal circulan barcazas de 110 m de eslora, que tienen la misma capacidad que docenas de camiones.

En **Prunn** ❻ (*Tel 09442 33 23*), en lo alto de un acantilado sobre el río, se alza el castillo más espectacular en cuanto a su emplazamiento. Corriente abajo está **Essing** ❼, un idílico conjunto formado por el pueblo, la torre de

---

⛰ Ver mapa de la zona pág. 249
   C2

► Ellingen

⇄ 135 km

⏲ 1 día

► Kelheim

PUNTOS DE INTERÉS

- Jura-Museum en el Willibaldsburg
- Vista del castillo de Prunn
- Orilla de Essing
- Befreiungshalle de Kelheim

INICIO ❶ **Ellingen**
13
❷ • **Weissenburg**
•Treuchtlingen
❸• **Pappenheim**
Altmühl
Doce Apóstoles
Esslingen
Willibaldsburg
Dollnstein
Eichstätt
13

Redefiniendo el paisaje: el canal Main-Danubio en el valle del Altmühl.

vigilancia y el antiguo puente de madera. Pero aunque es bonito, se trata de un montaje, ya que el verdadero Altmühl, canalizado, rodea el pueblo, y el «río» es un lago artificial.

La ruta termina en **Kelheim,** donde el Altmühl se une al Danubio. La **Befreiungshalle** (sala de la Liberación) ❽ *(Auf dem Michelsberg; Tel 09441 68 20 70),* una

glorieta neoclásica construida por Luis I para celebrar la victoria sobre Napoleón en 1813, se encuentra en la cima de la colina que preside la confluencia de los dos ríos. Fuera, hay unas estatuas que representan las provincias alemanas, y dentro, unas figuras de las diosas de la victoria flanqueadas por escudos hechos con el metal fundido de los cañones franceses. ■

La fuente de Hércules y la iglesia de San Ulrich.

Augsburg

FUNDADA EN EL AÑO 15 A.C., ESTA MAJESTUOSA POBLACIÓN tomó su nombre del emperador romano Augusto. Entre los siglos XV y XVII, sus dinastías de banqueros dominaron las finanzas de Europa central y Augsburg fue reconstruida tomando como referencia las ideas importadas de Italia. Martín Lutero desarrolló su actividad aquí durante un tiempo, y la ciudad también fue hogar de Hans Holbein el Viejo y el Joven, de Leopold Mozart y de Bertolt Brecht. A finales del siglo XIX, Rudolf Diesel perfeccionó un revolucionario motor.

Augsburg
www.augsburg.de
🅰 249 CI
Información
✉ Bahnhofstraße 7
☎ 0821 50 20 70

Fuggerei-Museum
✉ Mittlere Gasse 13
☎ 0821 308 68
🕐 Cerrado lun.-vier. en invierno
💲 $

Rathaus
✉ Rathausplatz
☎ 0821 5020
💲 $

Sin duda, el hijo más notable de la ciudad fue el financiero Jakob Fugger (1459-1529), conocido como «el Rico». Su **Fuggerei,** el hogar para ancianos que fundó, fue el primer establecimiento de esta clase en todo el mundo. Se trata de un pueblo dentro de la ciudad, consiste en varias docenas de edificios de tejados inclinados que todavía hoy alojan a gente mayor a cambio de una renta anual de un florín (unos 75 céntimos de euro) y de una oración diaria por el alma del fundador. Los Fugger amasaron su primera fortuna con el lino, antes de ampliar sus negocios a la banca y a la minería. Sus intereses se extendieron por toda Europa central y financiaron las ambiciones imperiales de los Habsburgo. No hay que olvidar que el Fuggerei es una residencia para ancianos y no un parque temático, y que las únicas zonas abiertas al público son la pequeña iglesia y el Fuggerei-Museum.

En la **Rathausplatz,** la plaza central, verá excelentes muestras de arquitectura, entre ellas la **Augustusbrunnen,** renacentista, una de las numerosas fuentes que hay por toda la ciudad. En 1602, Elias Holl construyó el **Rathaus** (ayuntamiento), en estilo renacentista, su creación más ambiciosa; el frontón está coronado por la copa de un pino (parte del escudo de la ciudad) y flanqueado por torres con cúpulas bulbiformes. En el interior, el Goldener Saal (salón dorado) mantiene también el aire ceremonioso de la ciudad. También a Holl se debe la remodelación de la alta **Perlachturm** que domina la plaza, disfrazando así sus orígenes románicos bajo el brillo renacentista. Vale la pena subir los 70 m de esta torre para disfrutar de la vista de la ciudad y, si tiene suerte, de los Alpes al sur.

Desde la plaza diríjase hacia la **Dom** (catedral), al norte, con sus espléndidas puertas de bronce y las vidrieras románicas. A la misma distancia hacia el oeste se encuentra la **iglesia de Santa Anna,** un antiguo convento donde se alojó Lutero y donde los Fugger escogieron ser enterrados. Su capilla es una de las primeras muestras de diseño renacentista italiano en Alemania.

Los Fugger vivieron en la ancha Maximilianstraße, que discurre de norte a sur por el centro de la ciudad, y que acoge las **Fuggerhäuser,** construidas alrededor de una serie de patios. Entre ellas destaca el banco privado, todavía propiedad de la familia, y un hotel de lujo. Siguiendo por la misma calle, cerca de la **Herculesbrunnen,** una de las fuentes más bonitas de la ciudad, se

encuentra el **Schaezlerpalais,** un palacio rococó que vale la pena visitar para admirar la decoración de yeso pintado y dorado de la Festsaal (sala de banquetes). En el edificio se exponen pinturas de los siglos XVI a XVIII, y en la **Staatsgalerie** *(con la misma entrada)*, más allá, obras maestras anteriores, entre ellas un retrato de Jakob Fugger el Rico de Alberto Durero. La **iglesia de San Ulrich y Santa Afra,** con su torre soraba de cúpula bulbiforme, cierra la Maximilianstraße por el sur. Dentro, la nave, gótica, lleva hasta los sepulcros de los dos santos locales a los que la iglesia está dedicada.

La maravillosa **sinagoga** Jugendstil de Augsburg, que data de 1914-1917, sobrevivió al nazismo. Su museo explica la historia de la comunidad judía local. ■

La dorada Festsaal del Schaezlerpalais.

Perlachturm
- ✉ Rathausplatz
- 🕐 Cerrado mediados oct.-mediados mayo
- 💲 $

Staatsgalerie im Schaezlerpalais
- ✉ Maximilianstraße 46
- ☎ 0821 324 4102
- 🕐 Cerrada lun. y mar.
- 💲 $

Sinagoga
- ✉ Halderstraße 6-8
- ☎ 0821 51 36 58
- 🕐 Cerrada lun. y sáb.
- 💲 $

El Bosque Bávaro

ENTRE EL VALLE DEL DANUBIO Y LA FRONTERA CON LA República Checa el territorio se eleva gradualmente desde una maravillosa campiña ondulada hasta las densas arboledas de las cumbres del Bosque Bávaro (en el lado alemán de la frontera) y del Bosque de Bohemia (en el lado checo). Se trata del «techo verde de Europa», con una altura máxima de 1.456 m en la cumbre del Großer Arber y una superficie total de 6.000 km².

El corazón del bosque es un parque nacional donde se ha prohibido el uso comercial de la madera. El clima severo y la pobreza del suelo obligaron a los habitantes de esta región periférica a complementar las actividades tradicionales de la tala de árboles y las granjas con la minería, la metalurgia y, sobre todo, la fabricación de vidrio. Actualmente el turismo tiene una importancia vital. La mayoría de los visitantes son alemanes que vienen aquí en busca de tranquilidad y de unas vacaciones baratas en contacto con la naturaleza, que les permitan disfrutar de actividades saludables como caminar o pasear en bicicleta, y, en invierno, esquiar. Si desea hacer como ellos, alójese en uno de los pueblos

con piscina e iglesia de cúpula bulbiforme, alquile una bicicleta y tómese su tiempo para explorar las poblaciones y los caminos locales. La mayoría de los pueblos cuentan con algún museo, aunque pocos son tan singulares como el **Schnupftabak-Museum** de Grafenau, dedicado a los placeres del rapé. Si puede, haga coincidir su estancia en el Bosque Bávaro con alguno de los festivales. El más espectacular es el Drachenstich (ver pág. 275), en Furth im Wald durante la segunda semana de agosto.

Si no dispone de mucho tiempo, el centro de interpretación del parque nacional, conocido como la **Hans-Eisenmann-Haus,** en Neuschönau, es una visita interesan-

te. Igualmente, no se pierda el **Glasmuseum** de Frauenau, una colección de vidrio de todas las épocas que celebra la tradición artesanal local. Con los bosques de coníferas de los alrededores reflejados en sus oscuras aguas, el **Großer Arbersee** parece condensar el misterio y la majestuosidad de la región. Muy cerca de aquí, un teleférico le llevará casi hasta la cima del Großer Arber. Haga a pie el resto del trayecto, y el corto paseo se verá recompensado por unas fabulosas vistas. ■

Los habilidosos artesanos del vidrio ejercen su tradicional actividad en diferentes zonas del Bosque Bávaro.

El festival Drachenstich

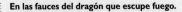
En las fauces del dragón que escupe fuego.

Cada agosto las calles de Furth im Wald se llenan de humo y alientos de fuego cuando el dragón del pueblo intenta devorar la gallarda figura del caballero Udo. A pesar de su gran tamaño (19 m) y de sus peligrosos movimientos, el dragón siempre pierde. El festival de «ensartar al dragón» es uno de los más populares de Alemania y se basa en el recuerdo popular de una batalla del siglo XV en Bohemia (actual República Checa). ■

Passau

POCAS CIUDADES ALEMANAS TIENEN UNA SITUACIÓN geográfica tan particular como Passau. Justo en la frontera con Austria y bajo altos bosques, esta antigua población se extiende por una estrecha franja de tierra en el punto donde confluyen el Danubio, el Inn y el Ilz. Tiene el aspecto de un fantástico transatlántico con la proa surcando las aguas fluviales, con las cubiertas llenas de casas de colores brillantes con sus chimeneas, y las alturas de la catedral. Los visitantes son invitados a subir a bordo a través de una serie de puentes.

Un barco fluvial navega río arriba por el Danubio desde el embarcadero de Passau.

Passau
www.passau.de
🅰 249 E1
Información
✉ Rathausplatz 3
☎ 0851 95598 0

Veste Oberhaus (museo)
www.oberhausmuseum.de
✉ Veste Oberhaus 125
☎ 0851 49335 12
💲 $$

Glasmuseum
www.glasmuseum.de
✉ Am Rathausplatz
☎ 0851 35071
💲 $

Quizá la mejor forma de captar el ambiente del lugar es conducir (o prepararse para andar un camino empinado) hasta la **Veste Oberhaus,** una fortaleza-palacio construida por los poderosos príncipes-obispos de Passau en el siglo XIII para controlar a los a menudo insurgentes habitantes de la ciudad. Colgada en las alturas sobre la orilla norte del Danubio, ofrece un excelente museo regional, y, lo mejor de todo, las vistas. Observe cómo los tres ríos revelan con su color su origen: el Inn todavía tiene un aspecto verdoso, alpino; el Danubio, que ya ha pasado por muchas poblaciones, es más turbio; y el Ilz, más pequeño y procedente del Bosque Bávaro, tiene un matiz oscuro.

Es probable que también observe actividad en los ríos. Aunque Passau perdió su importancia como puerto de mercancías hace mucho tiempo, en la actualidad de aquí parten muchos barcos fluviales que se dirigen, río abajo, a Viena, a Budapest, a Belgrado y al Mar Negro.

Los barcos amarran cerca del **Rathaus** (ayuntamiento), con su torre y su fachada pintada. Al lado, en el edificio Wilder Mann, se encuentra el espléndido **Glasmuseum,** con una colección de cristal de Bohemia que rinde homenaje a la artesanía tradicional del Bosque Bávaro. Camine hacia el este hasta donde los ríos confluyen, y una vez aquí, diríjase al oeste. Pasará por la neoclásica **Residenz** del obispo para llegar después a la **Dom** (catedral), reconstruida en estilo barroco, que alberga el mayor órgano del mundo. ■

Otras visitas interesantes en el **Norte de Baviera**

ASCHAFFENBURG

Esta población, la más noroccidental de Baviera, sólo pasó a formar parte del reino a principios del siglo XIX. Sus anteriores gobernantes, los arzobispos de Main, dejaron una importante huella con su **Schloß** (*Schloßplatz 4; Tel 06021 386 570; cerrado lun.*), o residencia local, una construcción de piedra arenisca roja, con cuatro torres en las esquinas, que fue lleno de bellos edificios y magníficas iglesias. Aunque su antigua universidad (escenario del *Frankenstein,* de Mary Shelley) fue trasladada a Munich, Ingolstadt aún conserva algunas tradiciones bávaras en su fascinante **Bayerisches Armeemuseum** (*Neues Schloß, Paradeplatz 4; Tel 084 19377 0; cerrado lun.*). Este museo militar, instalado en el palacio ducal de la ciudad, pone el énfasis en la

La princesa Jadwiga y otros participantes con vestimentas de la época se reúnen para el gran espectáculo de Landshut, la *Fürstenhochzeit* (Boda Real), que se celebra cada cuatro años.

uno de los edificios renacentistas más ambiciosos de Alemania. Los arzobispos también fueron entusiastas del paisajismo, y su residencia de verano de **Schönbusch**, algo más modesta, se eleva en medio de un parque de estilo inglés en las afueras del pueblo. Al rey Luis I de Baviera le encantaba su nueva adquisición, por lo que venía a menudo; la llamaba «la Niza del norte», y su contribución personal fue la **Pompejanum,** la recreación de una villa de Pompeya, que refleja su gusto por lo clásico.

Ⓜ 248 A4 **Información** ✉ Schloßplatz 1 ☎ 06021 39 58 00

INGOLSTADT

Las modernas afueras de la población, con una refinería de petróleo y una fábrica Audi, ocultan un distinguido casco antiguo amurallado, gloria de antiguas y olvidadas batallas. Algunas de las piezas más preciadas son los botines de las numerosas guerras contra los turcos, así como los uniformes llevados por todos los reyes bávaros. Hay un anexo de tono más lúgubre dedicado a la primera guerra mundial, al que se llega por una pasarela que cruza el Danubio.

Ⓜ 249 C2 **Información** ✉ Rathaus, Rathausplatz 4 ☎ 0841 30 3030

LANDSHUT

Parece ser que pocas cosas han cambiado en esta antigua capital de provincia a orillas del río Isar, antaño sede de una rama de la poderosa familia bávara Wittelsbach (ver pág. 281), desde su auge en 1475. Ese año se celebró aquí la boda entre el hijo del gobernante y Jadwiga, hija del rey de Polonia. Pocas ceremonias nupciales se han celebrado con semejante pompa: banquetes, desfiles, procesiones, fiestas y torneos; la celebración duró varios días. A principios del siglo XX, el acontecimiento fue revivido y, desde entonces, la Landshuter Fürstenhochzeit, uno de los mayores y más exuberantes festivales populares, se celebra cada cuatro años. La próxima tendrá lugar a finales de junio-mediados de julio de 2009. La población es un telón de fondo perfecto: casas con aguilones y pórticos se suceden en su sinuosa calle principal, la Altstadt. La escena está presidida por la torre de ladrillo de 133 m de altura de la catedral y por el castillo ducal, el Burg Trausnitz, sobre un risco por encima de la ciudad. Pero no es necesario venir al festival para quedar hechizado por una de las poblaciones medievales mejor conservadas del sur del país.

🅰 249 D1 **Información** ✉ Altstadt 315 ☎ 0871 922 050

SCHLOß WEISSENSTEIN

Este extravagante palacio barroco, construido entre 1711 y 1716, domina el pueblo de Pommersfelden, un lugar poco adecuado para quien busque tranquilidad, que continúa proclamando la riqueza, el poder y el gusto del príncipe-obispo Lothar Franz von Schönborn, gobernante eclesiástico de la cercana Bamberg. Arquitecto aficionado pero con mucho talento, contrató a los mejores proyectistas del momento, Johann Dientzenhofer y Johann Lukas von Hildebrandt, arquitecto de la corte de los Habsburgo. Es posible que este último construyera la grandiosa escalinata del palacio, que lleva a una serie de espléndidas salas de Estado. Otra pieza fascinante del interior es la sala-jardín, con conchas y figuras de estuco.

🅰 249 C3 ✉ Schloß 1, Pommersfelden ☎ 09548 9818 0 🕐 Cerrado lun.

WALHALLA

Este templo elevado por encima del Danubio, que es una copia del Partenón en reluciente mármol blanco, es un monumento a los grandes de la historia alemana, cuyos bustos adornan su sobrio interior. Al igual que el Hermannsdenkmal del Teutoburger Wald (ver pág. 173) y que la Germania sobre el Rin en Rüdesheim (ver pág. 210), es un monumento clave del fuerte sentimiento nacional alemán

que se despertó en el siglo XIX. Sin embargo, el Walhalla es menos ostentoso que los otros, quizá porque es anterior. Fruto de la imaginación del rey Luis I de Baviera (1825-1848), fue concebido cuando éste era joven, iniciado en 1830 y completado en 1842. El nombre de Walhalla está tomado de la mitología nórdica y hace referencia al lugar de descanso eterno de las almas de los guerreros. Todos los alemanes que visitan el monumento echan de menos la presencia de algún héroe nacional; junto al homenaje que se rinde a personajes dudosos, hay omisiones inexplicables. Con todo, verá unos 120 bustos de famosos soldados, artistas, científicos y estadistas, además de 64 placas dedicadas a personajes menos conocidos. Lejos de ser una curiosidad histórica, el monumento de Walhalla sigue ampliándose: el antiguo canciller Konrad Adenauer, que murió en 1967, ha encontrado también su lugar de honor aquí.

🅰 249 D2 ✉ Walhalla Sraße 1, Donaustauf bei Regensburg ☎ 09403 96 16 80

KLOSTER WELTENBURG

La naturaleza casi virgen y la arquitectura sofisticada se unen armoniosamente en el Kloster Weltenburg, el monasterio más antiguo de Baviera, fundado en el siglo VII en la entrada a la garganta del Danubio, por encima de Kelheim. Aquí, los acantilados de piedra caliza comprimen el río hasta convertirlo en un canal con una cuarta parte de la anchura y la profundidad normales; los hermosos bosques de hayas completan un paisaje de aspecto primitivo. Los hermanos Asam, el arquitecto y pintor Cosmas Damian (1686-1739) y el escultor Egid Quirin (1692-1750), reconstruyeron el monasterio a principios del siglo XVIII. La iglesia es un ejemplo sin igual de la teatralidad barroca. Una figura ecuestre de san Jorge luchando contra el dragón preside el interior, con un efecto incrementado por la sabia utilización de la luz natural. La forma ideal de visitar el monasterio es caminar los 5 km desde Kelheim a través de los bosques y regresar en un barco por el río. Pero aunque haya venido en coche, cruce a la otra orilla con el transbordador, suba hasta las murallas de la fortaleza celta que hay encima de la colina y no se pierda esta maravillosa vista.

🅰 249 D2 ✉ Ludwigsplatz ☎ 09441 701 0 ∎

Ésta es la región más irresistible de Alemania, con la ciudad más encantadora del país dibujada sobre el fondo de los Alpes bávaros, con sus riscos, castillos de cuento de hadas y acogedores pueblos de montaña.

Munich y los Alpes

Típicas jarras de cerveza

Munich y los Alpes

A LOS ALEMANES DE OTRAS REGIONES NO LES QUEDA MÁS REMEDIO QUE admitir que Munich y su telón de fondo alpino, el corazón de Baviera, es la zona más atractiva del país. Los Alpes y sus aledaños son el destino vacacional por excelencia, mientras que la popularidad de Munich ha puesto los precios de las viviendas por las nubes. Los clichés sobre Baviera tienen fundamento: aquí verá bandas de músicos tocando en los *biergärten,* y hombres vestidos con *lederhosen* (pantalones de cuero), así como muchachas con trajes tiroleses. El paisaje está formado por picos rocosos, torrentes con rápidos, lagos y pastos; las iglesias tienen cúpulas bulbiformes y mucha gente vive en casas de madera.

Mapa de situación

Berlín ✱

Las casas de madera, por supuesto, tienen triple acristalamiento y están bien equipadas. La BMW (Bavarian Motor Works) no se encuentra sola en la representación de los avanzados productos y servicios característicos de la región, y la gente se traslada a Munich no sólo por su belleza y su situación ideal, sino también por razones laborales. Para convencerse de que Baviera representa el progreso tanto como lo pintoresco, trate de llegar a Munich por su aeropuerto, el Franz-Josef Strauss Flughafen, el más moderno y espectacular del país.

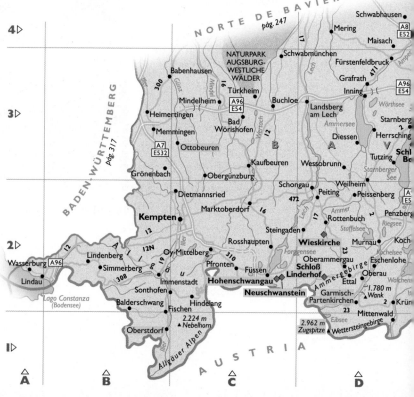

Baviera se demonina a sí misma Freistaat Bayern, más un estado libre que un reino, pero su fuerte y distintiva personalidad puede atribuirse en parte a la dinastía Wittelsbach, que gobernó en Baviera durante siglos, un mandato mucho más largo que el de cualquier otra familia real o noble de Alemania. Su influencia todavía persiste en esta zona, el núcleo de su dominio, y Munich es obviamente una capital real, con una Residenz repleta de tesoros y un paisaje urbano modelado según la voluntad del rey. La región está sembrada de palacios y castillos, buena parte de ellos fantasías del rey loco Luis II (1845-1886) convertidas en piedra. Puede que por aquel entonces dejara las finanzas reales en bancarrota, pero legó a Baviera algunas de sus atracciones turísticas más lucrativas: los castillos de Hohenschwangau, Linderhof, Herrenchiemsey y, por encima de todos ellos, Neuschwanstein, el arquetipo de fortaleza romántica encaramada en lo alto de una roca. ■

Muchachas de la población alpina de Garmisch-Partenkirchen con vestidos tradicionales.

Munich

Munich (München) es una hermosa ciudad que combina instalaciones propias de una metrópoli y un estilo de vida sofisticado con un ambiente acogedor, de ciudad pequeña, perfectamente representado en sus cervecerías llenas de humo y sus alegres *biergärten* («jardines de la cerveza»). Puede que en Munich no vivan tantos millonarios como en Hamburgo, pero algunos de sus habitantes más elegantes no se avergüenzan de vestir versiones urbanas del *Tracht*, el característico atuendo popular bávaro.

«Eins, zwei, suffe!»; un bebedor brinda en la Oktoberfest.

Munich se benefició de la presencia de la familia Wittelsbach (ver pág. 281). Además de los extensos patios de su fortaleza urbana, la Residenz, los Wittelsbach construyeron palacios fuera de la ciudad en Nymphenburg y en Schleißheim. En el siglo XIX convirtieron Munich en una de las grandes ciudades europeas, dotándola de nuevos barrios majestuosos, grandiosos edificios públicos y galerías de pintura y escultura de primer orden.

Las espléndidas colecciones de la antigua y nueva pinacotecas (Alte y Neue Pinakotheken) continúan atrayendo multitud de visitantes y se han visto complementadas por la pinacoteca moderna (Pinakothek der Moderne), la mayor galería de arte del siglo XX y contemporáneo de Alemania. Necesitará más de una estancia en la ciudad para visitar éstas y otras galerías y colecciones públicas y privadas.

Hay museos e instituciones para todos los gustos. El Deutsches Museum, con sus exposiciones técnicas y científicas, justificaría por sí solo una visita a la ciudad, mientras que otros establecimientos cubren todos los intereses desde la A (museo de antropología) hasta la Z (el zoológico, uno de los mejores de Europa).

La pantagruélica Oktoberfest (ver págs. 300-301) es un acontecimiento que atrae a los visitantes en masa, pero no por ser el festival más conocido es el único: los hay durante todo el año. Quizás el mejor momento para visitar la ciudad es a principios de verano, cuando el sol brilla pero el calor no es excesivo y se puede disfrutar de una buena jarra de cerveza a la sombra de los castaños mientras se abre boca para degustar una sabrosa salchicha de ternera típica de Munich, la *Weißwurst*. ■

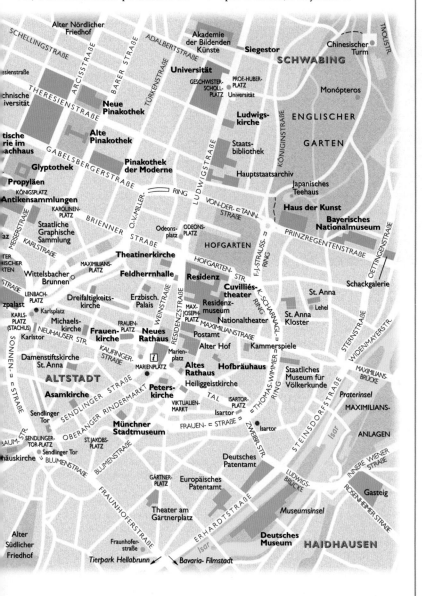

El casco antiguo

Los toneleros del ayuntamiento salen a promocionar sus productos cuando el Glockenspiel empieza a funcionar.

DENTRO DE LAS TRES PUERTAS QUE SE CONSERVAN, LA Isartor, la Karlstor y la Sendlinger Tor, el Altstadt de Munich puede explorarse cómodamente a pie. A finales de la década de 1960 y principios de la siguiente, la ciudad fue pionera en eliminar el tráfico innecesario y crear zonas peatonales. Pasear por las calles pavimentadas, con sus fuentes, estatuas y edificios impecablemente restaurados es una placentera experiencia que no debe perderse.

Munich

🅰 281 E3

Información

www.muenchen-tourist.de

✉ Sendlinger Straße 1

☎ 089 233 965 00

Altes Rathaus (museo de juguetes)

www.spielzeugmuseum-muenchen.de

🅰 Plano pág. 283

✉ Marienplatz 15

☎ 089 29 40 01

💲 $

Peterskirche

🅰 Plano pág. 283

✉ Rindermarkt

☎ 089 26 04 828

Comience su recorrido en la **Marienplatz**, así llamada por la Virgen María, cuya bonita estatua dorada se levanta sobre la columna erigida en 1638 en medio de la plaza. Las multitudes de turistas se reúnen aquí *(a las 11.00, a mediodía y, en verano, también a las 17.00)* para admirar el **Glockenspiel** de la fachada principal del **nuevo ayuntamiento** (Neues Rathaus), construido imitando el estilo gótico entre finales del siglo XIX y principios del XX. Después de que las campanas del carillón toquen la hora, unas figuras mecánicas aparecen representando dos escenas: la tradicional danza de los toneleros, originalmente realizada para mantener alejada la peste, y una famosa boda celebrada en la plaza en 1568. El Rathaus tiene un ascensor que lo llevará casi hasta

lo más alto de su torre de 85 m de altura, la cual ofrece una magnífica vista de la ciudad.

El **Altes Rathaus** (antiguo ayuntamiento), en el lado este de la plaza, es una auténtica aunque reconstruida estructura gótica; su torre alberga un museo de juguetes antiguos. Otra torre más alta asoma sobre el lado sur de la plaza; se trata del campanario de la Alter Peter («viejo Pedro»), llamada **Peterskirche** (iglesia de San Pedro), el lugar de culto más antiguo de Munich, con un magnífico altar barroco. La pasarela que rodea la cima de la torre ofrece una vista espectacular, pero tenga en cuenta que hay que subir 306 escalones.

Escondida en las callejuelas que hay al nordeste de la Marienplatz se encuentra la **Hofbräuhaus** (cervecería de la Corte), fundada por el duque Wilhelm V en 1589 para que en ella se elaborara cerveza. Sólo a principios del siglo XIX se permitió al público probarla. La cavernosa sala donde la gente bebe, con su banda de músicos y sus camareras vestidas con el traje tradicional, tiene una clientela básicamente extranjera.

Al oeste de la plaza hay otra parada obligatoria: la espléndida **Frauenkirche** (iglesia de Nuestra Señora), de ladrillo, cuyas torres gemelas rematadas por una cúpula se han convertido en el símbolo de la ciudad. De cerca, la escala del edificio es sobrecogedora y sus ventanales góticos, de una altura increíble, se elevan hacia el cielo. Hay carteles

advirtiendo que no se acerque demasiado a la fachada en invierno, ya que podrían caerle encima la nieve y el hielo que se hayan acumulado en el tejado. Un ascensor sube hasta una de las torres, desde donde obtendrá una fantástica vista panorámica de la ciudad y sus alrededores.

Para descender de estas alturas al ombligo de la ciudad, camine hacia el sur desde la Marienplatz hasta el **Viktualienmarkt,** probablemente el mercado de abastos más animado y colorido de Alemania, con puestos gobernados por poderosas vendedoras, virtuosas en el arte de la sorna; ni se le ocurra manosear los productos o cuestionar los precios. Puede que no sean baratos, pero la calidad está garantizada y lo que compre será una fiesta para el estómago igual que lo es para la vista. Dentro del mercado hay unos cuantos lugares donde tomar un trago.

Cerca de allí se halla el fantástico **Münchener Stadtmuseum** (museo de historia de la ciudad), donde las exposiciones narran la historia de Munich con todo detalle. Aunque las piezas más notables son los *Moriskentänzer,* unas expresivas y contorsionadas figuras de bailarines talladas a finales del siglo XV, también acoge una de las mayores colecciones del mundo de instrumentos musicales, un museo del cine, uno de marionetas, uno de fotografía y uno de la cerveza. Cerca de aquí, en la Sendlinger Straße, se alza la **Asamkirche,** una maravillosa iglesia barroca que lleva el nombre no de un santo sino de quienes la construyeron, los hermanos Asam. ■

La Marienplatz de Munich, el centro de la vida de la ciudad.

Frauenkirche

- 🗺 Plano pág. 283
- ✉ Frauenplatz I
- ☎ 089 29 00 820
- 🕐 El ascensor no funciona nov.-marzo

Münchener Stadtmuseum

www.stadtmuseum-online.de

- 🗺 Plano pág. 283
- ✉ St-Jakobs-Platz I
- ☎ 089 233 22370
- 🕐 Cerrado lun.
- 💲 $

Una espectacular escultura moderna pasea por la Leopoldstraße, en Schwabing.

Un paseo desde el Altstadt hasta Schwabing

Introducirse en el núcleo histórico de Munich y su mejor espacio abierto puede convertirse en un rápido paseo o bien en una excursión de todo un día, con infinidad de lugares donde reposar y tiempo de sobra para visitar a fondo atracciones importantes.

La **Karlstor** (puerta de Carlos) ❶, del siglo XIV, y la plaza semicircular que la rodea parecen formar parte de un decorado teatral. Delante se extiende la **Neuhauser Straße,** peatonal desde la década de 1970 y tan bulliciosa que uno se pregunta cómo podían circular antes los coches y los tranvías por aquí. Desde este punto pasará por delante de la **Brunnenbuberl** (una fuente que representa a un sátiro y a un muchacho desnudo) y la **fuente de Richard Strauss** (con escenas de su ópera *Salomé*). Los edificios comerciales se mezclan con construcciones nobles como la Bürgersaal (sala cívica), la **Michaelskirche** (iglesia de San Miguel) ❷, la primera iglesia renacentista de este tamaño al norte de los Alpes, y la Augustinerkirche, que acoge el Deutsches Jagd-und Fischereimuseum (museo alemán de la caza y la pesca). Justo al norte se elevan las torres del gran símbolo de Munich, la **Frauenkirche** ❸ (ver pág. 284).

Continúe por el barrio peatonal, conocido como Kaufingerstraße, hacia el epicentro de la ciudad, la **Marienplatz** ❹. Si cuando llega, el Glockenspiel de la torre del ayuntamiento (Rathaus) está en funcionamiento (ver pág. 284), ábrase paso entre la multitud que normalmente se agolpa allí para verlo, y gire a la izquierda hacia la Dienerstraße, que discurre a lo largo de un lado del ayuntamiento y que pasa por Dallmayers (a la derecha), una magnífica tienda de *delicatessen*. Más allá de la Max-Joseph-Platz, en la que se encuentran el Nationaltheater (ópera estatal) y la **Residenz** (ver págs. 293-294), la Residenzstraße le llevará a la **Odeonsplatz** ❺, presidida por la bonita **Feldherrnhalle** (sala de los comandantes,

---

🅼 Ver también plano págs. 282-283
➤ Karlsplatz
🔁 4,5 km
🕐 Mínimo medio día
➤ Leopoldstraße

PUNTOS DE INTERÉS

- Interior de la Michaelskirche
- Rathaus Glockenspiel
- Vista desde el templo Monóptero
- Una cerveza y un *pretzel* en la Chinesischer Turm
- Contemplar la actividad de la Leopoldstraße

ver pág. 298), con tres arcos, y la barroca **Theatinerkirche** (ver pág. 298), con sus formas de colores ocres.

El café que tiene enfrente es uno de los más antiguos de Munich. Justo al lado, un arco neoclásico lleva al porticado **Hofgarten** ❻, el jardín renacentista de la Residenz. Atraviéselo en diagonal, pasando por el cubo de granito negro que recuerda a los miembros de la resistencia antinazi, y cruce por el paso subterráneo hasta el **Englischer Garten** (ver pág. 299). Aquí podrá explorar el jardín japonés con su casa del té (Japanisches Teehaus), buscar un lugar fresco a la orilla del canal e incluso tomar el sol estirado sobre la hierba. Después, vaya por el sendero principal y siga hasta la cima del montículo donde se alza el templo

Monóptero ❼ que le permitirá obtener la clásica vista de la ciudad asomando por encima de los árboles.

Después baje y continúe caminando un poco hacia al norte, hasta uno de los «jardines de la cerveza» más bulliciosos de la ciudad, instalado alrededor de la **Chinesischer Turm** (torre China) ❽, en forma de pagoda. Desde la planta superior una banda de músicos toca ocasionalmente. Aquí puede tomar el bus 154 (pasa cada pocos minutos) para ir dos paradas más allá hasta la **Leopoldstraße,** la arteria principal del barrio estudiantil de **Schwabing,** donde encontrará locales donde sentarse y observar a la gente pasar por la calle (como por ejemplo, el famoso café Roxy), antes de tomar el metro en la parada de Giselastraße. ◼

Alte Pinakothek

Entre las maravillas de la Alte Pinakothek se encuentra *La caza del hipopótamo y el cocodrilo* (1615-1616), de Rubens.

MUCHOS DE LOS MUSEOS Y GALERÍAS DE LA CIUDAD ESTÁN AL noroeste del casco antiguo (Altstadt), en la zona llamada Kunstareal München (área del arte de Munich). En la primera mitad del siglo XIX, se construyó aquí un barrio de calles y plazas espaciosas para dotar de elegancia a las reales instituciones que iban a transformar Munich en una ciudad artística de categoría. La colección real de pintura de los antiguos maestros pasó a tener un nuevo hogar en el palacio expresamente construido para ello, la Alte Pinakothek (antigua pinacoteca).

Alte Pinakothek

www.pinakothek.de/ alte-pinakothek

🗺 Plano pág. 283

✉ Kunstareal München, Barer Straße 27

☎ 089 23805 216

🕐 Abre todos los días mientras esté cerrada la Neue Pinakothek

 $$

Pág. siguiente: el *Autorretrato con pelliza* (1500) de Durero representa al artista de una forma que recuerda a Cristo.

Aquí se encuentra una de las mejores colecciones del mundo de arte europeo desde la Edad Media hasta el siglo XVIII. Adquiridas a lo largo de los siglos por los Wittelsbach, las pinturas se exhiben en este *palazzo* de estilo renacentista italiano, encargado por Luis I, en 1822, al arquitecto Leo von Klenze.

Las salas I a III de la planta baja exponen pintura alemana temprana, como la *Natividad* de Hans Baldung Grien (1484-1545), con querubines y animales de granja. Las obras de los Brueghel ocupan las salas 16 a 23. *El país de cucaña* (1567), de Peter Brueghel el Viejo, fascina con sus glotones saciados durmiendo la siesta en un paisaje de cerdos asados y huevos duros con patas.

En la planta superior podrá seguir el desarrollo del arte del Renacimiento italiano en las salas IV y V, desde sus comienzos hasta los logros de Botticelli, Rafael y Ticiano. Las salas XI y XII contienen obras francesas de Poussin, Lorrain y un bonito *Desnudo de Boucher*; los maestros españoles como El Greco, Murillo y Goya están representados en la sala XIII. Hay espléndidas pinturas de maestros flamencos y holandeses, especialmente Rubens, en las salas VI a IX, 7 a 12 y 14 a 23.

Si no dispone de mucho tiempo, concéntrese en los grandes artistas alemanes (salas II y III), normalmente menos representados en museos de fuera de Alemania. Entre los cuadros de Durero que encontrará aquí, el más impactante es el *Autorretrato con pelliza*, mientras que un determinado ideal de belleza femenina parece obsesionar a Lucas Cranach el Viejo (1472-1553) en su obra *Venus y Cupido*. Pero nadie ha representado de forma tan sentida el sufrimiento y la crueldad humana como Matthias Grünewald en su *Cristo de los ultrajes* (c. 1503), y hay pocas representaciones más evocadoras del bosque alemán que el pequeño cuadro de Albrecht Altdorfer *San Jorge y el dragón*, ambientado en los profundos bosques de hayas. De este mismo artista es una obra de mayores dimensiones: la *Batalla de Alejandro* (1529), en la que se ve a innumerables combatientes luchar en un paisaje apocalíptico. A Napoleón le gustó tanto esta obra que la colgó en su cuarto de baño. ∎

ALbertus Durerus N
ipsam me propriis sie
gebam coloribus ætat
anno XXVIII.

Neue Pinakothek

Neue Pinakothek
www.pinakothek.de/
neue-pinakothek/
🗺 Plano pág. 283
✉ Kunstareal München,
Barer Straße 29
☎ 089 23805 195
🕐 Cerrada por
reformas
💲 $$

ESTE MONUMENTAL EDIFICIO DE HORMIGÓN, GRANITO Y piedra arenisca, de 1981, a veces llamado «Palazzo Branca» en homenaje a su arquitecto Alexander von Branca, está a la altura de los otros edificios más antiguos del barrio de los museos y funciona a la perfección como sede de la pinacoteca. Vale la pena que lo rodee paseando por el exterior, acompañado por los bonitos árboles que se han plantado a modo de foso y por algunas selectas esculturas.

Los autorretratos de Lovis Corinth (1858-1925) servían como autoanálisis. Éste de la Neue Pinakothek data de 1914.

La Neue Pinakothek estará cerrada por reformas, al menos hasta finales de 2006. El museo cuenta con una interesante colección, que abarca desde la pintura de finales del siglo XVIII a la obra de los impresionistas franceses, y pone especial énfasis en el arte alemán del siglo XIX y principios del XX. Destacan las obras románticas de artistas como Caspar David Friedrich (salas 3 y 3a), cuya obra más significativa aquí es el lienzo donde representa las misteriosas montañas Gigantes, envueltas por la niebla, en la frontera de Silesia y Bohemia.

Los cuadros de Wilhelm von Kobell (1766-1853), más sobrios, aunque igualmente conmovedores, son composiciones cuidadosas, como *El sitio de Kossel*, de 1808, mientras que los de Ludwig Richter (1803-1884) contienen todos los ingredientes esenciales del paisaje alpino: saltos de agua, pastos y rústicos campesinos. Las evocaciones de la vida campestre y de la excentricidad humana quedan reflejadas en la pintura de Carl Spitzweg (1808-1885), con cuadros como *El poeta pobre* o *La ronda nocturna*, en la que un barrigudo oficial guía a los miembros de su pelotón al anochecer.

En contraste hay grandes pinturas históricas, como por ejemplo las de Karl von Piloty (1826-1886). Por último, el museo tiene un excelente fondo de obras pertenecientes a artistas alemanes contemporáneos de los impresionistas franceses, como el realista *Interior con campesinos*, de Wilhelm Leibl (1844-1900), o el alegre *Jardín de la cerveza de Munich*, de Max Liebermann (1847-1935), el pintor más representativo del impresionismo germánico. Mención aparte merece la extremadamente sensual obra *Pecado*, de Franz von Stuck. ∎

Pinakothek der Moderne

INAUGURADA EN 2002, LA GALERÍA MODERNA ES EL MAYOR museo de arte moderno y contemporáneo del país, un digno rival del Centre Georges Pompidou, en París, o del Museo Reina Sofía, en Madrid. Este espléndido edificio que ha dado cabida a varias colecciones, se proyectó con la idea de establecer un vínculo arquitectónico entre el centro y los edificios y plazas del barrio de los museos.

Proyectada por el arquitecto muniqués Stephan Braunfels, la última de las Pinakotheken ha sido criticada por su aspecto exterior y alabada por sus frescos y elegantes espacios interiores, maravillosamente iluminados con luz natural. El núcleo del edificio es una glorieta de 14 m de altura que celebra la unidad en la diversidad de todas las artes.

La colección principal es la de la **Staatsgalerie Moderner Kunst** (galería estatal de arte moderno), un conjunto de pintura, escultura, fotografía, nuevos medios e instalaciones de los siglos XX y XXI de primer orden. Hay una gran cantidad de cuadros de artistas alemanes de principios del siglo XX, como Max Beckmann, Wassily Kandinsky y Paul Klee. También hay obras de los surrealistas, como Magritte; ejemplos del expresionismo abstracto americano, del minimalismo y del arte conceptual; una colección de piezas de Andy Warhol, obras en vídeo y una enorme instalación de Joseph Beuys titulada *El fin del siglo XX*.

El enorme número de piezas reunidas en la **Neue Sammlung** (nueva colección) la convierte en una de las más completas en lo que respecta a objetos de diseño y artes aplicadas. Entre los tesoros del **Architekturmuseum** (museo de arquitectura) hay dibujos originales de Frank Lloyd Wright, así como innumerables fotografías y 500 maquetas que repasan el desarrollo de la arquitectura moderna y contemporánea.

Finalmente, la **Staatliche Graphische Sammlung** (colección gráfica estatal) comprende un impresionante conjunto de más de 400.000 dibujos y grabados de todas las épocas, desde el siglo XV hasta el presente, y pone un énfasis especial en las obras del siglo XIX en adelante. ∎

Pinakothek der Moderne

www.pinakothek.de/
pinakothek-der-
moderne

 Plano pág. 283

✉ Kunstareal München,
Barer Straße 40

☎ 089 23 805 360

🕐 Cerrada lun.

💲 $$

La luz natural ilumina la glorieta central de la Pinakothek der Moderne, obra del arquitecto Stephan Braunfels.

Königsplatz

Königsplatz
🅰 Plano pág. 283

Glyptothek
🅰 Plano pág. 283
✉ Königsplatz 3
☎ 089 28 61 00
🕐 Cerrado lun.
💲 $

Antiken-sammlungen
🅰 Plano pág. 283
✉ Königsplatz 1
☎ 089 599 888 30
🕐 Cerradas lun.
💲 $$

RODEADA POR LOS EDIFICIOS NEOCLÁSICOS QUE HACEN de Munich una «Atenas del Isar», esta plaza fue construida a mediados del siglo XIX como centro del barrio de los museos.

Mientras todavía era príncipe de la corona, Luis I se dedicó a coleccionar escultura griega y romana que guardaba en la porticada **Glyptothek** (1830), obra de Leo von Klenze, que abrió sus puertas al público desde su inauguración. Una de las piezas más conmovedoras del museo es el *Fauno Barberini* (*c.* 220 a.C.), un estudio de un joven vencido por el sueño. Otras obras van de las figuras polémicamente adquiridas del templo Afaia de Egina (siglo V a.C.) a los bustos de personalidades romanas.

Enfrente de la Glyptothek está el edificio que acoge las **Antiken-sammlungen** (colecciones de antigüedades griegas y romanas). Sus exposiciones de vasijas griegas no tienen parangón, y también hay espléndidos ejemplos de cerámica y joyería romana, así como etrusca.

Sin embargo, el edificio más impactante de la plaza son los

La obra *El Tigre* de Franz Marc (1880-1916).

Städtische Galerie im Lenbachhaus
www.lenbachhaus.de
🅰 Plano pág. 283
✉ Luisenstraße 33
☎ 089 233 32 00 0
🕐 Cerrada lun.
💲 $

Propyläen (Propileos) de Klenze, construidos a imagen y semejanza de los que dan acceso a la Acrópolis de Atenas y completados en 1862. Las esculturas en relieve evocan las guerras de independencia griegas y conmemoran la subida al trono en Grecia de Otto, el hijo de Luis.

Bajo el mandato de los nazis la plaza se convirtió en el lugar donde se celebraban los desfiles y las ceremonias. El edificio del lado este de la plaza, hoy escuela de música, fue escenario en 1938 de la firma del Acuerdo de Munich, por el que se entregaron los Sudetes a Hitler.

Al noroeste de los Propileos se encuentra la **Städtische Galerie im Lenbachhaus** (galería de la ciudad de la Casa Lenbach), instalada en lo que fue la residencia y el estudio del popular retratista de la alta sociedad Franz von Lenbach. Construida en 1889, esta villa de estilo florentino está situada en un jardín de aspecto italiano, y hoy acoge la historia de la pintura en Munich desde el siglo XVIII en adelante. Entre los cuadros más notables están las escenas de la vida de provincias de Carl Spitzweg, junto a paisajes con figuras de Wilhelm von Kobell; también hay, por supuesto, retratos de Lenbach. No obstante, su mayor atractivo son las obras de los miembros del grupo Der Blaue Reiter, que, antes de la primera guerra mundial, desafiaron las convenciones y sentaron las bases del expresionismo. Aquí se exponen las coloridas telas de su líder, Wassily Kandinsky (1866-1944), y de Paul Klee, Franz Marc, August Macke y Alexei Jawlensky. ■

La Residenz

CONSTRUIDA ALREDEDOR DE SIETE PATIOS EN EL NORDESTE del casco antiguo (Altstadt), muestra el poder, la riqueza y el buen gusto de la familia Wittelsbach, los gobernantes de Baviera. Contrataron a los mejores arquitectos y decoradores para construir y reconstruir su palacio a lo largo de los siglos, y lo decoraron y lo llenaron con los objetos que coleccionaban. Una excelente restauración tras los daños ocasionados por las bombas oculta que gran parte de la Residenz es hoy una recreación. Afortunadamente, la mayoría de su contenido, incluido el interior del Cuvilliéstheater, se había puesto a salvo.

El palco del elector llama la atención en medio del ornamentado auditorio del Cuvilliéstheater, que debe su nombre a su arquitecto, un antiguo bufón de la corte.

En 1385 los Wittelsbach se trasladaron desde su antiguo hogar, la Alter Hof, a la Residenz, entonces una fortaleza con foso en un extremo de la ciudad. Unos 200 años después, bajo el mandato del duque Albrecht V, el lugar se convirtió en escenario de la vida de la corte. En 1568 Albrecht encargó la construcción del **Antiquarium,** uno de los mayores y más extravagantes interiores renacentistas al norte de los Alpes. Es una especie de túnel cuya bóveda tiene aberturas que permiten el paso de la luz natural para iluminar la colección de esculturas antiguas. Está decorado con espléndidos frescos y paisajes de Baviera para recordar a los gobernantes la belleza de su reino. Fuera, el **Grottenhof** (patio de la gruta), presidido por una fuente de bronce de Perseo, fue terminado en 1581.

A principios del siglo XVII, Maximiliano I de Baviera quiso celebrar que los Wittelsbach fueran electores del Sacro Imperio romano-germánico, creando una serie de magníficos interiores alrededor del Kaiserhof (patio imperial); entre ellos, la espléndida **Kaisersaal** (sala imperial), una estancia concebida para dar cabida a los acontecimientos de Estado de mayor relevancia. En el

Residenz
www.residenz-muenchen.de

🄰 Plano pág. 283

✉ Residenzstraße 1

☎ 089 2 90 67 1

💲 \$\$ (visita sencilla), \$\$\$ (visita combinada)

Guardián de piedra de la Residenz, hogar ancestral de la familia Wittelsbach.

siglo XVIII se llevaron a cabo sucesivas ampliaciones y remodelaciones.

Para reafirmar el estatus de su dinastía, el elector Karl Albrecht encargó 121 retratos de la familia, incluyendo «antepasados» tan ilustres como Carlomagno. Los cuadros se pueden ver en la **Ahnengalerie** (galería de los ancestros), una versión rococó del Antiquarium con elaboradas molduras y decoración de estuco. Otras salas igualmente suntuosas son las **Reiche Zimmer** (salas ricas) y la **Grüne Galerie** (galería verde), también de estilo rococó, principalmente obra de François Cuvilliés, el enano de la corte del elector de Baviera **Maximiliano Manuel,** que también ejerció como arquitecto y decorador.

CUVILLIÉSTHEATER

El mayor logro de François Cuvilliés fue el teatro de la corte, que ha inmortalizado su nombre. El Cuvilliéstheater es la única parte de la Residenz que de ninguna manera debe perderse. Como un cofre de joyas rojo, blanco y marfil, traslada a la arquitectura los rigores de la etiqueta de la corte y asigna diferentes

tipos de acomodo según el rango y el estatus social de la audiencia. La pieza central, curiosamente, no es el escenario sino el palco de los electores, que está justo enfrente. En este sublime espacio se estrenó en 1781 la ópera *Idomeneo* de Mozart. No obstante, al edificio se le dieron también otros usos, ya que el suelo podía levantarse para crear un magnífico salón de baile.

Las últimas ampliaciones importantes de la Residenz se hicieron después de que Luis I subiera al trono en 1825. Su arquitecto, Leo von Klenze, añadió alas al norte (la Festsaalbau, que da al Hofgarten) y al sur (la Königsbau, que da a la Max-Joseph-Platz). Klenze también fue el responsable de los aposentos reservados para Luis y su esposa, algunos de los cuales están decorados con murales inspirados en la leyenda de los Nibelungos.

RESIDENZMUSEUM

Después de la caída de la monarquía en 1918, la Residenz pasó al estado de Baviera y actualmente gran parte está abierta al público. La entrada al Residenzmuseum se encuentra en la Max-Joseph-Platz, y hay que unirse a dos visitas guiadas distintas para verlo todo. En la visita matutina verá la galería de los ancestros, el Antiquarium, las salas de Estado y los aposentos reales, mientras que en la visita de la tarde visitará las salas de porcelana, la capilla de la corte, la sala del relicario, la sala de plata, la sala de piedra y la sala imperial.

EL TESORO

Muchos de los tesoros reunidos por los Wittelsbach a lo largo de los siglos hoy se exponen en la Schatzkammer (cámara del Tesoro), una de las mejores colecciones en su género de objetos preciosos. Entre las piezas más venerables se encuentra un copón hecho mil años antes que las joyas de la corona bávara. ■

Deutsches Museum

SITUADO EN UNA ISLA ENTRE DOS BRAZOS DEL RÍO ISAR, este enorme y completo museo de la ciencia y la tecnología es una de las atracciones turísticas más famosas del país y el museo más visitado de Munich. Se ha calculado que si la gente se parara, aunque sólo fuera un instante, delante de cada pieza expuesta y se interesara por cada una de las actividades interactivas, tardaría un mes en verlo todo.

Y bastante más, ya que constantemente encontrará ocasiones para apretar un botón, poner una maqueta en movimiento, ver una película o contemplar una demostración.

Las elaboradas reconstrucciones le permitirán bajar a una mina, entrar en el puerto de Hamburgo a bordo de un transatlántico o estudiar las pinturas rupestres de Altamira, en España.

El plano de la página 296 le permitirá hacerse una idea de la ordenación del museo. Antes de empezar, lo mejor es que establezca sus prioridades (aunque deambular al azar es también toda una experiencia). En el vestíbulo le informarán acerca de las demostraciones y los pases de películas; si quiere puede basarse en eso

para organizar su recorrido.

El museo fue obra del visionario ingeniero Oskar von Miller, que se inspiró para ello en sus visitas a Gran Bretaña. En 1903 fundó una asociación para exhibir «las obras maestras de la ciencia y la tecnología» con el fin de ilustrar y estimular al público. El káiser Guillermo II puso la primera piedra en 1904, pero la gran institución no abrió sus puertas hasta 1925. Desde entonces, sus edificios se han convertido en toda una referencia geográfica de Munich, en parte debido a su característica torre con barómetro que se alza sobre el río Isar.

Aquí hay una serie de cosas que no debería perderse. Las **salas de aeronáutica** de la primera y segunda planta están repletas de máquinas

Un Junkers Ju-52 de 1932, uno de los más de 50 aviones originales que pueden verse en las salas de aeronáutica del Deutsches Museum.

Deutsches Museum
www.deutsches-museum.de
Plano pág. 283
Museumsinsel 1
089 21 79 1
$$

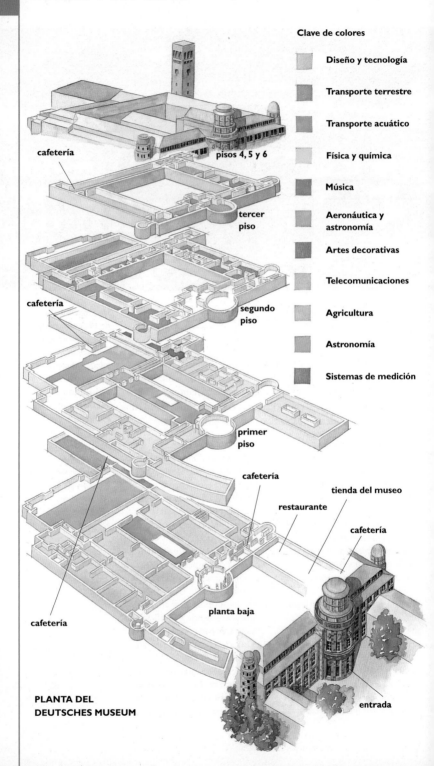

Clave de colores

Diseño y tecnología

Transporte terrestre

Transporte acuático

Física y química

Música

Aeronáutica y astronomía

Artes decorativas

Telecomunicaciones

Agricultura

Astronomía

Sistemas de medición

cafetería

pisos 4, 5 y 6

tercer piso

cafetería

segundo piso

cafetería

primer piso

cafetería

restaurante

tienda del museo

cafetería

cafetería

planta baja

entrada

PLANTA DEL DEUTSCHES MUSEUM

voladoras, como las reproducciones de los revolucionarios deslizadores de Otto Lilienthal o los monoplanos, biplanos e incluso triplanos que combatieron por encima de las trincheras entre 1914 y 1918. También hay aviones de combate de la segunda guerra mundial, entre ellos el primer avión con propulsión a chorro que entró en combate, el Messerschmitt 262.

Todos se maravillan con el relámpago de 800.000 voltios generado en el departamento de **energía eléctrica** de la sala 9, en el primer piso, aunque sólo dure dos microsegundos. En la misma planta, en la sala 13, podrá ver los **trenes.** La locomotora *Resoplante Guillermito* de 1814 contrasta con la máquina de los Ferrocarriles Reales de Baviera, de color verde, construida un siglo más tarde, y que tiraba del Rheingold Express. Alemania estuvo a la cabeza de la tracción eléctrica, aunque la primera locomotora eléctrica de 1879 parece un banco del parque móvil. Después, pocos resistirán la tentación de contemplar las realistas evoluciones del tren que recorre la enorme maqueta con 300 m de vía.

En el sótano podrá pasear por una **mina** fielmente reconstruida, o admirar una amplia colección de **vehículos de motor.** El Benz Motorwagen de 1886 fue el primer vehículo que funcionó con un motor de gasolina y es el predecesor de los automóviles actuales. En 1929 sólo se fabricaron un centenar de ejemplares del fantástico Mercedes-Benz Tourenwagen Super-Sport y, en cuanto a extravagancia, el extraño vehículo Krupp de tres ruedas empleado para limpiar las calles, más o menos de la misma época, es insuperable.

También podrá admirar el primer submarino de Alemania, el U1, que se encuentra en el **departamento de navegación,** en el sótano, o asomarse al abarrotado interior de un barco de emigrantes de finales del siglo XIX, iluminado con lámparas de keroseno. Cuando haya acabado la visita, suba hasta el tercer piso para ver los juguetes técnicos y astronáuticos; al cuarto, donde se encuentra el departamento de telecomunicaciones, y al séptimo, para ir al planetario. Pero aún hay mucho más. ■

Carl Benz donó su Triciclo Benz de 1886 al Deutsches Museum 20 años después de que hiciera su primer recorrido.

Norte del Altstadt

La Feldherrnhalle y la Theatinerkirche enmarcan las torres gemelas de la Frauenkirche.

GRAN PARTE DE LA VIBRANTE VIDA DEL CENTRO DE MUNICH se desarrolla más allá de la Residenz, donde la Ludwigstraße discurre hacia el norte hasta el antiguo barrio de Schwabing. Una gran variedad de establecimientos atiende a la heterogénea población de esta elegante zona, desde librerías de viejo hasta galerías experimentales, y hay cafés, restaurantes «alternativos» y todo tipo de bares. Al este se extiende uno de los mayores parques urbanos de Europa.

Haus der Kunst
www.hausderkunst.de
- Plano pág. 283
- Prinzregentenstraße 1
- 089 211 27 43
- $

Bayerisches Nationalmuseum
www.bayerisches-nationalmuseum.de
- Plano pág. 283
- Prinzregentenstraße 3
- 089 211 24 01
- Cerrado lun.
- $$

Partiendo de la Odeonsplatz, al lado de la Residenz, la **Ludwigstraße** discurre hacia el norte. Bautizada con el nombre del rey Luis I, infatigable remodelador de la ciudad, cuya estatua se alza en el lado oeste de la Odeonsplatz, esta calle es la vía pública más magnífica de Munich. En su extremo sur se hallan los tres grandes arcos de la **Feldherrnhalle** (sala de los comandantes), mandada erigir por el rey Luis, a imagen de la Loggia dei Lanzi de Florencia, para rendir homenaje al ejército bávaro y a sus generales. La historia también lo recuerda como el lugar del fracasado Putsch de Hitler en 1923. Tras el ascenso de los nazis al poder, se convirtió en un lugar casi sagrado. Los antinazis evitaban tener que realizar el saludo obligatorio con el brazo levantado dando un rodeo

por la pequeña Viscardigasse, desde entonces conocida como «la callejuela de los que rehuyen».

Al oeste de la Feldherrnhalle se eleva la **Theatinerkirche,** de estilo barroco, que tomó su nombre de la orden de los monjes Teatinos, fundada en el siglo XVI para oponerse al luteranismo. Construida para celebrar el nacimiento en 1662 del hijo y heredero del elector bávaro, se ha convertido en toda una referencia visual con su poderosa fachada, su cúpula, las torres gemelas de tono ocre y el interior maravillosamente decorado.

Siguiendo hacia el norte por la Ludwigstraße, las torres de la Theatinerkirche encuentran eco en las de la **Ludwigskirche,** una sobria iglesia de 1844 que guarda en su interior el gran mural del Juicio final de Peter Cornelius (1783-1867). Al sur de esta iglesia se alza la enormemente larga Staatsbibliothek (Biblioteca Estatal). Y al norte, donde la Ludwigstraße se abre en una especie de foro con fuentes, la **universidad,** una de las mayores de Alemania, trasladada aquí desde Landshut (ver págs. 277-278) por Luis I en 1826. Entre los profesores que enseñaron dentro de sus muros, cabe citar al físico Wilhelm Konrad Roentgen, descubridor de los rayos X; el revolucionario químico del siglo XIX Justus von Liebig, el filósofo humanista Ludwig Andreas Feuerbach, y el sociólogo y economista político Max Weber. También contó con estudiantes famosos

como los miembros de la Rosa Blanca, un pequeño grupo de valientes activistas antinazis que fueron ejecutados en 1943. El arco de la **Siegestor,** rematado por cuatro leones, es el final más adecuado para la Ludwigstraße.

Al norte de la Residenz, una calle con bastante tráfico atraviesa la Ludwigstraße y se convierte hacia el este en la **Prinzregentenstraße,** el último bulevar real que se construyó en Munich, por encargo de Luitpold, el príncipe regente, en la década de 1890. Su relación antiguamente armoniosa con el Englischer Garten quedó estropeada con la construcción en la década de 1930 de la **Haus der Kunst** (casa del arte), en el típico estilo del Tercer Reich. En su día sede de la galería estatal de Arte Moderno (actualmente en la

Pinakothek der Moderne), ahora se utiliza para la celebración de exposiciones temporales. Su vecino, mucho más jovial y con una exuberante variedad de estilos, es el **Bayerisches Nationalmuseum,** el museo estatal de Baviera de artes y oficios desde la Edad Media hasta el siglo XIX. Las escenas espléndidamente talladas de la Natividad son las piezas estrella.

Al este de la Ludwigstraße y al norte de la Prinzregentenstraße se encuentra el hermoso **Englischer Garten,** construido en el siglo XVIII, con una longitud de 5 km y una superficie de 400 hectáreas. Todos los habitantes de la ciudad vienen aquí a respirar aire fresco, remar un rato, pasear en bicicleta o a caballo, tomar un trago en el enorme jardín de la cerveza o broncearse al sol. ■

Huyendo del calor del verano en las frescas aguas del Isar, en el Englischer Garten.

La Oktoberfest

«Eins, zwei, suffe», algo así como «un, dos, adentro», es el alegre estribillo de una de las canciones más conocidas de los bebedores de Baviera. Es muy probable que lo oiga más de una vez si asiste al que quizá sea el mayor festival popular del mundo. En realidad, la Oktoberfest comienza el último sábado de septiembre y dura 16 cerveceros días. Hasta 7 millones de bebedores llegan a la ciudad y abarrotan las carpas levantadas en el prado conocido como Theresienwiese para consumir cantidades inimaginables de cerveza y unos 700.000 pollos asados, medio millón de salchichas, 13.700 kg de pescado, un centenar de bueyes, unos 60.000 codillos de cerdo y un número totalmente incalculable de *pretzels*. Todo ello acompañado por el estruendo de las ruidosas bandas de música, las *Blaskapellen*.

Como tantas otras cosas características de Munich, todo esto se debe al rey Luis I. En 1810, cuando todavía era príncipe de la corona, celebró su boda con la princesa Therese von Sachsen-Hildburghausen e invitó a todos los ciudadanos a la fiesta, que culminó con una carrera de caballos en lo que entonces era campo abierto y que en adelante fue llamado «el prado de Teresa» (Theresienwiese) en honor de la novia. Esta fiesta se convirtió en un acontecimiento anual y se expandió para incluir una feria… y un consumo cada vez mayor de cerveza.

Los festejos dan comienzo con un desfile de carrozas espléndidamente decoradas y tiradas por caballos, cargadas de maestros cerveceros, bandas de músicos y camareras con vestidos tradicionales. A las doce en punto del mediodía, el alcalde espita el primer barril al grito de «Ozapft is!» (algo así como «¡Ya tiene grifo!» en el dialecto de Baviera). Por la noche hay un concierto folclórico que sirve de calentamiento para otra procesión mucho mayor al día siguiente. Se trata del Desfile Internacional de Vestidos y Carabineros, que serpentea por el centro de la ciudad hacia el Theresienwiese en

una interminable sucesión de bandas, grupos folclóricos, bufones y tiradores de montaña espectacularmente ataviados, además de carrozas tiradas por caballos, bueyes y cabras. Una vez que el desfile ha llegado a su destino, la quincena del beber puede dar comienzo, presidida por la estatua de *Baviera*, una figura femenina de bronce de 30 m de altura vestida con una piel de oso.

La Oktoberfest es todavía una celebración esencialmente bávara, y la mayoría de los bebedores gritan en un dialecto que incluso para otros alemanes resulta incompren-

sible. Las carpas de la cerveza no son un lugar apto para gente tranquila: los bancos están abarrotados, el ruido es infernal y el jaleo aumenta a medida que avanza la noche. Si tiene pensado montar en alguna de las vertiginosas atracciones de la feria, es conveniente que considere primero el estado de su estómago, a pesar de que la cerveza bávara no es muy fuerte.

La ciudad se llena para la Oktoberfest, por lo que si quiere asistir, reserve su alojamiento con antelación y considere también hacer una reserva para el concierto folclórico del sábado por la noche y para el gran desfile del domingo (*München Ticket GmbH, Postfach 201413, 80014 München; Tel 0180 54 81 81 8*). ■

Abajo: los colores nacionales bávaros, azul y blanco, decoran una de las enormes carpas de la Oktoberfest. **Derecha:** banda de músicos.

Schloß Nymphenburg

Simétricamente extendido a partir del edificio central, el Schloß Nymphenburg preside su gran lago.

ESTE PALACIO DEL OESTE DE MUNICH FUE CONCEBIDO como pabellón de caza y, más tarde, ampliado a gran escala para convertirse en la materialización del estatus y el estilo de los gobernantes bávaros. Se llega fácilmente hasta él con el U-Bahn y con el tranvía. Aparte del palacio en sí, Nymphenburg cuenta con algunos museos interesantes y un parque que es una historia virtual de la jardinería paisajística y que alberga algunos edificios magníficos.

Schloß Nymphenburg

www.schloesser.bayern.de

- 281 E3
- Schloß- und Gartenverwaltung Nymphenburg, Eingang 19
- 089 179 080
- $; $$ (entrada combinada para todos los edificios)

Si llega aquí desde el este, lo que verá es una larga línea de edificios armoniosamente relacionados que dan a un lago y a una carretera semicircular bordeada por las antiguas residencias de los funcionarios de la corte. El edificio central del palacio se desarrolló a partir de una estructura de 1664 mucho más pequeña, la residencia de verano erigida, al igual que la Theatinerkirche, para celebrar el nacimiento de Max Emanuel, el hijo del elector y su esposa, Henrietta Adelaide. Cuando accedió al poder, Max amplió el edificio y lo dotó de la **Steinerner Saal,** uno de los interiores rococó más opulentos de Alemania.

La **Schönheitengalerie,** una de las estancias más populares, fue

añadida por Luis I, que la llenó con los retratos de tres docenas de bellas damas, en un intento de presentar una visión definitiva del ideal femenino. No por casualidad estaba entre ellos el de la bailarina Lola Montes, cuyo romance con el rey le obligó a abdicar.

Desde la doble escalinata del otro lado del palacio podrá disfrutar de una vista del **parque** de Nymphenburg. En primer término hay un parterre de estilo francés, mientras que un canal recto obliga a la vista a mirar hacia lo lejos. Estos elementos son los restos del jardín original, que a principios del siglo XIX fue remodelado en estilo inglés, con senderos serpenteantes y lagos de formas irregulares.

El **Amalienburg,** un palacio rococó de proporciones perfectas, obra de Cuvilliés, se encuentra a la izquierda. El interior, especialmente la sala de los espejos, es una obra maestra de fantasía rococó. Más allá el **Badenburg,** construido para albergar una piscina cubierta climatizada, está rodeado de una decoración exuberante. Al norte del canal se halla la **Pagodenburg,** que recibe el nombre de sus exquisitos interiores. Max Emanuel la mandó construir en su juventud como escenario para sus fiestas, todo lo contrario de la posterior **Magdalenenklause,** unas ruinas artificiales, proyectadas para la contemplación de la mortalidad y de las verdades eternas. Desgraciadamente Max murió antes de que fueran completadas.

Las construcciones centrales del palacio están flanqueadas por dos cuadriláteros con edificios. El del sur, el **Marstall,** sirvió de establo y actualmente acoge los magníficos vehículos de los Wittelsbach. En invierno se utilizaban trineos y uno de los más espectaculares es una fabulosa creación rococó de 1740, aunque no supera a los construidos

para el rey loco Luis más de un siglo después. Las carrozas son incluso más elegantes, sobre todo la que se hizo en París para el elector Karl Albrecht cuando fue nombrado emperador en 1742.

La porcelana de Nymphenburg disfruta de una merecida reputa-

ción, y en las salas superiores del Marstall se exponen más de un millar de piezas de los delicados productos salidos de la fábrica entre la década de 1740 y la de 1920. Entre las más llamativas se encuentran las simpáticas y festivas figuras de la Commedia dell' Arte italiana, realizadas por el diseñador jefe de la fábrica a mediados del siglo XVIII, Franz Anton Bustelli. Un museo muy distinto, el **Museum Mensch und Natur,** ocupa los edificios del cuadrilátero norte; las técnicas multimedia e interactivas sirven para mostrar la historia de la Tierra y la evolución del hombre.

Si todavía le quedan tiempo y fuerzas, visite el **Botanischer Garten,** justo al lado, una de las mejores colecciones botánicas de Europa. ■

Derecha: la carroza dorada de Luis II expuesta en el Marstall.

Museum Mensch und Natur
www.musmn.de
✉ Schloß Nymphenburg
☎ 089 17 95 890
🕐 Cerrado lun.
💲 $

Otras visitas interesantes en Munich

ALLIANZ ARENA

En 2005 fue inaugurado este gran estadio, que tiene un aforo para 66.000 espectadores, en tres niveles, y con todas las localidades techadas. Construido al norte de la capital bávara, el Allianz lo compartirán los equipos Bayern de Munich y 1860 Munich. El 9 de junio de 2006 alojó el partido inaugural del Mundial de Fútbol. Sus artífices, los arquitectos suizos Jacques Herzog y Pierre de Meuron, han proyectado la mayor cubierta de membrana del mundo. Además, también le otorga carácter al edificio su fachada translúcida, que refleja los colores de los dos equipos que utilizarán las instalaciones.

✉ Wermer Heisenberg Allee 25; www.allianz-arena.de ☎ 089 2005 0

BMW MUSEUM EXPERIENCE

El reluciente edificio metálico de la sede de BMW, en forma de motor de cuatro cilindros, se ha convertido desde 1970 en una referencia visual de la ciudad. A sus pies, la famosa empresa fabricante de automóviles instaló su museo en una estructura igualmente distintiva: un gran cáliz plateado. No se reparó en gastos a la hora de crear un museo con el mismo atractivo y nivel técnico que los propios coches. Aunque el museo estará cerrado por renovación hasta el verano de 2007, algunos objetos están expuestos en el Olympiapark, cerca de la Torre Olímpica.

🅰 Plano pág. 282 ✉ Petuelring 130; www.bmw.com ☎ 089 382 25 652

DACHAU

Durante el Renacimiento, los Wittelsbach construyeron un castillo de verano en esta bonita población 19 km al noroeste de Munich. En el siglo XIX, una colonia de artistas floreció aquí, atraída por sus calles pintorescas y por la luminosidad de sus exteriores. Y más tarde, los habitantes de Munich tomarían el tren para venir y escapar de la ciudad. Sin embargo, cuando en marzo de 1933 los nazis construyeron a las afueras de Dachau su primer campo de concentración, el idilio rural desapareció. Hoy es un lugar conmemorativo dedicado a las decenas de miles de personas que murieron aquí, ya que la visita al lugar de

las ejecuciones, a los hornos crematorios, a los barracones reconstruidos y al museo es una experiencia difícil de olvidar.

🅰 281 E4 ✉ Alter Römerstraße 75, Dachau www.dachau.info ☎ 08131 75 286 🚈 S-Bahn 2

OLYMPIAPARK

El terreno del Oberwiesenfeld, en el extremo norte de la ciudad, que originalmente estuvo reservado para los desfiles del ejército bávaro y que, más tarde, lo ocupó el primer aeropuerto de Munich, en 1972, después de ser remodelado y conectado a la ciudad por metro, acogió los vigésimos Juegos Olímpicos de verano, ofreciendo así a la ciudad un nuevo parque y unas excelentes instalaciones deportivas y de ocio. El estadio, con capacidad para 75.000 personas, y la piscina se encuentran bajo un techo transparente, que parece una carpa, sostenido por cables. Para disfrutar de las vistas que, en los días claros, abarcan unos 400 km de los Alpes, suba en ascensor hasta el mirador de la Torre Olímpica (Tel 089 30 66 8585; $), de 291,28 m de altura. En 2005 se le añadió una aguja de 1,75 metros.

🅰 281 E3 ✉ Spiridon-Louis-Ring 21; www.olympiapark-muenchen.de 🚈 U-Bahn 3

SCHLEIßHEIM

A 15 km al norte de Munich se encuentran el pueblo de Schleißheim y el Schloß Schleißheim, un palacio con un parque. Tras la larga fachada del **Neues Schloß** (Max-Emanuel-Platz, Oberschleißheim; Tel 089 315 87 20; 4$) hay unos suntuosos interiores y docenas de pinturas barrocas de primera categoría. El **Altes Schloß** (Maximilianshof 1; Tel 089 3158 72 0), menor, acoge una colección de arte popular religioso, mientras que en el otro extremo de los jardines, el **Schloß Lustheim** da cabida a una colección de porcelana de Meissen, casi toda del siglo XVIII.

Muy cerca se encuentra el **Flugwerft Schleißheim** (Effnerstraße 18, Oberschleißheim; Tel 089 3157 140), un aeropuerto que data de los días en que Baviera tenía su propia fuerza aérea, donde se exponen unos 50 aviones.

🅰 281 E4 🚈 S-Bahn 1 a Oberschleißheim ■

Los Alpes

Alemania sólo posee una pequeña parte de los Alpes, una franja relativamente estrecha que ocupa los 300 km que hay entre el Berchtesgadener Land, al este, y el Bodensee (lago Constanza), al oeste, pasando por los Allgäuer Alpen, en la Suabia bávara. Sin embargo, esta banda de montañas, que se eleva desde las llanuras bávaras, tiene un impacto espectacular y desproporcionado para su altura, que nunca supera la cota de los 3.000 metros.

El «Nido del Águila» se levanta en la cumbre del Kehlstein, muy por encima de Berchtesgaden.

Cuando el tiempo es claro, las montañas aparecen como una cresta rocosa continua, un maravilloso telón de fondo para las colinas prealpinas, con sus bosques, pastos y relucientes lagos. Subir en tren de cremallera o en teleférico hasta la cumbre de la montaña más alta de Alemania, la Zugspitze (2.962 m), es una experiencia tan emocionante como en cualquier otro lugar de los Alpes.

No todas las montañas son tan accesibles como la Zugspitze, ya que cuando se propuso construir un tren para la segunda cumbre más alta del país, el Watzmann (2.713 m), sobre Berchtesgaden, los ecologistas montaron en cólera y el asunto se zanjó con la creación del Nationalpark Berchtesgaden (Parque Nacional Berchtesgaden), que protege gran parte del paisaje de este lejano rincón del sudeste de Baviera, incluido el Königssee, el lago con las aguas más limpias de Alemania.

La mejor forma de sacar el máximo partido a las maravillas de los Alpes bávaros es pasear por algunos de los cientos de kilómetros de senderos señalizados. Hay opciones tanto para dar una vuelta después de comer como para hacer excursiones más ambiciosas y de varios días de duración; algunas de estas rutas incluso requieren la utilización de cuerdas. En este sentido, el Heilbronner Weg, en el Allgäu, es una excepción. En las oficinas de turismo de cada localidad tienen buenos mapas de sus zonas.

Los Alpes bávaros no son una región remota ni aislada. A los pies de las montañas hay multitud de pueblos, ciudades y estaciones de montaña. Además, desde la Antigüedad los atravesaron importantes rutas comerciales que unían el centro de Europa con el Mediterráneo. Sus equivalentes hoy son los ferrocarriles eléctricos y las autopistas, lo que los ha hecho más accesibles que nunca. ■

Castillos reales

LA VISIÓN OBSESIVAMENTE ROMÁNTICA QUE LUIS II, «EL REY
de los sueños», tenía de la Edad Media todavía hoy cautiva la imaginación de muchos. Un millón de visitantes al año peregrinan al espectacular Schloß Neuschwanstein, inspiración de todos los castillos de
parques temáticos, y al vecino Schloß Hohenschwangau.

**Schloß
Hohenschwangau
y Schloß
Neuschwanstein**
www.ticket-center-
hohenschwangau.de
🗺 280 C2
✉ Ticket-Center
Hohenschwangau,
Alpseestraße 12
☎ 08362 93 08 30
💲 $$. Ambos castillos:
sólo visitas guiadas.

**Intenso y
excéntrico, al rey
Luis II también se
lo conoce como
«el rey de los
sueños».**

Visite Hohenschwangau, ya que de
esta forma dejará lo mejor para el
final. La enorme popularidad de
Neuschwanstein provoca auténticas
aglomeraciones, y es posible que
tenga que esperar para poder dejar
el coche en uno de los aparcamien-
tos, para comprar la entrada, que
especifica a qué hora podrá visitarlo,
y, finalmente, para hacer la visita. El
Schloß Hohenschwangau se encuen-
tra a 15 minutos caminando hacia el
oeste desde el pabellón donde se
compran las entradas para ambos
castillos, en el pueblo.
Neuschwanstein está a unos 25
minutos colina arriba en dirección
contraria. Si quiere puede tomar un
bus o un coche tirado por caballos.

HOHENSCHWANGAU

Cerca de la antigua población de
Füssen, unos 100 km al sudoeste de

Munich, los montes Ammergebirge
separan Baviera del Tirol austriaco.
El acceso a esta frontera alpina estu-
vo vigilado en su día por una serie
de castillos medievales, entre ellos el
Schwanstein, la fortaleza de los caba-
lleros Schwangau. En ruinas ya en la
década de 1830, fue reconstruido
entre 1832 y 1836 por el príncipe
Maximiliano en un estilo influido
por una visión idealizada de la
Inglaterra gótica y Tudor, y renom-
brado Hohenschwangau (Alto
Schwangau).

Con todo su medievalismo, sus
pinturas murales de trovadores y
caballeros, el **Hohenschwangau**
fue utilizado a menudo como resi-
dencia de la familia Wittelsbach. El
joven Luis pasó aquí gran parte de
su niñez, y fue en Hohenschwangau
donde inició la amistad con Richard
Wagner. En la Hohenstaufensaal,

El rey loco Luis (1845-1886)

E l guapo Luis subió al trono a los
18 años de edad. Su propensión
a preferir los sueños a la realidad
aumentó con sus juicios erróneos
sobre los acontecimientos que lleva-
ron a la unificación alemana, donde
Baviera cedió ante Prusia en todos
los aspectos. A partir de ahí, Luis se
alejó de los asuntos
de Estado y se concentró en hacer
realidad sus fantasías. Las de
Neuschwanstein se inspiraron en las
óperas de Wagner y en su visión
idealizada de la Edad Media. Sus cas-
tillos en Linderhof (ver pág. 316) y
Herrenchiemsee (ver pág. 316)

representan su fascinación por la
extravagante época de Luis XIV en
Francia. En 1886, el gobierno bávaro
preocupado por la negligencia de
Luis respecto a sus obligaciones, su
despilfarro de los recursos reales y
su comportamiento cada vez más
excéntrico, se decidió a actuar, inca-
pacitándolo. Fue arrestado y llevado
de Neuschwanstein al Schloß Berg,
a orillas del lago Starnberg, al sur de
Munich, y dos días después de su
encierro fue encontrado ahogado
junto con su psiquiatra en las aguas
del lago. Su muerte continúa siendo
un misterio. ∎

aún se conserva el piano en el que tocaban juntos. El techo del dormitorio de Luis reproduce el cielo nocturno. Desde esta habitación el rey pudo contemplar el progreso de las obras de su castillo de ensueño que comenzaba a levantarse más arriba.

NEUSCHWANSTEIN

Construido en un emplazamiento salvaje y romántico, **Neuschwanstein** corona un saliente rocoso elevado sobre la profunda garganta de Pöllat, con su salto de agua, sus acantilados y su bosque primigenio. Sumérjase en la naturaleza yendo hasta el **Marienbrücke,** una pasarela a casi 100 m sobre el torrente. Luis solía venir aquí por la noche para contemplar su castillo, habiendo ordenado previamente que se

encendieran las luces, ya que realmente es el punto desde donde se aprecia mejor el edificio y su entorno. De hecho, el castillo parece surgir de la roca.

Las obras comenzaron en 1869, y Luis encontró inspiración para su creación, especialmente para la **sala de los Trovadores,** en el Wartburg (ver pág. 222), supuestamente el lugar del torneo de cantores de la ópera de Wagner *Tannhäuser*. Se hace referencia a la historia de *Lohengrin* en los motivos de cisnes de la sala de estar. La bizantina **sala del Trono** está construida según la capilla de la Corte de la Residenz de Munich. Sin embargo, después de haberlo construido y de haber vaciado las arcas reales, Luis no llegó a pasar seis meses aquí. Sin duda es un lugar bastante melancólico. ■

Más medieval que la propia Edad Media, el Schloß Neuschwanstein se alza sobre su risco alpino.

Berchtesgaden

CASI TODA RODEADA POR MONTAÑAS, LA POBLACIÓN DE Berchtesgaden es la capital de un distrito que incluye algunas de las mejores atracciones de los Alpes bávaros; una de las más destacadas es el Königssee, un lago parecido a un fiordo dominado por el Watzmann, la segunda cumbre más alta de Alemania. La ciudad está maravillosamente situada en un balcón natural que mira a las cumbres que se encuentran al otro lado del valle y que señalan la frontera con Austria.

Llegar hasta esta zona de montaña desde el norte es casi como entrar en otro país, algo que no sorprende cuando se recuerda que el Berchtesgadener Land fue un estado independiente durante siglos. Los monjes agustinos fueron los primeros en poblar el valle en el siglo XII, y más tarde se enriquecieron con la sal de sus minas. Sus sucesores gobernaron este pequeño estado.

Después de 1810, cuando se unió a Baviera, Berchtesgaden pasó a ser el retiro de verano favorito de la familia real bávara. Muchos otros les siguieron, sobre todo cuando se inauguró una línea ferroviaria en 1888, y hoy es uno de los lugares turísticos más populares de Alemania, que atrae a multitudes tanto en verano como en invierno.

Un buen lugar para contemplar el panorama que se divisa desde Berchtesgaden es el jardín de la **Nationalpark-Haus,** el centro de interpretación del Parque Nacional Berchtesgaden. Gran parte del paisaje que se ve desde aquí está protegido. Una zona más externa de granjas y bosques se explota bajo restrictivas condiciones ambientales. Visite la Nationalparkhaus para obtener información sobre la zona, su fauna extraordinariamente rica y variada, y sus enormes posibilidades para el excursionismo.

Un paseo por las calles antiguas con sus casas pintadas le llevará al **Schloßplatz,** que es el orgullo de la ciudad. Enfrente del poderoso edificio porticado de la izquierda están la iglesia y la residencia de los priores del antiguo monasterio, que tiene algunas partes del siglo XII.

La residencia es el **Königliches Schloß,** hogar entre 1923 y 1933 del príncipe de la corona Ruprecht, cabeza de la destronada familia real bávara. Aquí se exponen algunas piezas de las colecciones Wittelsbach (pinturas, esculturas, tallas, muebles, trofeos de caza y armas).

La otra gran atracción de la ciudad es la **Salzbergwerk,** la mina de sal sobre la que se basó la prosperidad de Berchtesgaden y que todavía funciona. Ataviado a la manera de un minero tradicional, podrá bajar al subsuelo en un viaje escalofriante, aunque seguro, en ascensor, para explorar las galerías y navegar por un centelleante lago de sal.

Sin embargo, lo más típico de Berchtesgaden es hacer una excursión por el **Königssee** al corazón de las montañas. Una silenciosa lancha de motor eléctrico se desliza por las aguas claras hasta la encantadora y muy fotografiada iglesia de **St. Bartholomä,** donde podrá desembarcar y pasear por la orilla; también tendrá ocasión de emprender la subida de dos horas hasta la capilla de Hielo, al pie de la cara este del Watzmann. El viaje en lancha continúa hasta la punta sur del lago, desde la cual hay un corto paseo hasta el pequeño lago Obersee y el salto de agua de Röthbach, de 400 m de altura.

El nombre de Berchtesgaden está relacionado con Berghof, el

Berchtesgaden
🅜 281 G2
Información
www.berchtesgaden.com
✉ Königsseer Straße 2
☎ 08652 96 70

Nationalpark-Haus
www.nationalparkhaus.org
✉ Franziskanerplatz 7
☎ 08652 64343

chalé de montaña de Hitler en el **Obersalzberg,** uno de los montes circundantes del **Kehlstein,** de 1.834 m de altura. El futuro Führer vino por primera vez a lo que en los años venideros se convertiría en su segunda residencia, después de la de Berlín, en 1923. En este lugar se representó cuidadosamente la ficción de un Hitler amigo del pueblo. Sin embargo, cuando la zona de seguridad alrededor de la casa empezó a extenderse, muchos vecinos fueron obligados a vender sus propiedades a precios ridículos. Los bombarderos aliados destruyeron el complejo en los últimos días de la guerra, y las ruinas que quedaron fueron voladas en la década de 1950. En 1999 se inauguró en el lugar un excelente centro de información, el **Dokumentation**

Obersalzberg *(Salzbergstraße 41, www.obersalzburg. de; Tel 08652 94 79 60; cerrado lun. invierno),* que relaciona los acontecimientos de Berchtesgaden con la historia del Tercer Reich. En los meses de verano, cuando la nieve ha desaparecido, sale un autobús *(mayo-oct.)* desde el aparcamiento de Obersalzberg-Hintereck hasta el otro chalé de Hitler, el «Nido del Águila», en la cima del Kehlstein, a 6,5 km subiendo por la **Kehlsteinstraße,** la carretera de montaña más espectacular del país. La última parte del recorrido desde la estación del autobús hasta este ejemplo de la arquitectura nacionalsocialista (hoy un restaurante) se hace por un túnel y con un ascensor *(incluido en el precio del autobús).* La vista es insuperable. ■

La magia de la montaña: las aguas del Königssee y la iglesia de St. Bartholomä al pie del poderoso Watzmann.

Königliches Schloß
- ✉ Schloßplatz 2
- ☎ 08652 94 79 80
- 🕐 Cerrado sáb.
- 💲 $

Salzbergwerk
www.salzbergwerk-berchtesgaden.de
- ✉ Bergwerkstraße 83
- ☎ 08652 60 02 20
- 💲 $$$

Una ruta por la carretera alpina alemana

La Deutsche Alpenstraße empezó a construirse en la década de 1930 como una carretera de recreo en las alturas de los Alpes. Al igual que la *autobahn*, era un proyecto de prestigio para el régimen nazi, y algunas partes se proyectaron pensando en su utilidad militar. La carretera cubre casi 300 km entre Berchtesgaden y Lindau, a orillas del lago Constanza. Pocos viajeros recorren toda su extensión; la sección que se describe aquí es una alternativa más tranquila al tramo final de la *autobahn*, entre Berchtesgaden y Munich, y le muestra el maravilloso paisaje de los Alpes y sus alrededores.

Si viene desde Munich, salga de la *autobahn* E52/E60 por la salida 106 y siga la carretera 305 hacia el sur, pasando por Bernau y llegando a **Grassau** ①. Esta antigua población es un lugar de vacaciones y balneario, dominado por el Hochplatte, un pico de 1.586 m de altitud, con un ejemplo clásico de iglesia con cúpula bulbiforme.

Continúe hacia el sur hasta **Marquartstein** ②, con su castillo del siglo XI y un remonte de esquí que sube hasta el Hochplatte. El compositor Richard Strauss vivió en esta ciudad, y fue aquí donde compuso su ópera *Salomé*. Continúe por la 305 hasta **Reit im Winkl** ③, con sus casas de estilo tirolés. Situado en un valle soleado justo en la frontera con Austria y casi completamente rodeado por montañas boscosas de hasta 2.000 m de altura, es tan popular en verano como en invierno, cuando siempre hay una buena capa de nieve. Aquí la 305 gira hacia el este y luego hacia el norte a través del paisaje protegido de los Chiemgauer Alpen, con una serie de pequeños lagos. Tras recorrer 24 km llegará a **Ruhpolding** ④, un animado pueblo que ganó popularidad desde que en 1597 el duque Guillermo V construyó aquí su pabellón de caza de estilo renacentista. Pese a todo, conserva muchas de sus tradiciones y el típico ambiente de un pueblo alpino. Su magnífica iglesia parroquial de estilo barroco guarda la **Madonna de Ruhpolding,** una talla de 1230, que es un exquisito ejemplo de la artesanía de la alta Baviera.

Conduzca hacia el este, todavía por la 305, y visite el pueblo de **Inzell** ⑤, con su iglesia de cúpula bulbiforme. La carretera, que en este momento pasa a formar parte de otra famosa ruta turística, la ruta vacacional Alpes-Báltico (Deutsche Ferienstraße Alpen-Ostsee), discurre hacia el sudeste por el valle del

Schwarzbach, cruza la corriente de agua en el paso conocido como Schwarzbachwacht-Sattel y baja por una colina entre bosques y pastos con maravillosas vistas de la montaña. Salga de la carretera principal hacia la derecha para visitar el pueblo de **Ramsau** ⑥. Aunque es casi un barrio de Berchtesgaden, la población ha conservado gran parte de su encanto original, y una iglesia parroquial de 1512, construida en una elevación por encima de la carretera y del torrente, con la espectacular visión de los Alpes nevados detrás. Es una imagen irresistible, y debería bajar del coche y seguir la indicación

Boda en Ruhpolding.

que le llevará al otro lado del riachuelo, al punto desde donde se puede tomar la mejor fotografía. En Ramsau hay otra iglesia, la Maria Kunterweg, erigida en 1733. De estilo barroco, es una iglesia de peregrinaje, con un precioso interior.

Es tentador continuar por la carretera en dirección hacia las montañas. ¡No se resista! 4 km más allá la carretera llega hasta el pequeño lago **Hintersee** 7, por encima del cual las laderas, casi acantilados, se elevan hasta los picos y hasta un glaciar, el más septentrional de los Alpes. Regrese por donde ha venido para tomar de nuevo la 305, que le llevará hasta su destino, **Berchtesgaden** 8 (ver págs. 308-309). ■

🗺 Ver mapa de la zona pág. 281 F2-G2
➤ Autobahn salida 106 (Prien-Bernau)
↔ 102 km
🕐 Medio día
➤ Berchtesgaden

PUNTOS DE INTERÉS
- Un corto paseo por Ruhpolding
- La *Madonna de Ruhpolding* en Ruhpolding
- Iglesia de Ramsau
- Hintersee

Escena navideña en Ramsau.

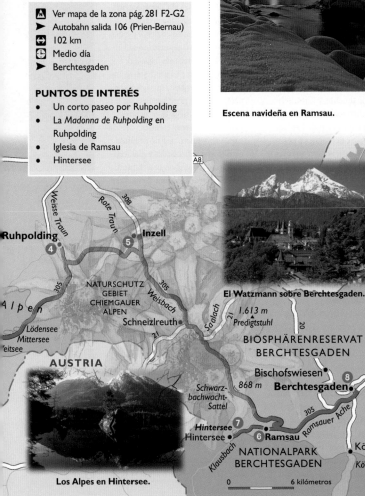

El Watzmann sobre Berchtesgaden.

Los Alpes en Hintersee.

Garmisch-Partenkirchen

LA ESTACIÓN DE GARMISCH-PARTENKIRCHEN SE ENCUENTRA en un ancho valle entre montañas. Aunque los bosques cubren las laderas más bajas de los alrededores, al sur se levantan los muros rocosos de los montes Wetterstein, que alcanzan su altura máxima en la Zugspitze (2.962 m). A poco más de una hora en coche o en tren desde Munich, es a la vez un paraíso para los deportes de invierno y el lugar de veraneo más importante de Baviera, con todas las comodidades que pueda imaginar, aunque a una escala pequeña, con tradiciones locales y un ambiente acogedor. La agenda cultural va desde el festival de música de verano que recibe el nombre de Richard Strauss, que vivió aquí, hasta conciertos de cítara en bares llenos de humo y actuaciones folclóricas.

Las dos comunidades de Garmisch y Partenkirchen unieron sus fuerzas en 1935 para acoger los Juegos Olímpicos de invierno del año siguiente. Las instalaciones deportivas construidas para la ocasión consolidaron la reputación de la ciudad internacionalmente, y Garmisch-Partenkirchen fue nombrada de nuevo para los Juegos de 1940, que no llegaron a celebrarse. La población continúa atrayendo tanto a los que buscan esquí de descensos rápidos como a los aficionados al *Langlauf* (esquí de fondo), así como a los amantes del patinaje sobre hielo, del *curling* y del excursionismo con esquís o raquetas de nieve. En verano, los telesillas y los teleféricos ayudan a los excursionistas a disfrutar de los cientos de kilómetros de senderos señalizados.

Partenkirchen es la más antigua de las dos poblaciones, con una historia que se remonta a la época de los romanos, de los que quedan pocas huellas. No obstante, la calle principal, la Ludwigstraße, está llena de casas antiguas, algunas de ellas con exuberantes *Lüftmalerei*, murales populares que son la especialidad de la región. Incluso el ayuntamiento (Rathaus), de mediados del siglo XX, ha recibido este colorista tratamiento. La principal herencia que los Juegos de 1936 le dejaron a

Partenkirchen es el **Olympische Skistadion,** con una rampa para saltos, una pista de eslalon y capacidad para 80.000 espectadores.

En las laderas más bajas del Wank (1.780 m), al nordeste, se encuentra **St.-Anton,** una iglesia de peregrinaje de principios del siglo XVIII. Es el punto de donde parte el **Philosophenweg** (sendero del filósofo), un sendero que no presenta demasiadas dificultades y que recorre 11 km ofreciendo unas fantásticas vistas de los montes Wetterstein y de la Zugspitze. Puede llegar hasta la cumbre del Wank por un sendero en zigzag o hacer trampas y tomar el teleférico Wankbahn.

Comparada con Partenkirchen, **Garmisch** es una población joven, ya que aparece en los registros por primera vez en 790. Puede que la calle principal, bastante moderna, no tenga el encanto antiguo de la Ludwigstraße de Partenkirchen, pero sus tiendas están llenas de artículos y recuerdos sofisticados. La actividad se centra en la **Richard-Strauß-Platz,** con su casino, la Kurhaus (balneario) y su bonito Kurpark (jardines del balneario).

El núcleo antiguo de la población se encuentra al oeste, alrededor de la **iglesia de San Martín,** donde verá multitud de edificios antiguos pintados. Hay más en la otra orilla del río,

Garmisch-Partenkirchen

🅰 280 D2

Información

www.garmisch-partenkirchen.de

✉ Richard-Strauss-Platz 1a

☎ 08821 180 700

Richard-Strauss-Institut

www.richard-strauss-institut.de

✉ Schnitzschulstraße 19

☎ 08821 91 09 50

🕐 Cerrado dom.-lun.

💲 $

cerca de la otra iglesia (también dedicada, para mayor confusión, a san Martín). Entre todos ellos destaca la posada **Zum Husaren,** con una llamativa decoración en blanco y azul, los colores bávaros, y unas figuras en trampantojo asomadas a las ventanas.

Aunque Richard Strauss vivió en esta población hasta que murió en 1949, el **Richard-Strauss-Institut** se encuentra en Partenkirchen. En él hay exposiciones temporales y un «museo del sonido», donde podrá escuchar fragmentos de las obras del compositor.

Otra ventaja de Garmisch-Partenkirchen es su proximidad a muchas otras atracciones turísticas. El viaje en teleférico hasta la cumbre de la **Zugspitze** (ver págs. 314-315) es de visita obligada, como también

lo es el espectacular paseo a través de la estrecha garganta conocida como **Partnachklamm.** Una caminata de dos horas por un sendero rodea uno de los lagos más bonitos de los Alpes, el **Eibsee,** al pie de la Zugspitze. **Mittenwald,** «un libro de fotografías viviente», como lo describió Goethe, está a unos 20 km al este de Garmisch; el pueblo también es famoso por la fabricación de violines. A una distancia similar al norte y pasando por la abadía barroca de **Ettal,** se encuentra la famosa **Oberammergau,** hogar de talladores de madera y escenario de la Pasión, de renombre mundial, cuya próxima representación será en 2010. Esta excursión se puede combinar con una visita a uno de los castillos de Luis II, el **Linderhof** (ver pág. 316), su favorito. ■

Monte en el teleférico que asciende a la Zugspitze para obtener una vista impresionante de Garmisch-Partenkirchen y los montes Wetterstein, más allá.

Los visitantes llenan la Zugspitzplatt, con miradores y una estación meteorológica.

Hasta la cumbre de la Zugspitze

MEDIO MILLÓN DE PERSONAS AL AÑO SUBEN A LA CUMBRE de la montaña más alta de Alemania (2.962 m); algunos lo hacen a pie, aunque la inmensa mayoría se decide por el teleférico o el tren cremallera. La recompensa es una magnífica vista de 360° sobre docenas de montañas de Alemania, Austria, Suiza e Italia, y, al norte, sobre las llanuras bávaras. Antes de emprender la ascensión, compruebe el pronóstico del tiempo; aunque la cumbre es una maravilla incluso envuelta en la niebla, nunca olvidará las vistas si el día es claro.

Zugspitze

🔼 280 D1

Pese a que durante mucho tiempo se creyó que la Zugspitze era morada de brujas, un lugar que había que evitar a toda costa, en 1851 se coronó la cumbre con una cruz dorada y en 1897 se construyó una cabaña alpina. Tres años después le siguió una estación meteorológica. A partir de entonces, las peticiones para facilitar el acceso a la cumbre se hicieron cada vez más frecuentes, por lo que, en 1928, 2.000 hombres empezaron a construir la vía del tren de cremallera que subiría hasta la

arriba, sólo le queda tomar el teleférico Gletscherbahn, inaugurado en 1992, hasta la cumbre.

La cima rocosa descubierta por el teniente Naus hace tiempo que desapareció bajo el acero y el hormigón de la gran estación meteorológica, del observatorio y de las instalaciones turísticas (entre ellas, una galería de arte, una sala de cine y un centro para conferencias). Pero lo más interesante sin duda es la vista, y vale la pena quedarse arriba

Zugspitzplatt, la plataforma natural que se encuentra justo debajo de la cumbre.

En dos años el tren realizó su primer viaje, y desde entonces ha sido muy popular. Puede tomarlo en la estación de Garmisch-Partenkirchen o subir en coche hasta la estación del Eibsee, donde hay un aparcamiento. Reserve al menos medio día para sacarle partido a la experiencia y compre un billete de ida y vuelta (*Zugspitzbahn, Garmisch-Partenkirchen, Olympiastraße 27, www.zugspitze.de; Tel 08821 797 0*).

En Eibsee es donde empieza la verdadera subida, ya que el tren trepa, literalmente, primero por bosques y después por unos túneles hasta alcanzar la estación, a 2.600 m de altitud. Entre octubre y mayo este paisaje está siempre nevado. Una vez

un buen rato para disfrutarla, sobre todo si el tiempo es variable. Las películas que se exhiben incluyen imágenes de la construcción del tren.

Un pasaje que parte de un extremo del mirador lleva de territorio alemán a la estación de la Zugspitzbahn austriaca. Cuando desee regresar, la mejor forma de hacerlo es con el teleférico del Eibsee, preferiblemente al lado de una ventana, ya que es uno de los trayectos más bonitos de los Alpes; la góndola del teleférico parte de la cara rocosa hacia el abismo, balanceándose cuando pasa los pilones que sostienen los cables, y proporcionando una vista cada vez más cercana del Eibsee y sus alrededores. Una vez en la estación, recoja su coche si lo ha dejado aquí o tome el tren para regresar a Garmisch-Partenkirchen. ■

En la cima de la Zugspitze una cruz dorada marca el punto más elevado de Alemania.

Otras visitas interesantes en los Alpes

LANDSBERG AM LECH

Hermosa población medieval e importante parada en la Carretera Romántica que une Baviera del Norte con los Alpes, Landsberg debe parte de su fama a la prisión política donde Adolf Hitler, recluido tras su fallido golpe de Estado de 1923 (ver pág. 298), dictó su libro *Mein Kampf* a su discípulo Rudolf Hess. El gran arquitecto del siglo XVIII, Dominikus Zimmermann, que fue burgomaestre aquí, le dio al ayuntamiento (Rathaus) su fachada ricamente elaborada.

🅰 280 D3 **Información** ✉ Hubert-von-Herkomer-Straße 73, www.landsberg.de ☎ 08191 128 247

OBERSTDORF

Al igual que Berchtesgaden, esta estación de montaña en los Alpes de Allgäu se encuentra en el centro de un territorio que penetra, hacia el sur, en Austria. A pesar de sus magníficas instalaciones deportivas y de ocio (teleféricos, rampa para saltos de esquí), Oberstdorf ha conservado en gran medida su ambiente de pueblo. La excursión más popular es a la cima del **Nebelhorn,** de 2.224 m de altura, el pico más alto de Allgäu, desde donde podrá ver más de 400 picos alpinos.

🅰 280 B1 **Información** ✉ Marktplatz 7, www.oberstdorf.de ☎ 08322 700 0

OTTOBEUREN

El pequeño pueblo de Ottobeuren, en la Suabia bávara, está dominado por su **monasterio.** Fundado en el siglo VIII, fue reconstruido mil años después por uno de los arquitectos más importantes del siglo XVIII, Johann Michael Fischer. Su grandioso interior es una de las mejores creaciones barrocas de Alemania.

🅰 280 C3 **Información** ✉ Marktplatz 14, www.ottobeuren.de ☎ 08332 921950

SCHLOß HERRENCHIEMSEE

El Chiemsee, el mayor lago de Baviera, es el lugar favorito de muchos habitantes de Munich para pasar el fin de semana y también de los admiradores de Luis II, que construyó su último palacio en una isla del lago, la Herreninsel. Aunque el Schloß Herrenchiemsee quiso reproducir el gran *château* de Luis XIV en Versalles, cuando Luis murió, en 1886, apenas estaba comenzado. Aun así, vale la pena verlo, con su sala de los Espejos de 100 m de largo y un parque de estilo francés. Los aposentos reales de lo que se conoce como el Neues Schloß (nuevo palacio) sólo se pueden ver con una visita guiada, pero le permitirán quedarse todo el tiempo que desee en el ala sur, que acoge el König Ludwig II-Museum, con material sobre la vida de este personaje. En el Altes Schloß (antiguo palacio) barroco, que fue un monasterio agustino, un museo conmemora la fundación de la RDA. Aquí se redactó su constitución en 1948.

🅰 281 F3 ✉ www.herren-chiemsee.de ☎ 08051 68 87 0

SCHLOß LINDERHOF

Perdido en un tranquilo valle entre los montes Ammergebirge, el Schloß Linderhof es probablemente el más atractivo de los castillos del rey Luis II. Más una villa que un palacio, aunque está amueblado con suntuosidad, se halla situado en unos terrenos que combinan terrazas ajardinadas, parterres y un parque de estilo inglés. Los magníficos árboles del parque se funden imperceptiblemente con el bosque de coníferas que se levanta hasta las cumbres que hay más allá. Entre los edificios que se encuentran en los jardines hay una casa marroquí, un quiosco y la gruta de Venus, que representa una escena de la ópera de Wagner *Tannhäuser.*

🅰 280 D2 ✉ www.linderhof.de ☎ 08822 92 03 0

WIESKIRCHE

En armonía con su entorno de colinas alpinas, la Wieskirche («iglesia del prado») es una síntesis de fervor religioso y virtuosismo arquitectónico. Señala el lugar donde una talla de Cristo abandonada derramó auténticas lágrimas. A partir de entonces, multitud de peregrinos acudieron al lugar y, en 1746, el arquitecto Dominikus Zimmermann recibió el encargo de erigir esta iglesia. Zimmermann se entregó de tal modo a su tarea que hasta se construyó una modesta vivienda al lado, en la cual pasó los últimos años de su vida. El interior de la iglesia es una maravilla de exuberantes estucados y coloridos frescos de cielo raso.

🅰 280 D2 ✉ www.wieskirche.de ☎ 08862 93 2 93 0 ∎

Con un clima que favorece el cultivo de la viña y los árboles frutales, industrias prósperas y unos paisajes que van de la Selva Negra al mayor lago de Alemania, el Constanza, Baden-Württemberg es, para muchos, la California alemana.

Baden-Württemberg

Una pareja de la Selva Negra

Disfrutando de la salud en el balneario Friedrichsbad, en Baden-Baden.

Baden-Württemberg

ESTE LAND, FRONTERIZO CON FRANCIA Y SUIZA EN EL EXTREMO SUDOESTE DE
Alemania, tiene un carácter dual. El clima del valle del Rin y de los alrededores del Bodensee
goza de un toque del sur que se refleja en su estilo de vida tranquilo, mientras que la inventiva y la capacidad de trabajo duro de la región, rasgos característicos de los suabos (como pre-
fieren ser llamados los naturales de Württemberg), fueron aquello que guió en su día el
milagro económico alemán y ha hecho de Baden-Württemberg el Land más próspero del país.

Baden-Württemberg posee magníficos paisajes
para descubrir y en los que relajarse. De todos
ellos, la Schwarzwald (Selva Negra) es sin duda
el mejor, con su manto de oscuros y misteriosos
bosques de coníferas, verdes prados, enormes
granjas y tradiciones populares aún muy vivas.
La otra cordillera importante de la región, la
Schwäbische Alb (Jura de Suabia) es más austera. Ríos como el alto Danubio atraviesan mese-
tas de piedra caliza, dejando salientes de roca
coronados por castillos de postal.

Los castillos abundan en esta región, y van
de las recreaciones medievales, como el Burg
Hohenzollern, hasta los resplandecientes pala-

cios barrocos como el Schloß Bruchsal. Son
prácticamente innumerables en el curso más
bajo del río Neckar, antes de su paso por la
antigua ciudad universitaria de Heidelberg, la
más visitada de todas las ciudades de la zona. La
capital del Land, Stuttgart, es una de las ciudades más progresistas de Alemania, orgullosa
tanto de las excelencias técnicas de sus productos como de sus atractivos culturales. Fue la
sede real de los gobernantes de Württemberg,
cuyo reino se extendió hasta las orillas del lago
Constanza.

Después de la segunda guerra mundial,
hubo muchas posibilidades de que el antiguo

reino formara la base de un Land federal, pero un plebiscito en 1950 favoreció la unión con Baden. Hasta 1918, Baden fue un gran ducado con su capital en Karlsruhe; de hecho, sus habitantes se ven muy distintos de los suabos, ya que, quizás influidos por la larga línea de viñedos que tapiza las soleadas laderas occidentales de la Selva Negra, no son tan amantes del trabajo como sus compatriotas del este. Lo cierto es que en ninguna parte hay un lugar más dedicado al placer y la relajación que la ciudad balneario por excelencia, Baden-Baden. ■

Mapa de situación

Berlín

0   50 kilómetros

BAVIERA
pág. 247

HESSE
pág. 195

Main

Wertheim

NATURPARK
NECKARTAL-
ODENWALD
Walldürn
Tauberbischofsheim
Königshofen
A81
E41
Eberbach
Buchen
MANNHEIM
Hirschhorn
Neckarsteinach
Burg Zwingenberg
Bad
Mergentheim
Blaufelden
Heidelberg
Burg
Dilsberg
Neckargerach
Minneburg
Dörzbach
Schloß
Schwetzingen
A6
E50
Neckarzimmern
Burg Hornberg
Künzelsau
Kocher
Walldorf
A5
E50
Burg
Guttenberg
Bad
Wimpfen
Öhringen
A6
E50
Neudorf
A5
E35
Bad
Schönborn
293
Eppingen
Heilbronn
Schwäbisch
Hall
Crailsheim
Schloß
Bruchsal
B A D E N
Bretten
Lauffen
NATURPARK
SCHWÄBISCH-
FRÄNKISCHERWALD
Obersontheim
Karlsruhe
Maulbronn
Sulzbach
Gaildorf
Pfinztal
Vaihingen
Murrhardt
Ellwangen
A7
E43
Ettlingen
A8
E52
Pforzheim
Enz
10
Ludwigsburg
Kocher
Rastatt
Leonberg
STUTTGART
29
Aalen
Bopfingen
Baden-
Baden
Gernsbach
Sindelfingen
Esslingen
Schwäbisch
Gmünd
Neresheim
Bühl
Bad
Wildbad
Calw
Böblingen
A81
Göppingen
Geislingen
466
Heidenheim
Achern
Herrenberg
Nürtingen
Herbrechtingen
Kehl
Oberkirch
Tübingen
Bad
Urach
A8
E52
Langenau
Offenburg
Freudenstadt
Reutlingen
Mössingen
Ulm
Gengenbach
Horb
Neckar
Blaubeuren
Donau
A5
E35
Lahr
Haigerloch
Ehingen
311
Haslach
Schiltach
Burg
Hohenzollern
Balingen
Gammertingen
Laupheim
Dietenheim
Schwarzwälder
Freilichtmuseum
Triberg
Rottweil
NATURPARK
OBERE DONAU
Riedlingen
Biberach
an der Riss
557 m
Kaiserstuhl
Emmendingen
E531
Furtwangen
Schwenningen
Sigmaringen
312
Freiburg im
Breisgau
Villingen
Donaueschingen
Donau
313
Mengen
Saulgau
Bad
Wurzach
1.284 m
Schauinsland
Titisee
Tuttlingen
311
Pfullendorf
Bad Waldsee
Leutkirch
Bad
Krozingen
1.493 m
Feldberg
Schluchsee
Wutach
A81
E41
Stockach
Ludwigshafen
A98
Überlingen
Weingarten
Ravensburg
Müllheim
St.
Blasien
Blumberg
Singen
Birnau
Pfahlbaumuseum
Wangen
Isny
Schopfheim
Tiengen
Jestetten
Radolfzell
Reichenau
Mainau
Meersburg
Friedrichshafen
A96
A98
Lörrach
Bad
Säckingen
Rin
Konstanz
L. Constanza
(Bodensee)
Schloß
Montfort
Lindau,
Wasserburg,
Langenargen

SUIZA

W Ü R T T E M B E R G

S c h w ä b i s c h e   A l b

FRANCIA

RENANIA-
PALATINADO
pág. 175

BAVIERA
pág. 247

4

3

2

1

Stuttgart

Stuttgart

▲ 319 C3

Información

www.stuttgart.de

✉ Rathaus, Marktplatz 1

☎ 0711 216 0

El arte explicado
en la Staatsgalerie
de Stuttgart.

LOS SÍMBOLOS DE LA STUTTGART SUABIA NO SON IGLESIAS
o edificios antiguos, sino la estrella de la Mercedes y la Fernsehturm, la
primera torre de televisión del país. La ciudad fue pionera en muchas
otras cosas, entre ellas el motor patentado por Gottlieb Daimler en
1883. Daimler se asoció con Mercedes en 1926 para formar una de las
empresas e instituciones basadas en la excelencia científica y tecno-
lógica de primer orden de Stuttgart. En el campo de las artes, la
Staatsgalerie se ha convertido en un icono del diseño posmoderno.

Stuttgart se convirtió en la capital
del reino de Württemberg. Los orígenes del **Altes Schloß** (antiguo
castillo) se remontan a los días de la
granja de sementales, aunque el edificio actual, con su patio y sus torres,
es en su mayor parte renacentista.
Ahora acoge el **Landesmuseum**
(museo regional), con maravillosas
muestras de obras religiosas de
maestros talladores locales y de las
joyas de la corona de Württemberg.

El Altes Schloß desempeña un
papel secundario en el paisaje de la
ciudad en comparación con el barroco **Neues Schloß** (nuevo castillo), una estructura tan grande que
domina la enorme Schloßplatz, que,
con sus extensiones de césped y su
columna del Jubileo, es el principal
punto de encuentro de la ciudad.
Mandado erigir por los duques en la
segunda mitad del siglo XVIII, el
Neues Schloß acoge algunos departamentos de estado del gobierno del
Land. En el lado norte de la plaza,
el edificio coronado por un ciervo
dorado es el **Kunstgebäude,** sede
de la **Galerie der Stadt
Stuttgart** (galería de arte de la ciudad). Destacan las obras de Otto Dix
(1891-1969), representante destacado de la Neue Sachlichkeit (Nueva
Objetividad), en especial su desga-
rrador tríptico *Metrópolis*, que con
su desfile de veteranos de guerra
mutilados y criaturas de la noche,
resume el esplendor y las miserias de
los años de Weimar. Al oeste, la
Schloßplatz limita con la ancha

Fernsehturm

www.fernsehturm-
stuttgart.com

▲ Plano pág. 322

✉ Jahnstraße 120

☎ 0711 23 25 97

💲 $

Landesmuseum

www.landesmuseum-stuttgart.de

▲ Plano pág. 322

✉ Schillerplatz 6

☎ 0711 279 34 98

⊕ Cerrado lun.

💲 $

**Galerie der Stadt
Stuttgart**

▲ Plano pág. 322

✉ Schloßplatz 2

☎ 0711 216 2188

⊕ Cerrada lun.

💲 $

El centro de la ciudad se extiende
por un valle rodeado de colinas boscosas. Algunas laderas están cubiertas de viñas, y en la cima de una
colina se eleva la **Fernsehturm,**
cuyo mirador proporciona la mejor
vista panorámica de la ciudad y los
alrededores. La abundancia de parques y zonas peatonales permiten
hacer paseos de varios kilómetros,
desde las elegantes galerías comerciales del centro hasta la orilla del
río, sin preocuparse por el tráfico.

El nombre de Stuttgart tiene su
origen en la granja de sementales
(«Stuten-garten») fundada por los
duques locales en el siglo X (en el
escudo de armas de la ciudad todavía hay un caballo negro). Cuando
Napoleón redibujó el mapa de
Alemania en 1802, los duques fueron ascendidos a categoría real y

Königstraße, la principal calle comercial de Stuttgart, que discurre en línea recta hasta la estación central.

Si quiere disfrutar de la antigua Stuttgart, regrese al Altes Schloß, que comparte la **Schillerplatz** con otros edificios. Más allá hay un entramado de calles antiguas que rodean el **Markthalle** (mercado), un elegante edificio Jugendstil donde podrá comprar fruta, verdura y multitud de especias, y comer y beber algo en los numerosos locales que hay por aquí. Para comprobar que la ciudad tiene un trazado impecable vaya hacia el norte hasta el **Schloßgarten,** un espléndido escenario verde para el moderno edificio del parlamento de Baden-Württemberg (Landtag), el complejo cultural de la ópera y el teatro estatales (Staatsoper y Staatstheater).

STAATSGALERIE

Enfrente del Staatstheater se alza la Staatsgalerie, parte de cuya colección se conserva en un edificio neoclásico de 1843 y el resto, en la famosa ampliación proyectada por el arquitecto británico James Stirling, terminada en 1984. La mampostería contrasta con las partes de metal y las tuberías de colores verde, azul y rosa. Es complicado concluir dónde termina el exterior y dónde empieza la galería; de hecho, hasta hay un paso público que atraviesa el edificio.

Apropiadamente, la parte más antigua acoge las obras de arte de la época medieval hasta el siglo XIX. Hay cuadros de los antiguos maestros holandeses e italianos, y también una buena selección de pintura alemana temprana. Busque el retablo Herrenberg, del visionario Jörg Ratgeb, un pintor suabo de Gmünd que murió en las guerras de los Campesinos en 1525. Entre las obras de los pintores románticos alemanes del siglo XIX, como Caspar David Friedrich, está el particularmente evocador *Paisaje de Bohemia*. La

obra *Ifigenia* (1872), de Anselm Feuerbach, le intrigará con los enigmáticos pensamientos de su personaje femenino. La galería también exhibe telas de los impresionistas franceses, como los *Campos en primavera* (1887), de Monet.

En la ampliación, los heterogéneos espacios interiores de Stirling constituyen un perfecto telón de fondo para la remarcable colección de Stuttgart de arte alemán de principios del siglo XX, que también incluye la colección de Picasso, la mayor de Alemania. Entre los cuadros de Otto Dix, busque al minusválido *Vendedor de cerillas*, grotesco y a la vez conmovedor. Las escenas apocalípticas de George Grosz y Ludwig Meider predicen los horrores de la guerra y el caos de los años de Weimar. No se pierda los vestidos diseñados por Oskar Schlemmer, profesor de la Bauhaus, para su *Ballet Triádico*.

Si tiene tiempo, regrese al Schloßgarten y siga los senderos que llevan hacia el norte hasta el Rosensteinpark. Aquí, en el **Schloß**

Staatsgalerie

🅰 Plano pág. 322

✉ Konrad-Adenauer-Straße 30-32

☎ 0711 470 400

🕐 Cerrada lun.

💲 $

Schloß Rosenstein (museo de historia natural)

🅰 Plano pág. 322

✉ Rosenstein Gew. 14

☎ 0711 89 36 0

🕐 Cerrado lun.

💲 $

El Calwer Passage, una de las elegantes galerías comerciales de Stuttgart.

Wilhelma (zoológico y jardín botánico)

- Plano pág. 322
- Neckartalstraße
- 0711 54 02 0
- $$

Mercedes-Benz Museum

www.mercedes-benz. com/museum

- Plano pág. 322
- Mercedesstraße 100
- 0711 17 30 000
- Cerrado lun.

Porsche Museum

- Plano pág. 322
- Porscheplatz 1, Stuttgart-Zuffenhausen
- 0711 911 5685

Rosenstein, el palacio de verano de la realeza de Würtemberg, se ha instalado el museo de historia natural de la ciudad, mientras que los antiguos terrenos reales de **Wilhelma** han sido adaptados como zoológico y jardín botánico.

ALGO MÁS LEJOS

Atraviese el río y se encontrará en **Bad Cannstatt,** una población independiente con un famoso balneario, que ahora se ha convertido en un barrio de Stuttgart. El lugar es conocido por su Volksfest, celebrada en septiembre, que rivaliza en importancia con la Oktoberfest de Munich (ver págs. 300-301).

Aquí fue donde Gottlieb Daimler vivió y realizó sus primeros experimentos con motores de combustión interna; algunos de los frutos de su inventiva se exponen hoy en los dos museos del motor de Stuttgart. En el barrio de Untertürkheim, al sur de Cannstatt, se encuentra el nuevo **Mercedes-Benz Museum,** que rememora más de un siglo de fabricación de automóviles. Entre otras cosas, verá los coches con los que Mika Hakkinnen y Gary Paffett gararon la copa del mundo de 1974.

Aunque en los años de entreguerras Ferdinand Porsche fue el director técnico de la fábrica Daimler de Stuttgart, su fama se debe a haber creado el Volkswagen y luego, en su conquista de la gama alta del mercado, los coches deportivos que llevan su nombre. Estas poderosas máquinas se montan en la fábrica del barrio de Zuffenhausen, donde el **Porsche Museum** expone una veintena de modelos históricos. ■

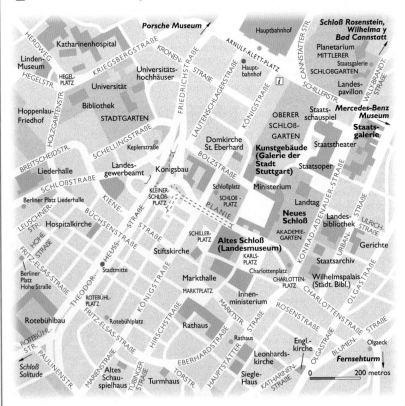

Heidelberg

ESTA CIUDAD UNIVERSITARIA, PRESIDIDA POR LAS RUINAS de su Schloß, está situada entre empinadas colinas llenas de bosques que se extienden río arriba desde el lugar donde el río Neckar emerge a la llanura del Rin. Heildeberg ha sido inmortalizada por escritores, músicos y artistas. Mark Twain escribió sobre ella con afecto en *Un vagabundo en el extranjero,* y la imagen de la vida estudiantil creada por Sigmund Romberg en su musical *El príncipe estudiante* sigue viva en la actualidad.

Heidelberg
🗺 319 B4
Información
✉ Hauptbahnhof (estación principal), Willy-Brandt-Platz 1
☎ 062 21 1 94 33

Aunque podría decirse que la historia de Heidelberg comenzó hace medio millón de años, ya que la mandíbula del *homo heidelbergensis* se encontró aquí cerca, lo cierto es que la ciudad no se desarrolló hasta la Edad Media, bajo los gobernantes de Renania-Palatinado, en un territorio que se extendía a ambos lados del Rin. En 1386 se fundó su universidad, y en los años que siguieron Heidelberg floreció, convirtiéndose en un centro del Humanismo y el Protestantismo.

Su mayor benefactor, el elector Federico V (1596-1632), que embelleció el castillo para su prometida, Elizabeth Stuart, hija de Jacobo I de Inglaterra, y construyó unos magníficos jardines, fue también el portador de su desgracia, ya que contribuyó a provocar los desastres de la guerra de los Treinta Años. En 1693 los franceses la invadieron y arrasaron, incluido el castillo, y no volvió a emerger de la oscuridad hasta el siglo XVIII, cuando los poetas románticos la «descubrieron». Hoy es uno de los centros de la nueva economía, con numerosas instituciones científicas y de investigación y una próspera universidad.

Comience su visita en el **Schloß,** quizá más bonito en ruinas que cuando estaba en pie. Aunque puede subir hasta él en funicular, el camino, a pesar de ser empinado, no es muy largo. Si llega con el teleférico, gire a la izquierda para disfrutar de una clásica vista de la ciudad desde el promontorio donde antaño se alzaron los cañones. Entre al patio por la Elisabethentor, una puerta que Federico V mandó construir en una sola noche para sorprender a su prometida. Tras un puente fortificado, una puerta decorada con la formidable figura de un caballero con armadura da al patio, rodeado por edificios de todas las épocas que abarcó la construcción del castillo. Los más llamativos son los de las alas este y norte, la Ottheinrichsbau y la Friedrichsbau, con sus fachadas renacentistas de elaborada decoración. La Ottheinrichsbau acoge el **Deutsches Apothekenmuseum** (museo farmacéutico alemán), con históricas farmacias reconstruidas y el laboratorio de un alquimista situado en un profundo sótano.

Pero lo que atrae a la multitud a otro de los patios es el gigantesco barril de vino conocido como **Großes Fass,** tan grande como un edificio de dos plantas. Construido para contener la cantidad de vino tradicionalmente entregada como tributo a los electores, tiene una capacidad aproximada e increíble de 200.000 litros.

Dé un paseo alrededor del Schloß para hacerse una idea de lo poderosas que fueron sus fortificaciones y ver la **Gesprenger Turm** («torre volada»), su elemento más espectacular. Gran parte de la estructura de esta torre está caída en

Un estudiante universitario uniformado lleva la bandera de su cofradía estudiantil.

Schloß
☎ 06221 53 84 21
💲 $

Kurpfälzisches Museum

✉ Hauptstraße 97

☎ 06221 58 34 020

⊕ Cerrado lun.

💲 $

Studentenkarzer

✉ Augustinergasse 112

☎ 06221 54 35 54

⊕ Cerrado lun. en invierno

💲 $

el foso y deja a la vista parte del interior. Del magnífico jardín de Federico V, con fuentes, grutas, laberintos, invernaderos y pabellones, lo único que queda son las murallas y las terrazas. Aun así, vale la pena explorarlo por la belleza de sus árboles y sus espléndidas vistas.

El **casco antiguo** (Altstadt) de está encajonado entre el río Neckar y la ladera boscosa que hay al sur. La larga calle principal, la Hauptstraße, discurre paralela al río desde la adoquinada **Marktplatz.** Esta plaza, con sus bonitas casas y la inconfundible estructura de su ayuntamiento (Rathaus) barroco, está dominada por la **Heiliggeistkirche,** una iglesia construida con la misma piedra arenisca roja que el castillo. Adosadas a sus muros, pequeñas tiendecitas venden objetos de artesanía. No deje la plaza sin contemplar la ornamentada fachada de la **Haus zum Ritter,** en la esquina sudoeste (la opuesta), el único edificio que sobrevivió a los desastres del siglo XVII.

Salga de la Marktplatz por la Steingasse, que lleva hasta el **Alte Brücke** (puente viejo), al que se accede por un arco flanqueado por torres medievales, rematadas con pequeños capiteles añadidos en el siglo XVIII. Desde el puente tendrá una buena vista del castillo y de la ciudad, aunque si quiere mejorarla, especialmente con la luz del final de la tarde, cruce a la otra orilla y suba la empinada cuesta hasta el **Philosophenweg.** Este sendero, conocido como el de los filósofos, recibe este nombre en memoria de los «talentosos» habitantes de la ciudad que pasearon por estas laderas para aclarar sus pensamientos o meditar sobre los misterios del tiempo y la decadencia, a la vista de las ruinas del castillo.

De vuelta a la ciudad, explore las pequeñas calles que salen de la bulliciosa Hauptstraße, junto con la **Untere Straße,** que discurre paralela a la calle principal y que es muy atractiva. En la Hauptstraße se encuentra el museo más importante de la ciudad, el **Kurpfälzisches Museum** (museo regional del Palatinado), en el que se muestra cómo era Heidelberg antes de los desastres del siglo XVII; también hay una reproducción de la mandíbula del *homo heidelbergensis.*

Muchas de las instituciones de la universidad están agrupadas alrededor de la Universitätsplatz, entre ellas la **Studentenkarzer,** la cárcel de estudiantes de Heidelberg. Hasta 1914, los estudiantes se encontraban bajo la jurisdicción de la universidad y el mal comportamiento era castigado con la reclusión aquí (¡aunque los reos estaban autorizados a asistir a conferencias y a presentarse a los exámenes!). Verá cómo pasaban el tiempo por los *graffitis* de las paredes. Y si quiere hacerse una idea de cómo es en la actualidad la vida estudiantil en Heidelberg, asómese al **Marstall,** el antiguo arsenal convertido hoy en comedor y lugar de reunión de la universidad, o tómese una cerveza en una de las antiguas tabernas como la Sepp'l o la Roter Ochs, saliendo de la Karlsplatz. ∎

El valle del Neckar

ANTES DE LLEGAR A HEIDELBERG, EL NECKAR SE ABRE CAMINO a través del macizo de Odenwald y forma un atractivo valle de laderas empinadas. Bosques, cultivos y viñedos se alternan con castillos encaramados a las cimas de las colinas y pequeñas ciudades y pueblos.

Neckarsteinach, 12 km al este de Heidelberg, tiene cuatro castillos, la mayoría de ellos en ruinas, mientras los restos de otra fortaleza, el **Burg Dilsberg,** coronan las alturas que hay enfrente, ofreciendo una espléndida vista del río y del bosque de Odenwald. A pocos kilómetros, podrá disfrutar de otra vista panorámica desde la terraza o la torre del **Burg Hirschhorn,** actualmente un hotel y restaurante.

Eberbach, 10 km más al este, donde el río gira hacia el oeste, fue una ciudad imperial. Tiene un castillo reconstruido, restos de murallas, casas con entramado de madera y una peculiar casa de baños medieval, la Altes Badehaus, que actualmente es un restaurante. Antigua residencia de nobles que se ganaban la vida con los peajes del tráfico fluvial, el **Burg Zwingenberg** es el siguiente castillo río arriba y el más perfecto de los bastiones medievales a lo largo del Neckar. Más allá del **Minneburg,** enfrente del pueblo de Neckargerach, el valle se ensancha y deja más espacio para los cultivos.

Levantándose entre las viñas que hay por encima de Neckarzimmern se encuentra el **Burg Hornberg,** hogar del caballero de la Mano de Hierro, Götz von Berlichingen, personaje de una obra de Goethe, al que le atribuyó una expresión algo grosera. Incluso hoy, los alemanes que no deseen decir «Bésame el...» a su interlocutor, le ofrecerán un «Götz». Más adelante está el castillo de **Burg Guttenberg** (*Tel 06266 228*), transformado en un centro de aves de presa, donde se hacen demostraciones (*Tel 0626 63 88*).

No obstante, la estrella es la ciudad imperial de **Bad Wimpfen.** En la parte baja, Bad Wimpfen im Tal, está un monasterio gótico dedicado a san Pedro; en la alta, Bad Wimpfen am Berg, las calles con casas de entramado de madera trepan por las laderas, con la **Blauer Turm,** una torre de vigilancia de piedra caliza. Los domingos a mediodía un trompetista toca desde la torre. ∎

Valle del Neckar

⌖ 319 C4

Información

✉ Wimpfen, Carl-Ulrich-Straße 1

☎ 07063 97200

Burg Hornberg

☎ 06261 50 01

💲 $

Un edificio con entramado de madera en Bad Wimpfen, con la Blauer Turm al fondo.

Karlsruhe

319 B3

Información

www.karlsruhe.de

✉ Bahnhofplatz 1

☎ 0721 37 20 53 81

**Badisches
Landesmuseum**

✉ Schloß

☎ 072 19 26 65 14

🕐 Cerrado lun.

💲 $

Karlsruhe

LA CIUDAD DE KARLSRUHE TIENE FORMA DE ABANICO, PUES
las calles principales parten radialmente de la fachada principal de su
Schloß barroco. Esta hazaña del urbanismo fue concebida en 1715 por
Karl Wilhelm, margrave de Baden, y refleja las ideas absolutistas de la
época. Así, en el epicentro del plano colocó su palacio, punto de origen
de nueve calles y 23 avenidas trazadas en la llanura donde situó
Karlsruhe, cuyos edificios no podían superar en altura al Schloß. La
ciudad fue bautizada como «Carols Ruhe» (el reposo de Carlos).

La moderna Karlsruhe es hoy una
ciudad universitaria con industrias
científicas y una rica vida cultural,
y aunque ha dejado de ser la capital
del Land, acoge dos instituciones
nacionales, el Tribunal Federal Su-
premo y el Tribunal Federal Constitucional. Por otro lado, pese a que
desde los tiempos de Karl Wilhelm

se han construido muchos edificios
de más de tres plantas, su plan sigue
intacto. La mejor forma de observar
el atrevido trazado es desde la torre
central del Schloß.

Reconstruido después de la guerra, el palacio de los margraves acoge
el **Badisches Landesmuseum,**
que como museo regional del gran

ducado de Baden, contiene las joyas de la corona de Baden, objetos prehistóricos, piezas arqueológicas y arte medieval y renacentista. No se pierda el **Türkenbeute,** el botín reunido por el margrave Ludwig Wilhelm durante sus campañas contra los turcos. Sus armas, armaduras, telas, joyas y otros objetos hacen de esta colección una de las más importantes del mundo de las artes aplicadas islámicas.

La zona que rodea el palacio tiene un jardín botánico con unos magníficos invernaderos del siglo XIX; el enorme **Schloßpark,** embellecido en 1967 cuando se celebró aquí el Festival Nacional de Jardines (ver págs. 204-205), se fusiona gradualmente con el bosque. En la **Orangerie** hay pinturas alemanas y del resto de Europa del siglo XX, y en la galería principal, la **Staatliche Kunsthalle,** obras de maestros franceses, holandeses y alemanes, con cuadros de Durero, Cranach y Holbein el Joven. La *Crucifixión* de Grünewald no tiene parangón por lo que se refiere a la intensidad de su representación del dolor y el horror. Para minimizar tanta crudeza, refúgiese en los retratos y paisajes de Hans Thoma (1839-1924), que fue director de la galería durante años.

Aproximadamente un siglo después del reinado de Karl Wilhelm, su sucesor, el archiduque Karl Friedrich, contrató a un arquitecto local, Friedrich Weinbrenner, para transformar la cara de la ciudad. Los resultados de su trabajo los apreciará paseando por la ruta axial que parte del Schloß hacia el sur. Weinbrenner construyó una nueva **Marktplatz** y la embelleció con espléndidos edificios públicos neoclásicos: la iglesia de la ciudad (Stadtkirche) al este y el ayuntamiento (Rathaus) al oeste. La **pirámide** de piedra arenisca roja, uno de los símbolos de la ciudad, se eleva sobre la tumba de Karl Wilhelm.

Más al sur se encuentra otra plaza, la Rondellplatz, con otro edificio neoclásico monumental, el **Markgräfliches Palais.** El obelisco central conmemora la constitución otorgada por el gran duque en 1818. Baden fue siempre el estado alemán más progresista, ya que fue el primero en abolir la servidumbre y la tortura, y en instituir la escolarización obliga-

La última voluntad del gran duque Karl Wilhelm de Baden fue ser enterrado bajo una pirámide.

toria. La constitución de 1818 les sirvió de modelo a los revolucionarios liberales de 1848 que se reunieron en Frankfurt.

Otra de las sorpresas que guarda Karlsruhe es el gran complejo museístico del **Zentrum für Kunst- und Medientechnologie** (centro para la tecnología de las artes y los medios de comunicación), instalado en una antigua fábrica de munición que se encuentra en los barrios del sudoeste. El museo está dedicado a mostrar el potencial del arte contemporáneo y de los nuevos medios de comunicación como formas de entretenimiento y divulgación. Aquí no sólo verá obras de artistas de la talla de Andy Warhol y Roy Lichtenstein, sino que podrá crear su propia obra de arte en una galería interactiva. ■

Staatliche Kunsthalle
www.kunsthalle-karlsruhe.de
✉ Hans-Thoma-Straße 2-6
☎ 0721 926 33 59
🕐 Cerrada lun.
💲 $$

Zentrum für Kunst- und Medientechnologie
www.zkm.de
✉ Lorenzstraße 19
☎ 0721 81 00 0
🕐 Cerrado lun. y mar.
💲 $$

Mannheim

MANNHEIM SE PROYECTÓ EN EL SIGLO XVIII COMO UNA parrilla de calles. Además, fue el único lugar del país donde no se les dio nombre a las calles, sino letras y números, con lo cual orientarse era más fácil. Su situación en la confluencia del Rin y el Neckar aseguró su prosperidad. Hoy sus muelles son uno de los puertos interiores más grandes de Europa, y su población, que en el siglo XVIII fue un reflejo fiel de la cultura de la corte, se ha convertido en un baluarte de la industria y en el centro comercial de gran parte de la región.

La referencia visual de Mannheim es el enorme **Schloß** barroco, el palacio mandado erigir por el elector Carl Philipp cuando en 1720 trasladó su corte aquí desde Heidelberg. El Schloß, el mayor edificio de este tipo en Alemania, fue el escenario de

la edad de oro como centro de las artes, la literatura y la música: los músicos de la escuela de Mannheim sentaron las bases sobre las cuales desarrollarían su obra los grandes compositores clásicos. Está cerrado al público por trabajos de renovación. Las obras durarán hasta mediados de 2007.

Queda poco de la pasada gloria del siglo XVIII, ya que la ciudad se ha tenido que reconstruir varias veces. Aun así, la **Marktplatz,** que es mejor visitar cuando se celebra el mercado *(mar., jue. y sáb.),* se enorgullece de la armoniosa arquitectura del ayuntamiento (Rathaus) y de la iglesia de la ciudad (Stadtkirche). La **Paradeplatz** está dominada por una pirámide que rinde homenaje al elector Johann Wilhelm.

Por su parte, la **Friedrichsplatz,** la plaza más interesante, cuenta con unos excepcionales edificios Jugendstil y la **Wasserturm,** de 60 m de altura, otra referencia visual de la ciudad. Construida en 1886, es probablemente la más espléndida y elaborada de todas las torres de agua de Alemania, rodeada por un parque y apropiadamente coronada por una figura de la diosa Anfítrite, esposa de Poseidón, dios del mar.

La fantástica dotación de museos de Mannheim incluye el **Reiss-Museum,** dedicado a la historia de esta singular ciudad; la **Städtische Kunsthalle,** bien provista de obras de arte europeo de los siglos XIX y XX; el sobresaliente **Landesmuseum für Technik und Arbeit** (museo regional de la técnica y el trabajo), y el barco de vapor de palas *Mainz,* actualmente transformado en un museo sobre la navegación en el Rin y el Neckar *(Am Museumsufer, Neckar; Tel 0621 156 5756; cerrado lun.).* ∎

Mannheim

⬗ 319 B4

Información

www.mannheim.de

✉ Willy-Brandt-Platz 3

☎ 0621 101012

Schloß

☎ 0621 292 28 90

🕐 Cerrado

💲 $

Reiss-Museum

www.reiss-museum.de

✉ C5 Zeughaus

☎ 0621 293 31 51

🕐 Cerrado lun.

💲 $

Städtische Kunsthalle

www.kunsthalle-mannheim.de

✉ Moltkestraße 9

☎ 0621 293 64 13

🕐 Cerrado lun.

💲 $

Landesmuseum für Technik und Arbeit

www.landesmuseum-mannheim.de

✉ Museumsstraße 1

☎ 0621 42 98 9

🕐 Cerrado lun.

💲 $

El elector Carl Philipp regaló a su ciudad la Jesuitenkirche, una de las mejores iglesias barrocas del sudoeste de Alemania.

Tübingen

Tübingen

🅐 319 C2

Información

www.tuebingen.de

✉ An der
    Eberhardsbrücke

☎ 0707 19 13 60

Hölderlinturm

✉ Bursagasse 6

☎ 0707 122040

🕐 Cerrado lun.

💲 $

Schloß Museum

✉ Schloß
    Hohentübingen,
    Burgsteige 11

☎ 07071 2977384

🕐 Cerrado lun. y mar.

💲 $

Stadtmuseum

✉ Kornhausstraße 10

☎ 07071 204 17 11

🕐 Cerrado lun.

💲 $

DOMINADA POR SU ANTIGUA UNIVERSIDAD, TÜBINGEN ES
un ejemplo casi perfecto de población medieval del sur de Alemania,
con un castillo en la cima de una colina, un gran número de casas con
entramado de madera y una situación idílica a orillas del río Neckar.

El río está dividido en dos canales
por una larga y estrecha isla artificial, en la que unos magníficos plá-
tanos forman una espléndida
avenida, la **Platanenallee.** Entre las
antiguas casas y los sauces llorones
de la orilla norte se eleva una torre
amarilla, la **Hölderlinturm,** donde
el poeta Friedrich Hölderlin (1770-
1843), uno de los muchos ilustres
alumnos de la universidad, pasó los
últimos 36 años de su vida tras
habérsele declarado su locura.

Detrás de la torre está la parte
más antigua de la ciudad, centrada
en dos plazas: la **Holzmarkt,**
donde se alza la **Stiftskirche,** de
estilo gótico, con los elaborados
sepulcros de gobernantes de
Württemberg, entre ellos el duque
Eberhard el Barbado, que fundó la
universidad en 1477 –suba a la torre
de la iglesia *(Tel 0707 14 20 46)* para
disfrutar de una espléndida vista
sobre los tejados de la ciudad–; y la
encantadora **Marktplatz,** una plaza
adoquinada presidida por una fuente de Neptuno y el **ayuntamiento**
(Rathaus) del siglo XV, con un reloj
astronómico en su tejado.

El **Schloß Hohentübingen**
proclama su importancia con un
portal en forma de arco de triunfo
romano. Construido alrededor de
un patio, el castillo actual es una estructura renacentista erigida sobre
los cimientos del siglo XI. Acoge
varios departamentos de la universidad, un museo y un barril gigante
parecido al de Heidelberg. No le permitirán visitar las bodegas donde se
encuentra el barril, ya que en ellas
también está ¡la mayor colonia de
murciélagos de Alemania! El **museo**

contiene las eclécticas colecciones de
antigüedades y objetos prehistóricos
de la universidad, entre ellas la
pequeña figura de un caballo tallada
en hueso, del Paleolítico.

No se marche del recinto del castillo sin contemplar las fabulosas vistas sobre el Neckar y la ciudad. La
parte más baja del casco antiguo,
hacia el río Ammer, conserva interesantes edificios antiguos, como la

Kornhaus (casa del maíz), actual
sede del **Stadtmuseum** (museo de
la ciudad), con su maqueta del casco
antiguo. Tübingen tiene una prisión
para los estudiantes indisciplinados,
la **Studentenkarzer,** que sólo se
puede ver en una visita guiada
*(Münzgasse 20; Tel 0707 19 13 60;
previa cita).* ∎

**El Rathaus de
Tübingen, de 1435,
preside la plaza del
mercado de la
ciudad.**

Clientes del balneario en el suntuoso entorno del Friedrichsbad, del siglo XIX.

Baden-Baden

SINÓNIMO DEL ELEGANTE PASATIEMPO DE «HACER CURAS», Baden-Baden continúa siendo la quintaesencia de las ciudades balneario. Aquí, los saludables mimos del balneario son sólo un elemento más de los paseos y los placeres gastronómicos, del ver y ser visto, de los conciertos, el casino y todo tipo de actividades de ocio.

Baden-Baden

⚅ 319 B3

Información

www.baden-baden.de

✉ Schwarzwaldstraße 52 (saliendo de la carretera principal y entrando en la población)

☎ 07221 27 52 00

Casino

✉ Kurhaus, Kaiserallee 1

☎ 0722 121 060

💲 $

Friedrichsbad

www.bad-bad.de

✉ Römerplatz 1

☎ 07221 27 59 20

💲 $$$ (tratamiento)

Las virtudes de las aguas que emanan del subsuelo a una temperatura de unos 62 °C ya eran conocidas por los romanos, especialmente por el emperador Caracalla. Casi 2.000 años después, las ultramodernas instalaciones del balneario llevan su nombre. La gente viene aquí para cuidar de su salud desde la Edad Media, pero fue en el siglo XIX cuando Baden-Baden se convirtió en una auténtica leyenda. La ciudad ha sabido conservar el atractivo que tenía entonces, cuando reyes, emperadores, compositores, artistas y escritores acudían en tropel a la que, merecidamente, era conocida como «la capital de veraneo de Europa».

La población se ha beneficiado y se beneficia de un clima suave y de una privilegiada situación en el boscoso valle del pequeño río Oos, que

baja de la Selva Negra, y, sobre todo, de la visión del empresario francés de principios del siglo XIX, Jacques Bénazet, el no coronado «rey de Baden-Baden», que, junto con su hijo Edouard, invirtió grandes cantidades de dinero en la ciudad y convirtió el decadente casino en un resplandeciente palacio del juego con la ayuda de algunos escenógrafos de la Ópera de París. Aunque prefiera no arriesgar su dinero en la ruleta, en el póquer o en el bacará, vale la pena visitar el casino de la **Kurhaus,** donde se pierden y ganan fortunas en un escenario propio del mejor *château* francés. En el exterior impera un gusto más antiguo y más austero, con una columnata neoclásica obra del arquitecto Friedrich Weinbrenner, que reconstruyó gran parte de la cercana Karlsruhe.

Una elegante sucesión de pequeñas tiendas de una sola planta lleva
desde la Kurhaus hasta el centro de
la ciudad. Al sur se encuentra la
Lichtentaler Allee, que fue el
paseo más elegante de Baden-Baden.
Antigua avenida de robles, actualmente es la joya de la corona de la
impecable herencia de la ciudad en
lo que a parques y jardines se refiere.
Aquí está el **Theater** *(Solmsstraße
1; Tel 07221 932751),* construido en
1860. Recientemente restaurado y de
nuevo en activo, es un exuberante
ejemplo de neobarroco francés, el
lugar perfecto para el estreno, en
1862, de la ópera de Héctor Berlioz
Béatrice et Bénédict. Al norte hay
más parques y también la
Trinkhalle, una sala de bombas de
agua con columnas, decorada con
frescos de leyendas locales.

Aunque el centro de la ciudad es
atractivo, no sobresale especialmente. Las escaleras y las calles estrechas
suben hacia el norte, a la Marktplatz
y a la **Stiftskirche,** de estilo gótico.
En el interior guarda numerosos
tesoros: un espléndido crucifijo de
piedra arenisca de finales de la Edad
Media y un bello monumento a
«Türkenlouis», el margrave Ludwig
Wilhelm, «terror de los turcos».

Si continúa subiendo por la colina encontrará el **Neues Schloß**
(castillo nuevo), hasta 1918 residencia de verano de los grandes duques
de Baden, que desde la terraza ofrece
unas excelentes vistas de la ciudad.
Una parte del Schloß contiene exposiciones sobre la historia local *(cerrado lun.).*

Al nivel de la Stiftskirche se
encuentra el barrio de los balnearios. Comienza con el más opulento
de todos los establecimientos de
Baden-Baden, el **Friedrichsbad,**
concebido para recrear el lujo de la
antigua Roma. Inaugurado en 1877,
sus instalaciones y su escenario pala-
ciego causaron sensación. En la
actualidad se ha modernizado para

acoger un «balneario romano-irlan-
dés», que ofrece un tratamiento de
tres horas altamente recomendable
siempre que no le importe desnu-
darse ante los demás. Los restos de
los auténticos baños romanos están
más allá, puestos al día en forma de
las **Caracalla-Therme,** un moderno complejo de piscinas cubiertas y
al aire libre.

Entre los restos de los días de
gloria de Baden-Baden se encuentran las iglesias construidas para su
cosmopolita comunidad. El príncipe
rumano Michael Stourdza encargó
al arquitecto de Munich Leo von
Klenze (1784-1864) la **Stourdza-
Kapelle,** una capilla cubierta por
una cúpula y erigida en memoria de
su hijo. En el siglo XIX y en los años
anteriores a la primera guerra mundial, muchos miembros de la aristo-
cracia rusa se convirtieron en los
visitantes más entusiastas de Baden-
Baden. Esta conexión se reforzó
cuando el príncipe Wilhelm de
Baden se casó con la hermana del
zar Alejandro II. Con sus cúpulas
bulbiformes, la **iglesia ortodoxa
rusa** da un toque exótico a la parte
sur de la ciudad. ■

Las Caracalla-
Therme, o
instalaciones
termales de
Baden-Baden, hoy
actualizadas.

Caracalla-Therme
www.bad-bad.de
✉ Römerplatz 11
☎ 07221 27 59 40
💲 $$

**Iglesia ortodoxa
rusa**
www.bad-bad.de
✉ Lichtentaler Straße
☎ 07221 28574
🕐 Cerrada lun.
💲 $

Freiburg im Breisgau

Freiburg im Breisgau

🗺 319 A1

Información

www.freiburg.de

✉ Rotteckring 14

☎ 0761 201 1111

Münster Unserer Lieben Frau

www.dompfarrei-freiburg.de

✉ Münsterplatz

☎ 0761 202790

💲 $

Augustinermuseum

www.augustinermuseum.de

✉ Am Augustinerplatz 1-3

☎ 0761 201 2531

🕐 Cerrado lun.

💲 $

Una puerta gótica y una ventana de mirador embellecen la ciudad.

FREIBURG TIENE UNA ENVIDIABLE Y SOLEADA SITUACIÓN, en el punto donde uno de los valles que descienden de la Selva Negra se encuentra con la llanura del Rin. Es una buena base para explorar la región que la rodea: la Selva Negra, el valle del Rin, Francia y Suiza no están lejos. Desde Freiburg se puede ver el Asiento del Emperador (Kaiserstuhl), un antiguo volcán cubierto de viñas.

Su mayor tesoro es la **Münster Unserer Lieben Frau** (catedral de Nuestra Señora), de piedra arenisca roja, que se eleva en la Münsterplatz. Esta estructura gótica tiene una torre de 115 m de altura. Aunque las obras se iniciaron hacia 1200 en estilo románico, de este primer período sólo quedan los transeptos, flanqueados por torres añadidas más tarde. Suba al mirador de la torre para disfrutar de las vistas. Pero para apreciar sus arbotantes y sus gárgolas, rodee la plaza; el colorido del mercado le añade un toque medieval. Deténgase a contemplar la puerta norte, donde hay una escultura de Dios descansando en el séptimo día de la Creación. En el portal oeste se representa a Satanás como una dama vestida con una piel de cabra. En el interior admire los vitrales del siglo XIII y el retablo de Hans Baldung Grien, que representa la Coronación de la Virgen.

Una advertencia: las calles y plazas están llenas de canales construidos para abrevar a los animales y evacuar los desechos, que a veces son un peligro para los paseantes. Teniendo esto en cuenta, contemple los demás edificios de la Münsterplatz. Fíjese en la **Historisches Kaufhaus,** la sala de los mercaderes del siglo XVI, de color rojo y con pórticos y altos techos. Las estatuas y los escudos que adornan su fachada representan a los gobernantes austriacos de la ciudad.

Al oeste de la Münsterplatz se encuentra el corazón comercial de Freiburg. Después de la segunda guerra mundial la ciudad tuvo que ser reconstruida.

Más allá de la Kaiser-Joseph-Straße se halla la **Rathausplatz,** con sus dos ayuntamientos construidos a base de combinar unos edificios separados. El nuevo (Neues Rathaus) tiene un carillón que suena al mediodía. Detrás de la iglesia de San Martín se alza la **Haus zum Walfisch,** con su portal gótico, uno de los edificios antiguos más interesantes de la ciudad.

La Kaiser-Joseph-Straße discurre en dirección sur hasta la **Martinstor,** la puerta de la ciudad del siglo XIII. A la izquierda, a lo largo de un ancho canal, está el **Fischerau,** el antiguo barrio de los pescadores, curtidores y otros trabajadores que necesitaban el agua para sus tareas. En el antiguo monasterio agustino, hoy el **Augustinermuseum,** se exponen muestras de arte medieval, incluidas algunas gárgolas de la catedral. La **Schwabentor,** la puerta medieval del acceso sudeste, todavía se mantiene en pie. Muy cerca se encuentra la **Zum Roten Bären** *(Tel 0761 387 870),* al parecer, la posada más antigua del país. Una calle antigua, la **Konviktstraße,** lleva hacia el norte.

Freiburg tiene una montaña dentro de los límites de la ciudad: la **Schauinsland** (1.284 m), que ofrece unas espléndidas vistas. Se puede subir en teleférico desde Stüble, a un corto trayecto en autobús desde el centro. ■

La Selva Negra

LA MONTAÑOSA SELVA NEGRA, QUE SE EXTIENDE UNOS 160 km hacia el norte desde la frontera suiza y unos 60 km de este a oeste, es una región de oscuros bosques de abetos, riachuelos cristalinos y saltos de agua, granjas de madera y trajes populares extravagantes. Una estupenda red de senderos ha atraído desde hace tiempo hasta aquí a los amantes del excursionismo. Hoy cuenta con todo tipo de alojamientos imaginables, desde casas de campo hasta lujosos hoteles a orillas de los lagos.

La parte más alta de la Selva Negra está al sudoeste, donde el **Feldberg** alcanza los 1.493 m de altura. Aunque esta montaña, como otras de la zona, es una cumbre pelada, la mayor parte de estas tierras altas está cubierta por un manto de coníferas. Este tapiz oscuro da paso a bosques más variados de árboles caducifolios y a prados en las laderas más bajas y en los valles. Y si bien las tierras altas pierden altura con suavidad en casi todas las direcciones, al oeste caen abruptamente hacia el valle del Rin. A lo largo de la cresta, hay miradores como el propio Feldberg o el **Schauinsland**, al que se llega en teleférico desde **Freiburg im**

Breisgau. Las vistas abarcan el valle, donde los bosques dan paso a los pueblos vinícolas, a los cultivos, al gran río y, a lo lejos, los Vosgos, en Alsacia. En los días claros, también se ven los distantes Alpes.

¿Cómo enfrentarse con una zona tan extensa? Un buen punto de partida es el pueblo turístico de **Titisee**, a orillas del lago del mismo nombre, situado en el centro de la parte meridional de la Selva Negra y cerca de las principales atracciones de la región. Aunque a veces está abarrotado, en los alrededores hay muchos lugares donde alojarse.

La profunda hendidura del **Höllental** (valle del Infierno), al

El Titisee es una base ideal para explorar la Selva Negra.

Selva Negra
319 A1 y B1-B2

Titisee
319 B1
Información
✉ Postfach 2052
☎ 0765 19 80 40

Deutsches Uhrenmuseum
www.deutsches-uhrenmuseum.de
✉ 78120 Furtwangen, Robert-Gerwig-Platz 1
☎ 07723 920 2800

Schwarzwald-museum
www.schwarzwaldmuseum.de
✉ 78098 Triberg, Wallfahrtsstraße 4
☎ 07722 4434

Excursionistas en la cima del Belchen.

Schwarzwälder Freilichtmuseum

www.vogtsbauernhof.org

🅜 319 B2

✉ 77793 Gutach

☎ 07831 935 60

💲 $

oeste, es espectacular y tiene una carretera principal y un tren que une lo más profundo de la Selva Negra con Freiburg. Al norte se encuentra la población relojera de **Furtwangen,** hogar de un imprescindible museo, el **Deutsches Uhrenmuseum** (museo alemán del reloj), con relojes de todo tipo.

Triberg, todavía más al norte, también es famosa por la fabricación de relojes. A media hora de camino a pie se encuentra la cascada más alta de Alemania, con 163 metros.

De nuevo en la ciudad, el **Schwarzwald-museum** expone trajes y objetos de artesanía locales. Para conocer mejor la cultura de la Selva Negra, visite el **Schwarzwälder Freilichtmuseum** (museo de la Selva Negra al aire libre), una serie de granjas que muestran todas las actividades que se realizaban bajo sus enormes tejados.

También es recomendable tomar una de las carreteras panorámicas más hermosas de Alemania, la **Schwarzwald-Hochstraße,** que une Freudenstadt con Baden-Baden. Ahora bien, si quiere disfrutar realmente de una de las experiencias más memorables de esta región tendrá que aparcar el coche. Las oficinas de turismo le facilitarán información sobre todos los senderos locales, y, por supuesto, no deje de subir al menos a uno de los miradores de montaña (ver pág. 338). En la zona del Titisee, una excursión que vale la pena es la que lleva desde el pueblo de Hinterzarten hasta el Höllental y la garganta de Ravenna. Otra opción es tomar uno de los senderos de largo recorrido de la Selva Negra y pedir que le manden el equipaje de un hotel al siguiente (páctelo a través de la oficina de turismo o de la agencia de viajes). ∎

Los relojes de la Selva Negra

Aunque en la película *El tercer hombre* (1949) Orson Welles atribuía con sorna los relojes de cuco a los suizos, en realidad son un producto de la Selva Negra. La fabricación de relojes comenzó en la región en el siglo XVII, cuando los granjeros buscaron otras maneras de ganarse la vida. En esta zona de bosques, su conocimiento de la madera les resultó de gran utilidad, ya que hasta los mecanismos de los relojes se hicieron con este material

hasta bien entrado el siglo XIX. Se exportaron millones de relojes hasta que esta industria decayó drásticamente en la década de 1970. No obstante, desde entonces ha tenido un modesto resurgimiento. Las tiendas de recuerdos disponen de relojes para todos los gustos y bolsillos, aunque también puede encargar diseños especiales. ∎

El centro de relojería de la Selva Negra, en Titisee.

Lago Constanza

COMPARTIDO CON SUIZA Y AUSTRIA, EL LAGO CONSTANZA, el mayor del país, es uno de los lugares favoritos de los alemanes para pasar las vacaciones. En realidad no es un lago, sino un gran ensanchamiento del Rin a su salida de los Alpes, creado por los hielos de una glaciación. Se divide entre el lago superior, entre Bregenz (Austria) y Konstanz (Alemania), y las secciones menores al noroeste, separadas por la península de Bodanrück. El lago atempera el duro clima invernal y permite el cultivo de viñas y árboles frutales.

La mejor forma de explorar el lago es a bordo de una de las embarcaciones que visitan sus principales atracciones. Si su estancia es de tres días o más, adquiera un pase para la experiencia del lago Constanza (pida una *BodenseeErlebniskarte*), que le permitirá utilizar los cruceros del lago y acceder a la mayoría de las atracciones de la zona, incluidas las que están en territorio suizo y austriaco.

LINDAU

En el extremo nordeste del lago se encuentra la ciudad isleña de Lindau, que, a pesar de pertenecer a Baviera, se incluye aquí por formar parte de la región del lago Constanza. Unida a tierra firme por un puente con carretera y un paso elevado de ferrocarril, es un lugar mágico con un puerto orientado al sur, a las montañas de Appenzell (Suiza) y a la cordillera de Vorarlberg, que se eleva sobre la ciudad austriaca de Bregenz, a la orilla del lago. En verano, las cumbres están medio ocultas por la bruma y parecen suspendidas sobre las aguas del lago. Se sentirá tentado a quedarse contemplando las idas y venidas de los barcos entre el faro que hay en el extremo de un malecón y el león de piedra de Baviera, en el otro.

Camine hacia el este por el muelle, pasando por la **Mangturm,** del siglo XIII, una reliquia de las fortificaciones medievales, para girar luego y dirigirse tierra adentro. El antiguo centro de la ciudad tiene mucho encanto y sus conservadas calles están llenas de casas con entramado de madera y techos abuhardillados. El **Altes Rathaus** (antiguo ayuntamiento), en la Kanzleistraße, es gótico, aunque durante el Renacimiento se le añadieron una escalinata exterior y unos murales.

Vaya hacia el este por la calle principal, la Maximilianstraße, para llegar a la **Marktplatz,** la plaza más bonita de Lindau. La historia de la población comenzó aquí, con la fundación de un convento en el siglo IX. Aunque la iglesia todavía se conserva, el edificio más llamativo de la plaza es la **Haus zum Cavazzen,** una imponente mansión barroca que acoge el museo municipal.

OTRAS POBLACIONES DE LA ORILLA NORTE

Wasserburg, que pertenece a Baviera, está situado en una isla a la que se llega por un paso elevado. Tiene un castillo, una iglesia con una cúpula bulbiforme y la **Malhaus,** el tribunal donde se juzgaba a las brujas en el siglo XVII. Aquí podrá ver la temible «pera de Wasserburg», un instrumento para torturarlas. En **Langenargen,** la siguiente población del lago, se encuentra el **Schloß Montfort,** una residencia de verano de estilo árabe de la familia real de Württemberg.

La segunda población más grande del lago es **Friedrichshafen,**

Lindau

  319 C1
y 280 A2-B2

Información
www.lindau.de

✉ Am Hauptbahnhof
☎ 08382 96 30 11

Haus zum Cavazzen: museo municipal
www.lindau.de

✉ Marktplatz 6, Lindau
☎ 08382 918400
🕐 Cerrada lun.
💲 $

Malhaus
www.museum-malhaus-wasserburg-bodensee.de

✉ Wasserburg
☎ 08382 895 16
🕐 Cerrado lun.
en invierno
💲 $

Meersburg

🗺 319 CI

Información

www.meersburg.de

✉ Kirchstraße 4

☎ 07532 4 40 4 00

Weinbaumuseum

✉ Vorburggasse 11, Meersburg

☎ 07532 43 11 10

⊕ Cerrado lun., miér. y sáb.

💲 $

Überlingen

🗺 319 CI

Información

www.ueberlingen.de

✉ Landungsplatz 14

☎ 07551 99 11 22

Reichlin-Meldegg- Haus

✉ Krummebergstrasse 30, Überlingen

☎ 07551 99 10 70

⊕ Cerrada lun.

💲 $

Konstanz

🗺 319 CI

Información

✉ Bahnhofplatz 13

☎ 07531 13 30 24

Mainau

🗺 319 CI

✉ Insel Mainau

☎ 07531 30 30

💲 $$$

cuyas modernas industrias mantienen las tradiciones establecidas por Ferdinand Graf von Zeppelin (1838-1917). En 1900, Zeppelin supervisó el vuelo inaugural del primero de los dirigibles que inmortalizaron su nombre. La historia se explica en el espléndido **Zeppelin Museum** *(Ehemaliger Hafenbahnhof, Seestraße 22; Tel 07541 38 010; cerrado lun.).* La pieza estrella es una reconstrucción a tamaño natural de una sección del *Hindenburg,* cuya caída en 1937 acabó de manera trágica con los dirigibles. A cualquiera que esté acostumbrado a la apretada experiencia de los viajes aéreos actuales, pasear por el espacioso salón y por la plataforma de observación de esta gigantesca nave le provocará una extraña sensación.

Colgada sobre el lago, entre viñedos, se encuentra la pequeña población de **Meersburg,** que tiene dos castillos. La parte baja del pueblo, cerca del puerto, está unida por la empinada Steigstraße a la alta, llena de calles y plazas inclinadas con las casas repletas de flores. Las viñas cubren la ladera que sube desde el lago hasta el **Weinbaumuseum,** donde se guarda un gigantesco barril que contenía el tributo de los vinateros a sus aristocráticos señores. Su capacidad es de unos 50.000 litros. No se pierda la puesta del sol sobre el lago, desde uno de los restaurantes de la orilla.

Continuando por la orilla, encontrará el **Pfahlbaumuseum** (museo de las casas sobre pilares), al aire libre en Unteruhldingen *(Strandpromenade 6; Tel 07556 85 43),* donde podrá conocer la vida de los primeros habitantes del Bodensee. En la orilla del lago se han encontrado más de un centenar de asentamientos prehistóricos, consistentes en viviendas construidas sobre pilares; el museo posee algunas reconstrucciones de estas interesantes estructuras.

En una posición elevada y entre los viñedos que llegan desde aquí hasta Überlingen se encuentra la iglesia de peregrinaje de **Birnau** *(normalmente abierta todo el día),* una pequeña obra maestra del rococó, tanto por su arquitectura como por su decoración interior con estuco y frescos. Su elemento más famoso es el *Honigschlecker,* un querubín que se chupa la miel del dedo, una referencia a la «elocuencia meliflua» de Bernard de Clairvaux, fundador de la orden cisterciense, a la cual pertenece esta iglesia.

Dominando la península de Bodanrück y la parte superior del lago llamado Überlinger See se encuentra la antigua ciudad imperial de **Überlingen.** En el siglo XIX logró reinventarse a sí misma como balneario. A diferencia de otros lugares similares, aquí se entendió que las murallas de la población y sus torres eran un atractivo adicional y se conservaron. Además, se ocultó la vía del tren con un túnel, se construyó un hermoso parque a lo largo de la línea del foso y se creó un paseo que bordea el lago. Camine desde la orilla hasta la **Münsterplatz,** con el Rathaus (ayuntamiento) y la iglesia gótica, y prosiga hasta el museo local, la **Reichlin-Meldegg-Haus,** del siglo XV, que contiene la mayor colección del país de casas de muñecas; la vista de la ciudad desde su bonito jardín es maravillosa.

KONSTANZ

El transbordador más utilizado del lago atraviesa la desembocadura del Überlinger See y une Meersburg con la península de Bodanrück y la ciudad de **Konstanz,** la población más grande de la región, asentada a horcajadas sobre el estrechamiento del Rin que comunica el lago superior con el Untersee.

En la orilla sur, el Altstadt (casco antiguo) ha conservado gran parte de su encanto medieval (los aviones

aliados evitaron atacar la ciudad). Konstanz fue fundada por los romanos, pero su momento de gloria comenzó en el período de 1414-1418, cuando el Concilio de Konstanz se reunió para solucionar el Cisma de Occidente. En principio los delegados debían reunirse en la enorme **Konzilgebäude,** cerca del puerto, pero al final lo hicieron en la **catedral** (Münster), con su agradable combinación de estilos arquitectónicos y su magnífico Santo Sepulcro del siglo XIII.

LAS ISLAS DEL LAGO

Desde Konstanz hay poca distancia a las dos islas del Bodensee, a las que se llega por pasos elevados. La tranquila **Reichenau** se dedica casi por entero a abastecer de productos a su mercado, cubierto en su mayor parte por un techo de cristal. En la isla hay dos iglesias que pertenecieron a monasterios: **St. Georg,** en Oberzell, con sus pinturas murales, y la **Münster St. Maria und Markus** (*Burgstraße; Tel 07534 249*), en Mittelzell, un ejemplo de sencillez arquitectónica y profundidad espiritual.

En cuanto a la isla jardín de **Mainau** es el destino más popular del lago, y llegar hasta ella en barco es toda una experiencia. Despúes de desembarcar, suba por las terrazas ajardinadas de estilo italiano, un paraíso subtropical que rodea el Schloß del siglo XVIII, fundado por los Caballeros Teutones.

Entre las demás atracciones de Mainau destacan una pequeña iglesia barroca, la torre medieval, un jardín de mariposas y el «Mundo de los Niños». ∎

Una embarcación de recreo sale del puerto de Lindau entre el faro y el león bávaro.

Una ruta al Feldberg, la cumbre más alta de la Selva Negra

La Selva Negra alcanza su máxima altitud en el sudoeste y culmina en el Feldberg, de 1.493 m, un enorme bloque de granito y gneis, modelado en su forma actual por los hielos de la última glaciación, al que todos los visitantes de esta zona se sienten casi obligados a subir. La recompensa es una espectacular y amplia vista, que a veces llega hasta los Alpes suizos.

En algunos lugares el suelo tiene franjas de creta, algo que enriquece la flora del Feldberg con especies vegetales típicas de terrenos calcáreos. Las laderas más bajas están cubiertas de árboles, pero las cimas tienen poco más que hierba, resultado no sólo del clima severo sino también de los siglos de pasto del ganado. La cumbre recibe más de 2.000 mm de precipitación, en gran parte en forma de nieve. Los primeros copos pueden caer ya en septiembre, y la nieve cubre los puntos poco soleados de las laderas septentrionales hasta bien entrado el verano. A veces se acumulan salientes de nieve durante el invierno, un peligro potencial para el caminante incauto, que debe estar atento a la ausencia de árboles en algunas laderas, un indicio claro de que el lugar puede ser un canal de avalanchas. Que siempre nieve en invierno hizo de Feldberg un lugar ideal para la práctica de los deportes de invierno. Los primeros amantes del esquí llegaron aquí hacia 1890. Los excursionistas vienen todo el año, aunque las mejores condiciones se dan en otoño o a principios de invierno, cuando la inversión térmica llena los valles de niebla y deja el aire de las zonas altas maravillosamente claro.

Esta subida no es difícil. Hay una carretera que recorre la mayor parte del camino hacia la cumbre y termina en un enorme aparcamiento, cerca del cual hay hoteles, kioscos, tiendas de recuerdos y un recientemente inaugurado centro de interpretación, la **Haus der Natur ❶**, un lugar excelente para conocer más sobre la historia y la ecología local. Aunque no le apetezca caminar, resístase a la tentación de tomar el teleférico Feldbergbahn. ¡Solamente le ahorrá 175 m de ascensión y le privará de la sensación de triunfo que experimentará al llegar arriba!

Tome la carretera que parte a la izquierda de la Haus der Natur y, después de unos 300 m, el sendero que sale a la derecha. Ésta es la única parte un poco más dura del camino y lleva hasta el obelisco de granito del **Bismarckdenkmal ❷**, erigido en 1896. Hay estupendas vistas en todas las direcciones, incluido el **Feldsee**, abajo, un pequeño lago formado por la erosión de un glaciar. Verá unos letreros que identifican puntos más lejanos, como el Schwäbische Alb, al nordeste, y los Vosgos, más allá del Rin, al oeste.

Desde el Bismarckdenkmal, siga el sendero que sube por la suavemente ondulada cima de la montaña hasta el punto más elevado, en su extremo oeste. El Feldberg está muy erosionado debido a los incontables excursionistas que desde hace muchos años han pasado por aquí, y su manto de vegetación todavía es vulnerable. Las torres que se elevan en la cumbre incluyen una estación meteorológica y un moderno repetidor de radio y televisión. Para regresar al punto de inicio tome la carretera de servicio. Si le sobra algo de tiempo, descienda por el flanco sudoeste de la montaña hasta el chalé conocido como **St. Wilhelmer Hütte ❸**. Una carretera baja hasta una cabaña de montaña, la **Todtnauer Hütte ❹**, pasada la cual continúa hasta unirse a la carretera de servicio. ◼

⬛   Ver mapa pág. 319 A1

➤   Aparcamiento de Feldberghof

🔁   7.5 km o 9 km por los chalets

🕐   2 horas (2,5 horas por los chalets)

➤   Aparcamiento de Feldberghof

PUNTOS DE INTERÉS

- Haus der Natur
- Vista del Feldsee, abajo
- Vistas panorámicas desde la cumbre

Los senderos recorren la cima del Feldberg, el punto más alto de la Selva Negra.

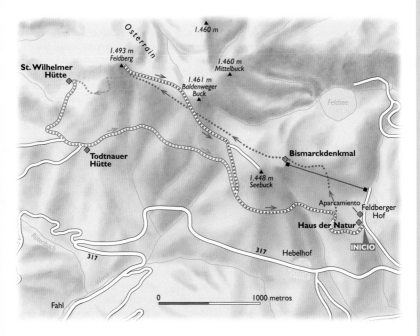

Ulm

Los tejados escalonados, las elaboradas ventanas góticas y los murales enriquecen el Rathaus de Ulm.

Ulm
▲ 319 D2
Información
www.ulm.de
✉ Münsterplatz, 50
☎ 0731 161 28 30

EN LA CIUDAD DE ULM, ELEVADA SOBRE EL DANUBIO, EN la frontera entre Baden-Württemberg y Baviera, podrá comenzar la visita dando un paseo por la orilla sur (el lado bávaro) del río; al otro lado verá las fortificaciones, las casas antiguas y la magnífica aguja de la iglesia de la ciudad, que es la torre eclesial más alta del mundo.

Antes de cruzar el río, dedique un momento a la memoria de Albrecht Ludwig Berblinger, el «sastre de Ulm», al que en 1811, su fallido intento de volar con su planeador casero le valió un buen chapuzón público en el Danubio. Más conocido es el ganador del premio Nobel Albert Einstein, nacido aquí en 1879.

Comience por visitar el **Fischer-Viertel** (el barrio de los pescadores). Desde el paseo que recorre la parte superior de las murallas verá las casas que ocupaban junto al río curtidores, teñidores y marineros. La **Metzgerturm** (torre de los carniceros) está algo inclinada, como la **Schiefes Haus** (casa torcida) del siglo XV, que hace honor a su nombre. El **Rathaus** (ayuntamiento), un edificio gótico y renacentista, rememora en el vestíbulo el intento de

vuelo tripulado de Berblinger con una copia a tamaño natural de su invento.

Ahora bien, el monumento más destacado de Ulm es la magnífica **Münster.** Su aguja se eleva 161 m; si se decide a subir sus 768 escalones en un día claro, no sólo podrá ver los detalles de piedra de la torre sino también los Alpes, más de 100 km al sur. Aunque los constructores medievales fueron quienes concibieron esta impresionante estructura, se tuvo que esperar a finales del siglo XIX para terminarla. A pesar de la sublime estatuaria que decora las portadas de la iglesia, es en el interior donde se encuentra su obra maestra: la sillería de coro, adornada con bustos de figuras de la antigüedad y de la Biblia, realizadas por dos artesanos locales del siglo XV. ■

Los personajes más extraños pasean por las calles durante el carnaval de Rottweil.

Otras visitas interesantes en Baden-Württemberg

BURG HOHENZOLLERN

El paisaje más bien áspero del Jura de Suabia fue el primer hogar de los Hohenzollern, de la dinastía que gobernó Prusia. A principios del siglo XIX, el príncipe de la corona de Prusia, Federico Guillermo, inspeccionó las ruinas de este ancestral castillo y decidió reconstruirlo. Entre 1850 y 1867 se erigió un nuevo edificio aprovechando los antiguos cimientos, pero más medieval y espectacular de lo que fue nunca la anterior edificación. Con su grandiosa silueta visible desde la lejanía, el Burg Hohenzollern es uno de los grandes monumentos del creciente nacionalismo alemán del siglo XIX, con fascinantes interiores y muchos recuerdos de la malograda familia que inició su construcción en este remoto lugar.

🅰 319 C2 ✉ Hechingen ☎ 07471 24 28
💲 $$ (visita guiada)

HAIGERLOCH

El punto donde el pequeño río Eyach se ve obligado a describir unas cerradas curvas alrededor de unas formaciones rocosas es un terreno difícil, aunque pintoresco, desde el punto de vista urbanístico. De hecho, de las iglesias que hay aquí ninguna se pudo orientar exactamente al este debido al escaso terreno de que se disponía. Haigerloch tiene un castillo y el **Atomkeller-Museum** *(Pflugasse 8; Tel 0747 46 97 27)*, toda una curiosidad. En la primavera de 1945, los científicos evacuados de Berlín trabajaron febrilmente en sus sótanos para desarrollar un reactor nuclear, un esfuerzo inútil que queda bien explicado en el museo.

🅰 319 B2 **Información** ✉ Rathaus
☎ 07474 69 70

MAULBRONN

El monasterio cisterciense de Maulbronn, del siglo XII, hoy Patrimonio de la Humanidad, ejemplifica a la perfección el entorno arquitectónico de la vida monástica medieval. La austera orden cisterciense elegía para sus monasterios emplazamientos remotos (y normalmente muy hermosos), donde los monjes podían vivir de forma autosuficiente y alejados de las tentaciones del mundo. Entre los muros y torres de Maulbronn hay un mundo pequeño pero completo, con todo lo necesario para que pudiera vivir una comunidad considerablemente numerosa (herrería, establos, almacenes, panadería, hospedería) agrupada en torno a un patio. En su extremo alejado se encuentra la iglesia, que aunque originalmente reflejó en sus líneas sencillas el amor de los cistercienses por la simplicidad, posteriormente fue enriquecida con obras de arte y otros elementos decorativos como sus bóvedas. Entre las estancias y elementos que conforman el claustro destaca una bonita fuente que utilizaron los monjes para lavarse antes y después de las comidas en el gran refectorio. Maulbronn también fue una escuela, y entre sus alumnos contó con el astrónomo Johannes Kepler, el poeta Friedrich Hölderlin y el escritor Hermann Hesse.

🅰 319 B3 ✉ Ehemaliges Zisterzienserkloster Maulbronn ☎ 07043 1030

ROTTWEIL

Esta ciudad medieval no sólo es la cuna del fiero perro que ha hecho que su nombre fuera mundialmente famoso, sino también la sede de un carnaval (Fastnet) particularmente espectacular, cuyo punto álgido es la Narrensprung, un desfile de personajes ataviados con vestidos y máscaras de colores. El escenario es el bien conservado paisaje urbano de la población, con sus casas ricamente ornamentadas, sus fuentes renacentistas y sus murallas que se conservan intactas.

🅰 319 B2 **Información** ✉ Rathaus, Marktplatz ☎ 0741 49 42 80

SCHLOß BRUCHSAL

El magnífico Schloß barroco de Bruchsal es uno de los más ambiciosos en su género. De hecho, es un pueblo dentro de otro pueblo, con unos 50 edificios y un jardín de estilo francés cuya avenida principal antiguamente llegaba hasta el Rin, a 16 km. Este fabuloso palacio se construyó para uno de los príncipes-obispos del siglo XVIII más extravagantes de Alemania, el cardenal Damian Hugo von Schönborn, cuya antigua residencia en la ciudad episcopal de Speyer había sufrido daños en la guerra. Además, como el cardenal estaba enfrentado con los ciudadanos protestantes de Speyer, no dudó en construirse una nueva vivienda en otro sitio. Se le puede ver halagüeñamente retratado aprobando los planos de su flamante palacio en uno de los frescos de la planta superior. A su lado se encuentra la figura de Balthasar Neumann, uno de los arquitectos más destacados del Barroco alemán, al que se debe la escalinata del Schloß. En el recinto se encuentra el **Museum**

Mechanischer Musikinstrumente (museo de instrumentos musicales mecánicos), donde se exponen pianolas y gramolas *(entrada separada)*.

🅰 319 B3 ☎ 07251 74 26 61 🕐 Cerrado lun. 💲 $

SCHLOß SCHWETZINGEN

Como Carl Theodor (1724-1799), el elector del Palatinado, apenas podía disfrutar de su pasión por el paisaje en su palacio de Mannheim, decidió centrar su atención en su residencia de verano de la cercana Schwetzingen, construyendo en ella uno de los jardines más fabulosos de la Europa del siglo XVIII. Esta combinación de jardín formal de estilo francés y naturalismo inglés cuenta con algunos edificios fantásticos: templos romanos, ruinas artificiales, la casa de baños y una mezquita con minaretes gemelos y un jardín «turco». Los jardines ocupan una superficie de 73 ha y superan en belleza al propio palacio, aunque vale la pena visitarlo para ver el teatro rococó y los interiores con el mobiliario original. Otro motivo de la fama de Schwetzingen es su importancia como centro de cultivo de la verdura favorita del país: el espárrago. Un vendedor (de bronce) de este producto le saluda al acercarse al palacio.

🅰 319 B4 ☎ 06202 8 14 84 🕐 Cerrado lun. 💲 $$ (visita guiada, entrada separada para los jardines y el teatro)

SCHWÄBISCH HALL

Schwäbisch Hall, una de las poblaciones más atractivas del sudoeste de Alemania, amasó su primera fortuna con los manantiales salinos ya utilizados en tiempos prehistóricos. Un segundo período de prosperidad llegó cuando se le otorgó el derecho de acuñar moneda de plata. Llamadas *Häller* o *Heller* por la ciudad, estas monedas eran válidas en toda Europa; incluso hoy los *hellers* son parte de la moneda corriente de la República Checa y de Eslovaquia. Las casas con entramado de madera de Schwäbisch Hall se alzan sobre el río Kocher, cruzado por unos puentes cubiertos. El paisaje urbano está presidido por la **iglesia de san Miguel,** a la que se llega por una enorme escalinata que parte de la inclinada plaza del mercado, uno de los espacios urbanos más bellos de Alemania.

🅰 319 C3 **Información** ✉ Am Markt 9 ☎ 0791 41050 ■

Información práctica

Tren expreso Intercity

INFORMACIÓN PARA EL VIAJE

PLANEAR EL VIAJE

CUÁNDO IR

Elegir el momento para viajar depende de sus prioridades. La primavera y principios del otoño son las mejores épocas para explorar tanto las grandes ciudades como los pueblos medievales amurallados y los castillos. Julio y agosto son ideales para las vacaciones en el mar o en la montaña. La Oktoberfest de Munich, en septiembre/octubre, es el mayor festival de la cerveza del mundo, mientras que los mercados navideños tienen una gran magia. El invierno es perfecto para esquiar en la Selva Negra, los Alpes y los montes del Harz.

Algunas webs útiles son:
www.alemania-turismo.com
www.hhog.de (Historic
   Highlights of Germany).
Las oficinas de turismo regionales *(Verkehrsamt)* proporcionan información sobre atracciones y alojamiento, y también venden mapas y guías.

CLIMA

El tiempo es cada vez más impredecible, pero en general el clima de Alemania es templado. La influencia marítima del norte y del oeste da lugar a veranos frescos e inviernos suaves y húmedos. Las partes oriental y meridional del país tienen veranos más cálidos e inviernos más severos. La zona de los Alpes es la región más húmeda de Alemania.

Prepare la ropa que va a llevar previendo cambios repentinos; además lleve gafas de sol y protección solar, así como un impermeable y varias capas de ropa antes que una sola capa gruesa.

Temperaturas diurnas medias
Berlín 0 °C en invierno y 18 °C
   en verano
Hamburgo 2 °C en invierno y
   18 °C en verano
Munich -6 °C en invierno y
   20 °C en verano

ACONTECIMIENTOS

La diversidad regional de Alemania implica una gran variedad de eventos locales y nacionales. En la regiones católicas hay fiestas religiosas, y la Semana Santa y la Navidad ofrecen la oportunidad de asistir a eventos locales tradicionales. Cuando las fechas de un acontecimiento varían de un año a otro, se proporciona un número de teléfono de consulta.

Enero Grüne Woche en Berlín, mediados de enero, Feria Internacional de Agricultura, Tel 030 3038 2026; www.gruene-wo che.de.
Seis días de carreras de bicicletas en Berlín, 1 de enero, Tel 030 9710 4204
Febrero Festival Internacional de Cine de Berlín, 2ª y 3ª semana, Tel 030 259 20 0; www.berli nale.de.
Carnaval de Colonia, Düsseldorf y Mainz (empiezan el jueves antes del Miércoles de Ceniza), Tel 0221 22701
Marzo Feria del Libro de Leipzig, mediados de marzo, Tel 0341 678 82 40; www.leipzi-ger-buchmesse.de
Abril Semana Santa en las poblaciones católicas.
Feria Internacional de la Industria de Hannover, principios/mediados de abril, Tel 0511 89 31312; www.hanno-vermesse.de.
Walpurgisnacht (aquelarre en los montes del Harz), 30 de abril-1 de mayo, www. harzlife.de
Mayo Aniversario del puerto de Hamburgo, regatas de vela y espectáculos callejeros, mediados de mayo, Tel 040 39 73 83; www.hamburg-tourism.de.
Ruhrfestspiele en Recklinghausen (exposiciones, conciertos, actuaciones), 1 de mayo-finales de jun., Tel 02361 918 301; www.ruhrfestspiele.de
Junio Festival de música clásica en Mecklenburg, jun.-sept., Tel 03 855 591850.
Kieler Woche, regata de yates, tercera semana de junio.
Festival de música clásica en Bad Kissingen, Tel 0971 8048 0; www.badkissingen.de.
Karl-May Festival en Bad Segeberg (escenificación de cuentos apaches del Oeste americano), última semana de jun.-finales de agos., Tel 04551 952112; www.karl-may-spiele.de. Concurso internacional de saltos en Aachen, mediados de jun., Tel 0241 9171 0; www. chioaachen.de/.
Burgfestspiele Jagsthausen (festival de teatro y música clásica en un castillo romántico), Tel 07943 9123 45; www.jagsthausen.de
Julio Love Parade en Berlín, 2° sáb.; Tel 030 23 60 79 792; www.loveparade.net
Richard Wagner Festival en Bayreuth, finales de jul.-finales de agos., Tel 0921 7878 0; www.bayreuther-festspiele.de.
Festival de música clásica en Schleswig-Holstein, Tel 451 38957 0; www.shmf.de/
Agosto Mainfest (celebraciones del río Main en Frankfurt) principios de agos.; www.frankfurt-tourismus.de
Rhein in Flammen en Koblenz (fuegos artificiales desde barcos y desde la orilla del río), principios de agos., www.rhein-feuerwerk-info.de
Septiembre Berliner Festwochen (eventos culturales durante todo el mes), Tel 921 78 78 0; www.festwochen.de.
Beethoven Festival en Bonn, principios de sept.-principios de oct., Tel 0180 500 18 12; www.beethovenfest.de.
Oktoberfest en Munich, 16 días a partir del último sáb. de sept. Tel 089 233 30 291; www.okto berfest.de.
Cannstatter Volksfest in Stuttgart (el segundo festival de cerveza más grande del mundo), última semana de sept. Tel 0180 1 18 61; www.cannstatter-volksfest.de

Festival de arte Ruhr-Triennale, Tel 209 167 1700; www.ruhr triennale.de
Festival del vino en Benzheim (Bergstraße), nueve días a partir de la 1ª semana de sept.; www.kreis-bergstrasse.de
Octubre Feria del Libro de Frankfurt, mediados de oct., Tel 069 2102 0; www.frankfurt-book-fair.com.
Zwiebelmarkt en Weimar (colorido mercado callejero), principios/mediados de oct., Tel 03643 258 768
Noviembre Festival de música clásica en Kassel, Tel 0561 707707; www.kassel-tourist.de.
Día de San Martín, 11 nov., norte de Baden y Renania, procesión de niños con farolillos cantando canciones de alabanza al santo.
Diciembre Ferias navideñas hasta Nochebuena (las más bonitas son las de Baden-Württemberg y Baviera; la más famosa, la de Nuremberg).

QUÉ LLEVAR

Lleve los medicamentos que necesiten receta y unas gafas o lentillas de repuesto si las utiliza. Las farmacias (*Apotheke*, indicadas con una «A» roja) hacen horario comercial (en todas las poblaciones hay al menos una de guardia). Las droguerías (*Drogerien*) venden algunos medicamentos que no necesitan receta.

La mayoría del equipamiento deportivo puede alquilarse en las tiendas especializadas, pero traiga consigo lo más personal. Finalmente, no olvide lo imprescindible: el pasaporte, el carné de conducir, las tarjetas de crédito (o cheques de viaje) y la documentación de su seguro.

SEGUROS

Es aconsejable hacerse un seguro de viaje antes de partir. Asegúrese de que cubra tratamientos médicos, gastos (incluida la repatriación) y pérdida o robo de dinero y equipaje.

CÓMO LLEGAR A ALEMANIA

PASAPORTES

Los españoles sólo necesitan el documento de identidad en vigor. En el mismo caso se encuentran la mayoría de los ciudadanos suramericanos.

LÍNEAS AÉREAS

Todas las compañías aéreas importantes realizan vuelos a Alemania, y muchas disponen de viajes organizados y vuelos a precios reducidos. Lufthansa es la compañía aérea alemana.
Teléfonos útiles en Alemania
Lufthansa Tel 01803 803
Iberia Tel 50752 155

AEROPUERTOS

El mayor aeropuerto de Alemania es el Frankfurt Rhein-Main. Entre los de más tráfico están los de Munich, Düsseldorf, Hamburgo y Berlín, que tiene tres: Tempelhof, Tegel (ambos para tráfico internacional) y Schönefeld. La inauguración del Brandenburg International Airport de Berlín está programada para el año 2007.

Aeropuerto de Frankfurt Rhein-Main
Tel 01805 3724636
www.airportcity-frankfurt.de
El gigantesco aeropuerto consta de dos terminales y dos estaciones de tren. Los pasajeros llegan a la terminal 2 y van a la terminal 1 mediante un transbordo Skyline (20 minutos). La terminal 1 tiene una estación de tren de largo recorrido (la terminal AIRail, desde la cual puede partir hacia todas las ciudades importantes de Alemania) así como una estación local de S-Bahn. Un taxi al centro de Frankfurt (12 km) tarda unos 20 minutos.

Aeropuerto de Munich Franz-Joseph Strauss
Tel 089 975 2 13 70
www.munich-airport.de

El S-Bahn (líneas S-1 y S-8; cada 20 minutos) va directamente desde el aeropuerto a la estación central de tren de Munich (*Hauptbahnhof*) en 39 minutos. El bus o el taxi al centro (35 km) tardan unos 45 minutos.

Aeropuerto de Hamburgo Fuhlsbüttel
Tel 040 50 75 0
www.ham.airport.de
Las conexiones de S-Bahn y metro al centro de Hamburgo (13 km) están en construcción. Hay un buen servicio de bus cada 20 minutos. El recorrido en bus o en taxi es de 30 minutos.

Aeropuerto de Düsseldorf Rhein-Ruhr
Tel 0211 421 0
www.duesseldorf-international.de
Un tren elevado lleva a los pasajeros de la terminal a la estación de tren del aeropuerto en cinco minutos. Desde aquí, el eficiente sistema S-Bahn (línea 7) sale cada 20-30 minutos y llega a la estación central en 13 minutos. El recorrido en taxi al centro de Düsseldorf (10 km) es de 20 minutos.

Aeropuerto de Berlín-Tegel
Tel 030 4101 45101
www.berlin-airport.de/
Hay un servicio de bus (líneas 109 y X9, cada 10 minutos) desde el aeropuerto a puntos estratégicos del centro de la ciudad (8 km). Desde allí puede tomar el bus, el U-Bahn o el S-Bahn a cualquier parte de Berlín. Los billetes desde el aeropuerto hasta el centro de la ciudad también son válidos para estos desplazamientos. El recorrido en bus o en taxi es de 25 minutos.

PLANEAR EL VIAJE / CÓMO LLEGAR A ALEMANIA

CÓMO DESPLAZARSE

VIAJAR POR ALEMANIA

EN AVIÓN

Hay vuelos interiores a la mayoría de las ciudades importantes de Alemania. Las compañías son:
Lufthansa, Tel 0180 5 8384267; www.lufthansa.com
British Airways, Tel 69 921874 25; www.britishairways.com
British Midland, Tel 0870 6070555; www.flybmi.com
Eurowings, Tel 0231 92 45 0; www.eurowings.de/
Cirrus, Tel 068 93 80 04 40; www.cirrus-world.de
Iberia, Tel 902 400 500; www.iberia.com
Air Berlin, Tel. 902 320 737 (España), 01805 737 800 (Alemania); www.airberlin.com

EN TREN

En Alemania hay una red ferroviaria de 42.000 km a cargo de Deutsche Bahn (DB). Los servicios de InterCityExpress (ICE), InterCity (IC) y EuroCity (EC) conectan las poblaciones importantes, normalmente con un tren cada hora. Las líneas InterRegio tienen buenas conexiones con los centros regionales. El buque insignia de la DB es el nuevo ICE3 entre Colonia y Frankfurt. Tiene su propia vía y es un 50 % más rápido que los otros y un 30 % más caro. Todos los trenes tienen vagón restaurante. Para algunos servicios de tren hay que reservar.

El tren Metropolitan Express (Tel 01805 905 805; www.met.de) ofrece un nuevo concepto de transporte entre semana. Hay cuatro trenes al día desde Hamburgo, vía Essen y Düsseldorf, hasta Colonia. Puede elegir entre el área de «silencio», pensada para descansar durante el viaje; el «club», con películas en DVD; o el de «oficina», donde podrá utilizar su ordenador y telefonear.

La línea nocturna de la DB (Nachtzug, Tel 01805 14 15 14; www.nachtzugreise.de) tiene 14 rutas dentro de Alemania y más allá. El CityNightLine (Tel 01805 14 15 14; www.citynightline.ch) es un tren internacional con literas que enlaza Alemania con Suiza y Austria. El AutoZug de la DB (Tel 1805 241 224; www.dbautozug.de) ofrece servicios diurnos y nocturnos dentro de Alemania y a Austria, Francia e Italia.

Dispone de información sobre horarios y servicios en todas las estaciones; cada estación grande tiene un centro de servicios (Reisezentrum). Puede comprar billetes con antelación aquí o en cualquier agencia de viajes (Reisebüro) de Alemania.
La Deutsche Bahn dispone de una variedad de tarifas reducidas que cambian constantemente. Los extranjeros pueden adquirir un pase especial de ferrocarril de vacaciones antes de su viaje. El servicio telefónico de la DB en Alemania (Tel 01805 99 05 99) tiene información grabada en alemán. Si no entiende el idioma puede consultar la página www.bahn.de

EN BUS O TRANVÍA

Por toda Alemania hay una extensa red de transporte regional con buses, tranvías, metro (U-Bahn) y trenes de superficie (S-Bahn). Los buses van hasta las poblaciones a las que no llega el tren. Dentro de una ciudad, los billetes combinados de transporte local son válidos para bus, tranvía y U-Bahn. Si no hay revisor, obtenga su billete en las máquinas que hay en las paradas y estaciones, aceptan tanto monedas como billetes. Antes del trayecto, debe validar su billete en una de las máquinas que encontrará a la entrada de los buses, U-Bahn y S-Bahn.

EN COCHE

Alemania dispone de una gran red de autopistas (Autobahnen)

sin peajes. Si tiene tiempo, las carreteras secundarias (Landstraßen o Bundesstraßen) suelen ser más pintorescas. Desde la reunificación, la red se está modernizando rápidamente en la parte este del país. Hay un servicio telefónico (Tel 07273 94949 0; www.autobahn-online.de) con información actualizada sobre las carreteras.

Alquilar un coche

Alquilar un coche en Alemania resulta caro. Puede salir más barato si lo pacta en su agencia de viajes con antelación. También existe una modalidad de viaje que combina el billete de avión con el alquiler de un coche. Otra opción, una vez en Alemania, es acudir a las oficinas de alquiler de coches en los aeropuertos y en las estaciones de tren importantes.

Oficinas centrales:
Hertz: Tel 1805 938814; www.hertz.de
Avis: Tel 06171 68 12 83; www.avis.de
Sixt: Tel 0180 5 25 25 25; www.e-sixt.de

Para alquilar un coche en Alemania hay que ser mayor de 18 años y tener el carné de conducir vigente.

Información legal Los turistas comunitarios que lleven su coche sólo necesitan su carné de conducir y la documentación del vehículo; los de fuera de la Unión Europea deben disponer también de un carné de conducir internacional. Los vehículos extranjeros deben exhibir un indicativo de su nacionalidad atrás. No hay que pagar ningún impuesto para entrar un vehículo extranjero en Alemania, siempre que la estancia vaya a ser inferior a 12 meses.

Asistencia en caso de averías Si su vehículo sufre una avería en la Autobahn, puede llamar al Servicio de Asistencia en Carretera desde los teléfonos de emergencia dispuestos para tal fin. También se les puede llamar directamente desde las asociaciones automovilísticas:

ACE   Tel 01802 34 35 36;
       www.aceeurope.com
ADAC   Tel 026 02 96 27 27;
       www.adac.de
AvD   Tel 0800 990 9909;
       www.avd.de

Niños Los niños menores de 8 años o con una estatura inferior a 1,50 m deben viajar en el asiento de atrás. Para niños menores de 4 años es obligatorio el uso de sillas adaptadas, y los menores de 12 años deben utilizar un cojín elevador.

Conductores y viajeros discapacitados Puede obtener un listado de estaciones de servicio de Autobahn con instalaciones para discapacitados (*Autobahn Service fur Behinderte*) en Tanken & Rasten GmbH. Sólo tiene que llamar o mandar un fax con su dirección y le mandarán la información; Tel 0228 922 2770; Fax 0228 922 4230; www.rast.de.

Alcohol En Alemania el límite legal de alcohol en la sangre es del 0,05 %.

Multas Conducir sin llevar abrochado el cinturón de seguridad o mientras se habla por teléfono móvil está penado con fuertes multas. En caso de infracciones más graves, la policía puede confiscar tanto el carné de conducir como el vehículo, aunque sea de alquiler.

Primeros auxilios Es obligatorio llevar un botiquín de primeros auxilios en el coche; éste debe incluir, entre otras cosas, unos guantes de cirujano de un solo uso. Los vehículos de alquiler siempre lo llevan.

Combustible El combustible en Alemania es siempre sin plomo. Las opciones son súper, súper plus (Benzin) y diésel. Las gasolineras y las áreas de servicio abren 24 horas al día en las Autobahnen y en las grandes ciudades. En la mayoría de las gasolineras aceptan tarjetas de crédito.

Normas de circulación Se conduce por la derecha y tienen preferencia los vehículos que se acerquen por la derecha a menos que se indique lo contrario. También tienen preferencia los buses que se incorporan al tráfico desde una parada, así como los peatones.

Aparcamiento Está prohibido aparcar hasta 5 m por delante de un paso de peatones, hasta 10 m por delante de un semáforo y hasta 15 m por delante y por detrás de las señales de Stop o de salida.

En la mayoría de las poblaciones hay parquímetros (*Parkuhren*) en la calle, donde puede comprar el ticket que deberá dejar a la vista dentro del coche. Los aparcamientos son abundantes, pero conviene averiguar su horario: muchos cierran a partir de las 20.00.

Estado de las carreteras Si sabe alemán, para obtener información sobre el estado de las carreteras, sintonice las emisoras locales (a menudo indicadas en las carreteras).

Señales de tráfico
• *Halt:* stop
• *Keine Einfahrt:* prohibida la entrada
• *Licht anmachen:* encender las luces
• *Parkverbot:* prohibido aparcar
• *Fussgängerübergang:* paso de peatones
• *Einbahnstraße:* sentido único
• *Stau:* atasco
• *Baustelle:* obras

Cinturones de seguridad Todos los pasajeros del coche deben llevar abrochados los cinturones de seguridad.

Límites de velocidad Los límites de velocidad dependen de las condiciones climáticas y de visibilidad (son menores en caso de lluvia fuerte o niebla). En las Autobahnen el límite recomendado es de 110-130 km/h; el límite inferior es el que se aplica en condiciones de visibilidad reducida. En zonas urbanas la velocidad máxima es de 50 km/h, y en el resto de carreteras, de 100 km/h.

Neumáticos con clavos y cadenas para la nieve El uso de neumáticos con clavos suele estar prohibido. En invierno es muy recomendable comprar o alquilar cadenas para la nieve antes de visitar regiones de montaña o de altitud media.

Peajes Todas las Autobahnen y carreteras principales son gratuitas. Sin embargo, hay un pequeño peaje en algunas carreteras paisajísticas de Baviera.

TRANSPORTE EN BERLÍN

Hay paradas de taxi en los aeropuertos, estaciones de tren y metro, y en varios puntos de la ciudad. También puede parar uno en la calle. En Berlín hay dos tarifas:
• Tarifa 1, para trayectos cortos desde una parada o desde la calle.
• Tarifa 2, para taxis a los que se llama por teléfono.
No hay recargos de noche. Se acostumbra a dejar una propina del 10 % del importe.

Cualquier queja o reclamación relacionada con los taxis de Berlín debe ir dirigida a: Landeseinwohneramt Berlin, Abteilung Kraftfahrzeugwesen/ Konzessionsabteilung, Puttkammerstraße 16-18, 10958 Berlín, Tel 030 69931466.

Transporte público En Berlín el transporte público está controlado por la Autoridad del Transporte de Berlín (BVG). Hay nueve líneas de metro y unas 150 líneas de bus que le llevarán a cualquier lugar de la ciudad. La red del S-Bahn es especialmente útil en la parte este de Berlín, donde también circulan 28 líneas de tranvías. Muchos buses y algunas líneas de metro y tranvía ofrecen servicio nocturno.

Berlín se divide en tres zonas aplicables al U-Bahn, al S-Bahn y a los buses: las zonas A y B cubren el área urbana y la zona C, los alrededores de Berlín. Puede llegar a la mayoría de lugares con un billete sencillo. La WelcomeCard (que se adquiere en las taquillas de billetes y en muchos hoteles de Berlín) es un pase válido durante 72 horas para todos los buses, tranvías y trenes de las tres zonas. Además, la WelcomeCard da derecho a entradas gratuitas o con descuentos de hasta el 50 % en museos, teatros, excursiones en barco, visitas guiadas y otras actividades en Berlín y Potsdam. Las líneas de bus 100 y 200 le llevan a los puntos más interesantes de la ciudad. Otra WelcomeCard similar ofrece desplazamientos gratuitos en el centro de Munich y precios reducidos en algunas atracciones de la ciudad.

CONSEJOS PRÁCTICOS

COMUNICACIONES

CORREOS
En las poblaciones grandes, las oficinas de correos (Postamt) suelen abrir de 8.00 a 18.00 los días laborables y de 8.00 a mediodía los sábados. Hay sucursales que abren durante más horas y también los domingos en la mayoría de los aeropuertos y grandes estaciones de tren. Puede comprar sellos en las oficinas de correos y también en las máquinas colocadas para ello. El correo que le sea enviado a la lista de correos debe incluir el código postal de la oficina de correos y puede recogerlo en un mostrador indicado como Postlagernde Sendungen. Le pedirán el pasaporte.

TELÉFONOS
Las llamadas telefónicas son más baratas entre las 18.00 y las 7.00

y los fines de semana. Para llamar a un número alemán desde el extranjero, marque el prefijo internacional (00) seguido del prefijo de Alemania (49) y el número de teléfono, omitiendo el primer 0. En Alemania, el número de la operadora nacional es el 01188 y el de la internacional, 00118.

Los teléfonos públicos, a cargo de Deutsche Telecom, se encuentran en las estaciones de U-Bahn y S-Bahn, en los restaurantes y cafés, y en las esquinas de las calles. La mayoría de los teléfonos públicos funcionan con tarjetas (Telefon-karten), que se adquieren en cualquier oficina de correos o en los kioscos. Los teléfonos públicos con el rótulo National sólo pueden utilizarse para llamadas nacionales; desde las otras cabinas puede hacer cualquier tipo de llamada.

Llamar desde una cabina que funcione con tarjeta
Levante el auricular y espere el tono de marcado; elija el idioma. Inserte la tarjeta y marque. Cuando termine, puede retirar la tarjeta presionando el botón verde.

Llamadas internacionales
Para realizar una llamada internacional desde Alemania, marque el 00 seguido del prefijo internacional del país a donde llama, que puede consultar en el listín de teléfonos.

ELECTRICIDAD

En Alemania, la corriente es de 220 voltios, 50 Hz y los enchufes tienen dos palas de sección circular.

ETIQUETA Y COSTUMBRES LOCALES

Alemania es un país bastante formal. Trate de vestir de acuerdo con la ocasión; no está de más que los hombres lleven una corbata en la maleta. Cuando visite una iglesia o una catedral,

vista con discreción y sea respetuoso. No utilice los nombres de pila o el informal Du (tú) si no es claramente invitado a ello. Si conoce a gente nueva, el tono del encuentro quedará definido por la persona de más edad o de mayor rango. Estrecharse la mano es lo corriente entre hombres, mientras que besarse en ambas mejillas es un saludo habitual entre mujeres o entre hombre y mujer.

DÍAS FESTIVOS

Todos los bancos y oficinas de correos, y muchos museos, galerías y comercios cierran en los días festivos que se citan a continuación. Además, muchos comercios también cierran el Lunes de la Rosa de Carnaval (región de Colonia y el Rhin), en Nochebuena y en Nochevieja.

1 enero Año Nuevo
6 enero Epifanía (en Baviera, Baden-Württemberg y Sajonia-Anhalt)
Marzo/abril Viernes Santo
Marzo/abril Lunes de Pascua
1 mayo Día del Trabajo
Mayo/junio Día de la Ascensión
Mayo/junio Lunes de Pentecostés
Junio Corpus Christi (en Baden-Württemberg, Baviera, Hesse, Norte del Rhin Westfalia y Renania-Palatinado)
15 agosto Ascensión de la Virgen María (Saarland, zonas católicas de Baviera)
3 octubre Día de la Unidad
31 octubre Día de la Reforma (Brandenburgo, Mecklenburg-oeste de Pomerania, Sajonia, Sajonia-Anhalt, Turingia)
1 noviembre Día de Difuntos (Baden-Württemberg, Baviera, Norte del Rhin Westfalia, Renania-Palatinado, Saarland, zonas católicas de Turingia)
20 noviembre Día del Arrepentimiento (solamente se celebra en Sajonia)
25 y 26 diciembre

MEDIOS DE COMUNICACIÓN

PERIÓDICOS

Los periódicos alemanes más serios son el liberal *Sueddeutsche Zeitung (SZ)*, el conservador *Frankfurter Allgemeine Zeitung (FAZ)*, el de centro-izquierda *Frankfurter Rundschau (FR)* y el conservador *Die Welt*. Los tabloides más populares son el *Bildzeitung* y el *Express*. Las revistas semanales también tienen tiradas importantes. Los lunes salen los periódicos de información política *Der Spiegel* y *Focus*, y los jueves, la sofisticada *Die Zeit*, *Der Stern* y *Die Bunte*, revistas más entretenidas y un poco orientadas al cotilleo. Los periódicos regionales cubren noticias locales además de las nacionales e internacionales, y son tan leídos como la prensa nacional. Todos estos periódicos son exclusivamente en alemán. Para la prensa española, encontrará con relativa facilidad el diario *El País*.

CANALES DE TV

La televisión alemana pública tiene dos emisoras: la ARD y la ZDF. La mayor competencia viene de los canales privados, especialmente el RTL y el SAT 1. Los noticiarios más serios son el *Heute*, de la ZDF, a las 19.00, y el *Tagesschau*, de la ARD, a las 20.00.

DINERO

Un euro se divide en 100 céntimos. Los billetes son de diferentes colores y cada uno representa un período distinto de la arquitectura europea. Los hay de 5 (grises), 10 (rojos), 20 (azules), 50 (naranja), 100 (verdes), 200 (amarillos) y 500 (púrpura). Las monedas son de 1 y 2 euros y de 1, 2, 5, 10, 20 y 50 céntimos.

La mayoría de los bancos tienen cajeros automáticos fuera, con instrucciones en varios idiomas. Para obtener dinero en un cajero automático necesitará su número secreto. Si necesita cambiar divisas podrá hacerlo en los bancos y en las oficinas de cambio de los aeropuertos y de las estaciones de tren.

HORARIOS

Comercios Abren entre semana de 8.30 a 18.30 (20.00 los jueves y muchos grandes almacenes). Los sábados el horario es de 8.30 a 14.00 (18.00 los cuatro sábados antes de Navidad), aunque muchas tiendas pequeñas cierran entre las 12.00 y las 14.00. Las tiendas cierran los domingos.

Bancos Abren entre las 8.00 y las 16.00 (17.30 los jueves); algunos cierran para el almuerzo entre las 13.00 y las 14.00. Todos cierran los sábados y domingos.

Museos Abren de 9.00 a 18.00. En pueblos pequeños puede que cierren más temprano. Muchos museos y atracciones turísticas cierran en domingo.

ANIMALES DE COMPAÑÍA

Llevar consigo a su animal de compañía es algo que debe organizar con antelación. Consulte con el veterinario antes del viaje sobre las vacunas necesarias y otras cuestiones. Deberá llevar un certificado de salud en alemán para poder obtener un permiso de entrada en el aeropuerto, puerto o estación de llegada de Alemania. La vacuna de la rabia debe ponerse entre 30 días y doce meses antes del viaje.

LAVABOS

Suele haber cabinas higiénicas cerca de las grandes estaciones de bus y tren, aunque no son accesibles para sillas de ruedas. Los grandes almacenes tienen lavabos, así como los bares y cafés, y están indicados con *Toilette* o *WC*, distinguiendo *Herren* (hombres) y *Damen* (mujeres).

DIFERENCIAS HORARIAS

Alemania funciona según el CET (Central European Time) y, por lo tanto, va una hora por delante del GMT (Greenwich Mean Time), igual que España. De Buenos Aires a Berlín hay 4 horas menos; de Santiago, Caracas y La Paz, 5; de Bogotá, Lima y Quito, 6; y de Ciudad de México y América Central, 7.

PROPINAS

En los restaurantes se incluyen en la cuenta el impuesto sobre ventas y el servicio, pero se suele dejar una propina de entre el 1 y el 10 % si el servicio le ha parecido bueno.

OFICINAS DE TURISMO

ESPAÑA
Oficina Nacional Alemana de Turismo San Agustín 2, 1°, Madrid

VIAJEROS CON DISCAPACIDADES

No todas las estaciones de transporte público están adaptadas para sillas de ruedas. El Bundesverband Evangelischer Behindertenhilfe proporciona información al respecto. Staffenbergstraße 76 70184 Stuttgart Tel 0711 21 59 425 Fax 0711 240 384.

URGENCIAS

EMBAJADAS

Embajadas de España y países Suramericanos Argentina Adenaueralle 50-52, Berlín. Tel 0228 22801 0. Fax 0228 2280130; www.argentinische-botschaft.de/em00001.htm **Chile** Mohrenstraße 42, Berlín. Tel 030 726 20 35. Fax 030 726203 603 726203 803; www. embajadaconsuladoschile.de **España** Schöneberger Ufer 89,

Berlín. Tel 030 254 007 0. Fax 030 257 99 557; www.spanischebotschaft.de/
México Klingelhöferstraße 3, Berlín. Tel 030 2693230. Fax 030 269323700
www.embamexale.de/
Uruguay
Budapester Straße 39, 3. OG., Berlín. Tel 030 263 90 16. Fax 030 263 90 170
e-mail: urubrande@t-online.de
Venezuela Schillstraße 9-10/esquina Wichmannstraße, Berlín. Tel 030 83 22 40 0. Fax 030 83 22 40 20.
www.botschaft-venezuela.de

TELÉFONOS DE EMERGENCIA

112 Feuerwehr (Bomberos)
110 Polizeinotruf (Policía y Ambulancia)
115 Unfallrettung (Servicio de rescate)

QUÉ HACER EN CASO DE ACCIDENTE

Debe encender las luces de emergencia del vehículo y colocar el triángulo reflectante (obligatorio) a una cierta distancia por detrás del coche (en autopista, a unos 150 m). También hay que llamar a la policía.

OBJETOS PERDIDOS

Su seguro de viaje debería cubrir la pérdida o el robo de sus pertenencias, en caso de que no lo cubra ya su seguro doméstico. Hay que dar parte del robo a la policía y obtener así una denuncia firmada. Para recuperar pertenencias extraviadas, diríjase a la oficina de objetos perdidos *(Fundbüro)*. La red ferroviaria tiene oficinas de objetos perdidos *(Fundbüro der Deutschen Bahn AG)*, al igual que las compañías de transporte.

SALUD

Para problemas de salud de poca importancia, el cualificado personal de las farmacias podrá acon-

sejarle. Las horas de consulta de los médicos suelen ser de 9.00 a 12.00 y de 15.00 a 17.00 entre semana. Para urgencias, vaya directamente a un hospital *(Krankenhaus)*. La calidad de las instalaciones y de la atención médica en Alemania es alta. El mejor hospital de Berlín es el Charité (Schumann Straße 20-21, Tel 030 45050), que tiene médicos de guardia para urgencias 24 horas al día.

LECTURAS DE INTERÉS

El flautista de Hamelín de Hans Christian Andersen. La Galera, 2002.
Un cuento clásico que recoge la leyenda del flautista de Hamelín.

El lector de Bernhard Schlink. Editorial Anagrama, 2003.
Amor y horror en la Alemania de la posguerra.

El lobo estepario de Hermann Hesse, Alianza Editorial, 1998.
Una obra autobiográfica que une el misticismo oriental con la cultura occidental.

El tambor de hojalata de Günther Grass. Ediciones Alfaguara, 1999.
Una imaginativa mezcla de fantasía y realidad ambientada en la época nazi.

El honor perdido de Katharina Blum de Heinrich Böll. Mondadori, 2001.
La relación de una joven con un hombre perseguido la lleva a situaciones difíciles.

Las afinidades electivas de Johann Wolfgang von Göethe. Alianza Editorial, 2000.
Una novela de principios del siglo XIX que trata del desorden emocional de cuatro personajes.

Los Buddenbrook de Thomas Mann. Plaza & Janés, 1999.
Una crónica de cuatro generaciones de una familia de comerciantes del norte de Alemania.

HOTELES Y RESTAURANTES

Alemania dispone de una gran variedad de alojamientos, desde magníficos hoteles hasta palacios y otros edificios históricos reconvertidos. Tampoco escasean opciones más económicas, como los hoteles de las cadenas Holiday Inn, Best Western o Mercure. Los hoteles de tipo familiar se encuentran en poblaciones más pequeñas. Hay dos tendencias claras en la hostelería alemana: los hoteles de diseño ultramoderno y los que ofrecen tratamientos de belleza y salud. Los alojamientos del este del país están trabajando duro para situarse a la altura de los del oeste, aunque todavía hay mucho por hacer.

En las grandes ciudades y los centros turísticos es más difícil encontrar alojamiento barato que en lugares menos transitados. Las oficinas de turismo proporcionan listas de alojamientos y buscan habitación. Las comodidades se ven reflejadas en el precio; algunos establecimientos más baratos no tienen baño privado. Como en todo el mundo, los precios dependen de la temporada y de circunstancias especiales, como la celebración de una feria comercial. Los impuestos van incluidos en la cuenta, pero el aparcamiento puede ser un gasto extra, como también lo es el uso del teléfono de la habitación.

PRECIOS

HOTELES

El precio de una habitación doble sin desayuno se indica con símbolos **$**.

$$$$$	Más de 280 €
$$$$	Entre 200 y 280 €
$$$	Entre 120 y 200 €
$$	Entre 80 y 120 €
$	Menos de 80 €

RESTAURANTES

El precio de una comida de tres platos sin bebida se indica con símbolos **$**.

$$$$$	Más de 80 €
$$$$	Entre 50 y 80 €
$$$	Entre 35 y 50 €
$$	Entre 20 y 35 €
$	Menos de 20 €

HOTELES

Categorías

Los hoteles están clasificados según un sistema de estrellas (de una a cuatro), que indican el nivel mínimo de las comodidades. La autoridad que da la clasificación es la Dehoga (Deutscher Hotel- und Gaststättenverband, asociación alemana de hoteles y restaurantes).

★★★★ Cuatro estrellas indican un hotel con restaurante y baño con bañera o ducha en todas las habitaciones.

★★★ Los hoteles de tres estrellas tienen un 80 % de habitaciones con baño y sirven el desayuno en la habitación.

★★ Los establecimientos de dos estrellas tienen un 40 % de habitaciones con baño y teléfono.

★ Los hoteles de una estrella ofrecen un alojamiento sencillo pero correcto.

Muchos hoteles tienen restaurante. En el campo el alojamiento suele incluir alguna comida. La *Halbpension* incluye desayuno y cena, mientras que la *Vollpension* también ofrece el almuerzo. Si el nombre del hotel incluye la palabra *Garni*, es que sólo sirve el desayuno. Las oficinas de turismo local dan información sobre los Bed&breakfast, llamados *Pensionen* o *Privatquartier*. Son baratos y además permiten tratar con gente del lugar, aunque no siempre tienen baño privado.

La que sigue es una selección de hoteles de todo el país, ordenados por precio y luego por orden alfabético. En la medida de lo posible, se han elegido hoteles típicos de la zona y con interés histórico.

Gast Im Schloß (www.gast-im-schloß) dispone de información sobre unos 20 hoteles en antiguos monasterios, palacios, castillos y mansiones.

Observe que, a menos que se indique lo contrario:
• El desayuno no va incluido en el precio.
• El hotel tiene restaurante. Si es bueno, se añade un símbolo de restaurante o se remite al lector a una entrada independiente en el apartado de restaurantes.
• Todas las habitaciones tienen teléfono y televisión.
• Los precios se dan por habitación doble, son orientativos y no tienen en cuenta los cambios de temporada. Tal vez tenga que pagar otros impuestos adicionales.
• En temporada alta, trate de reservar con antelación y confirme la reserva por fax o e-mail. Es posible que le pidan un depósito o el número de su tarjeta de crédito.

Tarjetas de crédito y débito

Muchos hoteles aceptan todas las tarjetas importantes, pero puede que algunos pequeños sólo acepten las que se indican en la puerta. Las abreviaturas utilizadas son: AE American Express, DC Diners Club, MC Mastercard, V Visa.

RESTAURANTES

En Alemania hay una gran variedad de restaurantes; desde la humilde *Gasthof* con sencillas especialidades regionales, al más lujoso restaurante de *nouvelle cuisine*. En la mayoría de *Kneipen* o *Bierstuben* (tabernas) sirven sencillos platos locales acompañados de una buena jarra de cerveza. Una *Weinstube* es un bar de vinos con comida aceptable. Y en muchas poblaciones encontrará un popular *Ratskeller* en el sótano del ayuntamiento; la comida que ofrecen suele ser buena. El almuerzo es la comida fuerte del día en Alemania; en los restaurantes suele haber menú (*Mittagstisch*).

La comida alemana no es tan pesada como se cree, aunque se base en la carne: el cerdo asado de crujiente costra es un estereotipo de Baviera, mientras que cada región tiene sus salchichas típicas. Una de las de Munich es la *Weißwurst*, una gran salchicha blanca, mientras que Nuremberg y Regensburg son famosas por otras variedades menores que se preparan a la parrilla. En

---

Westfalia, la sabrosa *Mettwurst* (tierna y ahumada) es muy popular. Y qué decir de la salchicha de Frankfurt, con más de 500 años de antigüedad.

Los platos clásicos de la Selva Negra incluyen el jamón, el venado, las truchas y la tarta de cerezas negras.

El cultivo del espárrago es muy importante en Alemania y, en temporada, casi todos los restaurantes lo utilizan en algún plato especial.

En el Mar del Norte se pesca el lenguado, la platija y, por supuesto, las gambas. Las ostras son excelentes en la isla de Sylt, y Helgoland es famosa por la sopa de langosta. Los ahumaderos del mar Báltico producen tiernas *Kieler Sprotten* (sardinetas ahumadas).

En la zona del bajo Rin, los mejillones se cocinan con vino blanco. Un plato antiguo pero todavía popular es la *Biersuppe* (una sopa hecha con leche, cerveza, canela, pasas y claras de huevo).

Los restaurantes italianos son especialmente populares en Alemania, y también abundan los de cocina griega, turca, tailandesa, china y hindú.

Esta selección (ordenada por precio y luego por orden alfabético) sugiere buenos restaurantes de cocina local y regional y también incluye algunas de las grandes estrellas de la cocina alemana.
A = almuerzo C = cena

Comer en Alemania

Los desayunos son contundentes: los diferentes tipos de pan con mermelada, huevos, jamón y quesos pueden dejarle saciado casi hasta la hora de la cena. El almuerzo suele empezar hacia el mediodía y se prolonga hasta las 14.00. La cena se toma hacia las 20.00, aunque hacerlo a las 19.00 no es infrecuente; en pueblos pequeños o en el campo, más tarde de las 21.00 puede ser demasiado tarde. Hacia el sur, la hora de la cena suele retrasarse. En temporada alta, o

si tiene en mente un restaurante concreto, reserve con antelación.

Los restaurantes suelen tener mesas al aire libre cuando hace buen tiempo. Sólo se mencionan aquí si la vista o el jardín destacan especialmente.

Todos los restaurantes tienen la obligación de exhibir la carta fuera del local. La mayoría de establecimientos disponen de menú para el almuerzo o para la cena. En Alemania suelen comer ensalada con el plato principal y generalmente se ofrece pan.

En las cartas de vinos de las diferentes regiones suelen predominar los caldos locales. Algunos restaurantes, aunque no muchos, tienen zona de no fumadores (*Nichtraucher*).

Cafés

Los cafés son una institución en Alemania para tomar un café por la mañana, una copa, una comida ligera o el famoso *Kaffee und Kuchen* (café con pasteles) de la tarde. En los pueblos suelen ser el centro de la vida local.

Propinas

El servicio siempre va incluido en la cuenta, pero es habitual dejar algo de propina si ha quedado satisfecho.

BERLÍN Y BRANDENBURGO

BERLÍN

CENTRO DE LA CIUDAD

ADLON KEMPINSKI BERLIN
$$$$$ ★★★★
UNTER DEN LINDEN 77
10117
TEL 030 2 26 10
FAX 030 22 61 22 22
www.hotel-adlon.de
Puro esplendor (mezcla de club británico y *art déco*) y algo de la historia alemana en este hotel donde se alojaron Greta Garbo y Joseph Göbbels. Favorito de reyes y jefes de estado. Las suites tienen vistas a la Puerta de

Brandenburgo. El restaurante Lorenz Adlon (ver más adelante) es uno de los mejores de la ciudad.
256 + 80 suites S1, S2, S25, S26 Unter den Linden
Principales tarjetas

HACKESCHER MARKT
$$$ ★★★
GROßE PRÄSIDENTENSTRAßE 8
10178
TEL 030 28003 0
FAX 030 28003 111
hackescher-markt.com
Una casa cuidadosamente restaurada con habitaciones pequeñas y mobiliario rústico de pino. La mayoría dan al tranquilo patio y algunas tienen balcón. Personal solícito.
31 + 3 suites S3, S5, S7, S9, S75 Hackescher Markt Principales tarjetas

HONIGMOND GARDEN
$$ ★★★
INVALIDENSTRAßE 122
10115
TEL 030 28 44 55 77
FAX 030 28 44 55 88
www.honigmond-berlin.de/
Este edificio de 1845 conserva su encanto tras haber sido remodelado. Las grandes habitaciones que dan a la calle pueden resultar algo ruidosas, mientras que las más pequeñas dan a un bonito jardín. El desayuno está incluido en el precio.
20 U6 Oranienburger Tor No aceptan tarjetas

LORENZ ADLON
$$$$
IM HOTEL ADLON
UNTER DEN LINDEN 77
TEL 030 22 61 19 60
www.hotel-adlon.de
Este elegante restaurante tiene una carta internacional. Entre las especialidades están los filetes de gallo de San Pedro con salsa de langosta y las pechugas de pichón. Una estrella Michelin.

🔓 Cerrado dom. y lun.
🚇 S1, S2, S25, S26 Unter den Linden 🔖 DC, V, MC

🍴 BORCHARDT
$$$
FRANZÖSISCHE STRAßE 47
10117
TEL 030 20 38 71 10
Cervecería de estilo parisino que funciona como lujosa taberna para políticos, damas elegantes y hombres de negocios. *Nouvelle cuisine* (ostras en temporada, hígado de ternera a la parrilla con jugo de orégano) y cocina alemana.
🚇 U6 Französische Straße
🔖 MC, V

🍴 DACHGARTEN RESTAURANT IM BUNDESTAG
$$$
PLATZ DER REPUBLIK
11011
TEL 030 22 62 99 0
El restaurante de la azotea del Reichstag ofrece unas vistas espectaculares, una asombrosa arquitectura de sir Norman Foster y una cocina no tan impactante. Cocina típica de *bistro* con toques exóticos, como el róbalo con cuscús de tomate o el *risotto* frío con helado de mango.
🚇 S1 Unter den Linden
🔓 Abierto todos los días de 9.00 a 24.00 🔖 Principales tarjetas

🍴 GUY
$$
JÄGERSTRAßE 59-60
10117
TEL 030 20 94 26 00
Buena cocina alemana moderna en pleno centro. El venado con setas y jugo de romero y las veneras (*Jakobsmuscheln*) sobre lecho de espárragos son dos de las especialidades. Popular bar en la planta baja.
🚇 U6 Französische Straße
🔓 Cerrado dom. 🔖 MC, V

🍴 KELLERRESTAURANT IM BRECHT-HAUS
$
CHAUSSEESTRAßE 125

TEL 030 282 3843
Antiguo hogar de Bertolt Brecht, con un ambiente agradable y especialidades alemanas como los *Fleischlabberln* (empanadas de carne picantes) y el *Wiener schnitzel*.
🚇 U6 Oranienburger Tor
🔖 AE, MC, V

CHARLOTTENBURG

🏨 BLEIBTREU
$$$ ★★★★
BLEIBTREUSTRAßE 31
10707
TEL 030 88 47 40
FAX 030 88 47 44 44
www.bleibtreu.com
Moderno hotel decorado con mobiliario minimalista, aunque con habitaciones y baños pequeños. El bar es un buen lugar para relajarse.
🛏 60 🚇 U15 Uhlandstraße
🔘 🎪 🔖 Principales tarjetas

🏨 ASKANISCHER HOF
$$ ★★★
KURFÜRSTENDAMM 53
10707
TEL 030 8 81 80 33
FAX 030 8 81 72 06
www.askanischer-hof.de/
Uno de los secretos a voces de Berlín. La decoración tiene ecos de la década de 1920 y el ambiente es acogedor. No tiene restaurante.
🛏 16 + 1 suite 🚇 U15 Uhlandstraße 🅿
🔖 Principales tarjetas

🍴 ALT LUXEMBURG
$$$
WINDSCHEIDSTRAßE 31
10627
TEL 030 323 87 30
Karl Wannemacher lleva más de dos décadas dominando los fogones y es un chef versátil. Pruebe el filete de cordero con judías verdes como plato clásico, el más moderno milhojas de tomate y aguacate o la langosta en coulis de gazpacho.
🚇 U2 Sophie-Charlotte-Platz 🔓 Cerrado dom. C
🔖 DC, MC, V

🍴 CAFE IM LITERATURHAUS
Este café/restaurante en una antigua villa saliendo del Kurfürstendamm tiene una librería bien provista en el sótano y ofrece desayunos, almuerzos y cenas en el salón del primer piso. La carta que elabora para la cena, con platos como el cordero asado con romero o las truchas con patatas nuevas, es de temporada.
$$
FASANENSTRAßE 23
TEL 030 882 5414
🚇 U15 Uhlandstraße
🔖 No aceptan tarjetas

🍴 MARJELLCHEN
$$
MOMMSENSTRAßE 9
TEL 030 883 26 76
Inusuales especialidades de Pomerania y Silesia. Los platos típicos son las *Königsberger Klopse* (albóndigas con alcaparras), el alce asado con col roja o el *Schlesisches Himmelreich* (cerdo ahumado con frutas en compota).
🚇 S3, S5, S7, S9, S75 Savignyplatz 🔓 Cerrado dom. C 🔖 Principales tarjetas

🍴 PARIS-BAR
$$
KANTSTRAßE 152
10623
TEL 030 313 80 52
Este bar bohemio es un lugar de encuentro de artistas. Pruebe la sopa de cebolla o el entrecot con salsa bearnesa.
🚇 S3, S5, S7, S9, S75 Savignyplatz 🔓 Cerrado lun. y mar. 🅿 🔖 Principales tarjetas

KREUZBERG

🍴 ALTES ZOLLHAUS
$$$
CARL-HERTZ-UFER 30
10961
TEL 030 692 3300
www.altes-zollhaus-berlin.de/

HOTELES Y RESTAURANTES

Ideal para una comida relajada, esta antigua aduana sirve cocina alemana e internacional. El conejo asado y el venado con champiñones son platos recomendables, mientras que el pato asado es, sin duda, el plato estrella.

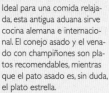 U1 Prinzenstraße
🕐 Cerrado dom. y lun. 🅿
🚇 DC, MC, V

SCHÖNEBERG

🍴 CAFE EINSTEIN

Las banquetas de cuero rojo, los muebles Thonet y el suelo de parqué recrean la antigua Viena en esta elegante casa de 1878. Es miembro de un grupo de restaurantes donde la excelente cocina austriaca tiene un toque de *nouvelle cuisine*. Pruebe el desayuno *Sylt* (una gran bandeja de pescado ahumado), o si desea algo menos contundente, un café con *Apfelstrudel*.

$-$$
KURFÜRSTENSTRAßE 58
TEL 030 261 91 76
www.cafeeinstein.com
🚇 U2 Kurfürstenstraße
🚇 DC, MC, V

TIERGARTEN

🏨 GRAND HYATT
$$$$ ★★★★
MARLENE-DIETRICH-PLATZ 2
10785
TEL 030 25 53 12 34
FAX 030 25 53 12 35
www.berlin.hyatt.com
Cerca de la Potsdamer Platz, este moderno hotel diseñado por Rafael Moneo tiene un aire japonés con sus superficies negras mate y su madera de cedro tallada.
🛏 342 + suites 🚇 U2 Potsdamer Platz 🔲 🔲
🔲 🚇 Principales tarjetas

WILMERSDORF

🏨 BRANDENBURGER
🍴 HOF
$$$$ ★★★★

EISLEBENER STRAßE 14
10789
TEL 030 21 40 50
FAX 030 21 40 51 00
www.brandenburger-hof.com/
Un hotel de la cadena Relais & Chateaux con elementos de la Bauhaus y diseños modernos en una mansión de principios del siglo XX. Bien situado y a la vez tranquilo. El restaurante Die Quadriga *(Cerrado sáb., dom. C)* ofrece una cocina moderna y de alta calidad. Pruebe el *carpaccio* de langosta, el *parfait* de hígado de ganso o la ternera a la parrilla con setas salvajes.
🛏 78 + suites 🚇 U1 Augsburger Straße 🅿 🔲
🔲 🔲 🚇 Principales tarjetas

🏨 PROPELLER ISLAND CITY LODGE

Prepárese para sorprenderse: aquí nada es corriente. El que fue un edificio de apartamentos al sur de Kurfürstendamm en el siglo XIX actualmente es un excéntrico hotel donde cada habitación tiene un tema diferente: consulte su sitio web para ver cuál le atrae más. Reserve por fax y comunique a qué hora espera llegar. Cocina para los huéspedes.

$$ ★★★
ALBRECHT-ACHILLES-STRAßE 58
10709
TEL 030 891 9016 (8.00-12.00)
FAX 030 892 8721
www.propeller-island.com
🛏 30 🚇 U7 Adenauerplatz
🚇 MC, V

🏨 ARTEMISIA
$$ ★★★
BRANDENBURGISCHE STRAßE 18
10707
TEL 030 873 89 05
FAX 030 861 8653
www.frauenhotel-berlin.de
Sólo para mujeres. Un anticuado ascensor le lleva hasta el cuarto piso de un edificio Jugendstil. Pequeño y acoge-

HOTELES
El precio de una habitación doble sin desayuno se indica con símbolos $.

$$$$$	Más de 280 €
$$$$	Entre 200 y 280 €
$$$	Entre 120 y 200 €
$$	Entre 80 y 120 €
$	Menos de 80 €

RESTAURANTES
El precio de una comida de tres platos sin bebida se indica con símbolos $.

$$$$$	Más de 80 €
$$$$	Entre 50 y 80 €
$$$	Entre 35 y 50 €
$$	Entre 20 y 35 €
$	Menos de 20 €

dor, con un bar y una maravillosa terraza en la azotea.
🛏 12 🚇 U7 Konstanzer Straße 🔲 🚇 Principales tarjetas

POTSDAM

🏨 DORINT SANSSOUCI
$$$ ★★★★
JÄGERALLEE 20
14469
TEL 0331 2740
FAX 0331 274 10 00
www.accorhotels.com/
Moderno hotel de negocios entre el parque del Sanssouci y el centro histórico de Potsdam. Habitaciones elegantes y tranquilas.
🛏 302 + suites 🚇 S7 a Potsdam 🅿 🔲 🔲 🔲
🚇 Principales tarjetas

🏨 SCHLOSSHOTEL CECILIENHOF

Un castillo, situado en un gran parque, que fue escogido en 1945 para una conferencia de las Fuerzas Aliadas. Amueblado al estilo de una casa de campo inglesa, tiene un ambiente tranquilo a pesar de estar cerca de Potsdam, con su sublime arquitectura neoclásica.

$$$ ★★★★
NEUER GARTEN
14469
TEL 0331 3 70 50
FAX 0331 29 24 98
www.relexa-hotels.de
🛈 36 + 6 suites 🚊 S7 a Potsdam y luego en taxi 🅿
🏧 Principales tarjetas

🍴 SPECKERS GASTSTÄTTE ZUR RATSWAAGE
$$$
AM NEUEN MARKT 10
14467
TEL 0331 280 43 11
www.speckers.de
Disfrute de la cocina campestre con platos como la consistente sopa de anguilas o el conejo asado relleno de morcilla en este elegante restaurante de alrededores históricos. La mayoría de los ingredientes son productos de granjas locales. El viejo pozo del romántico patio es muy admirado.
🚊 S7 a Potsdam 🕒 dom. sólo previa reserva 🏧 AE

MECKLENBURG-BAJA POMERANIA

KRAKOW

PARA OCASIONES ESPECIALES

🏨 ICH WEISS EIN HAUS 🍴 AM SEE
A 8 km de Krakow, semioculto entre un bosque y un lago, este hotel es un idílico escondrijo. Las habitaciones son grandes, luminosas y están amuebladas en un estilo campestre; casi todas tienen vistas al parque y al lago. Bajo la dirección del propietario y chef Michael Laumen, el restaurante ha obtenido la primera estrella Michelin de Baja Pomerania. Entre las especialidades están la bullabesa de pescado local y el *risotto* de hierbas salvajes. Excelentes vinos.
$$ ★★★★
ALTES FORSTHAUS 2

18292 KRAKOW/SEEGRUBE
TEL 038457 232 73
FAX 038457 232 74
www.hausamsee.de/
🛈 10 🅿 🚫 No aceptan tarjetas

ROSTOCK

🏨 HOTEL SONNE
$$ ★★★★
NEUER MARKT 2
18055
TEL 0381 4 97 30
FAX 0381 4 97 33 51
www.rostock.steigenberger.de
Un hotel moderno en el ala nueva del ayuntamiento histórico. Las habitaciones bien diseñadas (algunas para no fumadores), los tratamientos de salud y belleza, un buen restaurante, un café con excelentes pasteles y dos bares hacen que este establecimiento sea muy popular.
🛈 114 + 10 suites 🅿 ♿ 🚫 🏋 🏧 Principales tarjetas

🏨 HOTEL NEPTUN
$$$ ★★★★★
SEESTRAßE 19
18119
ROSTOCK-WARNEMÜNDE
TEL 0381 777 800
FAX 0381 540 23
Todas las habitaciones tienen balcón en este hotel de la orilla, el mejor de todos para disfrutar de las magníficas vistas del mar.
🛈 318 + 5 suites + 8 apartamentos ♿ 🏊 🏋 🏧 Principales tarjetas

🍴 ZUR GARTENLAUBE 1888
$$$
ANASTASIASTRAßE 24
18119 ROSTOCK-WARNEMÜNDE
TEL 0381 526 61
www.zur-gartenlaube1888.de
Los platos típicos son la sopa de calabacín y el filete de jabalí con salsa de arándanos y champiñones.
🕒 Cerrado dom. C 🏧 MC, V

RÜGEN

🏨 PANORAMA HOTEL 🍴 LOHME
$$ ★★★★
DORFSTRAßE 35
18551 RÜGEN/LOHME
TEL 038302 92 21
FAX 038302 92 34
www.lohme.com/
Sobre los acantilados blancos de Rügen, el Panorama Hotel tiene unas vistas impresionantes desde su terraza y desde las románticas habitaciones. Cene al aire libre contemplando la puesta de sol y saboreando el salmón marinado con hinojo o los arenques con ragú de lentejas y patatas.
🛈 41 + 6 suites 🅿 🚫 No aceptan tarjetas

🏨 VIER JAHRESZEITEN 🍴 $ ★★★★
ZEPPELINSTRAßE 8
18609 RÜGEN/BINZ
TEL 038393 5 00
FAX 038393 5 04 30
www.jahreszeiten-hotels.de
Este hotel tiene un centro de belleza y salud. En su restaurante Orangerie, René Zühr, el innovador chef, improvisa sobre variaciones de la cocina de Pomerania. Pruebe los filetes de ternera o las salchichas de pescado.
🛈 68 + 9 suites 🅿 🏊 🏋 🏧 AE, MC, V

SCHWERIN

🏨 ARTE
$$ ★★★★
DORFSTRAßE 6
SCHWERIN-KREBSFÖRDERN
19061
TEL 0385 6 34 50
FAX 0385 6 34 51 00
www.hotel-arte.de
A las afueras de la ciudad, un exquisito hotel de campo en una antigua y enorme granja.
🛈 40 + 2 suites 🅿 🏋 🏧 Principales tarjetas

🍴 SCHRÖTER'S
$$
SCHLIEMANNSTRAßE 2
19055

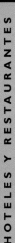

TEL 0385 550 76 98
www.schroeters-restaurant.de
Este íntimo restaurante del barrio histórico tiene vistas al lago Pfaffenteich y elabora una cocina regional con toques franceses. Una de las especialidades es el hígado de pato caramelizado con espárragos. El buey frisio también es notable.
🕐 Cerrado dom. C 🚫 DC, MC, V

STRALSUND

🏨 DORINT IM HANSE DOM
$$$ ★★★★
GRÜNHOFER BOGEN 18-20
18437
TEL 03831 3 77 30
FAX 03831 3 77 31 00
www.hansedom.de/
Cerca del hermoso Hanse Dom-Park, este hotel dispone de grandes habitaciones con paredes de colores pastel, madera pulida y sillas de mimbre.
🛏 114 + 5 suites 🚇 🏊 📺 🚫 Principales tarjetas

🍴 TAFELFREUDEN IM SOMMERHAUS
$$$
JUNGFERNSTIEG 5 A
18437
TEL 03831 29 92 60
Cocina de fusión a precios moderados en una bonita casa de veraneo amarilla. Pruebe los mejillones, el pez de San Pedro con polenta y la ensalada de aguacate con vinagreta especial.
🕐 Cerrado lun. 🅿 🚫 MC, V

TIMMENDORFER STRAND

🏨 LANDHAUS CARSTENS
$$ ★★★★
STRANDALLEE 73
23669
TEL 04503 60 80
FAX 04503 6 08 60
www.LandhausCarstens.de
Un hotel en una casa de campo al lado del mar. El pescado

local con salsa de champagne o el pichón con salsa de Madeira le devolverán las fuerzas tras un paseo por la playa.
🛏 22 + 5 suites 🅿 📺 🚫 Principales tarjetas

HAMBURGO Y SCHLESWIG-HOLSTEIN

HAMBURGO

🏨 DORINT SOFITEL AM ALTEN WALL HAMBURG 🍴
$$$$ ★★★★
ALTER WALL 38-46
20457
TEL 040 369500
FAX 040 369501000
www.accorhotels.com/
Las grandes habitaciones y una interesante mezcla de materiales (cristal, fieltro, suelos de madera, piedra) caracterizan este céntrico hotel. Algunas habitaciones tienen vistas a los canales.
🛏 225 + 16 suites 🅿 ⬆ 🚇 🚫 Principales tarjetas

🏨 VIER JAHRESZEITEN 🍴
$$$$ ★★★★
NEUER JUNGFERNSTIEG 9-14
20354
TEL 040 3 49 40
FAX 040 34 94 26 00
www.raffles-hvj.de/
Este magnífico y tradicional hotel dispone de unas habitaciones de estilo clásico. El restaurante Härlin tiene un exquisito mobiliario Biedermeier y platos como las cuatro variedades de hígado de oca o el jugoso cordero con costra de queso *pecorino* y alubias con *confit* de cebolla. Excelentes vinos.
🛏 132 + 24 suites 🅿 ⬆ 📺 🚫 Principales tarjetas

PARA OCASIONES ESPECIALES

🏨 SIDE HOTEL HAMBURG 🍴
La referencia visual más reciente de Hamburgo es esta torre de cristal de 12 pisos

PRECIOS

HOTELES
El precio de una habitación doble sin desayuno se indica con símbolos **$**.

$$$$$	Más de 280 €
$$$$	Entre 200 y 280 €
$$$	Entre 120 y 200 €
$$	Entre 80 y 120 €
$	Menos de 80 €

RESTAURANTES
El precio de una comida de tres platos sin bebida se indica con símbolos **$**.

$$$$$	Más de 80 €
$$$$	Entre 50 y 80 €
$$$	Entre 35 y 50 €
$$	Entre 20 y 35 €
$	Menos de 20 €

proyectada por el arquitecto local Jan Störmer. El diseñador italiano Matteo Thun extiende el estilo minimalista desde la recepción hasta las habitaciones. El *sushi* es lo más destacado en el restaurante.
$$$$ ★★★★
DREHBAHN 49
20354
TEL 040 30 99 90
FAX 040 30 99 93 99
www.side-hamburg.de/
🛏 124 + 22 suites 🅿 ⬆ 🚇 📺 🚫 Principales tarjetas

🏨 KEMPINSKI ATLANTIC 🍴
$$$$ ★★★★
AN DER ALSTER 72-79
20099
TEL 040 2 88 80
FAX 040 24 71 29
www.kempinski.atlantic.de
Toda una institución en Hamburgo y un derroche de elegancia. Las mejores suites, por supuesto, son las que tienen vistas al lago Alster.
🛏 241 + 13 suites 🅿 ⬆ 🚇 🚫 Principales tarjetas

🏨 ELYSEE
$$$ ★★★★
ROTHENBAUMCHAUSSEE 10
20148

HOTELES Y RESTAURANTES

TEL 040 41 41 20
FAX 040 41 41 27 33
www.elysee.de/
Un favorito de Hamburgo con habitaciones confortables y luminosas, dos restaurantes, un café y un bar.
① 299 + 6 suites 🅿 ⬍
🏊 🅢 Principales tarjetas

PARA OCASIONES ESPECIALES

🏨 HANSEATIC HOTEL
El encanto tranquilo de esta antigua villa patricia situada en una zona residencial cerca del centro es muy apreciado por los individualistas con criterio. Preciosas antigüedades y excelentes desayunos.
$$$ ★★★
SIERICHSTRAßE 150
22299
TEL 040 48 57 72
FAX 040 48 57 73
www.hanseatic-hamburg.de/
① 14 🅿 🅢 AE, MC, V

🏨 PREM
🍴 $$ ★★★★
AN DER ALSTER 9
20099
TEL 040 24 83 40 40
FAX 040 2 80 38 51
Las antigüedades decoran este bonito edificio blanco cercano al lago Alster, si bien las habitaciones que dan a él pueden ser algo ruidosas. Hay un formal y excelente restaurante especializado en pescado y un *bistro* de ambiente más distendido.
① 50 + 3 suites +1 apartamento 🅿 🅢
Principales tarjetas

🍴 LE CANARD
$$$$
ELBCHAUSSEE 139
22763
TEL 040 880 50 57
www.viehhauser.de/lecanard/
Cocina francesa. Entre las especialidades están el filete de rodaballo del Mar del Norte con alcachofas y el jugoso venado salteado.
🕒 Cerrado dom. 🅿
🅢 DC, MC, V

🍴 LANDHAUS SCHERRER
$$$$ ★★★★
ELBCHAUSSEE 130
22763
TEL 040 880 13 25
www.landhausscherrer.de/
Aquí la cocina del norte de Alemania tiene un toque exótico, con platos como la sopa de judías con veneras, el pescado del Mar del Norte con azafrán y el *parfait* de caipirinha con mangos. Una estrella Michelin.
🕒 Cerrado dom. 🅿
🅢 DC, MC, V

🍴 FISCHEREIHAFEN RESTAURANT
$$
GROßE ELBSTRAßE 243
22767
TEL 040 38 18 16
www.fischereihafen-restaurant-hamburg.de/
Restaurante tradicional de Hamburgo con una carta de pescado clásica (merlango con salsa de mostaza, platija frita con panceta, lenguado a la parrilla) además de *sushi*. Suele estar abarrotado.
🅿 🅢 Principales tarjetas

🍴 FIT FOR FUN
$ ★
MILCHSTRAßE 1
20148
TEL 040 41 32 01 0
Un establecimiento para los amantes de la comida sana. Cocina asiático-americana basada en las ensaladas y el pescado.
🕒 Cerrado sáb. A
🅢 Principales tarjetas

SCHLESWIG-HOLSTEIN

KIEL

🏨 PARKHOTEL KIELER KAUFMANN
$$$ ★★★★
NIEMANNSWEG 102
24105
TEL 0431 881 10
FAX 881 11 35
www.kieler-kaufmann.de/

Situada en un parque, esta pintoresca villa se remonta a finales del siglo XIX, aunque tiene un anexo moderno. Las habitaciones están decoradas con mobiliario tradicional.
① 41 + 2 suites 🅿 🏊
🅢 Principales tarjetas

🍴 SEPTEMBER
$$ ★★
ALTE LÜBECKER CHAUSSEE 27
24113
TEL 0431 68 06 10
El bonito jardín de invierno es una característica de este restaurante en una segunda planta del centro de la ciudad. El servicio puede ser algo lento, pero la espera vale la pena por platos como el buey de Holstein al vino tinto. Extensa carta de vinos y 170 licores.
🕒 Cerrado dom. C 🅢 No aceptan tarjetas

🍴 ZUM HIRSCHEN
$$ ★★★
DÄNISCHE STRAßE 22 (EN LA LÜNEBURG HAUS)
24103
TEL 0431 98 26 00
www.zum-hirschen.at/
Cocina mediterránea de calidad servida en una bonita casa de principios del siglo XX. Pruebe el rodaballo con ragú de acederas y tomate.
🕒 Cerrado dom. 🅢 MC, V

LÜBECK

🏨 KLASSIK ALTSTADT HOTEL
$$ ★★★★
FISCHERGRUBE 52
TEL 0451 70 29 80
FAX 0451 7 37 78
www.klassik-altstadt-hotel.de/
Desde este hotel de decoración clásica podrá explorar a pie la pintoresca Lübeck.
① 19 + 2 suites + 1 apartamento 🅿
🅢 Principales tarjetas

🍴 WULLENWEWER
$$$-$$$$ ★★★
BECKERGRUBE 71
23552
TEL 0451 70 43 33

Un espléndido restaurante en una villa del centro. Pruebe la langosta salteada con ensalada de hierbas, la perca con foie-gras o el *carpaccio* de pichón. Carta con más de 600 vinos.
🕒 Cerrado dom., lun. C
🃏 DC, V

SYLT

🏨 SÖL'RING HOF
🍴 $$$$ ★★★★
AM SANDWALL 1
25980 SYLT-RANTUM
TEL 04651 83 62 00
FAX 04651 8 36 20 20
www.dorint.com
Fantástica situación en las dunas y habitaciones moder-nas, algunas con vistas al mar. El popular restaurante tiene una estrella Michelin. Minibar y tumbona de playa incluidos.
🛏 12 + 3 suites 🅿 🎿
🎦 🃏 Principales tarjetas

PARA OCASIONES ESPECIALES

🍴 SANSIBAR
Contemple la puesta de sol desde este bonito chalé de la playa. Es especialmente tranqui-lo y agradable en invierno, pero incluso entonces es recomenda-ble reservar con antelación. Grandes raciones de rodaballo frito y otros pescados. Café y pasteles por las tardes.
$-$$ ★★
HÖRNUMER STRAßE 88
25980 SYLT-RANTUM
TEL 04651 96 46 46
www.sansibar.de/
🃏 MC

BAJA SAJONIA Y BREMEN

BREMEN

🏨 PARK HOTEL
🍴 $$$ ★★★★
IM BÜRGERPARK
28209
TEL 0421 3 40 80
FAX 0421 3 40 86 02
www.park-hotel-bremen.de
Este hotel Bremen parece una majestuosa residencia privada

con un vestíbulo con cúpula. Los estilos de las habitaciones van del japonés al italiano. El restaurante es excelente.
🛏 138 + 12 suites 🅿 ⇄
🎦 🎥 🃏 Principales tarjetas

🍴 L'ORCHIDEE IM BREMER RATSKELLER
$$$$ ★★★
AM MARKT 1
28195
TEL 0421 321676
Este restaurante en el sótano del ayuntamiento *(Ratskeller)* sirve alta cocina, con platos como la sopa de pescado asado, la ternera rellena de langosta y la tarta de fruta de la pasión con frambuesas.
🕒 Cerrado lun. 🃏 DC, MC, V

🍴 GRASSHOFF'S BISTRO
$$ ★★
CONTRESCARPE 80
28195
TEL 0421 14749
El chef Rüdiger König ha hecho de este *bistro* con una estrella Michelin una institu-ción. Pruebe el merlango con salsa de mostaza o el helado de caramelo con almendras.
🕒 Cerrado dom. 🃏 DC, MC, V

🍴 KAFFEEMÜHLE AM WALL
$
AM WALL
28195
TEL 0421 144 66
Disfrute de platos como los arenques con crema agria y patatas fritas en este molino de viento del siglo XIX.
🃏 V

BAJA SAJONIA

BRAUNLAGE

PARA OCASIONES ESPECIALES

🏨 ZUR TANNE
🍴
Una posada del siglo XVIII bien conservada y converti-da en un hotel familiar. Las habi-

taciones están amuebladas con un acogedor estilo campestre tanto en el edificio central como en el anexo moderno. El restau-rante está especializado en clási-cos de los montes Harz como la *Harzer Bachforelle* (trucha local), seguida de una tarta de ciruelas o manzana.
$$ ★★★★
HERZOG-WILHELM-STRAßE 8
38700
TEL 05520 9 31 20
FAX 05520 29 92
www.tanne-braunlage.de/
🛏 19 + 3 suites 🅿 🎥
🃏 Principales tarjetas

CELLE

🏨 FÜRSTENHOF
🍴 $$$ ★★★★
HANNOVERSCHE STRAßE 55-56
29221
TEL 05141 20 10
FAX 05141 20 11 20
www.fuerstenhof.de/
Cerca del centro medieval de la ciudad, este antiguo palacio de 1670 y su anexo constitu-yen un hotel decorado con antigüedades y pinturas al óleo. El restaurante, Endtenfang, propone platos como el pollo con trufas y la langosta con cuscús de curry y coliflor.
🛏 51 + 5 suites 🅿 🎦
🎥 🃏 Principales tarjetas

GOSLAR

🏨 DER ACHTERMANN
🍴 $$$ ★★★★
ROSENTORSTRAßE 20
38640
TEL 05321 7 00 00
FAX 05321 7 00 09 99
www.hotel-der-achtermann.de
Una parte de este céntrico hotel data de 1501. El anexo es menos característico pero tiene un buen centro de *fitness*. El restaurante, Altdeutsche Stube, está espe-cializado en cocina local.
🛏 152 🎦 🎦 🎥
🃏 Principales tarjetas

GÖTTINGEN

🏨 FREIZEIT IN
🍴 $$ ★★★★
DRANSFELDER STRAßE 3
37079
TEL 0551 9 00 10
FAX 0551 9 00 11 00
www.freizeit-in.de/
Las habitaciones a la última hacen que éste sea un popular hotel de negocios. El mejor de sus tres restaurantes es el *bistro*, que sirve cocina regional con un toque mediterráneo: por ejemplo, minestrone con pesto para empezar seguido de lenguado con espinacas y patatas asadas.
ⓘ 206 + 4 suites 🅿 ⬚
🏊 🏋 🗝 Principales tarjetas

🏨 GEBHARDS HOTEL
$$$ ★★★★
GOETHEALLEE 22/23
37073
TEL 0551 4 96 80
FAX 0551 4 96 81 10
www.gebhardshotel.de/
Esta bonita casa histórica cerca de la estación es actualmente un espléndido hotel decorado con antigüedades.
ⓘ 57 + 3 suites 🅿 🏋
🗝 Principales tarjetas

🍴 GAUSS
$$ ★★★
OBERE KARSPÜLE 22
37073
TEL 0551 566 16
www.restaurant-gauss.de
La propietaria, Jacqueline Amirfallah, una cocinera muy conocida en la televisión alemana, busca inspiración en la cocina francesa: lenguado con arroz el azafrán, pollo guisado con salsa de hierbas, cordero con jugo de tomillo. El comedor es un sótano abovedado, aunque también hay mesas al aire libre en verano.
🕐 Cerrado dom. 🗝 MC, V

HANOVER

🏨 ARABELLA SHERATON
🍴 PELIKAN
$$$ ★★★

PODBIELSKISTRAßE 145
30177
TEL 0511 9 09 30
FAX 0511 9 09 35 55
www.arabellasheraton.com/
Creado a partir de unos bonitos edificios industriales de principios del siglo XX, este hotel de negocios tiene sus mejores habitaciones en la segunda y tercera plantas, con elegante mobiliario de diseño. El restaurante Grüner Pelikan está especializado en cocina euro-asiática: pruebe el tiburón asado con aceite al curry y hojas de limón.
ⓘ 129 + 8 suites 🅿 ⬚
🏋 🗝 Principales tarjetas

🏨 KASTENS HOTEL
🍴 LUISENHOF
$$$ ★★★★
LUISENSTRAßE 1-3
30159
TEL 0511 3 0 44 820
FAX 0511 30 44 807
www.kastens-luisenhof.de/
Entre la estación central y la ópera, el gran hotel de Hanover está decorado con antigüedades. Disfrute de la cocina global en el restaurante Luisenstube: Los platos principales incluyen la pechuga de pichón con manzanas caramelizadas y la ternera con salsa de curry y azafrán.
ⓘ 147 + 5 suites 🅿 ⬚
🗝 Principales tarjetas

🍴 BIESLER
$$ ★★
SOPHIENSTRAßE 6
30159
TEL 0511 1033
Este restaurante en un sótano sirve sólida cocina regional, como el cordero con puré de judías. Buenos vinos.
🕐 Cerrado lun., sáb. y dom.
A 🗝 MC, V

🍴 PIER 51
$$ ★★
RUDOLF-VON-BENNINGSEN-UFER 51
30173
TEL 0511 807 1800
Podrá comer en la terraza y contemplar la puesta de sol

sobre el Maschsee. Platos mediterráneos como la pasta con setas y salsa de nata líquida o ensalada de veneras y gambas.
🅿 🗝 MC, V

HILDESHEIM

🏨 LE MERIDIEN
$$ ★★★★
MARKT 4
31134
TEL 05121 3000
FAX 05121 300 444
www.meridien-hildesheim.com/
Este moderno hotel en la plaza medieval del mercado está justo al lado de la casa de estructura de madera más bonita de Alemania. Interior de estilo inglés y modernas instalaciones para conferencias.
ⓘ 111 🅿 ⬚ 🏋
🗝 Principales tarjetas

🍴 KUPFERSCHMIEDE
$-$$ ★★
AM STEINBERG 6
31139
TEL 05121 263035
La encantadora situación en el bosque al sur de Hildesheim y las 32 variedades de champagne a precios atractivos son buenas razones para venir hasta aquí. Cocina francesa de buena calidad.
🕐 Cerrado dom. y lun. 🅿
🗝 Principales tarjetas

JUIST

🏨 ACHTERDIEK
$$$ ★★★★
WILHELMSTRAßE 36
26571
TEL 04935 80 40
FAX 04935 17 54
www.hotel-achterdiek.de/
Las obras de arte y las antigüedades del vestíbulo le dan un aire de grandeza a este magnífico hotel. Si hace mucho viento, refúgiese en la sauna o en el centro de belleza o balneario.
ⓘ 49 + 4 suites 🕐 Cerrado Nov. 15-Dec. 22 🏊 🏋
🗝 No aceptan tarjetas

HOTELES Y RESTAURANTES

LÜNEBURG

BARGENTURM
$$ ★★★
ST. LAMBERTIPLATZ
21335
TEL 04131 72 90
FAX 04131 72 94 99
www.hotel-bargenturm.de/
Las habitaciones pintadas de colores pastel realzan este hotel situado en el centro histórico de la población. Pregunte la dirección, ya que resulta algo difícil de encontrar en la zona peatonal de Lüneburg.
36 + 4 suites P
Principales tarjetas

ZUM HEIDKRUG
$$
AM BERGE 5
21335
TEL 04131 2 41 60
www.zumheidkrug.de
El mejor restaurante de Lüneberg es ambicioso y a menudo está lleno. La cocina (por ejemplo, la sopa de verduras con trufas negras o la *crepinette* de venado) es moderna e internacional. Excelentes postres: no se pierda el helado de cerezas de la Selva Negra.
Cerrado dom. y lun.
MC V

NORDERNEY

VILLA NEY
$$$ ★★★
GARTENSTRAßE 59
26548
TEL 04932 91 70
FAX 04932 9 17 31
www.villa-ney.de
Esta moderna villa encalada tiene habitaciones de tamaño generoso con cómodas butacas y baños de mármol. El propietario, Peter Mackel, ha logrado una merecida fama por el imaginativo tratamiento que da al pescado fresco local.
4 + 10 suites
Cerrado 2 semanas nov. y 2 semanas enero
Principales tarjetas

SCHNEVERDINGEN

CAMP REINSEHLEN
Un sueño ecológico en la reserva natural más antigua de Alemania, a sólo 40 minutos de Hamburgo. El diseño limpio y moderno contrasta con detalles rústicos y tradicionales. Todas las habitaciones tienen terraza. En el restaurante sólo se utilizan ingredientes ecológicos.
$ ★★★★
REINSEHLEN
29640
TEL 05198 9830
FAX 05198 9830 99
www.campreinsehlen.de/
38 + 6 suites P
Principales tarjetas

WOLFSBURG

THE RITZ-CARLTON
Diseñado por el interiorista francés Andrée Putman, este hotel está en el corazón del Autostadt (Auto Ciudad), un parque temático al nordeste de la ciudad. Sólo los mejores muebles decoran las habitaciones, de las mejores ropas de cama Frette a los sofás Eileen Gray de las suites. El acceso a la Autostadt es gratuito para los huéspedes.
$$$$ ★★★★
STADTBRÜCKE
38440
TEL 05361 60 70 00
FAX 05361 60 80 00
www.ritzcarlton.com
153 + 21 suites P
Principales tarjetas

WORPSWEDE

EICHENHOF
$$$ ★★★★
OSTENDORFER STRAßE 13
27726
TEL 04792 26 76
FAX 04792 44 27
www.worpswede.de/eichenhof

La fusión de la arquitectura rústica del norte de Alemania con los modernos interiores da buen resultado en este hotel de campo situado en un tranquilo parque. El restaurante ARTisst sirve platos europeos modernos como la sopa de perifollo con trozos de salmón y el buey asado con pimienta verde, espinacas y patatas. Sólo cenas.
16 + 1 suite + 3 apartamentos P
Principales tarjetas

AACHEN

DORINTQUELLENHOF
$$$ ★★★★
MONHEIMSALLEE 52
52062
TEL 0241 9 13 20
FAX 0241 9 13 21 00
http://www.accorhotels.com
Las habitaciones del hotel más importante de la antigua capital de Carlomagno están amuebladas al gusto clásico.
160 + 11 suites P
Principales tarjetas

CAFE VAN DEN DÄLE
Un café en un edificio del siglo XVII con salas perfectamente conservadas. Ofrecen desayunos, *brunches* y café y pasteles por la tarde. Las especialidades son el *Reisfladen* (pastel de arroz) y los famosos *Printen* (pasteles de jengibre).
$
BÜCHEL 18
52062
TEL 0241 357 24
MC

ST. BENEDIKT
$$$
BENEDIKTUSPLATZ 12
52076 KORNELIMÜNSTER
TEL 02408 28 88
www.stbenedikt.de/
El mejor restaurante de

Aachen se encuentra en un pequeño pueblo pintoresco al sudeste, y el ambiente al llegar es parecido al de una velada con unos amigos. La propietaria y chef, Gisela Kreus, es reconocida por su cocina, premiada con una estrella Michelin. Pruebe el venado con salsa de cerezas. *Bistro* de día y café justo al lado.
🕐 Cerrado dom., lun. A
🅢 No aceptan tarjetas

BONN

🏨 DORINT VENUSBERG
🍴 $$$
AN DER CASSELSRUHE I
53127 BONN-LENGSDORF
TEL 0228 28 80
FAX 0228 288288
http://www.accorhotels.com
En un tranquilo y bonito lugar al lado de un bosque y con vistas de las *Siebengebirge* (Colinas de las Siete Montañas) y del Rin.
ℹ️ 79 + 4 suites 🅿️ 🔁
🅢 Principales tarjetas

COLONIA

🏨 DOM-HOTEL
$$$$ ★★★★
DOMKLOSTER 2 A
50667
TEL 0221 2 02 40
FAX 0221 2 02 44 44
www.starwoodhotels.com
El mejor de Colonia, el Dom-Hotel tiene elegantes habitaciones, algunas con vistas a la catedral. Vea y déjese ver en la terraza.
ℹ️ 123 🔁 🅢 Principales tarjetas

🏨 EXCELSIOR HOTEL
🍴 ERNST
$$$$ ★★★★
DOMPLATZ
50667
TEL 0221 27 01
FAX 0221 13 51 50
www.excelsiorhotelernst.de/
Justo enfrente de la catedral y de la estación de tren, este hotel de 140 años tiene un magnífico vestíbulo y habitaciones amuebladas con anti-

güedades. El uso del minibar va incluido en el precio. El restaurante, Hanse Stube, ofrece cocina francesa creativa: lenguado con ensalada de cítricos, tournedos de buey con tuétano y escarola al licor de grosella negra. El segundo restaurante, *taku*, sirve cocina asiática: pescado al curry con brotes de bambú o perca con *tempura* de espárragos.
ℹ️ 124 + 30 suites 🔁 🎽
🅢 Principales tarjetas

PARA OCASIONES ESPECIALES

🏨 HOTEL IM
🍴 WASSERTURM
Un ostentoso hotel del diseñador francés Andrée Putman tras los gruesos muros de una antigua torre de agua. Habitaciones *chic*, algunas con maderas africanas, otras en colores amarillo y azul; las suites son las más elegantes. El restaurante tiene maravillosas vistas a la ciudad desde su terraza en la azotea (planta 12). Aquí se da un nuevo giro a la cocina francesa: paté de salmón con *mousse* de esturión, *roulade* de lomo de conejo y filete de róbalo con *fondue* de tomate y salsa de mantequilla.
$$$$ ★★★★
KAYGASSE 2
50676
TEL 0221 2 00 80
FAX 0221 200 88 88
www.hotel-im-wasserturm.de/
ℹ️ 54 + 34 suites 🅿️ 🔁
🅢 Principales tarjetas

🍴 BIZIM
$$$ ★★★
WEIDENGASSE 47-49
50668
TEL 0221 13 15 81
La tradición turca se fusiona con la cocina moderna europea. El conejo con berenjenas y especias exóticas es excelente. 🕐 Cerrado sáb. A, dom. y lun. 🅢 MC, V

DÜSSELDORF

🏨 STEIGENBERGER PARK
$$$$ ★★★★

CORNELIUSPLATZ I
40213
TEL 0211 13 81660
FAX 0211 13 81592
www.duesseldorf.steigenberger.de
Magnífico hotel clásico (el único en Düsseldorf) con una situación céntrica ideal y un servicio excelente.
ℹ️ 133 + 12 suites 🅿️ 🔁
🅢 Principales tarjetas

🍴 HUMMER-STÜBCHEN
$$$$
BONIFATIUSSTRAßE 35
40547
TEL 0211 59 44 02
www.hummerstuebchen.de
Actualmente es el mejor restaurante de Düsseldorf y está en un pequeño hotel. Las especialidades son la langosta salteada con pasta marinada, el *ris de veau* con salsa de perejil e hinojo. Buena carta de vinos.
🕐 Cerrado dom. C 🅿️
🅢 DC, MC, V

🍴 MARUYASU
$
SCHADOWSTRAßE II
40212
TEL 0211 160 38 01
www.maruyasu.de
En Düsseldorf puede encontrarse excelente comida japonesa. Este templo *chic* del *sushi*, en lo más profundo de las galerías comerciales Schadow, se enorgullece de sus 70 variedades de excelente *sushi*.
🕐 Cerrado dom. 🅢 No aceptan tarjetas

🍴 ROBERTS BISTRO
$
WUPPERSTRAßE 2
40219
TEL 0211 30 48 21
www.robertsbistro.de/
Un popular *bistro* con decoración sencilla, buena cocina y una clientela joven y a la moda. Raciones generosas de ensaladas y salchichas, y riñones de ternera con salsa de mostaza picante.
🕐 Cerrado dom. y lun.
🅢 No aceptan tarjetas

HOTELES Y RESTAURANTES

ESSEN

🏨 SCHLOSS HUGENPÖT
$$$$ ★★★★
AUGUST-THYSSEN-STRAßE 51
TEL 02054 1 20 40
FAX 02054 12 04 50
Este castillo barroco en medio de un gran parque es elegante y tranquilo. Habitaciones amuebladas con antigüedades.
🛏 25 + 5 suites 🅿
🚗 DC, MC, V

🍴 KÖLNER HOF
$$
DUISBURGER STRAßE 20/COR-NER KÖLNER STRAßE
45145 ESSEN-FROHNHAUSEN
TEL 0201 76 34 30
Cocina creativa inspirada en la mediterránea: cordero lechal con costra de piñones, medallones de buey con salsa de vino tinto y nougat de avellanas con manzanas caramelizadas.
🕐 Cerrado lun. y mar.
🚗 No aceptan tarjetas

KÖNIGSWINTER

> **PARA OCASIONES ESPECIALES**

🏨 GÄSTEHAUS
🍴 PETERSBERG
En una meseta que se eleva sobre Königswinter, cerca de Bonn, este imponente edificio de principios del siglo xx alojó a personalidades cuando Bonn era la capital de la RFA. La elegancia del hotel concuerda con la cocina clásica del restaurante.
$$$$ ★★★★
PETERSBERG
53639
TEL 02223 7 40
FAX 02223 7 44 43
www.gaestehaus-petersberg.com
🛏 87 + 12 suites 🚗 🖼
🖼 🚗 Principales tarjetas

MONSCHAU

🍴 REMISE
$$$
STADTSTRAßE 14
52156
TEL 05451 73075

www.remise-restaurant.de/
La cocina europea moderna (rodaballo con habas, cordero con gnocchi) caracteriza a este restaurante situado entre edificios de los siglos XVI y XVII.
🕐 Cerrado A y mar. 🅿
🚗 MC, V

MÜNSTER

🏨 HOF ZUR LINDE
🍴 **$$ ★★★★**
HANDORFER WERSEUFER 1
48157 MÜNSTER-HANDORF
TEL 0251 3 27 50
FAX 0251 32 82 09
www.hof-zur-linde.de/
Un antiguo edificio romántico a la orilla del río Werse. Las mejores habitaciones son las del edificio adyacente Spieker.
🛏 38 + 20 suites 🅿
🚗 Principales tarjetas

🍴 DAVERT JAGDHAUS
$$
WIEMANNSTRAßE 4
48163-MÜNSTER-AMELSBÜREN
TEL 02501 580 58
www.davert-jagdhaus.de/
La antigua Wirtshaus (taberna) sirve platos de Westfalia como el Himmel und Erde (morcilla salteada con puré de patatas) y recetas más refinadas, como la cocotte de cangrejo y trufas.
🕐 Cerrado lun. y mar. 🅿
🚗 DC, V

NEUMAGEN-DHRON

🏨 REICHSGRAF VON
🍴 KESSELSTATT
$$ ★★★★
BALDUINSTRAßE 1
54347
TEL 06500 9169 0
FAX 06500 9169 69
E-MAIL info@gutshotel-kessels-tatt.de
Un hotel en una casa solariega en el valle del Mosela, rodeada por sus propias viñas. Habitaciones de estilo rústico y muy tranquilas. En el restaurante pruebe las recetas regionales como la anguila del Mosela, el cordero asado con setas y las carnes en áspic.

🛏 18 + 5 apartamentos
🕐 Cerrado enero y primera semana de febrero 🅿 🖼
🖼 🚗 AE, MC, V

TRIER

🏨 MERCURE HOTEL TRIER PORTA NIGR
$$ ★★★★
PORTA-NIGRA-PLATZ 1
54295
TEL 0651 27010
FAX 0651 2701170
La vista de la Porta Nigra romana es un punto a favor para este hotel de negocios, como también los barquillos recién hechos del desayuno.
🛏 104 + 2 suites 🅿 🚗
🚗 Principales tarjetas

🍴 PFEFFERMÜHLE
$$
ZURLAUBENER UFER 76
54292 TRIER-ZURLAUBEN
TEL 0651 261 33
Antiguo hogar de pescadores, este molino del siglo XVIII en la orilla del Mosela acoge un restaurante que sirve lucio salteado con habas y el conejo con gelatina de oporto.
🕐 Cerrado lun. A y dom.
🅿 🚗 MC, V

> **RENANIA-PALATINADO Y SAARLAND**

BOPPARD

🏨 BELLEVUE RHEINHOTEL
$$ ★★★★
RHEINALLEE 41-42
56154
TEL 06742 10 20
FAX 06742 10 26 02
www.bellevue.bestwestern.de/
Elegante casa Jugendstil en el paseo a orillas del Rin. Las habitaciones varían en tamaño; algunas tienen balcón.
🛏 93 + 2 suites 🅿 🚗
🖼 🖼 🚗 Principales tarjetas

🍴 GASTHAUS HIRSCH
$
RHEINSTRAßE 17

56154 BOPPARD-HIRZENACH
TEL 06741 26 01
www.gasthaus-hirsch-sindelfin
gen.de/
Restaurante familiar conocido
por su excelente carne de
caza y cocina regional. En
verano podrá comer en el
patio.
🕓 Cerrado lun., mar.-sáb. A
🅿 🚫 Principales tarjetas

KNITTELSHEIM

🍴 STEVERDING'S ISENHOF
$$
HAUPTSTRAßE 15A
76879
TEL 06348 57 00
www.isenhof.de
Este restaurante de 10 años
de antigüedad es consistente-
mente creativo. El róbalo con
pastel de patatas y espinacas
es especialmente recomenda-
ble. El chef Peter Steverding
dirige este animado estableci-
miento que ocupa una casa
con entramado de madera
del siglo XV.
🕓 Cerrado lun., dom., sáb. A
🅿 🚫 No aceptan tarjetas

KOBLENZ

🏨 DIEHL'S HOTEL
$$ ★★★★
AM PFAFFENDORFER TOR 10
56077 KOBLENZ-EHRENBREITS-
TEIN
TEL 0261 9 70 70
FAX 0261 9 70 72 13
www.diehls-hotel.de/
A la orilla del Rin, este hotel
tiene vistas de Koblenz y habitaciones de estilo tradicional.
El restaurante le da un toque
moderno a la cocina alemana.
🛏 56 + 4 suites 🅿 🔄
🏊 🏋 🚫 Principales
tarjetas

NEUSTADT AN DER WEINSTRASSE

🍴 BECKER'S GUT
$$
WEINSTRAßE 507
67434
TEL 06321 21 95

Decoración de colores suaves,
sólida cocina regional.
Elaboran unos excelentes
Schupfnudeln (un plato suabo
a base de patata) y venado
con setas.
🕓 Cerrado lun. y mar. 🅿
🚫 Principales tarjetas

SAARBRÜCKEN

🍴 KUNTZE'S HANDELSHOF
$$$
WILHELM-HEINRICH-
STRAßE 17
66117
TEL 0681 569 20
www.kuntzes-handelshof.de/
Buena cocina en una región
renombrada por su gastronomía. Platos de pollo fríos y
calientes, riñones de ternera
con salsa de mostaza y champagne, pero también una rústica sopa de patata. Las barrocas salas están iluminadas por
arañas de cristal.
🕓 Cerrado sáb. A, dom. C,
lun. 🚫 MC, V

STROMBERG

PARA OCASIONES ESPECIALES

🏨 STROMBURG
🍴
Un castillo del siglo XI situado al lado del río Nahe.
Todo es elegancia, desde el magnífico vestíbulo hasta las habitaciones, amuebladas con diferentes estilos. El propietario/chef
Johann Lafer lleva el restaurante,
Le Val D'or *(cerrado lun.)*, y elabora alta cocina francesa clásica
de precios algo elevados. Pruebe
el filete de buey con foie-gras,
trufas y habas. El restaurante se
enorgullece de contar con una
estrella Michelin.
$$$ ★★★★
SCHLOßBERG 1
55442
TEL 06724 9 31 00
FAX 06724 93 10 90
www.johannlafer.de
🛏 13 + 1 suite 🅿
🚫 Principales
tarjetas

ZWEIBRÜCKEN

🏨 ROMANTIK HOTEL 🍴 FASANERIE
$$
FASANERIE 1
66482
TEL 06332 97 30
FAX 06332 97 31 11
www.landschloss-fasanerie.de
Construida en 1714 por el
rey de Polonia Stanislus
Lescynski, esta villa se encuentra emplazada en un parque.
Las habitaciones son de estilo
rústico. En el restaurante elaboran cocina francesa, con
platos destacados como el
venado y el helado de vainilla
y pera.
🛏 37 + 13 apartamentos
🅿 🏊 🏋 🚫 Principales
tarjetas

HESSE

BAD HOMBURG

🏨 STEIGENBERGER
$$$ ★★★★
KAISER-FRIEDRICH-PROMENA-
DE
61348
TEL 06172 18 10
FAX 06172 18 16 30
www.steigenberger.de/
Un hotel y balneario que des-
taca sobre todo por su mobi-
liario *art déco*. Las camas son
extralargas.
🛏 169 + 14 suites 🅿 🔄
🚫 Principales tarjetas

🍴 ZUM WASSERWEIBCHEN
$
AM MÜHLBERG 57
61348
TEL 06172 98 78
www.wasserweibchen.de
El restaurante de Inge Kuper
es muy popular por el buen
humor de la dueña y por la
cocina alemana tradicional
que elabora. Uno de los pla-
tos favoritos de sus clientes
es el pastel de patatas cru-
jiente.
🕓 Cerrado sáb. A
🚫 Principales tarjetas

HOTELES Y RESTAURANTES

PRECIOS

HOTELES

El precio de una habitación doble sin desayuno se indica con símbolos **$**.

$$$$$	Más de 280 €
$$$$	Entre 200 y 280 €
$$$	Entre 120 y 200 €
$$	Entre 80 y 120 €
$	Menos de 80 €

RESTAURANTES

El precio de una comida de tres platos sin bebida se indica con símbolos **$**.

$$$$$	Más de 80 €
$$$$	Entre 50 y 80 €
$$$	Entre 35 y 50 €
$$	Entre 20 y 35 €
$	Menos de 20 €

DARMSTADT

🏨 JAGDSCHLOSS KRANICHSTEIN

$$$ ★★★★
KRANICHSTEINER STRAßE 261
64289
TEL 06151 977 90
FAX 06151 977 920
www.jagdschloss-kranichstein.de/
Un pabellón de caza renacentista situado en un parque. Tradicional y con dos restaurantes.
🛏 11 + 4 suites 🅿
🗝 Principales tarjetas

ELTVILLE

🏨🍴 KRONEN-SCHLÖSSCHEN

$$$ ★★★★
RHEINALLEE
65347
TEL 067233 640
FAX 06723 7663
www.kronenschloesschen.de
Un bonito y pequeño castillo situado en un parque romántico y con elegantes habitaciones. Buen restaurante con cocina francesa moderna: foie-gras con *confit* de higos, róbalo con arroz al azafrán y *soufflé* tibio de chocolate.
🛏 8 + 10 suites 🅿
🗝 Principales tarjetas

PARA OCASIONES ESPECIALES

🏨 GÄSTEHAUS KLOSTER EBERBACH

Un espectacular hotel situado en los terrenos de un antiguo monasterio, donde los monjes agustinos cultivaron las viñas. Es una mezcla arquitectónica: románico, gótico y barroco.
El restaurante elabora platos de caza y otras recetas regionales.
$$ ★★★
65346
TEL 06723 99 30
FAX 06723 993 100
www.klostereberbach.com
🛏 28 🅿 🗝 AE, MC, V

FRANKFURT AM MAIN

🏨🍴 STEIGENBERGER FRANKFURTER HOF

$$$$$ ★★★★★
KAISERPLATZ 1
60311
TEL 069 215 920
FAX 069 215 902
www.frankfurter-hof.steigenberger.de
El Frankfurter Hof domina la plaza principal de la ciudad. Todas las elegantes habitaciones de este hotel con 125 años de antigüedad están equipadas con todas las comodidades modernas. El restaurante, con arañas de cristal y tapices, ofrece alta cocina francesa.
🛏 286 + 46 suites 🅿 ⇄
🔲 🗝 Principales tarjetas

🏨 HESSISCHER HOF

$$$$ ★★★★★
FRIEDRICH-EBERT-ANLAGE 40
60325
TEL 069 75 40 0
FAX 069 75 40 29 24
www.hessischer-hof.de/de
Un hotel tradicional, aunque algo anticuado, que está decorado con obras de arte y antigüedades. El desayuno no es de bufé.
🛏 107 + 11 suites 🅿 ⇄
📶 🗝 Principales tarjetas

🏨 TURM-HOTEL

$$ ★★★
ESCHERSHEIMER
LANDSTRAßE 20
60322
TEL 069 15 40 50
FAX 069 55 35 78
www.turmhotel-fra.de
Frescos de palacios italianos decoran las habitaciones de este hotel cercano al distrito bancario.
🛏 74 🅿 🗝 Principales tarjetas

🍴 ERNO'S BISTRO

$$$
LIEBIGSTRAßE 15
60323
TEL 069 72 19 97
Entre las especialidades de este restaurante de decoración rústica están la *tête de veau*, el *carpaccio* con vinagreta de cebolla y alcaparras y la *roulade* de buey. Excelente carta de vinos.
🕐 Cerrado sáb. y dom.
🗝 MC, V

🍴 HOLBEIN'S

$$
HOLBEINSTRAßE 1
60596
TEL 069 66 05 66 66
Chic, moderno y situado entre las tabernas y los *biergärten* del barrio de Sachsenhausen, el Holbein's sirve cocina internacional moderna. Pruebe el halibut y la langosta.
🕐 Cerrado lun. 🗝 DC, MC, V

KASSEL

🏨 KURFÜRST WILHELM I

$$ ★★★★
WILHELMSHÖHER ALLEE 257
34131 KASSEL-WILHELMSHÖHE
TEL 0561 318 70
FAX 0561 31 87 77
La modernidad se encuentra con la tradición en esta meseta que se eleva por encima de Kassel: un edificio de principios del siglo XX con habitaciones a la última.
🛏 42 + 1 suite 🅿
🗝 Principales tarjetas

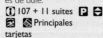

ZUM STEINERNEN SCHWEINCHEN

$$

KONRAD-ADENAUER-STRAßE 117

34132

TEL 0561 94 0 48 0

Esta casa con vistas es probablemente el mejor restaurante de Kassel. Una de las especialidades es el buey con salsa de vino de Burdeos y cebollas estofadas.

P 🅐 MC, V

LIMBURG

ZIMMERMANN

$$ ★★★★

BLUMENRÖDERSTRAßE 1

65549

TEL 06431 46 11

FAX 06431 4 13 14

E-MAIL info@romantik-hotel-zimmermann.de

Un pequeño y romántico hotel donde algunas de las habitaciones están decoradas con antigüedades. El elegante restaurante sirve cocina alemana moderna.

🛏 16 + 4 suites **P**

🅐 Principales tarjetas

WIESBADEN

NASSAUER HOF

$$$$ ★★★★★

KAISER-FRIEDRICH-PLATZ 3-4

65183

TEL 0611 13 30

FAX 0611 13 36 32

www.nassauer-hof.de

Un suntuoso hotel con elegantes habitaciones. La cocina euro-asiática del restaurante no deja indiferente: perca con berenjenas, pollo asado con langostinos. Extensa carta de vinos.

🛏 139 + 29 suites **P** 🔄

🏊 🏋 🅐 AE, DC

TURINGIA Y SAJONIA-ANHALT

EISENACH

PARA OCASIONES ESPECIALES

AUF DER WARTBURG

Un hotel verdaderamente romántico, ya que está situado bajo el legendario Wartburg, la quintaesencia de los castillos alemanes. Disfrute del mobiliario de casa de campo, del ambiente tranquilo y de las vistas del precioso patio o del bosque de Turingia. En el restaurante podrá probar las especialidades locales: venado con ensalada de patatas de Turingia o truchas salteadas con ragú de tomates y judías.

$$$$ ★★★★★

AUF DER WARTBURG

99817

TEL 03691 79 70

FAX 03691 797 200

www.wartburghotel.de

🛏 35 **P** 🅐 Principales tarjetas

ERFURT

DORINT

$$ ★★★★

MEIENBERGSTRAßE 26-27

99084

TEL 0361 5 94 90

FAX 0361 5 94 91 00

E-MAIL info.ERFERF@dorint.com

La parte más antigua de este establecimiento data de 1450. Las habitaciones, la mayoría de ellas en el anexo de 1995, son elegantes y tienen mobiliario moderno de diseño.

🛏 140 + 2 suites **P**

🔄 🅐 Principales tarjetas

CASTELL

$$

KLEINE ARCHE 4

99084

TEL 0361 6 44 22 22

Cocina mediterránea y especialidades locales: la *crepinette* de pichón y el cochinillo con *dumplings* de patata de

Turingia son dos de sus platos más famosos.

🕐 Cerrado dom. C y lun. A

🅐 Principales tarjetas

MAGDEBURGO

HERRENKRUG PARKHOTEL

$$$ ★★★★

HERRENKRUG 3

39114

TEL 0391 8 50 80

FAX 0391 85 08 501

www.herrenkrug.de

Casa histórica situada en un parque. Las bien amuebladas habitaciones tienen algunas piezas *art déco*. El restaurante, Die Saison, tiene un jardín para el invierno y sirve una ambiciosa cocina europea moderna.

🛏 126 + 21 suites **P** 🔄

🏊 🏋 🅐 Principales tarjetas

WEIMAR

ARABELLA SHERATON ELEPHANT

$$$$ ★★★★

MARKT 19

99423

TEL 03643 80 20

FAX 03643 802610

www.sheraton.com

El hotel más antiguo (originalmente construido en 1696), más famoso y mejor de Weimar, con interiores *art déco* y Bauhaus. Cocina mediterránea en el restaurante Anna Amalia, donde dos de los mejores platos son el milhojas de veneras con ensalada y el jugoso asado de venado con salsa de dos pimientas.

🛏 85 + 17 suites **P**

🅐 Principales tarjetas

ALT WEIMAR

$$ ★★★★

PRELLERSTRAßE 2

99423

TEL 03643 8 61 90

FAX 03643 8619 10

www.alt-weimar.de

Un edificio del siglo XVIII situado detrás del teatro. Habitaciones tranquilas y

HOTELES Y RESTAURANTES

espaciosas con diseños de la Bauhaus. Un hotel pequeño pero exquisito.

ⓘ 17 🅿 🖎 Principales tarjetas

🏨 DORINT AM GOETHEPARK
$$$ ★★★★
BEETHOVENPLATZ 1-2
99423
TEL 03643 87 20
FAX 03643 87 21 00
www.dorint.de
Detrás de la Goethehaus, este hotel consta de dos villas del siglo XVIII y un edificio nuevo. Habitaciones de mobiliario clásico, gimnasio, restaurante, *bistro* y bar de cerveza.

ⓘ 128 + 6 suites + 6 apartamentos 🅿 �̇ 🖤 🖎 Principales tarjetas

SAJONIA

BAUTZEN

🏨 SPREE-HOTEL BAUTZEN
$ ★★★★
AN DEN STEINBRÜCHEN 9
026 25
TEL 03591 2 13 00
FAX 03591 21 30 10
www.spreehotel.de
Un hotel a la orilla del lago en esta ciudad barroca. Habitaciones confortables y un restaurante que elabora cocina regional.

ⓘ 69 + 12 suites 🅿 �̇ 🖎 AE, MC, V

DRESDEN

🏨 KEMPINSKI TASCHENBERGPALAIS
$$$$ ★★★★
TASCHENBERG 3
01067
TEL 0351 4 91 20
FAX 0351 4 91 28 12
www.kempinski-dresden.de
El mejor hotel de Dresden, entre el Zwinger y el castillo, se enorgullece de una fachada barroca y un lujo de otros tiempos.

PRECIOS

HOTELES
El precio de una habitación doble sin desayuno se indica con símbolos $.

$$$$$	Más de 280 €
$$$$	Entre 200 y 280 €
$$$	Entre 120 y 200 €
$$	Entre 80 y 120 €
$	Menos de 80 €

RESTAURANTES
El precio de una comida de tres platos sin bebida se indica con símbolos $.

$$$$$	Más de 80 €
$$$$	Entre 50 y 80 €
$$$	Entre 35 y 50 €
$$	Entre 20 y 35 €
$	Menos de 20 €

ⓘ 188 + 25 suites 🅿 �̇ 🖼 🖤 🖎 Principales tarjetas

🏨 RADISSON SAS GEWANDHAUS
$$$ ★★★★★
RINGSTRAßE 1
01067
TEL 0351 4 94 90
FAX 0351 4 94 94 90
www.radisson.com/dresdende
Edificio neoclásico restaurado con habitaciones de mobiliario Biedermeier y una popular *brasserie*.

ⓘ 97 + 1 suite 🅿 �̇ 🖼 🖎 Principales tarjetas

🏨 SCHLOSSHOTEL ECKBERG
$$$ ★★★★
BAUTZNER STRAßE 134
01099 DRESDEN-LOSCH-WITZ/WACHWITZ
TEL 0351 8 09 90
FAX 0351 8 09 91 99
www.schloss-eckberg.de
Para una vista maravillosa del valle del Elba, reserve una de las elegantes habitaciones de este castillo neogótico que se alza en lo alto de una colina. El anexo dispone de habitaciones modernas. La enorme terraza es ideal para el verano.

ⓘ 81 + 3 suites 🅿 �̇ 🖤 🖎 Principales tarjetas

HARTENSTEIN

🏨 SCHLOSS WOLFSBRUNN
$$$ ★★★★★
STEIN 8
08118
TEL 0376 05 7 60
FAX 0376 05 7 62 99
www.schloss-wolfsbrunn.de
Este restaurado castillo barroco está situado en un enorme parque y dispone de bonitas habitaciones.

ⓘ 21 + 3 suites 🅿 🖼 🖤 🖎 Principales tarjetas

LEIPZIG

🏨 🍴 ARABELLA SHERATON FÜRSTENHOF
$$$$ ★★★★
TRÖNDLINGRING 8
04105
TEL 0341 1400
FAX 0341 1 40 37 00
www.leipziger-hof.de
Lujo en un palacio remodelado. Elegante restaurante con una cocina francesa competente aunque irregular. De la carta destacan el filete de rodaballo en *soufflé* o la pechuga de pichón.

ⓘ 92 + 12 suites + 3 apartamentos 🅿 �̇ 🖼 🖎 Principales tarjetas

🏨 LEIPZIGER HOF
$$ ★★★★
HEDWIGSTRAßE 1-3
04315
TEL 0341 6 97 40
FAX 0341 6 97 41 50
E-MAIL info@leipziger-hof.de
Una residencia del siglo XIX convertida en un hotel cuyas habitaciones disponen de las últimas tecnologías. Las paredes están decoradas con cuadros de pintores locales.

ⓘ 71 + 1 suite 🅿 🖼 🖤 🖎 Principales tarjetas

🍴 AUERBACHS KELLER
$$
IN DER MÄDLER-PASSAGE,

CLAVE　🏨 Hotel　🍴 Restaurante　ⓘ Habitaciones　🔲 N° de plazas　🚇 Metro　🅿 Aparcamiento　🕐 Cerrado　🔄 Ascer

GRIMMAISCHE STRAßE 2-4
04109
TEL 0341 21 61 00
www.auerbachs-keller-leipzig.de
Sorprendentemente, el restaurante más popular de Leipzig entre los turistas tiene renombre por su cocina europea moderna. Pruebe el salmón con salsa de perejil o la pasta con ragú de venado.
🕐 Cerrado dom. A 🔲 AE MC V

🍴 STADTPFEIFER
$$
AUGUSTUSPLATZ 8
04109
TEL 0341 217 89 20
www.stadtpfeiffer.de/
Este restaurante situado en la Gewandhaus (pabellón de los pañeros) posee una elegancia minimalista y una cocina excelente. Pruebe el róbalo con mantequilla al vino tinto y el pastel de chocolate con bayas.
🕐 Cerrado sáb. A y dom. 🔲 MC, V

MEIßEN

🏨 MERCURE PARKHOTEL
$$ ★★★★
HAFENSTRAßE 27-31
01662
TEL 03521 7 22 50
FAX 03521 72 29 04
www.accorhotels.com
Antigua villa de un rico industrial, este hotel cercano al río y al centro histórico tiene dormitorios art déco en el edificio antiguo y otros más modernos en el anexo. Las porcelanas de Meißen decoran el restaurante.
🛏 93 + 4 suites 🅿 🔁 🔲 Principales tarjetas

NORTE DE BAVIERA

ABENSBERG

🏨 JUNGBRÄU
🍴 $$ ★★★★
WEINBERGERSTRAßE 8
93326
TEL 09443 910 70

FAX 09443 91 07 33
www.hotel-jungbraeu.de/
Un edificio de 1620 al sudoeste de Regensburg con habitaciones de estilo rústico, un restaurante acogedor, un biergarten y una calurosa bienvenida. Pruebe el delicioso cordero asado y, si es temporada, pida unos espárragos, que son muy populares en Abensberg.
🛏 15 + 1 suite 🅿 🔲 No aceptan tarjetas

AUGSBURG

🏨 STEIGENBERGER DREI MOHREN
$$$
MAXIMILIANSTRAßE 40
86150
TEL 0821 503 60
FAX 0821 15 78 64
www.augsburg.steigenberger.de/
Este céntrico hotel data de 1723, aunque en su interior todo está a la última. Las habitaciones tienen mobiliario contemporáneo y conexión para módem. Hay un bistro, un bar y un restaurante que sirve cocina mediterránea.
🛏 101 + 5 suites 🅿 🔁 🔲 Principales tarjetas

🍴 DIE ECKE
$$
ELIAS-HOLL-PLATZ 2
86150
TEL 0821 51 06 00
www.restaurantdieecke.de/
Popular restaurante con cocina suaba y bávara clásica, ambiente relajado y arte moderno en las paredes. Pruebe la caza servida con Spätzle.
🔲 Principales tarjetas

BAMBERG

🏨 RESIDENZSCHLOSS
$$$ ★★★★
UNTERE SANDSTRAßE 32
96049
TEL 0951 6 09 10
FAX 0951 6 09 17 01
www.residenzschloss.com
Un histórico castillo emplazado a orillas del río Regnitz, a unos pocos minutos del

maravilloso centro medieval de Bamberg con habitaciones de estilo clásico.
🛏 184 + 4 suites 🅿 🔁 🔲 Principales tarjetas

🍴 BRAUEREI SPEZIAL
$
OBERE KÖNIGSTRAßE 10
96052
TEL 0951 243 04
www.brauerei-spezial.de/
Popular desde 1536, esta cervecería de Franconia elabora y sirve su propia cerveza y platos locales como las deliciosas salchichas o el cerdo asado.
🕐 Cerrado sáb. C 🔲 No aceptan tarjetas

BAYREUTH

🏨 🍴 JAGDSCHLOSS THIERGARTEN
$$$ ★★★★
OBERTHIERGÄRTNER STRAßE 36
95448
TEL 09209 98 40
FAX 09209 984 29
www.schlosshotel-thiergarten.de/
Un elegante hotel en un extremo de Bayreuth con habitaciones amuebladas a base de antigüedades. El restaurante, Petit Chateau, es quizá el mejor de la ciudad. La cocina es típica de Franconia, aunque con un toque italiano. Los platos más populares son el pescado de río con canelones de espinacas y la crepinette de conejo con dumplings de pan.
🛏 8 + 1 suite 🅿 🔲 Principales tarjetas

FRENSDORF

🍴 LANDGASTHOF PICKEL
Una encantadora posada de campo al sudoeste de Bamberg con un ambiente maravilloso. Su patio tiene una bonita iluminación por la noche. Buena cocina de Franconia (cordero, venado, cochinillo con

HOTELES Y RESTAURANTES

salsa de cerveza) y excelentes vinos locales.

$
MARKTPLATZ 5
96158
TEL 09502 334
www.landgasthof-pickel.de/
🕂 Cerrado mar. 🅿
⊗ No aceptan tarjetas

HEROLDSBERG

🍴 FREIHARDT
$
HAUPTSTRAßE 81
90562
TEL 0911 518 08 05
Una posada campestre al nordeste de Nuremberg. El propietario, Hans-Jürgen Freihardt, sirve excelentes salchichas y filetes de cerdo y ternera. Además de recetas tradicionales, hay un excelente pescado con curry verde y otros platos modernos.
🕂 Cerrado lun.
⊗ Principales tarjetas

NUREMBERG

🏨 LE MERIDIEN GRAND
🍴 $$$ ★★★★
BAHNHOFSTRAßE 1-3
90402
TEL 0911 2322 0
FAX 0911 2322 444
www.grand-hotel.de/
Enfrente de la estación de tren, este hotel es toda una institución con el ambiente de un clásico. El toque lo dan el mármol, las arañas de cristal y las habitaciones *art déco*.
ℹ 178 + 4 suites 🅿
⊗ Principales tarjetas

🏨 ROTTNER
🍴 $$$ ★★★★
WINTERSTRAßE 15
90431 NÜRNBERG-GROß-REUTH
TEL 0911 65 84 80
FAX 0911 65 84 82 03
www.rottner-hotel.de/
Un alegre hotel con habitaciones coloridas. Excelente cocina regional en el restaurante. Entre los platos favoritos

están el cabrito salteado con verduras y el pichón en áspic. Tienen una carta con una buena selección de vinos de Franconia.
ℹ 33 + 4 suites 🅿
⊗ Principales tarjetas

PARA OCASIONES ESPECIALES

🍴 HISTORISCHE BRATWURSTKÜCHE ZUM GULDEN STERN
Casi una visita obligada si pasa por Nuremberg. Este antiguo restaurante (fundado en 1419) es el más antiguo proveedor de salchichas del mundo. Las famosas *Nürnberger Bratwürstchen* se asan al fuego de madera de haya y se sirven en un plato de peltre con rábanos picantes, *sauerkraut* y ensalada de patata.
$
ZIRKELSCHMIEDSGASSE 26
90402
TEL 0911 205 92 88
www.bratwurstkueche.de/
⊗ No aceptan tarjetas

🍴 ESSIGBRÄTLEIN
$$$
WEINMARKT 3
90403
TEL 0911 22 51 31
El mejor restaurante de Nuremberg se encuentra en el barrio histórico. Andrée Köthe y Yved Ollech utilizan ingredientes locales frescos en platos como el cordero con jugo de zanahoria o la pechuga de pichón con nueces, rúcola e higos. El restaurante es pequeño y es fácil que esté completo.
🕂 Cerrado dom. y lun.
⊗ DC, MC, V

🍴 ALTE POST
$$
KRAFTSHOFER HAUPTSTRAßE 164
90427
TEL 0911 30 58 63
Justo al norte de Nuremberg, esta antigua *Wirtshaus* (posada) en el pueblo de Kraftshof tiene un ambiente animado.

Las mesas están alrededor de la estufa de azulejos o en la pequeña terraza. Cocina regional.
⊗ Principales tarjetas

PASSAU

🏨 SCHLOSS ORT
🍴 $$ ★★★★
IM ORT 11
94032
TEL 0851 34072 73
FAX 0851 31817
www.schlosshotel-passau.de/
Este tranquilo hotel, cerca del barrio antiguo y a orillas del río Inn, dispone de grandes habitaciones de estilo rústico. El bonito restaurante, con terraza y vistas al río, sirve especialidades regionales, como la sopa de pescado de Passau o el cochinillo con una oscura salsa de cerveza.
ℹ 19 + 5 suites 🅿
⊗ DC, MC, V

🏨 WILDER MANN
$$ ★★★★
AM RATHAUSPLATZ 1
94032
TEL 0851 35071
FAX 0851 31712
www.wilder-mann.com/
Este tranquilo hotel, que ocupa cuatro casas del barrio

histórico de Passau, tiene habitaciones con antigüedades. La emperatriz austriaca Isabel estuvo entre sus huéspedes más ilustres.
1 40 + 8 suites
Principales tarjetas

🍴 PASSAUER WOLF
$$
RINDERMARKT 6-8
94032
TEL 0851 931 51 10
www.hotel-passauer-wolf.de/
El propietario, Richard Kerscher, es un experto en pescado y carne de caza, aunque su *Wiener Schnitzel* también es muy popular. Desde las ventanas del restaurante podrá disfrutar de vistas sobre el Danubio.
Cerrado sáb. A, dom.
Principales tarjetas

REGENSBURG

🏨 BISCHOFSHOF
🍴 $$ ★★★★
KRÄUTERMARKT 3
93047
TEL 0941 5 84 60
FAX 0941 5 84 61 46
http://www.hotel-bischofshof.de/
El mejor hotel de Regensburg, cerca de la catedral de St. Peter, dispone de habitaciones tanto de diseño romántico como contemporáneo.
1 50 + 4 suites **P**
Principales tarjetas

PARA OCASIONES ESPECIALES
🍴 ROSENPALAIS
Un precioso y pequeño castillo barroco construido en 1730 por un banquero y actualmente propiedad de Christian Graf von Walderdorff, que ha merecido una estrella Michelin por su cocina. El bonito restaurante de la segunda planta sirve una deliciosa *minestrone* de langosta, venado con puré de apio y ensalada con alcachofas marinadas. El *bistro* del primer piso es de ambiente más distendido pero excelente.
$$$

MINORITENWEG 20
93047
TEL 0941 599 75 79
www.rosenpalais.de/
Cerrado dom. y lun.
MC, V

🍴 KNEITTINGER
$
ARNULFSPLATZ 3
93047
TEL 0941 524 55
Esta legendaria y rústica posada del siglo XVI decorada con cornamentas de alce es muy popular y sirve cocina sólida, como las salchichas de Regensburg, el asado de cerdo con *dumplings* de patata y una variada *Brotzeit* (selección de panes y embutidos).
No aceptan tarjetas

ROTHENBURG OB DER TAUBER

🏨 EISENHUT
$$$ ★★★★
HERRNGASSE 3-5
91541
TEL 09861 70 50
FAX 09861 7 05 45
www.eisenhut.com/
Este hotel, en una de las poblaciones más románticas de Alemania, consta de varios edificios históricos de los siglos XV y XVI y se encuentra en la plaza del mercado, perfectamente conservada. Algunas de las habitaciones están amuebladas con antigüedades.
1 77 + 2 suites **P**
Principales tarjetas

🏨 MITTERMEIER
🍴 $
VORM WÜRZBURGER TOR 9
91541
TEL 09861 945 40
FAX 09861 94 54 94
www.mittermeier.rothenburg.de/
La familia Mittermeier ha remodelado dos casas, una de ellas de 1892, y las ha convertido en un acogedor hotel. La cocina en el restaurante es regional y recurre a productos locales de primera calidad. Pruebe el ragú de rabo de

buey con patatas o el venado con polenta y col de Saboya.
1 35 + 3 suites **P** 📺
AE, MC, V

🍴 DIE POST
$
ROTHENBURGER STRAßE, SCHILLINGSFÜRST
91583
TEL 09868 95 00
www.rothenburg.de/hotel-post/
Una antigua posada al sudeste de Rothenburg con algunas habitaciones. Después de degustar el *Schweinshaxe* (solomillo de cerdo) en salsa de cerveza, pruebe los *Schnaps* de su propia destilería.
DC, MC, V

WÜRZBURG

🏨 BEST WESTERN 🍴 HOTEL REBSTOCK
$$$ ★★★★
NEUBAUSTRAßE 7
97070
TEL 0931 3 09 30
FAX 0931 3 09 31 00
www.rebstock.com/
Elegante hotel en el centro de la ciudad con habitaciones en diferentes estilos. El restaurante es popular por su moderna interpretación de la cocina de Franconia. Uno de los platos favoritos es el pollo asado relleno de hígado de oca.
1 72 + 19 suites + 1 apartamento **P**
Principales tarjetas

🍴 ZUM STACHEL
$
GRESSENGASSE 1
97070
TEL 0931 527 70
www.weinhaus-stachel.de/
La especialidad aquí es el pescado, y en invierno probar la carpa es casi obligado. Decoración tradicional y un delicioso patio para comer en verano.
Cerrado dom. No aceptan tarjetas

MUNICH Y LOS ALPES

MUNICH

🏨 KEMPINSKI VIER JAHRESZEITEN
$$$$$ ★★★★
MAXIMILIANSTRAßE 17
80539
TEL 089 2125 2700
FAX 089 2125 2777
www.kempinski-
vierjahreszeiten.de/
Un suntuoso hotel con todas las comodidades imaginables. El vestíbulo es bullicioso a todas horas, las habitaciones tienen una decoración exquisita y dispone de tres restaurantes. Cerca de la mejor zona comercial de Munich.
🛏 266 + 50 suites 🚇 U Marienplatz 🅿 ⬛ 🛗
📺 🔶 Principales tarjetas

🏨 ARABELLA SHERATON GRAND HOTEL
$$$$ ★★★★
ARABELLASTRAßE 6
81925
TEL 089 9 26 40
FAX 089 92 64 86 99
http://starwoodhotels.com/
Este moderno hotel de lujo, cerca del distrito de los negocios, aloja principalmente a personal de empresas. Habitaciones equipadas con sistemas de comunicación de alta tecnología y con una decoración que va de lo moderno a lo tradicional bávaro.
🛏 643 + 31 suites 🚇 U Arabella Park 🅿 ⬛ 🛗
📺 🔶 Principales tarjetas

PARA OCASIONES ESPECIALES

🏨 BAYERISCHER HOF
Un suntuoso hotel tradicional, favorito de las celebridades locales o de paso. Posee un verdadero encanto bávaro y el *glamour* de otros tiempos. Las suites son enormes y tienen fantásticas vistas de los Alpes. Los estilos de las habitaciones van de lo moderno a lo clásico. A pesar de su tamaño, sigue siendo un hotel familiar y una institución del viejo Munich.
$$$$ ★★★★
PROMENADEPLATZ 2-6
80333
TEL 089 21 20 0
FAX 089 21 209 06
www.bayerischerhof.de/
🛏 352 + 45 suites 🚇 U & S Marienplatz 🅿 ⬛ 🛗
🔶 Principales tarjetas

🏨 KÖNIGSHOF
$$$$ ★★★★
KARLSPLATZ 25
80335
TEL 089 55 13 60
FAX 089 55 13 61 13
www.koenigshof-muenchen.de/
Otra joya familiar. Algunas de las habitaciones tienen suelo de parqué y un estilo moderno; otras son tradicionales. Excelente restaurante con cocina mediterránea. Pruebe el tártaro de atún o el róbalo con risotto de arugula.
🛏 87 + 9 suites 🚇 U Karlsplatz 🅿 📺
🔶 Principales tarjetas

🏨 DAS PALACE
🍴 $$$ ★★★★
TROGERSTRAßE 21
81675
TEL 089 41 97 10
FAX 089 41 97 18 19
www.kuffler-gastronomie.de/
Precioso hotel de estilo Luis XVI, decorado con antigüedades. El jardín es un remanso de paz.
🛏 66 + 6 suites 🚇 U Prinzregentenplatz 🅿
🔶 Principales tarjetas

🍴 TANTRIS
$$$$$
JOHANN-FICHTE-STRAßE 7
80805
TEL 089 361 95 90
www.tantris.de/
Uno de los mejores, más creativos y también más caros representantes de la alta cocina en Munich. Entre sus platos destacan la terrina de remolacha y el róbalo salteado con pepperoni y espinacas.

Excelentes vinos y un servicio de primera clase. La extravagante decoración de la década de 1970 es parte de su atractivo.
🕐 Cerrado dom. y lun.
🚇 U Didlindenstraße
🔶 Principales tarjetas

🍴 BÖTTNER'S
$$$
PFISTERSTRAßE 9
80331
TEL 089 22 12 10
Enfrente de la famosa Hofbräuhaus (ver más adelante), Böttner's tiene un ambiente sin pretensiones, aunque grandes nombres de los negocios y de los medios de comunicación son clientes habituales. La carta es impermeable a las modas y ha permanecido invariable durante años. El *risotto* de calabaza, el *parfait* de hígado de oca, el faisán con *sauerkraut* y la langosta con salsa y el caviar están entre los favoritos.
🚇 U Marienplatz
🕐 Cerrado dom. 🔶 DC, MC

🍴 HIPPOCAMPUS
$$$
MÜHLBAURSTRAßE 5
81677
TEL 089 47 58 55
FAX 089 47 02 71 87
La «gente guapa» de Munich frecuenta este restaurante italiano de moda situado en la selecta zona residencial de Bogenhausen. Pruebe el *risotto* de calabaza, el *carpaccio* de calamares con alcaparras y el delicioso tiramisú. Decoración minimalista y un pequeño jardín.
🚇 U Prinzregentenplatz
🕐 Cerrado sáb. A 🔶 DC, MC, V

🍴 KÄFER SCHÄNKE
$$$
PRINZREGENTENSTRAßE 73
81675
TEL 089 416 82 47
www.feinkost-kaefer.de/
Un fabuloso *delicatessen* además de un conjunto de come-

dores de estilo bávaro.
Especialmente recomendables
son la lasaña de verdura, el
risotto de setas y el venado
con champiñones en salsa de
pera.

🚇 U Prinzregentenplatz
🕐 Cerrado dom. 🅿
🔲 DC, MC, V

🍴 ESSNEUN
$$
HANS-SACHS-STRAßE 9
80469
TEL 089 23 23 09 35
www.essneun.de
Una sala larga y estrecha con
suelos de madera, elegantes
banquetas de cuero blanco y
una iluminación discreta.
Cocina europea moderna con
toques exóticos (pruebe el
pato con especias asiáticas) y
excelentes ensaladas.

🚇 U Frauenhofer Straße
🕐 Cerrado A 🔲 AE, MC, V

🍴 LENBACH
$$
OTTOSTRAßE 6
80333
TEL 089 549 13 00
www.lenbach.de
Un templo para los *gourmets*
diseñado por el británico sir
Terence Conran. La cocina es
igualmente moderna, con platos como los ravioli de judías
con calamares y espinacas o la
mousse de mango con ensalada de plátano.

🚇 U Karlsplatz 🕐 Cerrado
dom. 🔲 DC, MC, V

🍴 MESSAGE IN A BOTTLE
$$
MAXIMILIANSTRAßE 35
80539
TEL 089 24 21 77 78
Bullicioso restaurante italiano
que se ha convertido en uno
de los favoritos de la gente
elegante de Munich. Las espe-
cialidades, como la pasta con
tomate y calabacín, el asado
de ternera o las veneras sal-
teadas, están a la vista escritas
en una pizarra.

🚋 Tram 19 Kammerspiele
🕐 Cerrado dom. 🔲 No
aceptan tarjetas

🍴 ALTES HACKERHAUS
$-$$
SENDLINGER STRAßE 14
80331
TEL 089 260 50 26
www.hackerhaus.de
Esta rústica y céntrica posada,
con un *biergarten*, es uno de
los establecimientos más
famosos de Munich. Clásicos
como el cochinillo con salsa
de cerveza.

🚇 U Marienplatz 🅿
🔲 Principales tarjetas

🍴 HOFBRÄUHAUS
$
AM PLATZL 9
80331
TEL 089 29 01 36 0
www.hofbraeuhaus.de
Una cervecería famosa mundialmente. Oscura y fuerte
Weißbier, auténtico
Schweinshax'n und Knödel
bávaro (codillo de cerdo),
pero no espere una cocina
refinada. Los lugareños nunca
comen *Weißwurst* (una gran
salchicha de ternera, servida
con *pretzels* y mostaza dulce)
más tarde de las 12.00, cuando todavía es fresca.

🚇 U Marienplatz 🔲 MC, V

LOS ALPES

ALTÖTTING

🍴 GRAMING WEISSBRÄU
$
GRAMING 79
84503
TEL 08671 961 40
www.graminger-weissbraeu.de
Cocina bávara y austriaca.
Pruebe el *Tafelspitz* (cuarto
trasero de buey hervido) y la
Weißbier de la casa.

🕐 Cerrado jue. 🅿
🔲 MC, V

ASCHAU

PARA OCASIONES
ESPECIALES

🏨 RESIDENZ HEINZ
🍴 WINKLER
U na casa solariega construida
   en 1405 en el fabuloso

paraje campestre entre los montes Chiemsee y Chiemgau.
Bonitas habitaciones con antigüedades y hermosos arreglos
florales. El propietario, un reconocido chef, ha ganado tres
estrellas Michelin por su cocina
clásica de toques italianos. Tanto
si se decide por la lasaña con
veneras y salsa de trufa blanca
como por el asado de cordero
con costra de patata y el chocolate al horno con helado de coco,
la comida aquí es un regalo para
el paladar.

$$$ ★★★
KIRCHPLATZ 1
TEL 08052 179 90
FAX 08052 17 99 66
www.residenz-heinz-winkler.de
🅿 🏊 🏋 🔲 Principales
tarjetas

BAD FÜSSING

🏨 KURHOTEL
HOLZAPFEL
$$ ★★★★
THERMALBADSTRAßE 5
94072
TEL 08531 95 70
FAX 08531 95 72 80
www.hotel-holzapfel.de
En este moderno hotel y balneario cerca de Austria la
belleza, la salud y la relajación
se toman en serio. Tres restaurantes, uno de ellos con
especialidades bávaras.

🛏 73 + 6 suites 🅿 🔄
🏊 🏋 🔲 MC, V

🍴 GASTHOF ZUR POST
$$
POSTSTRAßE 1, STUBENBERG
94166
TEL 08571 60 60
www.hotel-post-prienbach.de
Una casa de campo al sur de
Bad Füssing acoge este restau-
rante con paneles de madera
y excelente comida: ensaladas,
truchas del río vecino y jugo-
sos filetes procedentes de
granjas locales. No se pierda
el helado de avellana. Si des-
pués de comer se siente muy
lleno, hay algunas habitaciones.

🕐 Cerrado lun. 🅿 🔲 AE,
DC, V

HOTELES Y RESTAURANTES

BAD REICHENHALL

STEIGENBERGER AXELMANNSTEIN
$$$$ ★★★★
SALZBURGER STRAßE 2-6
83435
TEL 08651 77 70
FAX 08651 59 32
www.bad-reichenhall.steigenber
ger.de
Famoso balneario en un parque cerca de Salzburgo. Todo es de la vieja escuela, desde el estilo alpino hasta el acogedor servicio. Excelentes tratamientos de belleza.
143 + 8 suites Principales tarjetas

BAD TÖLZ

JODQUELLENHOF-ALPAMARE
$$$ ★★★★
LUDWIGSTRAßE 13-15
83646
TEL 08041 50 90
FAX 08041 509441
www.tiscover.de/jodquellenhof
En un pintoresco pueblo balneario, este moderno hotel ofrece un cálido ambiente y dispone de una enorme piscina cubierta e instalaciones deportivas.
70 + 1 suite Principales tarjetas

GASTHAUS BAIERN-RAIN
$
LEHRER-VOGL-WEG 1
TEL 08027 91 93
www.gasthaus-baiernrain.de
Un idílico lugar campestre en un pueblo al nordeste de Bad Tölz con cocina tirolesa y excelentes platos como el *Schweinsbraten* (cerdo asado) y cerveza de barril.
No cierra MC, V

BERCHTESGADEN

ALPENHOF
$$$ ★★★★
RICHARD-VOSS-STRAßE 30
83471 BERCHTESGADEN-KÖNIGSSEE
TEL 08652 60 20
FAX 08652 6 43 99
www.alpenhof.de
Gran hotel que tiene todas las comodidades y habitaciones de estilo local. Piscina cubierta con vistas panorámicas de las montañas. Desayuno incluido.
53 + 30 suites Principales tarjetas

BERGHOTEL REHLEGG
$$ ★★★★
HOLZENGASSE 16
RAMSAU 83486
TEL 08657 9 88 40
FAX 08657 9 88 44 44
www.rehlegg.de
Relájese en este agradable hotel entre prados de flores situado alto sobre el bonito pueblo de Ramsau, al sudoeste de Berchtesgaden. Decoración tradicional de pabellón de caza. Desayuno incluido.
61 + 1 apartamento Principales tarjetas

FRAUENCHIEMSEE

PARA OCASIONES ESPECIALES

ZUR LINDE
Tome un barco hasta esta pequeña isla del Chiemsee y encontrará el restaurante cerca de un antiguo convento benedictino. El edificio data de 1396. La especialidad es el pescado: recién capturado en el Chiemsee y servido con verduras asadas.
$
HAUS NR. 1
83256
TEL 08054 903 66
MC, V

GARMISCH-PARTENKIRCHEN

REINDL'S PARTENKIRCHNER HOF
$$ ★★★★
BAHNHOFSTRAßE 15
82467
TEL 08821 94 38 70
FAX 08821 94 38 72 50
www.reindls.de
Popular y céntrico hotel con algunas habitaciones de estilo bávaro. Excelente cocina regional con ocasionales toques franceses en el restaurante Reindl's. Hay platos consistentes como el venado con col roja, pero también recetas más sofisticadas, como las veneras guisadas con Chablis. Desayuno incluido.
65 + 30 suites + 7 apartamentos Principales tarjetas

STAUDACHERHOF
$$ ★★★★
HOLLENTALSTRAßE 48
82467
TEL 08821 92 90
FAX 08821 92 93 33
www.staudacherhof.de/de
Este bonito edificio en el centro de la ciudad dispone de acogedoras habitaciones de estilo campestre y un famoso centro de belleza. Desayuno incluido.
35 + 2 suites MC, V

LANDSHUT

FÜRSTENHOF
$$ ★★★★
STETHAIMER STRAßE 3
84034
TEL 0871 9 25 50
FAX 0871 92 55 44
www.fuerstenhof.la
Este romántico hotel con bonitas habitaciones sirve un excelente desayuno. El restaurante *Fürstenzimmer* está especializado en cocina regional, con platos como las aromáticas salchichas de pato con *carpaccio de dumplings* de pan y el cochinillo con miel.
24 Principales tarjetas

BERNLOCHNER
$$
LÄNDTORSTRAßE 2-5
84028
TEL 0871 899 90
www.restaurant-bernlochner.de
Entre las especialidades bávaras y austriacas de este edificio de 1841, destaca la carne

de caza, la volatería y el *Tafelspitz* (cuartos traseros de buey hervidos). Los *Mehlspeisen* (frituras dulces rellenas) son irresistibles.

🚫 No aceptan tarjetas

MITTENWALD

🏨 HOTEL ALPENROSE
$$ ★★★★
OBERMARKT 1
82481
TEL 08823 92700
FAX 08823 3720
www.mittenwald.de/
Un hermoso edificio barroco de estilo bávaro. Sauna. La vinatería ofrece espectáculos en vivo y el restaurante tiene capacidad para 200 comensales.

🛏 16 🅿 🚫 Principales tarjetas

PARA OCASIONES ESPECIALES

🍴 ARNSPITZE
En días claros, este restaurante para *gourmets* en las alturas de los Alpes tiene maravillosas vistas de los montes Karwendel. La decoración es clásica y la cocina es europea moderna, con platos tan recomendables como el cordero con costra de mostaza granulada o los riñones de ternera al vino tinto servidos con salvia asada.
$$
INNSBRUCKER STRAßE 68
82481
TEL 08823 24 25
www.arnspitze-mittenwald.de/
🕐 Cerrado mar. y miér.
🚫 AE

MURNAU

🏨 ALPENHOF MURNAU
$$$ ★★★★
RAMSACHSTRAßE 8
82418
TEL 08841 49 10
FAX 08841 49 11 00
www.alpenhof-murnau.com/
Un hotel Relais & Chateaux al nordeste de Oberammergau con confortables habitaciones,

algunas en el edificio principal (de estilo bávaro) y otras en el nuevo anexo (en un estilo moderno y sencillo). Bonitas vistas de los Alpes.

🛏 60 + 6 suites +11 apartamentos 🅿 ⬍ 🏊
🚫 AE, MC, V

SCHWANGAU

🏨 RÜBEZAHL
🍴 **$$ ★★★★**
AM EHBERG 31
87645
TEL 08362 88 88
FAX 08362 8 17 01
www.hotel-ruebezahl.com/
Un típico hotel familiar alpino. Algunas de las habitaciones tienen vistas al Schloß Neuschwanstein.

🛏 27 + 8 suites + 4 apartamentos 🕐 Cerrado 10 nov.-10 dic. 🅿 🏋
🚫 MC, V

BADEN-WÜRTTEMBERG

BADEN-BADEN

🏨 BRENNER'S PARK-HOTEL & SPA
$$$$ ★★★★
SCHILLERSTRAßE 4-6
76530
TEL 07221 90 00
FAX 07221 3 87 72
www.brenners.com/
El lujo es la nota dominante en todo este grandioso edificio del siglo XIX. Las habitaciones son grandes y están amuebladas con exquisitas antigüedades. El enorme balneario tiene unas instalaciones muy completas y una magnífica piscina.

🛏 71 + 20 suites + 9 apartamentos 🅿 ⬍
🏊 🏋 🚫 Principales tarjetas

🏨 BELLE EPOQUE
$$$ ★★★★
MARIA-VIKTORIASTRAßE 2C
76530
TEL 07221 30 06 60
FAX 07221 30 06 66
www.hotel-belle-epoque.de/

Si prefiere un ambiente más íntimo, este pequeño hotel es el ideal para usted. Las habitaciones son de estilo *belle epoque*.

🛏 6 + 10 suites 🅿 🚫 AE, MC, V

🏨 STEIGENBERGER
🍴 BADISCHER HOF
$$$
LANGE STRAßE 47
76530
TEL 07221 93 40
FAX 07221 93 44 70
www.steigenberger.de/
Lujoso hotel balneario en un antiguo convento capuchino. Modernas habitaciones en el anexo y elegancia clásica en el edificio del antiguo convento. Las bañeras tienen un grifo que dispensa agua de las fuentes termales.

🛏 135 + 4 suites 🅿 ⬍
🏊 🏋 🚫 Principales tarjetas

🍴 ALDE GOTT
$$$
WEINSTRAßE 10
76534
TEL 07223 5513
www.zum-alde-gott.de/
La imaginativa cocina de este establecimiento incluye platos como las judías con coliflor en vinagreta de curry o el buey Charolais con col de Saboya en salsa de vino de Borgoña. Está situado justo al sur de Baden-Baden.

🕐 Cerrado jue. 🅿
🚫 MC, V

BAIERSBRONN

PARA OCASIONES ESPECIALES

🏨 BAREISS
🍴

Un santuario en medio de la Selva Negra y uno de los mejores hoteles del país. Los balcones llenos de flores embellecen las curvas del moderno edificio y las elegantes habitaciones tienen todas las comodidades. A la hora de comer, puede elegir entre el restaurante con dos estrellas Michelin y dos animados *bistros*.

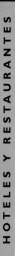

HOTELES Y RESTAURANTES

La sofisticada cocina del restaurante propone platos como la langosta tibia con vinagreta de miel y tomillo, el milhojas de hígado de oca con puré de apio y trufas glaseadas o el róbalo con verduras mediterráneas.
$$$$ ★★★★
GÄRTENBÜHLWEG 14
72270
TEL 074 42 4 70
FAX 074 4 73 20
www.bareiss.com/
🛈 69 + 12 suites + 39 apartamentos 🅿 🖾 🖼
🌐 DC, MC, V

🏨 TRAUBE TONBACH
🍴 $$$ ★★★★
TONBACHSTRAßE 237
72270
TEL 07442 49 20
FAX 07442 49 26 92
www.traube-tonbach.de
Una parte de este tradicional hotel familiar data de 1778. Los cuatro restaurantes incluyen el Schwarzwaldstube (ver más adelante) y el Köhlerstube, que ofrece platos internacionales como los crustáceos en aspic de Chablis y el pescado de río con gnocchi.
🛈 138 + 12 suites + 55 apartamentos 🅿 🖾 🖼
🌐 DC, MC, V

PARA OCASIONES ESPECIALES

🍴 SCHWARZWALDSTUBE
Un restaurante valorado por los expertos que ha obtenido tres estrellas Michelin por la cocina de Harald Wohlfahrt. El hígado de oca a la sal es excelente, igual que la ternera estofada con jugo de trufas o el pato salteado con romero y bayas de enebro. La carta de vinos es de primera clase y el servicio, impecable.
$$$$ ★★★★
IM TRAUBE TONBACH
TONBACHSTRAßE 237
72270
TEL 07442 492604
www.relaischateaux.com/
🕒 Cerrado lun. y mar. 🅿
🌐 DC, MC, V

FELDBERG

🏨 ADLER
$ ★★★★
FELDBERGSTRAßE 4
79868 FELDBERG-BÄRENTAL
TEL 07655 933933
FAX 07655 930521
www.adler-feldberg.de/
Tradicional hotel de vacaciones de la Selva Negra, situado entre Feldberg, Titisee y Schluchsee. Habitaciones rústicas pero confortables.
🛈 9 + 7 apartamentos 🅿
🌐 Principales tarjetas

FREIBURG IM BREISGAU

🏨 COLOMBI HOTEL
🍴 $$$$ ★★★★
AM ROTTECKRING 16
79098
TEL 0761 2 10 60
FAX 3 14 10
www.lhw.com/
Un hotel acogedor y distinguido, realzado por los colores suaves y los materiales selectos. Excelente restaurante.
🛈 64 + 56 suites 🅿 🖾
🖼 🌐 Principales tarjetas

🏨 MARKGRÄFLER HOF
$$ ★★★
GERBERAU 22
79098
TEL 0761 325 40
FAX 0761 386 49 44
www.markgraeflerhof.de/
Acogedor hotel en el centro histórico. Las habitaciones están amuebladas en un estilo de casa de campo.
🛈 17 🌐 Principales tarjetas

🍴 ZUM WEINBERG
$$
HAUPTSTRAßE 70
79104
TEL 0761 3 54 90
No es fácil encontrar un restaurante regional como éste, donde la cocina es sencilla y bien elaborada. La ternera con salsa holandesa y la lengua con salsa de madeira son regalos para el paladar.
🕒 Cerrado dom. y lun. 🅿
🌐 No aceptan tarjetas

PRECIOS

HOTELES
El precio de una habitación doble sin desayuno se indica con símbolos **$**.
$$$$$	Más de 280 €
$$$$	Entre 200 y 280 €
$$$	Entre 120 y 200 €
$$	Entre 80 y 120 €
$	Menos de 80 €

RESTAURANTES
El precio de una comida de tres platos sin bebida se indica con símbolos **$**.
$$$$$	Más de 80 €
$$$$	Entre 50 y 80 €
$$$	Entre 35 y 50 €
$$	Entre 20 y 35 €
$	Menos de 20 €

HEIDELBERG

🏨 DER EUROPÄISCHE HOF
$$$$ ★★★★
FRIEDRICH-EBERT-ANLAGE 1
69117
TEL 06221 51 50
FAX 06221 51 55 06
www.lhw.com
Construido en 1865 y continuamente modernizado, el Europäischer Hof es toda una referencia visual en Heidelberg. Los huéspedes están rodeados de lujo en las habitaciones, y hay un centro de *fitness*. Restaurante con paneles de madera.
🛈 102 + 13 suites 🅿 🖾
🖾 🖼 🌐 Principales tarjetas

🏨 ZUM RITTER ST. GEORG
$$$ ★★★★
HAUPTSTRAßE 178
69117
TEL 06221 13 50
FAX 06221 13 52 30
www.ritter-heidelberg.de/
Hotel tradicional con habitaciones clásicas en una casa del siglo XVI que está en el barrio histórico.
🛈 32 + 2 suites 🅿
🌐 Principales tarjetas

🍴 SCHLOSSWEINSTUBE

$$

SCHLOßHOF

69117

TEL 06221 97970

http://www.schoenmehl.de/

Este restaurante consta de cinco salas en el patio del castillo. El moderno diseño se combina con las bonitas pinturas al óleo. Puede empezar con una sopa de tomate y continuar con el cordero con costra de aceitunas.

🕐 Cerrado lun. A 🚫 DC, MC, V

🍴 SIMPLICISSIMUS

$$

INGRIMSTRAßE 16

69117

TEL 06221 18 33 36

www.restaurant-simplicissimus.de/

Un restaurante del barrio histórico con un interior algo oscuro de la década de 1970. La cocina francesa incluye platos como las berenjenas marinadas, el pulpo salteado con hierbas y el filete de buey con setas salvajes.

🕐 Cerrado mar. A 🚫 MC, V

KARLSRUHE

🏨 SCHLOSSHOTEL

$$

BAHNHOFSPLATZ 2

76137

TEL 0721 3 83 20

FAX 0721 3 83 23 33

www.schlosshotel-karlsruhe.de/

Las habitaciones de este hotel situado entre la estación de tren y el parque de la ciudad están decoradas una a una. Algunas tienen mobiliario contemporáneo; otras son más tradicionales.

🛏 93 + 3 suites 🅿 🔄

🚭 🚫 Principales tarjetas

🍴 NAGEL'S KRANZ

$$

NEUREUTER HAUPTSTRAßE

210

76149 KARLSRUHE-NEUREUT

TEL 0721 70 57 42

FAX 0721 783 62 54

www.nagels-kranz.de/

Un restaurante de campo a

las afueras de Karlsruhe que sirve especialidades locales como el rodaballo con costra de patata, el cerdo estofado con vino tinto y el róbalo con vino Riesling.

🕐 Cerrado dom. 🅿

🚫 No aceptan tarjetas

🍴 OBERLÄNDER WEINSTUBE

$$

AKADEMIESTRAßE 7

76133

TEL 0721 250 66

www.oberlaender-weinstube.de/

Acogedora vinatería con un patio encantador. La sólida cocina regional propone platos como el cordero con champiñones y el pichón con patatas fritas, puré de apio y judías. Deliciosos sorbetes.

🕐 Cerrado dom. y lun. A

🚫 DC, MC, V

KONSTANZ

🏨 SEEHOTEL SILBER

🍴 **$$$** ★★★★

SEESTRAßE 25

78464

TEL 07531 9 96 69 90

FAX 07531 99 66 99 33

Una villa *art déco* en el paseo que hay a la orilla del lago. Habitaciones encantadoras y un restaurante, posiblemente el mejor de la zona, con cocina mediterránea. Los clientes habituales vienen especialmente por la bullabesa de pescado del lago con azafrán. El *parfait* de hígado de oca marinado es también muy popular.

🛏 11 + 1 suite 🅿

🚫 MC, V

LINDAU

🏨 VILLINO

🍴

Esta encantadora casa se encuentra al final de un pequeño camino que pasa por encima de Lindau. Las bonitas habitaciones se completan con un pequeño centro de salud y un pre-

cioso jardín. El restaurante ofrece benos platos regionales e internacionales como el *sashimi* de atún con *spaghettini* de sésamo y el pescado de río relleno de *ricotta*.

$$$ ★★★★

HOYERBERG 34

88131

TEL 08382 9 34 50

FAX 08382 93 45 12

www.villino.de

🛏 8 + 8 apartamentos 🅿

🚭 🚫 MC, V

NIEDERSTOTZINGEN

🏨 SCHLOSSHOTEL 🍴 OBERSTOTZINGEN

Este castillo renacentista con foso situado en un gran parque constituye una base perfecta para explorar Ulm, Burg Hohenzollern y los castillos y pueblos de los Alpes suabos. El restaurante es conocido por sus platos de refinado estilo campestre y por especialidades como el rodaballo con jugo balsámico, la ternera al vino y las verduras en tempura.

$$$

STETTENER STRAßE 35-37

89168

TEL 07325 10 30

FAX 07325 1 03 70

www.vilavitahotels.com

🛏 14 + 2 suites + 2 apartamentos 🅿

🚫 Principales tarjetas

SINGEN

🏨 FLOHR'S

🍴 **$$** ★★★★

BRUNNENSTRAßE 11

78224 SINGEN-ÜBERLINGEN

AM RIED

TEL 07731 9 32 30

FAX 07731 93 23 23

A sólo cinco minutos del lago Constanza, este hotel situado en un pueblo encantador tiene un buen restaurante que combina la cocina regional con la mediterránea. El chef Georg Flohr prepara terrina

de patata y caballa y róbalo con romero, jamón parmesano y puré de alubias.
ⓘ 8 **P** **☒** Principales tarjetas

STUTTGART

🏨 HOTEL AM
🍴 SCHLOSSGARTEN

El estilo suntuoso y tradicional es la nota dominante en este céntrico hotel cercano a la ópera y a las elegantes tiendas de alrededor de Königstraße. Muchas de las habitaciones tienen vistas al Schloßpark. Restaurante para *gourmets* Zirbelstube (ver más adelante).
$$$$ ★★★★
SCHILLERSTRAßE 23
70173
TEL 0711 2 02 60
FAX 0711 2 02 68 88
www.hotelschlossgarten.com
ⓘ 116 + suites **P** **⬍**
☒ Principales tarjetas

🏨 STEIGENBERGER
🍴 GRAF ZEPPELIN
$$$$ ★★★★
ARNULF-KLETT-PLATZ 7
70173
TEL 0711 2 04 80
FAX 0711 2 04 85 42
Este distinguido y tradicional hotel cerca de la estación de tren dispone de grandes habitaciones de diseño neoclásico o bien moderno. Thomas Heilemann, chef del restaurante Olivo, elabora cocina mediterránea.
ⓘ 174 + 15 suites **P** **⬍**
♨ **📺** **☒** Principales tarjetas

🍴 SPEISEMEISTEREI

Para concederse un capricho, diríjase al Schloß Hohenheim, un castillo donde encontrará el mejor restaurante de Stuttgart. El chef Martin Öxle ha obtenido merecidamente dos estrellas Michelin. No importa su elección (sopa de patata servi-

da con caviar Imperial, *crepinette* de pollo con hígado de oca escalfado, cabrito asado con polenta), todo es sublime. El pastel tibio de chocolate es el postre estrella.
$$$$$
AM SCHLOß HOHENHEIM
70599 STUTTGART-HOHEN-HEIM
TEL 0711 456 00 37
www.speisemeisterei-stuttgart.com
☒ Cerrado lun. y mar. **P**
☒ No aceptan tarjetas

🍴 WIELANDSHÖHE
$$$$
ALTE WEINSTEIGE 71
70597 STUTTGART-DEGERLOCH
TEL 0711 640 88 48
www.wielandshoehe.de
El propietario/chef, Vincent Klink, elabora platos regionales como los *Maultaschen* (pasta rellena) y también combinaciones de cocina mediterránea y asiática. El almuerzo es más económico que la cena.
☒ Cerrado dom. y lun. **P**
☒ DC, MC, V

🍴 ZIRBELSTUBE
$$$$
IM HOTEL AM SCHLOßGARTEN
70173
TEL 0711 202 68 28
www.hotelschlossgarten.com
El ambiente exclusivo del Hotel am Schloßgarten se extiende a su restaurante, premiado con una estrella Michelin por su cocina franco-mediterránea. Algunos de los platos estrella son el atún marinado con mango, los langostinos con tomate e hinojo y la pierna de cordero con verduras estofadas.
☒ Cerrado dom. y lun. **P**
☒ Principales tarjetas

🍴 EMPORE
$-$$
DOROTHEENSTRAßE 4
70173
TEL 0711 245 97 9
Encontrará este restaurante italiano en la segunda planta encima del mercado de

Stuttgart. Tome un *cappuccino*, una copa de *champagne* o un plato de pasta y continúe sus compras. Sólo visitarlo ya es divertido de por sí.
☒ Cerrado dom. **☒** No aceptan tarjetas

TÜBINGEN

🏨 KRONE

Un hotel pulcro y de buen gusto, propiedad de la misma familia desde 1885, en esta deliciosa población medieval. Las especialidades suabas pueden degustarse en su restaurante Uhlandstube.
$$-$$$ ★★★★
UHLANDSTRAßE 1
72072
TEL 07071 1 33 10
FAX 07071 13 31 32
www.krone-tuebingen.de
ⓘ 45 + 2 suites
☒ Cerrado 22-30 dic. **P**
☒ Principales tarjetas

🍴 WALDHORN
$$$
SCHÖNBUCHSTRAßE 49
72074
TEL 07071 6 12 70
www.waldhorn-bebenhausen.de
Unos 5 km al norte de Tübingen, tiene un interior rústico y auténtica cocina suaba. Su *Hägenmarkeisbömble* (helado de escaramujo) es muy popular.
☒ Cerrado lun. y mar. y dos semanas en verano **P**
☒ No aceptan tarjetas

DE COMPRAS

Alemania es un país único para los productos industriales: coches, electrodomésticos de todo tipo, objetos de diseño, etc. Puede encontrar artículos funcionales y bien diseñados en todos los grandes almacenes. A la vez, las tradiciones de la artesanía y el arte popular continúan en diferentes regiones del país. Ya sean relojes de cuco de la Selva Negra, juguetes de madera de los montes Minerales, violines de Mittenwald, porcelana de Meißen de la zona de Dresde o Loden de Baviera, todas las regiones tienen algo que ofrecer. Los mercados son un buen lugar donde encontrar artículos propios de cada zona. Casi todas las poblaciones tienen zonas peatonales *(Fussgängerzonen)*, donde encontrará restaurantes, tiendas y gran variedad de pequeñas tiendas. Los alemanes tienen la ecológica costumbre de llevar sus propias cestas o bolsas a la compra, pero todas las tiendas disponen de bolsas de plástico.

Las pastelerías y panaderías *(Bäckereien)* alemanas tienen fama de ser las mejores de Europa, y cualquiera de ellas tiene productos deliciosos. También hay un gran número de tiendas de alimentación sana (los alemanes fueron pioneros en este sector). Los amantes de las antigüedades encontrarán tiendas bien surtidas, por no hablar de los numerosos mercadillos de antigüedades y de segunda mano, celebrados normalmente los sábados. Las *Einkaufsstraßen* (calles comerciales) más famosas, especialmente para ropa de diseño, son la Kurfürstendamm y la Friedrichstraße en Berlín, la Königs-allee (Koe) en Düsseldorf, la Maximilianstraße en Munich y las galerías alrededor de Jungfernstieg, Neuer Wall y Große Bleichen en Hamburgo.

MERCADOS

El mercado semanal, conocido como *Wochenmarkt,* tiene lugar en muchas poblaciones de todo el país. En pueblos pequeños los puestos se montan en la plaza principal, mientras que en pueblos grandes y en ciudades el mercado suele tener su espacio propio. En ellos encontrará frutas y verduras frescas, quesos, una gran variedad de salchichas y especialidades regionales, además de artículos cotidianos útiles. En las poblaciones importantes suele haber un *Flohmarkt* (mercadillo), donde puede encontrar objetos insólitos.

HORARIOS

Los horarios comerciales en Alemania son limitados. Las tiendas suelen abrir a las 8:30 o 9.00, y por ley no pueden cerrar más tarde de las 20.00 entre semana. Una ley reciente permite abrir también los sábados hasta las 20.00. Las tiendas pequeñas suelen abrir hacia las 10.00. En los pueblos, las tiendas suelen cerrar entre las 12.00 y las 13.00 para el almuerzo. La mayoría de comercios cierran los domingos, excepto en circunstancias especiales. Si necesita algo en domingo, deberá buscarlo en una estación de tren, un aeropuerto o una gasolinera grande. Los quioscos y las panaderías suelen abrir a las 6.00 y también los domingos por la mañana.

FORMAS DE PAGO

Los supermercados suelen aceptar tarjetas de crédito, pero muchas tiendas pequeñas no; vea si está indicado en la puerta. Algunos vendedores son reacios a aceptar tarjetas American Express o cheques de viaje. La tarjeta de crédito más aceptada en Alemania es la Eurocard (Mastercard).

EXPORTACIONES

Excepto los miembros de la UE, los turistas que visiten Alemania pueden reclamar el reembolso *(Mehrwertsteuer)* del IVA (impuesto sobre el valor añadido) que grave cualquier producto no comestible comprado en un comercio alemán, aunque hay que gastar un mínimo de 50 euros en una misma tienda. Cuando compre en una tienda con el indicativo de «libre de impuestos», pida un formulario *ad hoc*. Cuando salga del país, le sellarán el formulario en la aduana. Deberá mostrar los artículos, que deben conservar su envoltorio original sin abrir. El reembolso se efectúa en ese momento o le será enviado en breve.

BERLÍN Y BRANDENBURGO

PANADERÍAS

Weichardt Brot Mehlitzstraße 7, 10715 Wilmersdorf, Tel 030 87 380 99. La mejor panadería de Berlín nació como un colectivo fundado en 1976. Tienen su propia granja, utilizan harina orgánica molida con piedra y levaduras naturales. También venden el pan y los pasteles en los mercados de la ciudad.

LIBROS

Bücherbogen Stadtbahnbogen 593, Savignyplatz, 10632 Charlottenburg, tel 030 31 86 95 11. Una maravillosa librería especializada en pintura, escultura, diseño, fotografía y arquitectura. **Bücherstube Marga Schöller** Knesebeckstraße 33, 0623 Charlottenburg, Tel 030 881 11 12. Excelente librería literaria.

GRANDES ALMACENES

KaDeWe Tauentzienstraße 21-4, 10789 Schöneberg, Tel 030 21 22 0. Los mayores grandes almacenes de la Europa continental y una importante atracción turística. Fabulosa sección de alimentación en la séptima planta con productos de todo el mundo. **Stilwerk** Kantstraße 17, 10623 Charlottenburg, Tel 030 31 51 55 50. Tienen un gran surtido de lo mejor en diseño moderno en sus cinco plantas. En la segunda planta suele haber exposiciones temporales relacionadas con el diseño. **Wertheim** Kurfürstendamm 231, 10719, Tel 030 88 00 30. Tradicionales grandes almacenes y un buen lugar para comprar regalos. Después, suba a la cafetería de la azotea y disfrute de la vista de la Gedächtniskirche.

DE COMPRAS

MODA Y ACCESORIOS
Barfuss oder LackSHUH
Oranienburger Straße 89,
101780, Tel 030 2839 1991. Los
últimos modelos de zapatillas.
Fiona Bennett Große
Hamburgerstraße 25, 10115, Tel
030 2809 6330. Exquisitas creaciones de fieltro o paja.
Budapester Schuhe
Kurfürstendamm 43 + 199,
10719, Tel 030 8862 4206.
Zapatos para mujer (Prada, Miu
Miu, Jimmy Choo) y para hombre.
Hut ab Oranienburger Straße
32, Heckmann-Höfe, 10117, Tel
030 2838 6105. Sombreros, ropa
y accesorios para el hogar
hechos con fieltro mezclado con
organza o chiffon. Pasee por los
patios restaurados del
Heckmann-Höfe, hogar de infinidad de interesantes tiendas.
Kaufhaus Schrill Bleibtreustraße 46, 10623, Tel 030 8824
048. Accesorios extravagantes.

REGALOS
Deutscher Bundestag Shop
Unter den Linden 69b, 10117, Tel
030 2267 9821. Abundancia de
recuerdos tales como mapas,
tazas, cuadernos con el logotipo
del gobierno, sombrillas con los
colores de Alemania y objetos
relacionados con la política.
Gipsformerei, Sophie-
Charlotten-Straße 17-18, 14059
Tel 030 3217 011. La tienda del
museo del Schloß
Charlottenburg dispone de más
de 7.000 reproducciones en
yeso de piezas del museo. La
más vendida es el busto de la
reina Nefertiti.

MERCADOS
Türkischer Markt
Maybachufer, Neukölln. Al otro
lado del canal desde Kreuzberg,
un ruidoso y abarrotado mercado que abastece al enorme
barrio turco. Colorido y muy
representativo de Berlín.
Winterfeldt Markt
Winterfeldtplatz, Schöneberg.
Aquí podrá comprar verduras,
quesos, salchichas, flores y ropa,
o tomar algo en uno de los
muchos cafés que hay.

MARZIPAN
**Königsberger Marzipan
Wald** Pestalozzistraße 54 A,
19627, Tel 030 3238 254. La propietaria, Irmgard Wald, vende
mazapanes elaborados según la
receta original de Königsberg.
Abrió la tienda en 1947 y es
toda una institución en Berlín.

HAMBURGO Y SCHLESWIG-HOLSTEIN

HAMBURGO

ARTE
Galerie Deichstraße,
Deichstraße 28, 20459, Tel 040
365 151. Pinturas y dibujos con
Hamburgo como tema principal.

LIBROS
Sautter & Lackmann
Admiralitätsstraße 71-72, 20459,
Tel 040 373 196. Especialistas en
arte, historia del arte, fotografía,
cine y arquitectura.

MODA Y ACCESORIOS
Kaufrausch Isestraße 88,
20149, Tel 040 4802 728. Ropa,
zapatos, joyas y muchas cosas
más, todas ellas exquisitas piezas
únicas. Popular café.
**Moneypenny & Schuhsalon
Grabbe** Marktstraße 100,
20357, Tel 040 4325 0484.
Zapatos de diseñadores alemanes como Stefi Talmann y
Ludwig Reiter. También bolsos y
accesorios.
Petra Teufel Neuer Wall 43,
20354, Tel 040 3786 160. Ropa y
accesorios bonitos y fuera de lo
convencional.

REGALOS
**Elbe-Team Warenhandels-
und Dienstleistungs,** Caspar-
Voght-Straße 79, 20535, Tel 040
6894 703. Enorme almacén con
objetos de culto de la antigua
Alemania del Este: discos, postales, artículos de cristal y otros
recuerdos de la RDA.
Harry's Hafenbasar Balduinstraße 18, 22767, Tel 040 312
482. Esta tienda/gallery expone
más de 300.000 curiosidades
traídas por marineros: desde
pinturas hasta máscaras africa-

nas. Muchas de las piezas están a
la venta, pero hay que pagar una
entrada.

ARTÍCULOS DE NÁUTICA
Buddel-Bini Lokstedter Weg
68, 20251, Tel 040 462 852. La
mayor selección de barcos
embotellados.
A.W. Niemeyer Rödlings-
markt 25, 20459, Tel 040 366
717. Desde brújulas hasta ropa
marinera.

SCHLESWIG-HOLSTEIN

LÜBECK

MARZIPAN
**Fa Niederegger Holger
Strait** Breite Straße 89, 235552
Lübeck, Tel 0451 5 30 10.
Una colorida selección de maza-
panes de todas las formas y
colores.

SAJONIA

MERCADOS NAVIDEÑOS
Leipzig Del 28 de noviembre al
23 de diciembre. El mercado
data de 1767 y tiene lugar en
frente del antiguo ayuntamiento.
Los niños pueden visitar el bosque de cuento de hadas. Entre
los artículos más populares están los adornos navideños procedentes de los montes Minerales. Unas trompetas tocan desde
el balcón del antiguo ayuntamiento cada día a las 14.00 y a
las 19.00. Para más información,
contacte con la oficina de turismo de Leipzig, Tel 0341 7104
260; www.leipzig.de.

NORTE DE BAVIERA

MERCADOS NAVIDEÑOS
**Nuremberg
Christkindlmarkt**
Del 30 de noviembre al 24 de
diciembre. Nuremberg es la ciudad navideña más importante de
Alemania. El momento cumbre
del mercado es la ceremonia de
inauguración, a las 17.30, en la
que el *Christkind* (Cristo Niño)

habla desde la galería de la Frauenkirche (iglesia de Nuestra Señora). La fragancia de canela, almendras tostadas y vino caliente especiado le ayudarán a integrarse en la fiesta.

Rothenburg ob de Tauber
Del 30 de noviembre al 23 de diciembre, el mercado navideño del *Weihnachtsdorf* (pueblo navideño) de Käthe Wohlfahrt, en la Herrngasse, tiene todo lo necesario para una navidad tradicional. Para más información contacte con el Rothenburg Tourismus Service, Tel 09861 404 92; www.rothenburg.de.

ALIMENTACIÓN
Confiserie Neef
Winklerstraße 29, 90403 Nürnberg, Tel 0911 22 51 79. Tartas de frutas, trufas y pan de jengibre de Franconia.
Lebkuchen Schmidt
Zollhausstraße 30, 90469 Nürnberg, Tel 0911 89 66 0. Las famosas *Lebkuchen* (galletas de especias) de Nuremberg, una especialidad navideña.
Soiderer's Käsespezialitäten
Fuggerstraße 12a, 86150 Augsburg, Tel 0821 51 25 87. Trescientos tipos distintos de queso.

MUNICH

LIBROS
Dichtung und Wahrheit
Burgstraße 2, 80331, Tel 089 23 69 13 90. Libros, especialmente de viajes, y una gran selección de vinos.
Words Worth Schellingstraße 21a, 80799, Tel 089 2809 141. Situada en un pequeño y pintoresco patio.

DELICATESSEN
Alois Dallmayr Dienerstraße 14-15, 80331, Tel 089 213 50. Fundado en 1870, un paraíso famoso por sus exquisitas *delicatessen* y una gran selección de tés y cafés.
Obermeier Hauptstraße, 584544 Aschau, Tel 08638 677 02. Franz Obermeier es famoso por su pan ecológico y sus *pret-*

zels, elaborados con cerveza.
Schmidt Westenriederstraße 8a, 80331, Tel 089 295 068. Una institución para las *Lebkuchen*, las galletas de especias.

GRANDES ALMACENES
Ludwig Beck Marienplatz 11, 80331, Tel 089 236 910. Toda una institución en Munich.
Karstadt Neuhauser Straße 18 80331, Tel 089 290 230. Quizá no sea lo último, pero es un lugar de confianza para cosméticos, libros, accesorios, artículos eléctricos y muchas cosas más.

MODA Y ACCESORIOS
Bogner Residenzstraße 15, 80331, Tel 089 2907 040. Fabulosa ropa *sport* para hombre y mujer.
Eduard Meier Residenzstraße 22, 80333, Tel 089 22 00 44. Exquisitos zapatos, sombreros de fieltro, bolsas de caza y tirantes de estilo bávaro.
Escada Maximilianstraße 27, 80331, Tel 089 2423 9880. Marca alemana de diseño con ropa clásica para cualquier ocasión.
Exatmo Franz-Joseph-Straße 35, 80801, Tel 089 33 57 61. Modernas versiones de diseño de estilo bávaro: ropa de lino hecho a mano y accesorios (cinturones, bolsos).
Loden Frey Maffeistraßen 7-9, 80331, Tel 089 210390. Gran selección de trajes populares bávaros.
Rudolf Mooshammer
Maximilianstraße 14, 870331, Tel 089 226 924. El modisto más excéntrico y llamativo de Munich.
Trachtenmoden Guth
Müllerstraße 50, 80469, Tel 089 26 69 69. Moda bávara muestre: *lederhosen* (pantalones cortos de cuero), *dirndl* (vestidos tradicionales), y *loden* (un tejido típico).
Wallach Residenzstraße 3, 80333, Tel 089 220 87 10. Ropa tradicional, accesorios y regalos, como las jarras de cerveza.

REGALOS
Kunstgewerbe-Verein
Pacellistraße 6-8, 80333, Tel 089

2901 470. Alfarería, joyería y máscaras de carnaval.
Prantl Schreibwaren
Theatinerstraße 44, 80333, Tel 089 22 34 36. Exquisito material de escritorio y oficina, desde plumas de plata y madera de cedro hasta los mejores papeles.
Spielwaren Schmidt
Neuhauser Straße 31, 80331, Tel 089 2318 602. Buena selección de los famosos ositos *Steiff* y otros animales de peluche.

HIERBAS
Dehner Frauenstraße 8, 80469, Tel 089 2423 9989. Los amantes de la jardinería podrán llevarse a casa un paquete de semillas de flores alpinas. **Kräuterparadies** Blumenstraße 15, 80331, Tel 089 26 57 26. La herboristería más antigua del país. Más de 400 variedades de hierbas, óleos de esencias, tés de hierbas, medicamentos orgánicos y productos de belleza.

MERCADOS
Victualienmarkt 80331. El mercado de abastos más famoso, más colorido y con más ambiente de Munich, justo en el centro de la ciudad. Especialidades bávaras, desde hierbas alpinas hasta *Weißwurst* (salchicha blanca) y varios cafés donde degustarlas. Abierto lun.-sáb.

PORCELANA
Porzellan-Manufaktur Nymphenburg Odeonsplatz 1, 80539, Tel 089 28 24 28. Fundada en 1747, la antigua real fábrica de porcelanas se hizo famosa en el siglo XVIII con las creaciones de Franz Anton Bustelli y Dominikus Auliczek. La tienda y la sala de exposiciones muestran la colección entera.
Rosenthal Studio-Haus
Dienerstraße 17, 80331, Tel 089 22 26 17. Exclusivas piezas de cristal, porcelana y cuchillería de Rosenthal, desde la serie Classic Rose hasta la nueva gama Jungle, producida con la colaboración de Versace.

OCIO

En Alemania hay una gran tradición teatral y operística. En todo el país hay más de 120 óperas y en casi todas las poblaciones tienen un coro y una o más orquestas.

Berlín disfruta de reputación mundial por el teatro experimental y el cabaret. La capital alemana dispone de tres grandes óperas y una pequeña, Tel 030 2614795. Aunque la sátira no es tan aguda como antes, sigue siendo el cabaret más famoso de Berlín.

Pomp, Duck & Circumstance Gleisdreieck/Möckernstraße 26, 10963 Berlin-Kreuzberg, Tel 030 2694 9200. Una carpa de circo donde podrá disfrutar de una comida de cuatro platos que, como el nombre indica, siempre incluye pato como plato fuerte. La comida no es brillante, pero el extravagante espectáculo es muy divertido.

Wintergarten Varieté Potsdamer Straße 96, 10785 Berlin-Tiergarten, Tel 030 25 00 88 88. Aquí los espectáculos, al estilo de la preguerra, giran en torno a magos y acróbatas. Absolutamente encantador.

La capital alemana dispone de tres grandes óperas y una pequeña, 31 teatros, 29 escenarios experimentales, 18 teatros infantiles, 15 cabarets y una infinidad de clubes nocturnos y discotecas. El jazz está muy vivo, y siempre hay actuaciones de músicos de todo el mundo. Los periódicos locales dan información sobre los acontecimientos programados. Las poblaciones más grandes suelen publicar una revista con los acontecimientos locales, o *Stadtmagazin*.

BALLET Y ÓPERA

BAYREUTH

Bayreuth Wagner Festival
Los amantes de la ópera peregrinan cada año al Richard Wagner Festival, que tiene lugar aquí en julio y agosto. La Festspielhaus (teatro del festival) fue construida entre 1872 y 1875 por Gottfried Semper especialmente para las óperas de Wagner. Para más información, Tel 0921 78 78 0; www.bayreuther-festspiele.de.

BERLÍN

Deutsche Oper Berlin
Bismarckstraße 35, 10627 Berlin-Charlottenburg, Tel 030 343 84 01. La ópera más importante con un repertorio de grandes obras del siglo XIX, y ballets.

Deutsche Staatsoper Unter den Linden 7, 10117 Berlin-Mitte, Tel 030 20 35 40 Construida en 1742, en el reinado de Federico el Grande, esta ópera presenta grandes clásicos del ballet y la ópera, como *El lago de los cisnes* y *Eugene Onegin*.

Komische Oper Berlin
Behrenstraße 55-57, 10117 Berlin-Mitte, Tel 030 202600; www.komische-oper-berlin.de Una pequeña ópera que sólo representa obras en alemán. Ópera bufa y obras experimentales.

COLONIA

Oper der Stadt Köln Offenbachplatz, 50667, Tel 0221-221 28510. Producciones clásicas y modernas.

FRANKFURT

Oper Willy-Brandt-Platz, 60311, Tel 069 1340 400. Óperas con espectaculares escenografías.

DRESDE

Semperoper Sächsische Staatsoper, Theaterplatz 2 01067, Tel 0351 4911705. Muy dañada en la segunda guerra mundial, esta ópera ha sido restaurada hasta recuperar su esplendor original. Sufrió nuevos desperfectos en unas inundaciones recientes, pero ha vuelto a abrir con su brillante repertorio.

HAMBURGO

Hamburger Staatsoper
Große Theaterstraße 25, 20354, Tel 040 35 68 68. La ópera más antigua de Alemania. Excelentes producciones operísticas, conciertos y recitales de *Lieder*.

MUNICH

Bayerische Staatsoper
Max-Joseph-Platz 2, 80539, Tel 089 21 85 01. Una de las más importantes de Alemania. Imprescindible reservar con tiempo.

CABARET

BERLÍN

Bar jeder Vernunft Spiegelzelt, Schaperstraße 24, 10719 Berlin-Wilmersdorf, Tel 030 883 1582. Una enorme carpa en el centro de la ciudad donde actúan los artistas más conocidos de Berlín.

Chamäleon Varieté
Hackeschen Höfe, Rosenthaler Straße 40-41, 10178 Berlin-Mitte, Tel 030 400059 0.
Un antiguo teatro donde el público se sienta en mesas, toma una copa y disfruta de las actuaciones de músicos, bailarines, cómicos y acróbatas.

Die Stachelschweine Europa-Center, 10789 Charlottenburg,

CASINOS

En Alemania hay una larga tradición de casinos, que normalmente se encuentran en las ciudades balneario. El de Baden-Baden es el más renombrado (ver págs. 330-331). Menos famoso pero aun así muy elegante es el de Wiesbaden. Los más conocidos son:

Bayerische Spielbank Lindau Chelles Allee 1, 88131 Lindau, Tel 08382 27 77 40.

Casino Konstanz Seestraße 21, 78464 Konstanz, Tel 07531 81570.

Grand Casino Baden-Baden Kaiserallee 1, 76530 Baden-Baden, Tel 07221 3024 0.

Spielbank Trier Porta-Nigra-Platz 1, 54292 Trier, Tel 0651 260 76.

Spielbank Wiesbaden Kurhausplatz 1, 65189 Wiesbaden, Tel 0651-26075.

Spielcasino Aachen Monheimsallee 44, 52062 Aachen, Tel 0241 18080.

CINE

BERLÍN

Arsenal Potsdamer Straße 2, Potsdamer Platz, 10789 Berlin-Tiergarten, Tel 030 2695 51 00. Películas de Hollywood, rusas y de otros países europeos, a

OCIO

menudo subtituladas en inglés.
Acoge el Festival Internacional
de Cine de Berlín, en febrero.
CinemaxX Potsdamer Platz
Potsdamer Straße 5, 10785
Berlin-Tiergarten, Tel 030 25921
211. Enorme cine con 19 salas.
Eiszeit Zeughofstraße 20,10997
Berlin-Kreuzberg, Tel 030 611
6016. Películas underground y de
países como China o la India.
Freiluftkino Kreuzberg
Entrada frente a la Adalbert-
straße 73 ,10997 Berlin-
Kreuzberg, Tel 030 2431 30 30.
Cine al aire libre con una enor-
me pantalla (abierto entre junio
y principios de septiembre).
Películas de culto, antiguas e
independientes.
Odeon Hauptstraße 116,10827
Berlin-Schöneberg, Tel 030 883
5325. Películas británicas y de
Hollywood en inglés.

MUNICH
ABC Herzogstraße 1, 80803,
Tel 089 33 23 00. Películas inter-
nacionales en versión original
subtitulada.
Aircraft Cinema Schwabing
Feilitzschstraße 7, 80802, Tel 089
38998389. Los cómodos asientos
proceden de aviones de
Lufthansa. Películas de culto.
Atelier 1 + 2 Sonnenstraße 12,
80331, Tel 089 591 918.
Películas de arte y ensayo, ameri-
canas y europeas.
Atlantis Schwanthaler Straße 2,
80336, Tel 089 55 51 52.
Películas de arte y ensayo en ver-
sión original.
Cinema Nymphenburger Straße
31, 80335, Tel 089 55 52 55.
Películas comerciales.
Filmtheater Sendlinger Tor
Sendlinger-Tor-Platz 11, 80336,
Tel 089 554 636. Un cine de
antes de la Gran Guerra que
exhibe películas comerciales.
Gloria Palast Karlsplatz 5,
80335, Tel 089 515 651.
Estrenos de películas populares.

CONCIERTOS

BERLÍN
Philharmonie Herbert-von-
Karajan-Straße 1, 10785 Berlin-
Tiergarten, Tel 030 254 88 0.

El edificio, proyectado por Hans
Scharoun en la década de 1960,
es una innovación arquitectónica
dotada de una acústica perfecta.

COLONIA
Philharmonie Bischofsgartenstraße 1, 50667, Tel 0221 20408 0.
Gran sala de conciertos cerca de
la catedral. Jazz y pop.

HAMBURGO
Musikhalle Johannes-Brahms-
Platz, 20355, Tel 040 357 666 0.
Construida en 1908, esta sala
ofrece conciertos de jazz, blues
y músicas del mundo, además de
música clásica.

LEIPZIG
Thomaner Choir No hay una
representación mejor de la
música de Johann Sebastian Bach
que la del Thomaner Choir, fundado en 1790. Actúan en la iglesia de St. Thomas (si no están de
gira). Reservas sólo a través de
sus agentes: Tel 0211 9348486,
Fax 0211 3452 35.

MUNICH
Münchner Philharmoniker
Kellerstraße 4, 81667, Tel 0889
480 98 55 00. Sala de conciertos
con una gran orquesta filarmóni-
ca.
**Münchner
Kammerorchester**
Wittelsbacherplatz 2, 80333.
Tel 089 461364 0. Una sala más
pequeña con maravillosa música
de cámara y canto.

JAZZ

BERLÍN
A-Trane Jazzclub
Pestalozzistraße 105, 10625
Berlin-Charlottenburg, Tel 030
313 2550. Ambiente de humo,
música con swing. Cerrado dom.
Badenscher Hof Badensche
Straße 29, 10715 Berlin-
Wilmersdorf, Tel 030 861 00 80.
Un club íntimo con un jardín
abierto en verano. Pequeñas
bandas afroamericanas y jazz.
Cerrado dom.
Hudson Bar Elssholzstraße 10,
10781 Berlin-Schöneberg, Tel
030 216 16 02, Fax 030 21 75 06

37. Un bar que ofrece un aspecto
nostálgico y buen jazz.
Junction Bar Gneisenaustraße
18, 10961 Berlin-Kreuzberg,
Tel 030 694 66 02. Jazz, música
latina, soul o funk, según la
noche. Después del espectáculo
un DJ toma el mando.
Jazzklub b-flat Rosenthaler
Straße 113, 10119 Berlin-Mitte,
Tel 030 2 83 31 23. Jazz en vivo
los fines de semana, revival swing
los miércoles y tango los domingos a partir de las 21.00
Quasimodo Kantstraße 12A,
10623 Berlin-Charlottenburg,
Tel 030 312 80 86. La sala favorita de los grupos y músicos estadounidenses. Abarrotado y lleno
de humo.
Soda Schönhauser Allee 36,
10435 Berlin-Prenzlauer Berg,
Tel 030 44 31 51 55. Para los
que están a la moda: un restaurante, coctelería y *biergarten*.
Acontecimientos culturales, vela-
das literarias y, a menudo, jazz.
Tränenpalast Reichstagufer 17,
10557 Berlin-Mitte, Tel 030 206
100 14. Cuando Berlín era una
ciudad dividida, este edificio era
uno de los pasos de este a oeste.
Ahora es un club de jazz contemporáneo.
Würgeengel Dresdener Straße
122, 10999 Berlin-Kreuzberg,
Tel 030 6155560.
Würgeengel significa «ángel
exterminador», un nombre inspirado en la película de Luis
Buñuel. Salones algo decadentes
en el quinto piso de un bloque
de apartamentos. El barman elabora los cócteles al ritmo del
jazz contemporáneo.

HAMBURGO
Prinzenbar Kastanienallee 20,
20359, Tel 040 3178 8311. Jazz
moderno en una sala pequeña
pero de altos techos.

MUNICH
**Jazzclub Unterfahrt im
Einstein** Einsteinstraße 42,
81675, Tel 089 448 2794.
Club de jazz donde actúan músicos de todo el mundo.
**Jazz bei Fritz im Hofbräu-
keller** Innere-Wiener-Straße 16,
81667, Tel 089 303655. Para

OCIO

amantes del jazz de la posguerra. Swing y Dixieland en las profundidades de este sótano.

Nightclub im Hotel Bayerischer Hof
Promenadeplatz 2-6, 80333, Tel 089 21 20 0. Lo mejor del jazz internacional, en el gran Hotel Bayerischer Hof. Una velada maravillosa aunque algo cara.

Wirtshaus im Schlachthof
Zenettistraße 9, 80337, Tel 089 765 448. Un edificio industrial de 1878 y actualmente un club. Blues, música africana y caribeña y cabaret.

VIDA NOCTURNA

BERLÍN
Abraxas Kantstraße 134, 10623 Berlin-Charlottenburg, Tel 030 312 94 93. Discoteca informal: funk, música latina, soul o jazz, según la noche. Música en vivo los miércoles. Cerrado dom.

Adagio Marlene-Dietrich-Platz 1, 10785 Potsdamer Platz, Tel 030 25 89 89 0. Discoteca subterránea para los amantes de los clásicos del rock. Las bebidas son caras. Estricta etiqueta en el vestir: ni tejanos ni zapatillas de deporte.

Bergwerk Bergstraße 68, 10115 Berlin-Mitte, Tel 030 280 8876. Club subterráneo con DJs visitantes.

Delicious Doughnuts Rosenthaler Straße 9, 10119 Berlin-Mitte, Tel 030 2809 9274. Paredes rojas y reservados de cuero negro. Impresionantes camareras y cócteles excelentes.

Oxymoron Hof 1, Hackesche Höfe, Rosenthaler Straße 40-41, 10119 Berlin-Mitte, Tel 030 2839 1886. Música de baile variada.

Sage Club Brückenstraße 1, 10179 Berlin-Mitte, Tel 030 27 89 830. Una antigua estación de tren convertida en discoteca de hip hop, techno, soul y glam rock.

HAMBURGO
Fabrik Barnerstraße 36, 22765, Tel 040 391070. Una antigua fábrica en el barrio de Altona, al sur del centro de la ciudad. Programan jazz, reggae, música africana y rock.

Fundbüro Stresemannstraße 114, 22769, Tel 040 4325 1352. Hasta 1998 aquí se subastaban objetos perdidos; actualmente música en vivo y debates sobre arte y política.

Große Freiheit Große Freiheit 36, 22767, Tel 040 3177 7811. Un ambiente genial y música pop, rock y de fusión.

MUNICH
Atomic Café Neuturmstraße 5, 80331, Tel 089 228 3054. DJs americanos pinchan música electro y acid-jazz. También hay actuaciones de grupos internacionales importantes.

Babylon Kunstpark Ost, Grafingerstraße 6, 81671, Tel 089 49 00 27 30. Programa variable: música disco de la década de 1970 o house y trance.

Skyline Leopoldstraße 82, 80802, Tel 089 33 31 31. La música, pinchada por DJs visitantes, incluye reggae, salsa y calypso. Etiqueta en el vestir formal.

STUTTGART
Palast der Republik, Friedrichstraße 27, 70173, Tel 0711 2264 887. Los DJs pinchan música house y temas antiguos (jue. a sáb.).

TEATRO

BERLÍN
Berliner Ensemble Theater am Schiffbauerdamm, Bertolt-Brecht-Platz 1, 10117 Berlin-Mitte, Tel 030 284080. Famoso por su conexión con Bertolt Brecht, este teatro representa obras contemporáneas.

Deutsches Theater Schumannstraße 13A, 10117 Berlin-Mitte, Tel 030 2844 1221. Obras de teatro modernas.

Schaubühne am Lehniner Platz Kurfürstendamm 153, 10709 Berlin-Charlottenburg, Tel 030 890 023. Obras de teatro clásicas y modernas.

Volksbühne am Rosa-Luxemburg-Platz Rosa-Luxemburg-Platz, 10117 Berlin-Mitte, Tel 030 6772 7694. Obras políticas, satíricas y provocativas, y cabaret.

HAMBURGO
Deutsches Schauspielhaus Kirchenallee 39, 20099, Tel 040 248 713. Obras clásicas en un teatro centenario.

MUNICH
Münchner Kammerspiele Maximilianstraße 26, 80539, Tel 089 23 39 66 00. Antiguamente un teatro privado, ahora representa obras de escritores y directores en activo.

Prinzregententheater Prinzregentenplatz 12, 81675, Tel 089 2185 2899. Schiller, Shakespeare y otros clásicos tienen aquí su escenario.

Residenztheater Max-Joseph-Platz 1, 80539, Tel 089 218519 40. Un teatro muy importante en la escena artística bávara.

Staatstheater am Gärtnerplatz Gärtnerplatz 3, 80469, Tel 089 201 67 67. Opereta, ballet y musicales de carácter ligero.

OBERAMMERGAU
Oberammergau Passion Play Cada diez años, la Oberammergau Passion Play representa la Pasión de Cristo. Hay que reservar con mucha antelación. Para los detalles de la siguiente representación, en 2010, www.oberammergau.de.

STUTTGART
Staatstheater Stuttgart Oberer Schloßgarten 6, 70173, Tel 0711 20320. John Cranko y Marica Haydée lo lanzaron a la fama en la década de 1960 y la calidad de la danza se ha mantenido.

WUPPERTAL
Tanztheater Wuppertal Spinnstraße 4, 42283 Wuppertal-Barmen, Tel 0202 563 4253. Pina Bausch es la gran figura de la danza expresionista.

ACTIVIDADES

Alemania ofrece una miríada de posibilidades para unas vacaciones llenas de actividades. Las montañas son ideales para la escalada, el excursionismo o el esquí, y los lagos son perfectos para la navegación y los deportes acuáticos. Los mares del Norte y Báltico, así como los grandes lagos como el Constanza, el Starnberger y el Chiemsee, son muy versátiles. El windsurfing y el esquí acuático también son muy populares. En todas partes pueden encontrarse zonas tranquilas para el ciclismo. En las oficinas de turismo locales puede obtenerse información detallada, incluidos mapas, recorridos en bicicleta y asesoramiento sobre actividades locales.

ESCALADA

Si es aficionado a la escalada (principiante o experto), Alemania ofrece grandes posibilidades. El montañismo alpino es mundialmente famoso, pero las formaciones rocosas a altitudes menores también proporcionan interesantes retos. Es una experiencia maravillosa alojarse en una de las muchas cabañas de montaña de los Alpes bávaros.
Para información y reservas:
Deutscher Alpenverein
Von-Kahr-Strasse 2-4, 80997 München, Tel 089 14 03 27

CICLISMO

Los alemanes son ciclistas entusiastas. Las rutas para bicicletas están bien señalizadas y conservadas por las autoridades locales. Para información general, contacte con la Federación Alemana de Ciclismo, Tel 0421 346 290.

RUTA DEL MAR BÁLTICO

A lo largo de 836 km de costa desde Flensburg, al oeste, hasta Ahlbeck/Usedom, al este, esta ruta no tiene pendientes pronunciadas pero sí fuertes vientos. Pasará por Kiel y pueblos pesqueros tradicionales hasta Lübeck, luego cruzará el río Trave en transbordador y pasará por centros turísticos de la costa báltica, sin llegar a apartarse más de 4 km del mar.
Para más información:
Ostseebäderverband Schleswig-Holstein
Vorderreihe 57, 23570 Lübeck-Travemünde, Tel 04502 42 22.
www.sht.de/ostsee
Tourismusverband Mecklenburg-Vorpommern
Platz der Freundschaft 1, 18059 Rostock, Tel 0381 40 30 610.

LAGOS DE MECKLENBURG

Durante sus 600 km entre Lüneburg y Waren, en la isla de Usedom, esta ruta es llana en su mayor parte y pasa por numerosos lagos. Es ideal para familias y gente que no desea esfuerzos excesivos.
Para más información:
Tourismusverband Mecklenburgische Seenplatte
Turmplatz 1, 17207 Röbel, Tel 03931 5380.
Tourismusverband Mecklenburgische Schweis
Am Bahnhof, 17139 Malchin, Tel 03994 29 97 81.

MAR DEL NORTE

Esta ruta de 900 km a lo largo de la costa alemana del mar del Norte comienza en Leer y pasa por al lado o por encima de los diques a través de barrizales con vistas de paisajes infinitos y del mar. No olvide tener en cuenta el viento.
Para más información:
www.northsea-cycle.com
The North Sea-Seven Islands-One Coast Postfach 2106, 26414 Schortens, Tel 01805 20 20 96.
Nordsee-Tourismus-Service GmbH Postfach 1611, 25806 Husum, Tel 01805 06 60 77.

HESSE

Hay varias rutas para bicicletas en Hesse, y le llevan por paisajes variados: bosques, pueblos con casas de estructura de madera, los valles de los ríos Fulda, Werra, Eder y Lahn, y las cordilleras de la región.

Para más información:
Hessen Touristik Service
Postfach 31 65, 65021 Wiesbaden, Tel 0611 778 8012.

FRANCONIA

Una romántica ruta de 241 km a lo largo del río Altmühl y su garganta, desde Rothenburg ob der Tauber hasta Kelheim. Camino llano y tranquilo casi siempre, buena señalización y carreteras seguras con poco tráfico.
Para más información:
Altmühl Valley Nature Reserve Information
Notre Dame 1, 85072 Eichstätt, Tel 08421 98 76 0.
Romantic Franconia
Tourist information, Am Kirchberg 4, 91598 Colmberg, Tel 09803 941 41.

VALLE DEL RHIN

La ruta comienza en Koblenz, atraviesa el puente del Mosela, pasa por Andernach y continúa hasta la zona vinícola de la desembocadura del Ahr. Siguiendo las orillas del Rhin, pasará por la región de Siebengebirge (Siete Montañas), y terminará su recorrido en Bonn.
Para más información:
Romantischer Rhein e.V., Koblenz Touristik,
Bahnhofplatz, 56068 Koblenz, Tel 0261 31 304.

CHIEMGAU, BAVIERA

Una ruta relajante por las llanuras de la región que pasa por lagos, ríos y pueblos pintorescos. Como telón de fondo están los montes Chiemgau. La organización Urlaub auf dem Bauernhof (vacaciones en granjas) asesora sobre estancias en casas de campo.
Para más información:
Tourismusverband Chiemgau Ludwig-Thoma-Strasse 2, 83276 Traunstein, Tel 0861 58 223.
Zentrale Servicestelle Ferien und Radeln
Leonrodstrasse 9, 83278 Traunstein, Tel 0861 16 351.
Urlaub auf dem Bauernhof
Kirchplatz 3, 83368 St. Georgen, Tel 08669 40 01.

BERCHTESGADEN

En los alrededores hay varias estaciones de servicio para ciclistas que no sólo le darán un repaso a su bicicleta sino que disponen de mapas y de listas de hoteles y albergues especiales para ciclistas.
Para más información:
Kurdirektion des Berchtesgadener Landes Tel 08652 9670.

BADEN-WÜRTTEMBERG

Hay 17 rutas posibles, desde tranquilos recorridos por la orilla de un río a la desafiante ruta de las tierras altas centrales alemanas. Una de las más populares es la que rodea el lago Constanza, que también lleva a Austria y Suiza.
Para más información:
Tourismus Service GmbH Yorckstrasse 23, 79110 Freiburg, Tel 0761 89 79 79.

GOLF

Los campos de golf de Alemania son todos distintos, en función del paisaje. Para los que no son socios, hay atractivas ofertas tanto en los campos como en sus hoteles.
Para más información:
Deutscher Golfverband (DGV) Viktoriastrasse 16, 65189 Wiesbaden, Tel 0611 9 90 20 0.

EXCURSIONISMO

En toda Alemania hay redes de caminos y senderos bien conservados y señalizados, perfectos para el excursionismo. La proximidad de la naturaleza, de la Alemania rural y de la gente ofrecen al excursionista una intensa experiencia. A lo largo de muchas de las rutas hay hoteles y posadas que se adaptan a las necesidades de los caminantes. Muchas agencias de viajes organizan cómodos paquetes de «excursionismo sin equipaje».
Entre las rutas más populares están el sendero Hochsauerland, que atraviesa valles; el camino

Hoher Westerwald, un recorrido montañoso; y el camino Northern Black Forest, que atraviesa bosques. En Baviera, el Maximilian sigue la ruta que hizo el rey Maximiliano, desde la región de Allgäu hasta el lago Königsee.
Para más información:
Verband Deutscher Gebirgs-und Wandervereine Wilhelmshöher Allee 157-159, 34121 Kassel, Tel 0561 938 730.
DVV (Deutscher Volkssportverband) Fabrikstrasse 8, 84503 Altötting, Tel 08671 9631 0.
Touristenverein Die Naturfreunde Neue Straße 150, 70186 Stuttgart, Tel 0711 489 5490.
Deutscher Alpenverein Praterinsel 5, 80538 München, Tel 081 2289 24 66.

HÍPICA

Tanto si está en la costa del Mar del Norte como en la del Báltico, en los páramos, cerca de un río o de un lago, o en las cordilleras alpinas, siempre encontrará una granja o un hotel donde alquilar un caballo. Hay personal entrenado para ayudar tanto a principiantes como a expertos.
Si es un amante del Lejano Oeste, visite el **Clearwater Ranch,** Tel 06697 919 681, en el corazón de Hesse.

www.reiten.de es un portal para aficionados a la hípica y dispone de información sobre ferias nacionales, competiciones y cacerías.

VELA

Alemania ofrece muchas posibilidades para los amantes de la navegación. Los mares Báltico y del Norte tienen vientos estables y gran cantidad de puertos. Información para el mar Báltico:
Ostseebäderverband Schleswig-Holstein Vorderreihe 57, 23579 Lübeck-Travemünde, Tel 04502 4222; para el Mar del Norte:

Nordsee-Tourismus-Service GmbH Postfach 1611, 25806 Husum, Tel 01805 066 077.

Los entusiastas de los deportes acuáticos disfrutarán de unas vacaciones en los versátiles grandes lagos, como el Constanza, el Starnberger See y el Chiemsee.

Otras opciones muy populares son los ríos y canales. Berlín dispone de 182 km de ríos navegables, y el Wannsee no es el único lago. Brandenburgo tiene 3.000 lagos y 30.000 km de ríos. Para más información:
Berliner Segler-Verband Bismarckallee 2, Charlottenburg, Tel 030 8938 420;
www.berliner-segler-verband.de

ESQUÍ

Alemania en invierno es un paraíso de paisajes nevados y estaciones de deportes invernales para la práctica del esquí alpino, del snowboard y del esquí de fondo. Los lugares más populares son los de los Alpes bávaros, pero se puede esquiar en muchas otras regiones. Las cordilleras bajas del Bosque Bávaro tiene las mejores condiciones para el esquí, y los esquiadores de fondo aprecian las numerosas y variadas pistas. La zona más septentrional de Alemania para los deportes de invierno se encuentra en los montes Harz y es perfecta para el esquí de fondo o para pasear en trineo. Encontrará pistas excelentes y una extensa red de remontes y teleféricos.
Para más información:
Deutscher Skiverband Hubertusstrasse 1, 82152 München-Plannegg, Tel 089 85 79 02 13.

VOCABULARIO BÁSICO

PALABRAS Y FRASES ÚTILES

Sí *Ja*
No *Nein*
Por favor *Bitte*
Gracias *Danke*
Disculpe *Entschuldigen Sie bitte*
Lo siento *Entschuldigung*
Adiós *Auf Wiedersehen*
Adiós *Tschüs* (informal)
Buenos días *Guten Morgen*
Buenos días *Guten Tag* (tarde)
Buenas noches *Guten Abend*
Buenas noches (al ir a dormir) *Gute Nacht*

aquí *hier*
allí *dort*
hoy *heute*
ayer *gestern*
mañana *morgen*
ahora *jetzt*
más tarde *später*
enseguida *sofort*
esta mañana *heute morgen*
esta tarde *heute nachmittag*
esta noche *heute abend*
izquierda *links*
derecha *rechts*
recto *geradeaus*

grande *gross*
pequeño *klein*
caliente *heiss*
frío *kalt*
bueno *gut*
malo *schlecht*

¿Habla español? *Sprechen Sie Spanisch?*
Soy español *Ich bin Spanier (m)/Ich bin Spanierin (f)*
No comprendo *Ich verstehe Sie nicht*
Por favor, hable más despacio *Bitte sprechen Sie langsamer*
¿Dónde está/están...? *Wo ist/sind...?*
No lo sé *Ich weiss es nicht*
Me llamo... *Ich heisse...*
¿A qué hora? *Wann?*
¿Qué hora es? *Wieviel Uhr ist es?*

NÚMEROS

uno *eins*
dos *zwei*
tres *drei*
cuatro *vier*
cinco *fünf*
seis *sechs*
siete *sieben*
ocho *acht*
nueve *neun*
diez *zehn*
veinte *zwanzig*

DÍAS DE LA SEMANA

lunes *Montag*
martes *Dienstag*
miércoles *Mittwoch*
jueves *Donnerstag*
viernes *Freitag*
sábado *Samstag/Sonnabend*
domingo *Sonntag*

MESES

enero *Januar*
febrero *Februar*
marzo *März*
abril *April*
mayo *Mai*
junio *Juni*
julio *Juli*
agosto *August*
septiembre *September*
octubre *Oktober*
noviembre *November*
diciembre *Dezember*
primavera *Frühling*
verano *Sommer*
otoño *Herbst*
invierno *Winter*

EN EL HOTEL

¿Tiene habitaciones libres? *Haben Sie noch ein Zimmer frei?*
una habitación individual *ein Einzelzimmer*
una habitación doble *ein Doppelzimmer*
con/sin baño/ducha *mit/ohne Bad/Dusche*
llave *Schlüssel*
portero *Pförtner*

EMERGENCIAS

Socorro *Hilfe*
Necesito un doctor/dentista *Bitte rufen Sie einen Arzt/Zahnarzt*
¿Puede ayudarme? *Können Sie mir helfen?*
¿Dónde está el hospital/la comisaría/el teléfono? *Wo finde ich das Krankenhaus?/die Polizeiwache?/das Telefon?*

DE COMPRAS

¿Tiene usted...? *Haben Sie...?*
¿Cuánto cuesta? *Wieviel kostet es?*
¿Aceptan tarjetas de crédito? *Akzeptieren Sie Kreditkarten?*
¿Cuándo cierran/abren? *Wann öffnen/schliessen Sie?*
talla (ropa) *Kleidernummer*
talla (zapatos) *Schuhnummer*
color *Farbe*
marrón *braun*
negro *schwarz*
rojo *rot*
azul *blau*
verde *grün*
amarillo *gelb*
barato *billig*
caro *teuer*
Me lo llevo *Ich nehme es*
factura *Rechnung*

TIENDAS

panadería *Bäckerei*
librería *Buchhandlung*
droguería *Drogerie*
delicatessen *Feinkostladen*
grandes almacenes *Warenhaus*
pescadería *Fischhändler*
comestibles *Gemüseladen*
anticuario *Antikladen*
tienda de cachivaches *Trödelladen*
biblioteca *Bibliothek*
supermercado *Supermarkt*
mercado *Markt*
quiosco *Zeitungskiosk*
zapatería *Schuhladen*
tienda de ropa *Kleiderladen*
oferta especial *Sonderangebot*
papelería *Schreibwaren*

VISITAS

información turística *Touristen-information*
exposición *Ausstellung*
abierto *geöffnet*
cerrado *geschlossen*
a diario *täglich*
todo el año *ganzjährig*
todo el día *den ganzen Tag*
precio de entrada *Eintrittspreis*
gratis *frei/umsonst*
catedral *Kathedrale*
iglesia *Kirche*
abadía *Kloster*
castillo *Schloss*
casa de campo *Landhaus*
museo *Museum*
escalera *Treppe*
torre *Turm*
ciudad *Stadt*
casco antiguo *Altstadt*
ayuntamiento *Rathaus*

LEER LA CARTA

Quisiera pedir *Ich möchte bestellen*
¿Está el servicio incluido? *Ist die Bedienung inbegriffen?*
Soy vegetariano *Ich bin Vegetarier (m) Vegetarierin (f)*

Salud *Prost*
Buen provecho *Guten Appetit*
almuerzo *Mittagessen*
cena *Abendessen*
carta *Speisekarte*
tentempié *Imbiss*
cuchillo/tenedor/cuchara *Messer/Gabel/Löffel*
sal/pimienta *Salz/Pfeffer*
mostaza *Senf*
azúcar *Zucker*
pan *Brot*
queso *Käse*
carta de vinos *Weinkarte*

BEBIDAS

Kaffee café
Tee té
Apfelsaft zumo de manzana
Orangensaft zumo de naranja
Apfelwein sidra
Milch leche
Bier cerveza
Rotwein vino tinto
Weisswein vino blanco

DESAYUNO/FRÜHSTÜCK

Brötchen panecillo
Eier huevos
    hartgekochtes *duros*
    weich gekochtes *pasados por agua*
Rühreier huevos revueltos
Spiegelei huevo frito
Schwarzbrot pan negro de centeno
Weissbrot pan blanco
Speck panceta

SOPA/SUPPE

Erbsensuppe sopa de guisantes
Gemüsesuppe sopa de verdura
Hühnersuppe sopa de pollo
Linsensuppe sopa de lentejas
Ochsenschwanzsuppe sopa de rabo de buey
Pilzsuppe sopa de champiñones
Spargelcremesuppe sopa de crema de espárragos

PLATOS DE CARNE

Blutwurst morcilla
Bockwurst frankfurt grande

Brathuhn pollo asado
Bratwurst salchicha blanca de cerdo
Eintopf estofado
Eisbein codillo de cerdo
Ente pato
Fasan faisán
gebratene Gans ganso asado
Hackbraten rollo de carne picada
Hühnerfrikassee fricasé de pollo
Kalbsbries mollejas de ternera
Kalbshaxe codillo de ternera
Lammkeule cordero asado
Leberknödel dumplings de hígado
Leberwurst salchicha de hígado
Rehkeule venado asado
Rheinischer Sauerbraten buey estofado, marinado con vino tinto especiado
Rinderbraten buey asado
Schinken jamón
Schlachtplatte variado de embutidos
Schweinebauch panceta de cerdo
Schweinebraten cerdo asado
Tafelspitz cuartos traseros de buey hervidos
Wiener Schnitzel escalope de ternera
Wildschweinkeule jabalí asado

PLATOS DE PESCADO

Aal anguila
Austern ostras
Barbe salmonete
Fischfrikadellen albóndigas de pescado
Fischstäbchen palitos de pescado
Flunder platija
Forelle trucha
Garnelen gambas
Heilbutt halibut
Hummer langosta
Jakobsmuscheln veneras
Kabeljau bacalao
Karpfen carpa
Lachs salmón
Makrele caballa
Scholle platija
Seebarsch róbalo
Seelachs abadejo
Seezunge lenguado
Steinbutt rodaballo
Zander perca

VERDURAS

Aubergine berenjena
Blumenkohl coliflor
Bohnen judías

Champignons/Pilze champiñones
Erbsen guisantes
Feldsalat rapónchigo
Fenchel hinojo
Gurke pepino
Kapern alcaparras
Kartoffeln patatas
Kohl col
Kürbis calabaza
Lauch puerro
Linsen lentejas
Möhren zanahoria
Maiskolben maíz tierno
Pfifferlinge níscalos
Reis arroz
Rosenkohl col de bruselas
Rotkohl col roja
Sauerkraut col fermentada
Sellerie apio
Sellerieknolle apio nabo
Spargel espárrago
Spinat espinaca
Tomaten tomates
Wirsing col de Saboya
Zwiebeln cebollas

FRUTA/OBST

Apfel manzana
Apfelsine/Orange naranja
Aprikose albaricoque
Backpflaumen ciruelas
Birne pera
Blaubeeren arándanos
Brombeeren moras
Erdbeeren fresas
Himbeeren frambuesas
Kirschen cerezas
Pfirsich melocotón
Pflaumen/Zwetschen ciruelas
Rote Johannisbeeren grosellas rojas
Schwarze Johannisbeeren grosellas negras
Weintrauben uvas
Zitrone limón

POSTRES/NACHSPEISE

Apfelkuchen pastel de manzana
Bienenstich pastel de miel y almendra
Gebäck pasta
Kaiserschmarn fritura dulce
Käsetorte tarta de queso
Kompott compota
Mandelkuchen pastel de almendras
Obstkuchen pastel de frutas
Sachertorte tarta de chocolate
Schlagsahne crema de leche
Schwarzwälder Kirschtorte tarta de la Selva Negra

ÍNDICE

Los números en **negrita** indican las ilustraciones.

CRÉDITOS DE LAS ILUSTRACIONES

Abbreviations for term appearing below:
(t) top; (b) bottom; (l) left; (c) center
(r) right.

Front Cover (l), AA Photo Library/S. McBride. (c), © David Noton Photography/Alamy. (r), AKG-London. Spine, © David Noton Photography/Alamy

1, Hasenkopf/A1 Pix Ltd. 2/3, Gräfenhain/Bildarchiv Huber. 4, C. Tkaczyk/Tourist Office Munich. 9, Mecky Fogeling. 11, B. Ducke/A1 Pix Ltd. 12/13, Mecky Fogeling. 13, M. Strohfeldt/Deutsche Presse- Agentur (dpa Picture Alliance GmbH). 14, Kirsten Neumann/Reuters/CORBIS. 14/15, H. Link/Deutsche Presse-Agentur (dpa Picture Alliance GmbH). 16, Action Press/Rex USA Ltd. 17, Th-Foto Werbung/Trip Photo Lib. 18/19, R. Schmid/Bildarchiv Huber. 20, K. Hart/Robert Harding Picture Lib. Ltd. 21, Hasenkopf/A1 Pix Ltd. 22/23, F. Gaul/ Akg-images. 24, Erich Lessing/Art Resource, NY. 25, AKG - London. 26, Akg-images. 28, Schloss Friedrichsruhe, Germany/ Bridgeman Art Lib. 29, Akg-images. 30, Archive Photos/Hulton| Archive. 30/31, Akg-images. 32, Hulton|Archive. 33, G. Brelör/Deutsche Presse- Agentur (dpa Picture Alliance GmbH). 34, Erich Lessing/Art Resource, NY. 35, G. Gräfenhain/A1 Pix Ltd. 36, G. Gräfenhain/A1 Pix Ltd. 37, N. Blythe/Robert Harding Picture Lib. Ltd. 38/39, Akg-images. 39, Hulton| Archive. 40, Alte Pinakothek, Munich, Germany/Lauros-Giraudon/Bridgeman Art Lib. 42, Museum der Bildenden Kunste, Leipzig, Germany/Bridgeman Art Lib. 43, Akg-images. 44l, The Cobbe Foundation, UK/Bridgeman Art Lib. 44r, Kunsthistorisches Museum, Vienna, Austria/Bridgeman Art Lib. 45l, Österreichische Nationalbibliothek, Vienna, Austria/Bridgeman Art Lib. 45r, Hulton| Archive. 46, Hulton|Archive. 47, Akg-images. 49, James Davis Worldwide. 50, Mecky Fogeling/travimage.com. 54/55, S. McBride/AA Photo Lib. 55, P. Pleul Zentralbild/Deutsche Presse- Agentur (dpa Picture Alliance GmbH). 57, P. Endig/Deutsche Presse- Agentur (dpa Picture Alliance GmbH). 58/59, S. McBride/AA Photo Lib. 59, Aleksandar Hajdukovic/Shutterstock. 62/63, Robert Harding Picture Lib. Ltd. 63, Pierre Adenis. 64, S. McBride/AA Photo Lib. 64/65, T. Souter/AA Photo Lib. 66, Bildarchiv Preussischer Kulturbesitz/Art Resource, NY. 66/67, S. McBride/AA Photo Lib. 68, Mecky Fogeling. 69, S. McBride/AA Photo Lib. 71t, Bildagentur Schuster/ Robert Harding Picture Lib. Ltd. 71b, Akg-images. 72, A. Baker/AA Photo Lib. 73, S. McBride/AA Photo Lib. 74, U. Welsch/ Photography. 75, Ludovic Maisant/CORBIS. 77, A. Cowin/Travel Ink. 78, S. McBride/AA Photo Lib. 79, S. McBride/ AA Photo Lib. 80, S. McBride/AA Photo Lib. 81, Gräfenhain/Bildarchiv Huber. 82/83, S. McBride/AA Photo Lib. 83, S. McBride/AA Photo Lib. 85, Akg-images. 86, R. Schmid/Bildarchiv Huber. 87, Werner Otto. 88, Wolfgang Kähler Photog. 90, G. Gräfenhain/ A1 Pix Ltd. 91, Wolfgang Kähler Photog. 92, Rolf

Richardson/Alamy Ltd. 92/93, B. Wüstneck/Deutsche Presse- Agentur (dpa Picture Alliance GmbH). 94, E. Bach/A1 Pix Ltd. 95, Hilbich/Akg-images. 96, G. Gräfenhain/A1 Pix Ltd. 97t, Brooks Kraft/CORBIS. 97b, Wolfgang Kähler Photog. 98, Wolfgang Kähler Photog. 99, Manfred Mehlig/zefa/CORBIS. 100/101, G. Gräfenhain/A1 Pix Ltd. 101, B. Koch/ A1 Pix Ltd. 102, R. Schmid/Bildarchiv Huber. 103, K.-B. Kertscher/Punctum Photog. 104, M. Teller/Akg-images. 105, R. Schmid/Bildarchiv Huber. 106, Erich Lessing/Art Resource, NY. 107, James Davis Worldwide. 109, James Davis Worldwide. 110, T. Freeman/Trip Photo Lib. 112, Mecky Fogeling. 113, Richard Klune/CORBIS. 114, B. Ducke/A1 Pix Ltd. 115, Akg-images. 116, B. Ducke/ A1 Pix Ltd. 118, C.L. Schmitt/ A1 Pix Ltd. 119, W. Pfeiffer/Deutsche Presse- Agentur (dpa Picture Alliance GmbH). 121t, A. Bartel/Trip Photo Lib. 121b, Akg-images. 122, G. Gräfenhain/A1 Pix Ltd. 123, Th-Foto Werbung/Trip Photo Lib. 124, Eckhardt/ A1 Pix Ltd. 125, D. Traverso/Robert Harding Picture Lib. Ltd. 127, M. Schreiner. 128, Ulrike Welsch Photog. 128/9, Robert W. Ahrens/Shutterstock. 130, Akg-images. 131, Werner Otto. 132, Gräfenhain/Bildarchiv Huber. 133, Gräfenhain/Bildarchiv Huber. 134, M. Schreiner. 135, Werner Otto. 137, P. Wright/Trip Photo Lib. 138, G. Gräfenhain/A1 Pix Ltd. 139, Akg-images. 140, Akg-images. 140/141, Akg-images. 141l, Akg-images. 141r, H. Schmidbauer/ A1 Pix Ltd. 142/143, G. Gräfenhain/ A1 Pix Ltd. 145, Werner Otto. 147, G. Hartmann/ A1 Pix Ltd. 148, Wolfgang Kähler Photog. 149, Wolfgang Kähler Photog. 151, G. Gräfenhain/A1 Pix Ltd. 152, Akg-images. 153, Wolfgang Kähler Photog. 155, P. Robinson/Robert Harding Picture Lib. Ltd. 156, Oliver Berg/dpa/CORBIS. 157, Akg-images. 158, A1 Pix Ltd. 159t, Mecky Fogeling. 159bl, Mecky Fogeling. 159br, Mecky Fogeling. 160, Bildarchiv Huber. 161, G. Gräfenhain - E. Bach/A1 Pix Ltd. 162, E. Bach/A1 Pix Ltd. 163, G. Gräfenhain/A1 Pix Ltd. 165, Mecky Fogeling. 166, F. Aberham/A1 Pix Ltd. 167, Werner Otto. 168, Ulrike Welsch Photog. 169, Erich Lessing/Art Resource, NY. 170, V. Vincke/Bochum Bergbaumuseum. 171, TH-Foto Werbung/Trip Photo Lib. 172, Werner Otto. 173, Klaes/Bildarchiv Huber. 175, Mecky Fogeling. 176, G. Gräfenhain/A1 Pix Ltd. 178, Erich Lessing/Art Resource, NY. 179t, Action Press/Rex USA Ltd. 179b, Akg-images. 180/181, Gräfenhain/Bildarchiv Huber. 181, Mecky Fogeling. 182, Klaes/Bildarchiv Huber. 183t, M. Gottschalk/A1 Pix Ltd. 183b, D. Cumming/Eye Ubiquitous. 184/185, G Gräfenhain/A1 Pix Ltd. 185, Wolfgang Kähler Photog. 186, P. Ward/National Geographic Society. 187, B. Ducke/A1 Pix Ltd. 188, A. Baker/ AA Photo Lib. 189, Werner Otto. 190, TH-Foto Werbung/Trip Photo Lib. 191, R. Schmid/Bildarchiv Huber. 192, Werner Otto. 193tl, Werner Otto. 193tr, P. Grahammer/A1 Pix Ltd. 193c, R. Schmid/Bildarchiv Huber. 193b, Werner Otto. 194, R. Schmid/Bildarchiv Huber. 195, Wolfgang Kähler Photog. 196, Mecky Fogeling. 198, Mecky Fogeling. 198/199, Wolfgang Kähler Photog. 200, A. Tovy Amsel/Eye Ubiquitous. 202, Akg-images. 203, B. Lucas/A1 Pix Ltd. 204/5, MICHAELA REHLE/Reuters/CORBIS. 205, H. Link/Deutsche Presse- Agentur (dpa Picture Alliance GmbH). 206, Erich

Lessing/Art Resource, NY. 207, G. Gräfenhain/A1 Pix Ltd. 208, S. Damm/Bildarchiv Huber. 209, Werner Otto/BenU. 210, Wolfgang Kähler Photog. 211, Mecky Fogeling. 212, Szydzka/ Bildarchiv Huber. 214, B. Ducke/ A1 Pix Ltd. 215, Spectrum Colour Lib. 216, Mecky Fogeling. 217t, Krammisch/Bildarchiv Huber. 217c, Akg-images. 217b, Akg-images. 218, Gräfenhain/Bildarchiv Huber. 220, Schütze/Rodemann/Punctum Photog. 221, G. Gräfenhain/A1 Pix Ltd. 222, F. Damm/Bildarchiv Huber. 223, Szyszke/ Bildarchiv Huber. 224, J. Korsch/ Deutsche Presse-Agentur (dpa Picture Alliance GmbH). 225t, J. Büttner/Deutsche Presse- Agentur (dpa Picture Alliance GmbH). 225b, J. Büttner/Deutsche Presse- Agentur (dpa Picture Alliance GmbH). 227, B. Kober/Punctum Photog. 229, H.-Ch. Schink/Punctum Photog. 230/231, Kolley/Bildarchiv Huber. 233, Szyszka/ Bildarchiv Huber. 234, PUNCTUM/Bertram Kober. 235t, PUNCTUM/B. Blume. 235b, Wolfgang Kähler Photog. 236t, Peter Adams/zefa/CORBIS. 236b, Matthias Heikel/dpa/CORBIS. 238, Schmid/Bildarchiv Huber. 239, TH-Foto Werbung/Trip Photo Lib. 240, B. Ducke/ A1 Pix Ltd. 241t, Matthias Heikel/dpa/CORBIS. 241bl, Matthias Heikel/dpa/CORBIS. 241br, Patrick Pleul/dpa/CORBIS. 242, B. Ducke/A1 Pix Ltd. 243, P. Franke/ Punctum Photog. 245, P. Franke/ Punctum Photog. 246, B. Kober/ Punctum Photog. 247, Obermain Buch- und Bildverlag Bornschlegel. 248, Westend6/Alamy Ltd. 250, B. Ducke/A1 Pix Ltd. 251, G. Gräfenhain/A1 Pix Ltd. 252, G. Gräfenhain/A1 Pix Ltd. 253, Mecky Fogeling. 254/255, Siebig/A1 Pix Ltd. 256, Werner Otto. 258, Gräfenhain/ A1 Pix Ltd. 259, G. Gräfenhain/ A1 Pix Ltd. 260l, Bayreuther Festspiele GmbH/Jochen Quast. 260r, Adam Woolfitt/CORBIS. 261, Werner Otto. 262, Erich Lessing/Art Resource, NY. 263, E. Bach/ A1 Pix Ltd. 264/265, Wolfgang Kähler Photog. 265, Historisches Festspiel "Der Meistertrunk". 266, Image State. 267t, Patrick Hannon/Shutterstock. 267b, PanStock LLC/Imagestate. 268, R. Schmid/Bildarchiv Huber. 269, T. Bognar/Trip Photo Lib. 271t, FAN travestock/Alamy Ltd. 271cl, Timmermann Foto-presse. 271cr, A. Baker/Alamy Ltd. 271b, Werner Otto. 272, R. Schmid/Bildarchiv Huber. 273, Ulrike Welsch Photog. 274/5, plainpicture GmbH & Co. KG/Alamy Ltd. 275t, R. Schmid/Bildarchiv Huber. 275b, Haga/ A1 Pix Ltd. 276, Ducke/Gräfenhain/ A1 Pix Ltd. 277, G. Gräfenhain/A1 Pix Ltd. 279, T. Souter/AA Photo Lib. 281, Steve Vidler/Imagestate. 282, Mecky Fogeling. 284, Wolfgang Kähler Photog. 285, A. Tovy/Trip Photo Lib. 286, Ulrike Welsch Photog. 288, Alte Pinakothek, Munich, Germany/Bridgeman Art Lib. 289, Alte Pinakothek, Munich, Germany/ Bridgeman Art Lib. 290, Bayerische Staatsgemäldesammlungen, Neue Pinakothek, Munich. 291, Robert Fishman/dpa/CORBIS. 292, Städtische Galerie im Lenbachhaus, Munich, Germany/Bridgeman Art Lib. 293, T. Souter/AA Photo Lib. 294, Wolfgang Kähler Photog. 295, Werner Dieterich/Alamy Ltd. 297, Mark Zanzig.www.zanzig.com. 298, B. Ducke/A1 Pix Ltd. 299, Wolfgang Kähler Photog. 300, E. Bach/A1 Pix Ltd. 300/301, Jamie Carstairs. 301, Mecky Fogeling. 302/3, altrendo travel/Getty Images. 303, Jamie Carstairs.

304, BMW AG. 305, Gräfenhain/Bildarchiv Huber. 306, A1 Pix Ltd. 307, G. Gräfenhain-E. Bach/A1 Pix Ltd. 308/309, R. Schmid/Bildarchiv Huber. 311t, G. Gräfenhain/A1 Pix Ltd. 311bl, T. Souter/AA Photo Lib. 311c, Bildarchiv Huber. 311cl, Simeone/Bildarchiv Huber. 311b, Ulrike Welsch Photog. 312/313, G. Gräfenhain/A1 Pix Ltd. 314/315, Bildarchiv Huber. 315, Lawrence Englesberg/Imagestate. 317, Mecky Fogeling. 318, Baden Baden. 320, Jamie Carstairs. 321, C. Martin/Robert Harding Picture Lib. Ltd. 322, Jamie Carstairs. 324/325, B. Radelt/Bildarchiv Huber. 325, Mecky Fogeling. 326, A. Cowin/Travel Ink. 327, E. Späth/Bildarchiv Huber. 328, Werner Otto. 329, B. Ducke/A1 Pix Ltd. 330, Werner Otto. 331, Steve Vidler/Imagestate. 332, Baden Baden. 333, Baden Baden. 334t, Mecky Fogeling. 334b, Mecky Fogeling. 335, James Davis Worldwide. 336, R. Schmid/Bildarchiv Huber. 337t, Pictures Colour Lib. 337b, P. Thompson/Eye Ubiquitous. 339, C.L. Schmitt/A1 Pix Ltd. 340, Mecky Fogeling. 340/341, R. Schmid/Bildarchiv Huber. 342, Zeppelin-Museum. 343, Mecky Fogeling. 344, J. Isachsen/Trip Photo Lib. 345, fl online/Alamy Ltd. 347, AKG – London.

National Geographic Society fue fundada en 1888 y es una de las organizaciones científicas y educativas sin fines de lucro más grandes del mundo. Llega a más de 285 millones de personas en todo el mundo cada mes a través de su publicación oficial, NATIONAL GEOGRAPHIC, y sus otras cuatro revistas, el canal National Geographic, documentales televisivos, programas de radio, películas, libros, videos y DVDs, mapas y medios interactivos. National Geographic ha financiado más de 8,000 proyectos de investigación científica y colabora con un programa de educación para combatir el analfabetismo geográfico.

Si desea más información, llame al 1-800-NGS LINE (647-5463) o escriba a la siguiente dirección: National Geographic Society 1145 17th Street N.W. Washington, D.C. 20036-4688 U.S.A.

Visítenos en www.nationalgeographic.com/books

Si desea información sobre descuentos especiales por compras al por mayor, por favor comuníquese con el sector de ventas especiales de libros de National Geographic: ngspecsales@ngs.org

Publicado por National Geographic Society

John M. Fahey, Jr., *President and Chief Executive Officer*

Gilbert M. Grosvenor, *Chairman of the Board*

Nina D. Hoffman, *Executive Vice President, President, Book Publishing Group*

Kevin Mulroy, *Senior Vice President and Publisher*

Marianne Koszorus, *Design Director*

Leah Bendavid-Val, *Director of Photography Publishing and Illustrations*

Elizabeth L. Newhouse, *Director of Travel Publishing*

Barbara A. Noe, *Senior Editor and Series Editor*

Cinda Rose, *Art Director*

Carl Mehler, *Director of Maps*

Joseph F. Ochlak, *Map Editor*

Gary Colbert, *Production Director*

Richard S. Wain, *Production Project Manager*

Lawrence Porges, *Editorial Coordinator*

Dave Lauterborn, *Contributor*

Equipo editorial y diseñado

AA Publishing (marca comercial de Automobile Association Developments Limited, cuya oficina registrada es Millstream, Maidenhead Road, Windsor, Berkshire SL4 5GD, Inglaterra. Número de registro: 1878835).

Virginia Langer, *Project Manager*

David Austin, *Senior Art Editor*

Betty Sheldrick, *Editor*

Bob Johnson, *Designer*

Keith Brook, *Senior Cartographic Editor*

Cartografía: AA Cartography Department

Richard Firth, *Production Director,*

Sarah Reynolds, *Production Controller*

Liz Allen, *Picture Research Manager*

Selección de fotografías: Zooid Pictures Ltd.

Mapas de área: Chris Orr Associates, Southampton, Inglaterra

Ilustraciones vistas en sección: Maltings Partnership, Derby, Inglaterra

Sobre el autor

Antes de estudiar lenguas modernas en la Universidad de Oxford, Michael Ivory perfeccionó su alemán pasando la mayor parte de un año en una escuela en el Rhineland. Posteriormente, dio clases en Alemania y, tras graduarse como arquitecto paisajístico y urbanista, llevó a muchos grupos de alumnos allí para aprender de los considerables avances de ese país en estos campos. Ha viajado largamente por la Europa central y del este y observado con interés particular cómo la gente de los países del antiguo bloque soviético se ha adaptado al mundo poscomunista. Así, además de rememorar viejos recuerdos al escribir este libro, Ivory también disfrutó al observar con atención la cara rápidamente cambiante de la que fue conocida como República Democrática Alemana. Escribir una guía de toda Alemania fue el cumplimiento de una antigua ambición, aunque el escritor ya había colaborado en varios libros sobre el país. También es el autor de la guía Canadá de National Geographic.

Coordinación: RBA Libros, S.A.
Traducción: Enric Cuéllar
Edición y maquetación: Edipunt
ISBN 978-1-4262-0154-7
Impreso en España

Alemania

DINAMAR

MAR DEL NORTE

NORDFRIESISCHE
INSELN
(ISLAS FRISIAS
SEPTENTRIONALES)

Flensburg

Nord-Ostsee-Kanal

Neu

Deutsche
Bucht

OSTFRIESISCHE INSELN
(ISLAS FRISIAS ORIENTALES)

Cuxhaven

Wilhelmshaven

Bremerhaven

Ha

Emden

Oldenburg

Bremen

Lünebu

Ems

Iller

Weser

Breza
Lüneb

PAÍSES BAJOS

Osnabrück

Minden

Hannover

Ce

Hildesheim

Münster

Bielefeld

Bocholt

Paderborn

Rin

Gelsenkirchen

Bottrop

Bochum

Göttin

Duisburg

Essen Dortmund

Kassel

Düsseldorf

Ruhr

Werra

Mönchengladbach

Wuppertal
Remscheid

Köln
(Colonia)

Eder

Fulda

Aachen

Bonn

Siegen

Marburg

Eisenac

Garganta del Rin

Westerwald

Lahn

Rhön

Koblenz

Fulda

Eifel

Frankfurt
am Main

Mosel

Wiesbaden

Offenbach

Mainz

Main

LUXEMBURGO

Trier

Darmstadt

Würzburg

Sc

Mannheim

Odenwald

Kaiserslautern

Heidelberg

Rothenburg
ob der Tauber

Ludwigshafen

Neckar

(

Saarbrücken

Schweigen-
Rechtenbach

Karlsruhe

Heilbronn

Pforzheim

Din

Baden-Baden

Stuttgart

Aalen

Schwarzwald (Selva Negra)

Tübingen

Offenburg

Reutlingen

Schwäbische Alb

Rin

Ulm

FRANCIA

K

Freiburg
im Breisgau

1.493 m
Feldberg

Konstanz

Lörrach

Lago Constanza
(Bodensee)

SUIZA

Transportes de Berlín

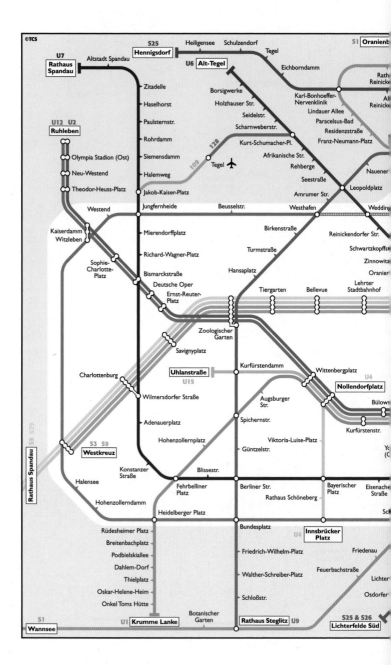

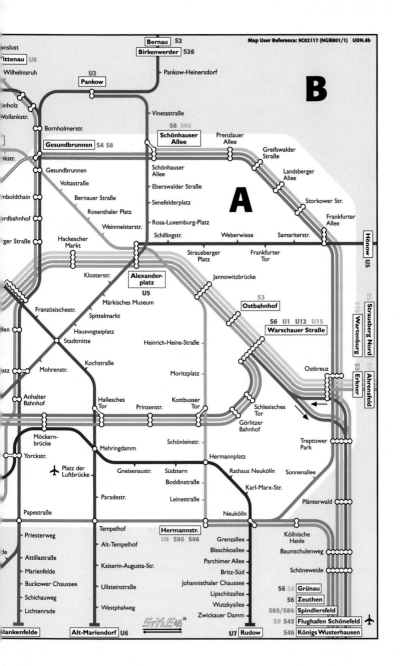

B

A

Bernau **S2**
Birkenwerder **S26**

anslust
Wittenau **U8**
Wilhelmsruh
Pankow-Heinersdorf

U2
Pankow

önholz
Vollankstr.

Vinetastraße

Bornholmerstr.

S8 S85

Schönhauser Allee

Prenzlauer Allee

Gesundbrunnen **S4 S8**

nkstr.

Gesundbrunnen

Greifswalder Straße

Schönhauser Allee

Landsberger Allee

Voltastraße

Eberswalder Straße

mboldthain

Bernauer Straße

Senefelderplatz

Storkower Str.

rdbahnhof

Rosenthaler Platz

Rosa-Luxemburg-Platz

Frankfurter Allee

er Straße

Weinmeisterstr.

Schillingstr.

Weberwiese

Samariterstr.

Hackescher Markt

Strausberger Platz

Frankfurter Tor

Hönow **U5**

Klosterstr.

Jannowitzbrücke

Alexander-platz
U5

S3

Strausberg Nord **S5**

Märkisches Museum

Ostbahnhof

Franzözischestr.

Spittelmarkt

Wartenburg **S3**

Hausvogteiplatz

S6 U1 U12 U15

Stadtmitte

Heinrich-Heine-Straße

Warschauer Straße

Erkner **S3**

len

Kochstraße

Moritzplatz

Ostkreuz

Ahrensfeld **S5**

atz

Mohrenstr.

Anhalter Bahnhof

Hallesches Tor

Prinzenstr.

Kottbusser Tor

Schlesisches Tor

Möckern-brücke

Görlitzer Bahnhof

Yorckstr.

Mehringdamm

Schönleinstr.

Treptower Park

Platz der Luftbrücke

Gneisenaustr.

Südstern

Hermannplatz

Rathaus Neukölln

Sonnenallee

Boddinstraße

Karl-Marx-Str.

Paradestr.

Leinestraße

Plänterwald

Papestraße

Neukölln

Priesterweg

Tempelhof

Hermannstr.
U8 S86 S46

Grenzallee

Köllnische Heide

Alt-Tempelhof

Blaschkoallee

Baumschulenweg

Attillastraße

Kaiserin-Augusta-Str.

Parchimer Allee

Marienfelde

Britz-Süd

Schöneweide

Buckower Chaussee

Ullsteinstraße

Johannisthaler Chaussee

S6 S8 Grünau

Schichauweg

Lipschitzallee

S6 Zeuthen

Lichtenrade

Westphalweg

Wutzkyallee

S85/S86 Spindlersfeld

Zwickauer Damm

S9 S45 Flughafen Schönefeld ✈

lankenfelde

Alt-Mariendorf **U6**

STYLE45

U7 Rudow

S46 Königs Wusterhausen